以 知 为 力　识 见 乃 远

富与穷

英国政治经济学思想史

(1750—1834)

[英]唐纳德·温奇 著

张正萍 译

中国出版集团 东方出版中心

图书在版编目（CIP）数据

富与穷：英国政治经济学思想史：1750—1834 /
（英）唐纳德·温奇著；张正萍译. -- 上海：东方出版
中心，2024. 9. -- ISBN 978-7-5473-2490-5

Ⅰ. F095.614.1

中国国家版本馆CIP数据核字第2024QX5685号

上海市版权局著作权合同登记：图字：09-2024-0793号

富与穷：英国政治经济学思想史（1750—1834）

著　者　[英]唐纳德·温奇
译　者　张正萍
丛书策划　朱宝元
责任编辑　赵　明
助理编辑　沈辰成
封扉设计　甘信宇

出 版 人　陈义望
出版发行　东方出版中心
地　　址　上海市仙霞路345号
邮政编码　200336
电　　话　021-62417400
印 刷 者　山东韵杰文化科技有限公司

开　　本　890mm×1240mm　1/32
印　　张　15.75
插　　页　2
字　　数　400千字
版　　次　2025年1月第1版
印　　次　2025年1月第1次印刷
定　　价　98.00元

目　录

第一编　亚当·斯密的立法者科学

第二编　亚当·斯密、埃德蒙·柏克与爱搞派系的公民

第三编　作为政治道德家的罗伯特·马尔萨斯

插 图

所有这些插图的版权归不列颠博物馆所有，该馆已授权许可使用

致　谢

　　我要特别感谢一些机构和朋友。能够完成本书，得益于我获得了英国国家学术院的研究基金，这让我有两年时间免于萨塞克斯大学的常规工作。随后的相关研究经费由纳菲尔德基金会承担，我还受邀在万灵学院做了一学期的访问学者，这次访问让我能够利用牛津大学各个优秀的图书馆。此外，最近，我还荣幸地受到牛津大学的邀请去卡莱尔讲座发表演讲，这就让我有机会为听众准备本书的部分内容。大学教师现在都非常熟悉作为学术成果评价的那套科层制做法，但这只是增加了我对上述所有机构的感激之情，是它们让这部著作成为可能。

　　一些朋友帮我点评了本书部分内容的前几稿。他们是约翰·伯罗，马克·菲利普斯和约翰·普伦。不过在这方面，我最要感谢的人是斯蒂芬·科里尼，在我情绪低落、灵感枯竭的时候，他给予了我宝贵的建议和道义支持，以促成这项事业。我的妻子不得不承担我在写作起伏不定时的重担，以及我在家或在牛津时未尽的责任。致谢的形式是遵循惯例之举，但我的感激之情却是肺腑之言。

英文缩写

鲍斯威尔,《约翰逊传》
（Boswell, *Life*）

Life of Johnson, edited by G. B. Hill and revised by L. F. Powell, 6 volumes, Oxford, 1934–50, 2nd edition, 1964.

柏克,《埃德蒙·柏克通信集》（Burke, *Corr.*）

The Correspondence of Edmund Burke, edited by Thomas W. Copeland, 10 Volumes, Cambridge, 1958–78.

《埃德蒙·柏克著作和演讲集》（*WS*）

The Writings and Speeches of Edmund Burke, edited by Paul and K. Langford et al., 5 volumes, Oxford, 1981–.

柯勒律治,《塞缪尔·泰勒·柯勒律治通信集》（Coleridge, *CL*）

The Collected Letters of Samuel Taylor Coleridge, edited by E. L. Griggs, 6 volumes, Oxford, 1956–71.

《塞缪尔·泰勒·柯勒律治著作集》（*CW*）

The Collected Works of Samuel Taylor Coleridge, general editor, Kathleen Coburn, 16 volumes, Princeton, 1969–93.

葛德文,《威廉·葛德文小说集和回忆录》（Godwin, *CNM*）

Collected Novels and Memoirs of William Godwin, general editor, Mark Philip, London, 1992.

《威廉·葛德文政治和哲学著作集》（*PPW*）

Political and Philosophical Writings of William Godwin, general editor, Mark Philip, 7 volumes, London, 1993.

iii

哈兹利特，《威廉·哈兹利特著作全集》（Hazlitt, *CW*）

The Complete Works of William Hazlitt, edited by P.P. Hope, 21 volumes, London, 1930–4.

约翰逊，耶鲁版《塞缪尔·约翰逊著作集》（Johnson, *Works*）

The Yale Edition of the Works of Samuel Johnson, edited by W. J. Bate, John M. Bullitt and L.F. Powell, 16 volumes, New Haven, 1960–90.

凯恩斯，《约翰·梅纳德·凯恩斯著作集》（Keynes, *CW*）

The Collected Writings of John Maynard Keynes, 30 volumes, London, 1971-89.

马尔萨斯，《人口原理》（Malthus, *EPP*）

An Essay on the Principle of Population, edited by Patricia James, 2 volumes, Cambridge, 1989.

马尔萨斯 1798 年《人口原理》影印版，又名《初版人口原理》（*FE*）

The facsimile reprint of the 1798 edition of Malthus's *Essay* entitled the *First Essay on Population*, London, 1926.

《政治经济学原理》（*PPE*）

Principles of Political Economy, edited by J. M. Pullen, 2 volumes, Cambridge, 1989.

《托马斯·罗伯特·马尔萨斯著作集》（*Works*）

The Works of Thomas Robert Malthus, edited by E.A. Wrigley and D. Souden, 8 volumes, London, 1986.

詹姆斯·密尔，《詹姆斯·密尔：经济著作选》（James Mill, *SEW*）

James Mill: Selected Economic Writings edited by Donald Winch, Edinburgh, 1966.

约翰·斯图亚特·密尔，《约翰·斯图亚特·密尔著作集》（John Stuart Mill, *CW*）

The Collected Works of John Stuart Mill, general editor John M. Robson, 31 volumes, Toronto, 1965-91.

潘恩，《托马斯·潘恩的生平和主要著作集》（Paine，*LMW*）　*Life and Major Writings of Thomas Paine*, edited by Philip S. Foner, Secaucus, 1948.

李嘉图，《大卫·李嘉图著作和通信集》（Ricardo，*Works*）　*The Works and Correspondence of David Ricardo*, edited by P. Sraffa, 11 volumes, Cambridge, 1952-73.

斯密，《通信集》（Smith，*Corr.*）　*Correspondence*

《〈国富论〉早期手稿》（*ED*）　*Early Draft of* WN

《哲学论文集》（*EPS*）　*Essays on Philosophical Subjects*

《法理学讲义》（*LJ*）　*Lectures on Jurisprudence*（suffix A, Report of 1762-3; suffix B, Report of 1766）

《道德情感论》（*TMS*）　*Theory of Moral Sentiments*

《国富论》（*WN*）　*Wealth of Nations*

以上著作均出自格拉斯哥版《亚当·斯密著作和通信集》，六卷，牛津，1976—1987年。《国富论》和《道德情感论》的参考文献的顺序是卷、编、章和段，但不是每段引文都包含以上所有内容。

骚塞，《罗伯特·骚塞新通信集》（Southey，*NL*）　*New Letters of Robert Southey*, edited by K. Curry, 2 volumes, New York and London, 1965.

序 言

亚当·斯密之后

一

如果"亚当·斯密之后"这个术语没有被其他人抢先使用，我可能会试着用这篇序言的标题作为整本书的标题。于我而言，这个术语将是一语双关。如果能找到一个更加合适的题目，那么我会感到如释重负。近些年来，我一直追随着斯密，致力于研究斯密——就像我之前的很多人那样，探索他思想的意义。我对1790年斯密去世之后所发生的一切也颇感兴趣，彼时，斯密的著作成为他的继业者（无论友好与否）阐释或误解时绕不开的主题。"斯密之后"可以由"围绕斯密"和"超越斯密"进行补充，后两者反映了这本书不同部分的两类互相关联的讨论：一类问题是斯密试图在他已出版的著作中表达什么内容，另一类问题在很大程度上是独立的，即斯密的某些优秀的同时代人和追随者如何看待他的观点。从这个角度看，本书的结构非常简单，由几个独立的部分构成：第一编聚焦斯密，第二编集中讨论斯密与埃德蒙·柏克的政治经济学观点以及柏克的一些激进批评者观点之间的关系；第三编讨论罗伯特·马尔萨斯，一位重要的斯密追随者典范，在很大程度上，马尔萨斯被认为改变了他和斯密都曾努力研究的这门科学及相关技艺的境况。

不过，本书所考察的斯密与其他作家之间的关联性，不像这里说的这么直接。或许第一编第二章所用的标题，即"隐秘的联系"，可以更进一步抓住本书所涉及的主题的复杂性，以及那些讨论其意义的话题之间的关系。这个术语出自塞缪尔·约翰逊（Samuel Johnson），是他在讨论18世纪的奢侈与不平等时提出的。约翰逊描述的是，商业社会已经开始享受广泛的劳动分工带来的好处，而将商业社会中富人和穷人联系起来的正是那条隐秘的纽带。正是这种看法将奢侈视为凝聚社会的一种形式，与之形成对比的是那些继续坚持古代关于奢侈能够瓦解道德和政治的焦虑依然适用于当下的人。

理解富裕与贫穷的关系需要一把钥匙，它将解开约翰逊1753年写作时提到的那条"隐秘的联系"。与奥古斯都时代的道德学家一样，约翰逊意识到，伯纳德·曼德维尔（Bernard de Mandeville）早至1714年就在其《蜜蜂的寓言》中完整地提出了一套令人愤慨却颇有说服力的答案，并于1723年后对其进行了更为充分的论述。此书的副标题是"私人的恶行，公共的益处"，这中间插入的逗号给人们留下了大量要做的工作。很多作家，包括弗朗西斯·哈奇森（Fruncis Hutcheson）和大卫·休谟（David Hume）——前者是斯密的老师，后者是斯密最亲近的朋友——都从不同角度出发以对立的立场回应过曼德维尔那些臭名昭著的悖论。斯密追随着他们的脚步，其1759年发表的《道德情感论》在"论放荡不羁的体系"这一标题下用了一节内容讨论曼德维尔的学说。然而，一直到1776年《国民财富的性质和原因的研究》（即《国富论》）出版，斯密才能被认为打造了一把解开众多秘密锁链的钥匙，曼德维尔、约翰逊、休谟和很多作家已经为破解这些秘密笔耕不辍几十年了。

斯密描绘了一幅图景，创建了一个体系，该图景和体系的命运将远远长于约翰逊提出的术语的命运。斯密"青年时期"在一篇关于天文学史的论文中提到的那些"将自然界看似不相关的现象维系在一起的看不见的链条"，成了根据"完全自由和完全正义的自然体系"运行的"看不见的手"——在这里，体系意味着"想象出来的机器，它被发明出来，目的是把那些现实中已经进行的不同的运动和产生的不同的结果在想象中联系起来"[1]。斯密设想了想象和现实之间的桥梁，以解释商业社会的财富增长；在商业社会中，"人人……都靠交换生活，换言之，在某种程度上，人人都变成了商人"，每个人依靠对彼此自利的契约诉求来满足各自的需求。[2] 通俗地说，这些需要可以被描述为必需品、便利品和奢侈品。更有趣的是，它们可以被视为心灵或肉体的人为需求或自然需求，前者特殊而潜在的危险特征在于它们具有无尽的改进能力和开放地促进社会的竞争。斯密以道德哲学家和政治经济学家的身份回应了这个社会提出的挑战，他创造了一个体系，当该体系以颇具说服力的细节加以阐释，并被用来评判18世纪末欧洲和北美的各种制度和重商政策时，它证实了一些实用性的结论，所有渴望获得商业繁荣的好处，又想减少与其相关的弊端的明智立法者都被建议去关注这些结论。

　　第一版《国富论》发表于英属北美殖民地独立运动正式签署《独立宣言》的几个月前。斯密在创作该著的最后阶段"密切关注美洲事务"[3]。他甚至推迟了《国富论》的出版，以便完成他对英属北美殖民地的总体论述，其中包括对美洲局势恶化的潜在原因的分析，以及应对最有可能出现的结果的补救措施。[4] 美国独立战争的发展无疑为《国富论》在英国国内的出版提供了一个契机，一个让斯密能够从政治和经济两翼对整个商业法规的重商体系给予"沉痛一击"的机会。[5] 在这些方面，人们可以说，美洲革命（即美国独立战争，本书一律译

1　*EPS*, III.1 and IV.19.

2　*WN*, I.iv.1.

3　这一用语引自1776年2月8日休谟写给斯密的一封信中，见*Corr.*, p.186。

4　斯密在《国富论》出版前夕这段日子的主要工作，参见 R. Koebner, *Empire*, Cambridge, 1961, pp.229–30, 以及该著第357—359页的注释。

5　斯密对他这一"抨击"的描述，参见1780年10月26日他给安德鲁斯·霍尔特写的信，见*Corr.*, p.251。

为美洲革命）几乎确实是为斯密政治经济学量身打造的一系列事件（événements）。就斯密的体系而言，美洲革命的广泛原因和结果是可预见的，即使确切的结局——包括军事和政治上的偶然事件——不可预期。

然而，爆发于斯密生命最后一年的法国大革命，其可预见性要小得多，而不确定性要大得多。1789年开始的一系列事件究竟是对斯密原理的挑战，还是标志着向实现那些与斯密名字紧密联系在一起的目标迈进了一步——如他的某些英国追随者所相信的那样，这些问题即便在大革命爆发的最初阶段也是不明朗的。众所周知，柏克早在1790年发表其《法国革命论》时就对这些事件做出了相反的定论。本书第二编讨论发生在美国和法国的这两次重大事件的思想回响。这几篇文章致力于考察斯密辞世后不久柏克和他的激进派对手在阐明斯密观念的性质和命运时的争论。我认为，在呈现这些争论时，提及这种革命的政治经济学不仅仅只是比喻性的意义。[6]我还认为，为了厘清这种政治经济学在后法国大革命时代的情势下会产生怎样的影响，我们有必要研究一下政体和经济彼此协调的方式。

法国大革命也是第三编的初始背景。1798年，马尔萨斯的第一版《人口原理》开启了一场争论。就马尔萨斯而言，与这场革命和后来以启蒙运动著称的那场运动相关的各种激进观念是他的目标：威廉·葛德文（William Godwin）、孔多塞侯爵（Marquis de Condorcet）及其追随者们的完美主义思想附和着卢梭——尽管这种附和不太明显。这将是马尔萨斯随后尝试更新斯密体系以引导立法者解决一些新问题的基础；这些问题包括：身体健康的劳工在贫困救济中日益上升的比例、拿破仑战争以及19世纪最初几十年当时人认为英国开始成为

6　当然，我这么说是出于我个人的目的，遵循的是J.G.A.波考克树立的典范；参见波考克的《柏克的法国大革命政治经济学分析》一文，参见J.G.A. Pocock, "The Political Economy of Burke's Analysis of the French Revolution", in *Virtue, Commerce and History*, Cambridge, 1987, pp.193-212。

世界第一的制造业国家的早期阶段所带来的新问题。

马尔萨斯的争议性结论激起了威廉·哈兹利特（William Hazlitt）以及那些我们现在称为"浪漫主义"运动[7]——塞缪尔·柯勒律治（Samuel Taylor Coleridge）、罗伯特·骚塞（Robert Southey）是其领军人物——开创者们的强烈反对，后者甚至指控前者以一种新形式复兴了曼德维尔那些臭名昭著的悖论。这些浪漫主义运动的领军人物个个都对法国发生的事情感到幻灭。每个人都曾一度迷恋葛德文，后者试图与这种幻灭和解，其提供的补救措施是保持对未来社会和人性发生根本性变化的希望。葛德文不再是这些希望的焦点之后的很长一段时间里，这些浪漫派作者还是反感马尔萨斯厌恶马尔萨斯。此外，作为对马尔萨斯一系列抨击的一部分，骚塞最先以道德经济学来反击政治经济学[8]，但他绝非最后一个。

马尔萨斯无须费力就能理解这种提问方式：作为一名基督教道德学家，这正是他一直不断提问的方式之一。正如公民德性的腐蚀和丧失为斯密那一代人提供了一种表达商业社会威胁的方式，马尔萨斯和他的浪漫派批评者们也面临着类似的焦虑。这些焦虑充斥着从一个对外贸易迅速发展的"土地国家（landed nation）"逐渐过渡到一个制造业国家的转型过程中，后一种国家越来越多地利用机器，以新的方式雇佣城市劳动力，这些新事物有望提高生活水平，同时也是道德滑坡和政治动荡的实际根源或潜在根源。马尔萨斯挑起的这场争论是本书第三编几篇文章的主题；反讽的是，在这场争论中，双方都不打算理

4

7　关于"罗曼蒂克"的语言符号（第一次和最后一次）是用来表示怀旧的创造性词语，以及附带的定义问题；参见 M. 巴特勒《浪漫派、反叛者及反动派》（M. Butler, *Romantics, Rebels and Reactionaries*, Oxford, 1981）第一章。我也将表明，在讨论某些浪漫派时我无意讨论浪漫主义提出的宏大议题。

8　骚塞《平凡之书》（*Common-Place Book*）（Fourth Series, edited by John Wood Water, London, 1851, pp.694, 702）的一个词条流露出直白的相反立场，不过由于本书随后的文章（第十、十一章）做了清晰的说明，这一对更高道德基础的要求成了他和柯勒律治全部政治经济学批评的一部分。

解他们的忧虑乃至相关诊断有多少共同之处。[9]正在形成的制造业体系是更深层问题的解决办法，抑或仅仅是这一问题的表现？传统的历史编纂学将这些关切与激进的抗议派文学、与原始社会主义的诊断、与"浪漫派"对机械思维方式和拜金主义罪恶的攻击、与"托利式的人道主义"紧密关联起来，却将政治经济学排除在外。如果这门新科学没有显示它在阐释英国这一时期面临的那些潜在的政治和道德困境的尝试中有多深入的参与，那么，对这门科学的任何描述或许都是不完整的。

马尔萨斯在这场争论中发挥着关键作用，他将会特别惊讶地发现，他现在成了"去道德化的（de-moralising）"政治经济学的罪人。马尔萨斯的现代诋毁者在使用这个不堪的字眼时，关心的不是该词一般的字面意思——"腐蚀道德"或"打击士气"，而是希望描述所谓的政治经济学脱离道德并服从非人格的经济力量的过程。不过，使用该词的那些人似乎希望还能传达出更传统的言外之意。[10]

第三编的几篇文章致力于探讨这场争论的起源和发展，涉及英国社会史和文化史大分裂的开端，尽管这场分裂需要随后几代维多利亚

9　在这方面，我将试着用一些笔墨讨论西德尼·切克兰德（Sindey Checkland）多年以前的高见："当然，柯勒律治本该以马尔萨斯为主要对手，这是19世纪没被承认的反讽之一"；参见 "The Propagation of Richardian Economics in England"，*Economica*，16（1949），p.41。

10　引领20世纪这一"去道德化"论述的巨擘是 E. P. 汤普森，他讲述了一段较长的故事，其中一部分内容是，一种家长制"道德经济学"被"剔除讨厌的道德规则的"政治经济学所取代。汤普森没有谴责政治经济学的代言人对公共利益的不道德意图或冷淡漠然的态度，而是认为这些作家的意图造成了"恶劣的意识形态兴趣和历史后果"；参见《18世纪英国民众的道德经济学》（"The Moral Economy of the English Crowd in the Eighteenth Century"），最初发表于1971年，此文和一篇对其批评者的长文答复一起再版于1991年《共同的习惯》（*Customs in Common*，London，1991，详见第200—207，275—288页）。最近一部讨论去道德化 问题的论著是 G. 希梅尔法布《贫穷的观念》，该书为斯密辩护，将马尔萨斯作为始作俑者，参见 G. Himmerlfarb，*The Idea of Poverty*，New York，1984；以及 M. Dean，*The Constitution of Poverty*，London，1991。对于这些解释，我已有所讨论，参见 "Robert Malthus：Christian Moral Scientist，Arch-Demoraliser or Implict Secular Utilarian？"，*Utilias*，5（1993），pp.239-53。

时代的圣哲们的介入——著名的托马斯·卡莱尔（Thomas Carlyle），约翰·罗斯金（John Ruskin）和威廉·莫里斯（William Morris），并在19世纪末和20世纪的传承中日益明朗。阿诺德·汤因比（Arnold J. Toynbee）是这一传承的主要代表，在形容这场争论时也颇具倾向性：他将这场分裂说成"经济学家和人类"的一次激烈之争。这场争论既漫长又苦涩。汤因比在19世纪80年代初期说，他相信这场争论直到最近才以有利于人类的形式被解决了。这一判断既草率又偏颇：我们有充分的理由认为这场争论以这种或那种形式一直延续到20世纪，并以此界定人们彼此的效忠对象，维持必需的刻板印象。[11]汤因比在其讲课过程中使用的标题解释"为何如此"，他在《18世纪英格兰的工业革命》这份讲稿中阐明了他的观点。[12]人们曾一度认为，这些讲稿就一个未曾预料的世界提出了一套颇有说服力的解释技巧。尽管汤因比是将斯密、马尔萨斯、大卫·李嘉图（David Ricardo）、约翰·斯图亚特·密尔（John Stuart Mill）与英国工业制度演进中的不同阶段联系起来的第一代人，但更细致的研究发现汤因比只是将"革命"（revolution）写成了大写字母。[13]最初创造工业革命这个术语的人恰是目睹英国景象的外国观察家们：弗里德里希·恩格斯（Friedrich Engels）1845年在《英国工人阶级状况》一书中提到蒸汽机的运用和棉纺业的技术革命，认为工业革命有着更广泛的流动性、更戏剧性的色彩。

　　上文提到马尔萨斯和斯密之后的其他政治经济学家面临的未曾预料的新问题，或许有人认为我想借助工业革命作为解释要素，或者作

6

11　关于这一说法真实性的简要说明，可以参考雷蒙德·威廉斯的《文化与社会：1780—1950》（*Culture and Society, 1780–1950*, London, 1958），这部文化史著作聚焦于工业革命及其结果，也是20世纪中期众多讨论的焦点所在。威廉斯及其学生的下一部著作，在20世纪中期之后当然仍有生命力和洞察力。

12　这些讲座最初在牛津开设，讲稿在其身后于1884年出版，并多次再版。经济学家与人类这一说法可见于1923年版的第137页。

13　参见D. C. 科尔曼《迷思、历史和工业革命》的第一篇文章（D. C. Coleman, *Myth, History and the Industrial Revolution*, London, 1992, pp.1–42）。

为我论述的基本背景。从一种更古老的历史编纂学的标准看，这种做法当然是一个传统动作，它允许我加入一些学者的评论，他们认为政治经济学事业——无论是作为科学还是作为辩护——都不可避免地与疯狂发展的资本主义工业模式捆绑在一起，而资本主义的工业模式恰是19世纪中期以来卡尔·马克思、约翰·斯图亚特·密尔的关注焦点。由于其他原因，我选择在1834年前后结束本书；这一年，马尔萨斯和柯勒律治去世，济贫法修正案通过，除此之外，我不想承担越来越冗长的篇幅还有一些更重要的理由。工业革命这个概念不是我的主角们觉得有必要发明的一个词。事实上，他们因未能做到这一点而广受批评。[14] 英国工业革命这一事实和这种观念，一直是耗费经济史学家心力的首要问题，因为流行的修正主义倾向是质疑人们通常赋予这一时期即1770—1835年的革命性特征。我不是经济史学家；而且作为思想史学家，我认为遵从观念是事件的反映这一看法不太明智，但这不是我避免使用"工业革命"一词的主要原因。不过，E. A.里格利（E. A. Wrigley）这位修正主义领军人物得出的某些结论吸引了我，主要是因为他将斯密、马尔萨斯、大卫·李嘉图的理论富有洞察力地用来解释英国经济发生了什么。

对我的计划更有吸引力的是，里格利表明，就人均收入持续增长而言，这些作家的预期受到前工业条件的明显制约，在前工业时期的状况下，我们现在所看到的指数级经济增长是他们很难、甚至是不可能想象的。前工业条件下增长的主要限制需结合马尔萨斯的人口原理和对源于土地的粮食生产的技术依赖，土地是土地、劳动力和资本三要素中的不变要素，是所有形式的生命能量的最终来源。里格利指出，当时学者没有看到人们如何突破上述瓶颈，这是我们理解实际发

----

14 "他们生活在工业革命时期，却很少从书斋里观望这个世界的改造。"参见 Paul Samuelson，"The Canonical Classical Model of Classical Political Economy"，*Journal of Economic Literature*，16（1978），p.1428。

生之事的基础："预期和事实出现如此明显的差异，本身就成为理解工业革命各种变化的性质的一条重要线索。"[15]

我觉得这是一个很有说服力的理由，足以让我无须诉诸工业革命这一概念来解释斯密及其两位重要追随者著作的性质，与此同时，我将质疑里格利归因于这三位作者的立场的延续性程度。在与一些经济思想史学家争论的过程中，我坚持认为延续性常常是被强加的，而非被识别出来的，这很大程度上是目的论预期的结果，经济学家常常将这些预期带入对他们讨论的主题的历史研究中。在考虑这里的延续性和不连贯性时，我仍然坚持认为斯密的后继者们面临的社会和思想界有别于斯密预想的世界。[16] 他们还创制了一些新工具，同时也以不同的方式利用斯密的旧工具。这就有助于解释，那些在其他方面乐于视《国富论》为共同出发点的人，为何对斯密成就的批评与称赞常常一样多。里格利所说的三位重磅古典经济学家"异口同声"的现象，我想只有在马尔萨斯和李嘉图那里可以清晰地看到，即他们都强调人口增长和农业收益递减规律的结合可能会对日益增长的实际收入产生怎样的限制。尽管与其继承者相比，斯密可能更不愿沉溺于长期预测，但他对增长过程的描述更具开放性，更能涵盖与不断扩大的新市场相关联的扩张性力量，无论是在国内扩张市场还是通过对外贸易扩张市场——假设这些市场总是能免遭他所说的"战争和政府的一般革命"[17]的影响的话。

8

15　参见 "The Classical Economists and the Industrial Revolution", in *People, Cities and Wealth*, Oxford, 1987, p.35. 里格利对工业革命的总体解释还可参见《延续、机遇和改变》(*Continuity, Chance and Change*, Cambridge, 1988)。他还富有洞见地讨论过作为人口统计学家的马尔萨斯；参见他为马尔塞斯著作集所写的导言 (*Works*, I, pp.7-39)；以及 "Elegance and Experience: Malthus at the Bar of History", in D. Coleman and R. Schofield (eds.), *The State of Population Theory*, Oxford, 1986, pp.46-64。

16　关于此前对不连贯性的观点，参见 "Science and the Legislator: Adam Smith and After", *Economic Journal*, 93 (1983), 501-20。

17　*WN*, III. iv. 24.

这些侧重点的区别将在接下来的几篇文章中讨论。尽管如此，我所提到的政治经济学家共享一种基本的信念，即关注是哪些因素约束或限制了财富的增长和扩散，与此同时，他们还提出了将生活标准的影响降至最低的各种方法，因此，我很少用乐观或悲观的比较来描述侧重点的变化。当我论及那些敌视政治经济学的批评家时，显然仍有必要说明的是，描述给定或假定条件下可能发生的事情并不意味对结果的认可：诊断不是救治。[18] 因此，尽管"乐观主义"和"悲观主义"通过人们的不断重复获得了一种习惯上的意义，但这些术语的含义是不确定的，它们有时反映了作者的观点，但更常见的情况是对读者观点的反映，因此取决于事后之见和事前期望，这些评价可能与原作者的看法没有太多关联。充其量，这些术语描绘了面对不同证据时我们在不同程度上感受到的模糊情绪；从这个意义上说，斯密在某些主题上没有马尔萨斯和李嘉图乐观，而在另一些主题上又显得更加乐观一些。不过，区别对待斯密和他的两位最有影响力的后继者，把这种做法视为一项新挑战仍然是无可厚非的。但在这么做的时候，我觉得没有义务解决"先有鸡还是先有蛋"的问题，比如，这种新颖性在多大程度上是一个事实还是一个评论，在多大程度上归功于思想创新还是智力的偏好。

二

约翰逊"隐秘的联系"还描绘了不同作家之间的关联，这些作家的著作构成了我讨论的主题；在这里，"隐秘"意味着重新发现而

---

18 如我们将要看到的，这些评论在马尔萨斯的某些同时代批评者那里尤为必要。这些评论在20世纪仍然有必要，这一点可以从莱昂内尔·罗宾斯在《英国古典政治经济学中的经济政策理论》（*The Theory of Economic Policy in English Classical Political Economy*，London，1952，especially Lecture III）展开的辩护中得到印证。

非深刻的揭示。论断和立场的联系与其说是隐藏的、模糊的，不如说需要重新检视。这甚至适用于我的三位主角的著作：适用于《道德情感论》和《国富论》，适用于柏克《法国革命论》之前和之后的著作，也适用于马尔萨斯不同版本的《人口原理》和《政治经济学原理》。在这些作家周围还有一大批作家，这两批作家之间的联系以及后者彼此之间的联系同样难以确定。在某些情形下，我们可以通过作家们明确表达的或相似或对立的观点来确定他们的联系。在另一些情形下，我们不得不提出推测的或反事实的问题：当缺乏明确的回复时，一种看似可信的答案偶尔会在少量的直接证据的基础上构建出来。这种构建在本书第三编的几篇论文中肯定占了很大比重；但第一编在讨论斯密、约翰逊、曼德维尔和卢梭时，这种构建也同样重要。当我们在思考斯密为何选择不继续深究那些激起孟德斯鸠、休谟、罗伯特·华莱士（Robert Wallace）和詹姆斯·斯图亚特等同时代人的兴趣的奢侈和人口问题时，这些人物也同样重要。第三编的讨论也是如此，马尔萨斯对葛德文、孔多塞、潘恩（Thomas Paine）以及浪漫派批评者们的可能回应和实际回应都是研究的对象。

　　三位主角本身之间的亲近关系也能够产生一些新见解，尤其是在某些一贯的刻板印象被搁置一边后更是如此。其中之一关乎斯密和柏克的联系，这种联系最早可追溯到1800年，彼时，柏克的第一位传记作家声称两人的政治经济学有着几乎是心灵感应的相似性，他创造的这则轶事让两人的联系流传开来。[19] 鉴于这些说法，柏克《关于粮荒的思考和详细说明》这本身后出版的小册子——它抨击了"劳动贫民（labouring poor）"这一概念以及任何干预劳动和供给市场的尝试——被视为忠实地反映了他朋友的观点，其在意识形态上的意义远远超过这本小册子本身贫乏的内容。于是，卡尔·马克思充分利用了他在诊

19　第二编题记的一段话引用了这则轶事，见下文第124页（即本书页边码，下同）。

断资本主义意识形态影响时创造的那些标签，将这本小册子作为柏克是"不折不扣的庸俗资产阶级"的确凿证据——一种鉴定意识形态忠诚的观点，此观点继续为20世纪末马克思信徒们设置一定之规。[20] 埃利耶·阿莱维（Elie Halévy）20世纪初撰写的现代英国思想史呈现出一种大相径庭的路径，他相信，《关于粮荒的思考和详细说明》表明柏克"从时间顺序上说是以纯粹的正统保守派解释政治经济学的第一人"[21]。于是，柏克两条平行的事业就由此开启：要么作为斯密的"资产阶级"信徒，要么作为他的"保守主义的"解释者。前者为柏克对"旧制度"的辩护增添了一种不确定的"自由"资本主义价值，后者则为斯密的"自由主义"凭证加上一个同样有问题的"保守主义"维度。因此，马克思和阿莱维的崇拜者和批评者的持续工作就是代表、支持、否认、惋惜或解释事实上或表面上错位的证据。

如同人们从这些解释中经常看到的那样，最初与老左派有关的解释（以及被新左派继续采取的解释）已经被新右派推翻了。[22] 20世纪的最后几十年里，一些人相信斯密的经济自由主义与柏克的保守主义可以建立和谐的关系，这种看法已经重新流行并传播开来。将

---

20 参见 *Capital*，Moscow，1964，I，p. 760n. 当代以马克思主义解释柏克的巨擘是 C. B. 麦克弗森，参见 C. B. Macpherson, *Burke*, Oxford, 1981。尽管存在个体性的差异，麦克弗森的解释也构成了 I. 克拉莫尼克的《埃德蒙·柏克的愤怒》（I. Kramnick, *The Rage of Edmund Burke*, New York, 1977）、M. 弗里曼《埃德蒙·柏克与政治激进主义的批判》（M. Freeman, *Edmund Burke and the Criticism of Political Radicalism*, Oxford, 1980）以及 T. 福尼斯《埃德蒙·柏克的美学思想》（T. Furniss, *Edmund Burke's Aesthetic Ideology*, Cambridge, 1993）的基础。我对麦克弗森解释的较早评论参见我的论文《柏克-斯密问题与18世纪末的政治和经济思想》（"The Burke-Smith Problem and Late Eighteenth-Century Political and Economic Thought", *Historical Journal*, 28 (1985), pp.231-47），其中一部分可见本书第七章。

21 《哲学激进主义的兴起》（*The Growth of Philosophic Radicalism*）最初以法语的三卷本出版，前两卷初版于1901年，第三卷初版于1904年。这段引文出自1955年波士顿出版的英译本第230页。

22 其他一些与工业革命相关的解释的例子，可参见 Coleman, *Myth, History and the Industrial Revolution*, pp.34-6。

这两种观点结合起来，人们就可以得出一种自发的经济秩序——它是个人选择的无意识的结果，还可以形成一种法律和政府制度——它尊重习惯和传统并保护家庭、教会和其他志愿结社组织（voluntary associations）等"小团体"，这些小团体被认为是社会凝聚力、甚至是民族性的关键。稍稍夸张一点，人们可以说斯密和柏克的联合提供了令人振奋的学说大综合，并激发了最近一位英国首相及其内阁智囊团坚定的政治信念。[23] 因此，无论马克思主义的各个流派或这种新的联合是否具有历史基础，现在都成为我写作第二编几篇论文的部分背景——即使不是动机的话。

柏克和马尔萨斯常被人们视为反雅各宾派而联系在一起，两人获得的这一名声源于法国大革命后英国对反动情绪的利用。哈兹利特认为马尔萨斯的人口原理是投向**合法性**（Legitimacy）大焖锅的"一种有毒物质"，并"让这口锅里的东西变得浓厚黏稠"。[24] 随后，马克思在评论马尔萨斯的《人口原理》时说，"这本小册子引起的巨大轰动，完全是出于党派利益。法国大革命在英国找到了激情澎湃的辩护者；而'人口原理'……受到英国寡头政治的热烈欢迎，并被视为一切对人类发展的渴望的巨大破坏者"[25]。马克思对马尔萨斯政治经济学的重要意义同样也给出了否定的结论：这是一部"被地主阶级收买的鼓吹"之作。可以确定的事实是，柏克和马尔萨斯将这些有利于现存社会和政治秩序的有力论断遗赠给了他们的后继者。实际上，马尔萨斯

---

23 F. A.哈耶克是这种观点最有影响力的鼓吹者，这一看法将休谟视为斯密和柏克的共同先驱；参见 *Studies in Philosophy, Politics and Economics*, London, 1967, p.111。撒切尔夫人（现在是撒切尔女士）曾在一些稍纵即逝的瞬间明确表达过她的信条，参见《致〈泰晤士报〉的一封信：论斯密》（参见 a letter to *The Times* on Smith, 18 July 1977），以及英国广播公司对詹姆斯·诺蒂（James Naughtie）的一次访谈，见 "On the Record", 15 July 1990。现在，斯密与柏克的联合被视为定义英国保守主义的标准方式，参见 D. Willetts, *Modern Conservatism*, London, 1992, pp.96–9。

24 参见 Hazlitt, *CW*, XI, p.112。

25 *Capital*, I, p.616n.

以其更低调的态度为现实提供的辩护性理由比柏克要少得多：前者提出一条不变的自然法则来证明为什么重塑社会和政治制度不可能改变基本的人类状况。这些解释多大程度上可以接受基于证据的考验，而非遭到意识形态的诋毁，是第三编考察的内容。

然而，第三编不会提及马尔萨斯观点所产生的一个影响，这里却值得简单说一说。马尔萨斯与葛德文的冲突，与其他平等主义的、有着共产主义倾向的激进派如孔多塞、潘恩以及和罗伯特·欧文（Robert Owen）的冲突涉及的主题，成为后来讨论社会主义取代资本主义制度的基础。虽然在马尔萨斯的读者中，马克思不是最能与之共情的人，但他出自本能的反对包含了一个重要的洞见，即马尔萨斯的观点对改革者和革命者似乎同样具有威胁性。

> 如果（马尔萨斯的）理论是对的，那么，即使我把雇佣劳动制度废除一百次，也还废除不了这个规律（工资铁律），因为在这种情况下，这条定律不仅支配着雇佣劳动制度，而且还支配着一切社会制度。经济学家五十多年以来正是以此为根据证明社会主义不能消除自然本身造成的贫困，而只能使它普遍化，使它同时分布在社会的整个表面上。[26]

约翰·斯图亚特·密尔，李嘉图的第一位正统继承者，同情性地倾听了某些非马克思主义的社会主义思想，只有在成为一个狂热的新马尔萨斯主义者时，他才将这些同情与他对马尔萨斯原理真诚的接受协调起来。婚内生育控制凭借公共舆论的集体压力施加于不负责任的父母，为马克思评论中的那种焦虑提供了答案。不过，由于第三编将会讨论的某些原因，马尔萨斯不可能承认新马尔萨斯主义，这就意

---

26 *Critique of the Gotha Programme*（1875）in *Karl Marx / Frederick Engels: Collected Works*, London, 1974-, XXIV, p.91.

味着他不得不从其他途径寻求救治方案，为他对未来社会的设想提供基础。

回到将斯密与马尔萨斯联系在一起或分隔开来的延续性或不连贯性这个问题上，我们或许可以认为，现在几乎没什么秘密与他们相关。尽管包括浪漫派在内的一些评论者认为，这两位政治经济学大师在思考社会——社会若不被摧毁，就必须被赋予人道——方面几乎没什么差别，但仍有一种更有力的论断认为，斯密和马尔萨斯分别体现了启蒙运动——这里指的是传统意义上的启蒙运动——的乐观主义和后启蒙运动的悲观主义。如上文所述，马尔萨斯被分配到的角色是给政治经济学科学打上残酷的、宿命论的色彩，甚至因为割裂政治经济学与道德经济学而颠覆了斯密的观点。马尔萨斯承认，他的人口原理给他最初的思考涂上了"一层忧郁的色彩"；这就为卡莱尔生造"阴郁的科学（dismal science）"这个术语来描述斯密之后的政治经济学提供了适当理由。然而，因为上文提到的理由和下文将以较长篇幅为其辩护的理由，我相信，基于斯密的乐观主义、柏克的保守主义、马尔萨斯自然主义的宿命论之上的很多解释需要全面修正：这些标签只是重复了人们对这几位思想家的敌意和误解，并披上一层自以为是的装饰物。[27]

在使用"自由主义"和"保守主义"这些标签去描述斯密和柏克思想的特征时，我只是借用了时代错置的说法：当斯密和柏克被脸谱化地讨论时，最常见的特征就是"自由主义"、"保守主义"这些标签。说到这些标签，我指的是我们讨论他们所谓的遗产的方式，以及这份遗产在定义我们用来给他们分类、构建我们自己的身份和立场的

13

---

27 较早讨论马尔萨斯争论、让他们的敌对立场一览无余的著作，可参见 K. Smith, *The Malthusian Controversy*, London, 1951；以及 Harold A. Boner, *Hungry Generations: The Nineteenth-Century Case against Malthusianism*, New York, 1955。如同博纳（Boner）清楚表明的，他认为这次争论的历史是揭露作为"掩盖剥削与经济不平等的令人厌恶且荒谬的工具"的马尔萨斯理论的戏剧性斗争。

那些传统时所发挥的作用。然而，一个清楚的历史事实是，斯密、柏克和马尔萨斯认为他们自己有别于18世纪末、19世纪初那个大范畴的辉格"属类"的政治物种。这一辉格"属类"面临的不断增长的竞争性压力来自19世纪二三十年代打上约翰·斯图亚特·密尔印记的新一代哲学激进派，随后，它又被某种所谓的**自由主义**取代——尽管在19世纪后来的时间里仍然还能找到少数几位正常辉格派人物的标本。[28]

尽管如此，这些时代错置的标签如果有助于聚焦美洲革命和法国大革命期间和之后人们将一种观点说成自由主义、保守主义以及激进主义究竟意味着什么，那它们还是能够达到历史目的。或许更有意思的是，历史学家们开始让我们更加意识到那些在辉格派和托利派范畴中发现的广泛多样的政治观念和宗教观念。[29]将斯密和柏克置于舞台中央，也间接解释了马尔萨斯与其浪漫派批评者的对立。例如，这将有助于提出以下有意思的问题：在拿破仑战争之后的时间里，骚塞、柯勒律治和华兹华斯（William Wordsworth）面临英国宪政甚至英国民族性的挑战时为何一边被柏克的立场所吸引，一边却谴责柏克曾自豪地拥护的一门科学，即政治经济学这门科学。就柏克而言，这门科学的知识是任何自诩为现代商业社会立法者的政治家的主要资质之一。相反，骚塞和柯勒律治担心，这个世界很快会被"一群油腔滑调的经济学家组成的可鄙的民主寡头"统治，"相比之下，最糟糕的贵族统治反倒是一种福分"。[30]骚塞是一个狂热的**托利党**，而柯勒律治被牢牢贴上"投机性**托利党**"的标签，后来被约翰·斯图亚特·密尔贴上**保守主义**的标签——柯勒律治自豪地接受了这个标签，而且

14

28 关于辉格派和自由派的复杂关系的论述，可参见 J. W. Burrow, *Whigs and Liberals: Continuity and Change in English Political Thought*, Oxford, 1988。

29 例如，P. Mandler, *Aristocratic Government in the Age of the Reform*, Oxford, 1990；James J. Sack, *From Jacobite to Conservative*, Cambridge, 1993。

30 前半句出自 T. Allsop, *Letters, Conversations and Recollections of Samuel Taylor Coleridge*, London, 1836, in 2 volumes, I, pp.136-7；后半句出自 *Table Talk*, edited by H. N. Coleridge, London, 1838, p.138。

是以大写字母的形式。这就表明，与我将要讨论的思想对抗同时发生的重大事件，涉及英国社会和政治史的关键时期的某些影响深远的政治技艺术语的历史（如果它们不是这段历史的开端的话），包括废除《宣誓与市政机关法案》(*Test and Corporation Acts*)，《天主教徒解放法案》(*Catholic Acts*)、第一次议会改革法案以及济贫法修正案等事件——如果这段历史有终点的话，即便是暂时的终点，那么，这个终点便是《济贫法修正案》。

　　本书副标题以不定冠词（an）来描述这里考察的思想史，全书以"论文集（essays）"来形容这项研究的形式，以此表明本书的论述并非已经详尽无遗或是最终定论。人们可以另外撰写这一个时期政治经济学的思想史，实际上已有相关著作。[31] 此外，尽管我写了一篇简短的结尾，但我的结论散布在全书中，而非集中在全书结尾。我探索的线索是本书主角们的著作中的某些重要主题，主要聚焦富裕与贫穷，及其前因后果；在不断变化的情况下，这些主题通常最先被感知和分析。另外，我不是写一部这一时期政治经济学的学说史，所以，我也没有义务对所有重要人物以及联结或割裂他们的理论主题提供一个全面的报道。马尔萨斯在19世纪前十年形成的正统的政治经济学团体中的朋友和对手，李嘉图，在本书第九章中看似是马尔萨斯立场的辩护人，而在第十二章中，作为这门科学另一个版本的倡导者，他对政治经济学有着更重要的影响，却在很大程度上被视为马尔萨斯的衬托。当马尔萨斯和柯勒律治去世时，约翰·斯图亚特·密尔才二十几岁，因而，我只是简要提了一下：他对政治经济学的贡献和马克思一样同属于19世纪中期及以后的时代。那些与马尔萨斯结盟、试图创造一个基督教版本的政治经济学来取代异教徒版本的人，如约翰·博德·萨姆纳（John Bird Sumner）、爱德华·柯普勒斯通（Edward

15

31　例如，Jean-Claude Perrot, *Une histoire intellectuelle de l'économie politique, XVII-XVIIIième sièle*, Paris, 1992。

Coplestone）、理查德·惠特利（Richard Whately）、托马斯·查默斯（Thomas Chalmers）、理查德·琼斯（Richard Jones），这些人也没有得到详细的讨论。如果需要超出本题材内在理由之外的理由来证明这些优先事项的合理性，那么，我将提醒读者注意现在已有的大量的古典经济学学说史。[32] 基督教政治经济学已经成为很多学者杰出研究的一个主题，他们对细微的神学争论的理解，对宗教和政治之间的联系的讨论，超出了我能做到的范围。[33]

三

这不是我第一次写作关于斯密和马尔萨斯的著作，因此，回到先前的"犯罪现场"或许需要一些合适的理由。自负一点说，我的辩解可能再简单不过：迄今为止，我还没有以一种令自己满意的方式对这些大思想家说出我想说的一切。现在我把他们放在一起允许我讨论的议题，是把他们的著作以比迄今为止人们可能理解的更广泛的形式呈现出来，而且我想这也是一种更丰富的呈现。这也让我有机会修订我先前著作的各种缺点。例如，我在《亚当·斯密的政治学》一书中试图以18世纪的政治语境代替19世纪和20世纪占主导地位的经济学视角，而人们通常在后一种视角范围内看待斯密；此书的批评者们抱怨说，我在让斯密面对他的同时代人时切断了一位影响深远的作家与其后辈必然存在的联系；正如那部著作清楚明了表示的那样，我将斯密置于18世纪的思想地图中时没有表明这张地图是如何为其继任者使用的。

---

32 例如，D. P. O'Brien，*The Classical Economist*，Oxford，1974；以及 W. Eltis，*The Classical Theory of Economic Growth*，London，1984。

33 关于基督教政治经济学的文献，可参见下文注释51。

　　我接受上述指控，很大程度上是因为我相信，上述混乱极有可能是人们将斯密的目标等同于他的著作在随后几代读者手中的命运造成的后果。不过，我承认，有些人强调作者的意图是时代错置的解药，他们有某种义务去探索原创性著作对这个世界产生影响的方式以及在这个过程中被转化的方式。另外一些批评者坚持认为我对斯密的道德哲学关注不够；在将斯密的政治学推上前台时，我掩盖了斯密那些仍然非常著名的经济学主张。综上所述，我将乐意在随后的工作中尽力修正这些缺点。[34]

　　第一编集中讨论斯密的几篇文章将这项研究变得更具体，而且在这个方向更进了一步。为了回应以下指责，即我的研究使得斯密在18世纪的思想语境图景中不甚显眼，我对斯密视野的那些独特方面给予了更多关注，展现了斯密的视野如何转变而非只是反映同时代人的争论。这种转变并不能通过单独的创新来实现，而是借助一系列重点转向，其起源可以追溯到斯密对道德科学和18世纪下半叶苏格兰正在发展的法理学的贡献。具体到《国富论》时，这些重点转变让作为道德哲学家的斯密能够重新获取并重新定位已有的经济观点、意见和体系，包括"重商主义体系"——这是一个贬义词，斯密用这个术语描述与他本人提出的体系相反的类型。斯密的主张还让他与弗朗索瓦·魁奈（Francois Quesnay）和法国"重农主义体系"鼓吹者的"开明"经济观点区分开来；而就"重农主义体系"而言，斯密被认为既是学生也是老师。

　　和大多数学习18世纪政治思想的学生一样，在我先前讨论斯密的著作中，我很乐意承认我从约翰·波考克的著作中所获甚丰，他的研究对英美思考"公民人文主义"或"古典共和主义"的转喻和模式

16

34　参见 "Adam Smith's Politics Revisited"，*Quaderni di Storia dell'Economia Politica*，9（1991），pp.3-27；以及 "Adam Smith: Scottish Moral Philosopher as Political Economist"，*Historical Journal*，35（1992），pp.91-113。

17　有着持续的影响。[35] 我同样也很乐意表达我对邓肯·福布斯（Duncan Forbes）的敬意，多年来，他致力于研究休谟和斯密以及他们共享的那种"怀疑论的辉格主义"。[36] 自此以后，波考克的研究延伸到众多领域，他发现有必要回应人们对美国民族认同起源的"自由主义"解释的兴趣复兴所引发的批评，并很有助益地将美国民族认同的起源断定为美国意识形态一直有着强大的吸引力。[37] 斯密的权威著作被援引为与"自由主义""资产阶级"或"占有性个人主义"等所有相关概念的特许代言人，这种做法一度让我斗胆短暂介入这场争论中。[38] 第五章比较了斯密对美国独立的补救措施与柏克、潘恩和普莱斯（Richard Price）提出的措施，除那一章的一些总结性评论之外，我不打算在这里重复这种僭越行为，尽管在美国建国初期，美国显然有类似的机会运用斯密式的政治经济学。[39]

同样，波考克还激发了近年以来社会和文化史学家致力于研究的一大批有趣的工作——这一现象现在被称为苏格兰启蒙运动，并且在这一领域也产生了至关重要的影响。这项研究关注18世纪受过教育的苏格兰人著作中普遍盛行的"公民道德学家"的主题。早先的观念社

35 大部分的作品可参见《马基雅维利时刻：佛罗伦萨政治思想与大西洋共和传统》（*The Machiavellian Moment: Florentine Political Thought and the Atlantic Republican Tradition*，Princeton，1975），和《德性、商业与历史》（*Virtue, Commerce and History*）。

36 参见 "Sceptical Whiggism, Commerce and Liberty" in A. S. Skinner and T. Wilson（eds.），*Essays on Adam Smith*，Oxford，1976，pp.179–201；and *Hume's Philosophical Politics*，Cambridge，1975。

37 参见 "Republicanism and *Ideologia Americana*"，*Journal of the History of Ideas*，48（1987），pp.325–46。

38 参见 "Economic Liberalism as Idelology: The Appleby Version"，*Economic History Review*，38（1985），pp.287–97。

39 在这些主题上最突出的研究之一是 Drew R. McCoy，*The Elusive Republic: Political Economy in Jeffersonian America*，New York，1980。从这本著作开始，涉及众多议题的另一项研究形成了，参见 John E. Crowley，*The Privileges of Independence: Neomercantilism and the American Revolution*，Baltimore，1993。

会史涉及大量与苏格兰密切相关的研究——比如，强调苏格兰启蒙运动唯物主义基础的文明社会史的历史阶段理论——这种观念社会史认为苏格兰人反映了即将出现的或当时人们期待中的资本主义社会，并预示了马克思唯物主义的历史发展观。[40] 在最近的研究中，我们依然被要求将这些主题视为苏格兰经济相对落后等问题引发的地方性讨论中的一部分，但是文化和政治层面得到了更多重视，1707年联合法案之后苏格兰的国家政治机构的丧失造成的诸多问题被给予了更多强调。与商业社会相关的经济和文化发展——英格兰和苏格兰两地联合开启的前景——在多大程度上与积极公民权的古典理想珍视的那些参与性品质相称，或者说能够代替这些品质，就成为上述背景下的主要问题。近来人们关于这一主题的研究无疑提供了一种更丰富的思想语境，在这种语境中人们得以定位苏格兰文人圈那些成员的著作，他们对以商业为基础不断发展的经济所提出的道德和公民问题阐发了明确的立场。问题在于，这种语境要么将斯密视为这些主题的例证，要么恰好避开了这些主题。[41]

18

　　尽管我从这些研究中获益甚多，但我对以纯粹的苏格兰视角看待斯密（或者还有休谟）仍持保留态度。我承认，它们有助于我们理解18世纪苏格兰知识分子圈和大众争论中的某些持续存在的主题，但我更倾向于认为休谟和斯密对欧洲问题和欧洲读者有更多回应，更倾

40　罗纳德·米克（Ronald Meek）是这种观点最优秀的发言人，参见 "The Scottish Contribution to Marxist Sociology" in *Economics and Ideology and Other Essays*, London, 1967, pp.34-50; and *Social Science and the Ignoble Savage*, Cambridge, 1976。

41　例如，参见 N. Phillipson, "Culture and Society in the Eighteenth-Century Province", in L. Stone (ed.), *The University in Society*, Princeton, 1974, 2 volumes, II, pp.407-48; 菲利普森和约翰·罗伯逊在《财富与德性》中的文章，见 Istvan Hont and Michael Ignatieff (eds.), *Wealth and Virtue: The Shaping of Political Economy in the Scottish Enlightenment*, Cambridge, 1983; J. Robertson, *The Scottish Enlightenment and the Militia Issue*, Edinburgh, 1985; R. B. Sher, *Church and University in the Scottish Enlightenment*, Princeton, 1985。

向于他们有意识地将自己有别于那些被认为构成苏格兰启蒙运动的众多人物的方式。[42] 将斯密放在地方性背景的一个主要问题是如何理解《国富论》的卓越成就，该书副标题中复数形式的国家标志着其宽广的、比较性的、世界性的抱负。《国富论》出版后，亚当·弗格森（Adam Ferguson）对斯密的评论不仅仅是常规与一般性的奉承："在这些主题上，您无疑自成一家之言，而且，我希望您的见解至少会影响后面几代人。"[43] 还有一点值得注意的是，斯密在感谢他与苏格兰同侪共享的目标和成就时尤其不够慷慨——这个话题对斯密的原创性问题有明显的影响，所以我们稍后会更详细地讨论。

19　　那些对18世纪苏格兰社会文化史感兴趣的人，以及那些像我一样主要运用这段历史的人，两者之间的区别仅仅在于关注点和方法的差异。我不打算写一部观念的社会史，尤其是那种将观念的思想认同当作意识形态的附属品的社会史，甚至可能当作有意无意之间用来模糊那种意识形态输入的烟幕的社会史。用概括性的、纲领性的术语来说，我的研究从单个作者和他们的文本到最有望理解这些作者尝试研究的课题的思想和文化语境。大体上——尽管并非总是如此，观念的社会史学家将文本视为集体性事业的证据和例证，从而走向相反的方向。我的研究方法不会令那些社会文化史学家感到满意，后者觉得这种研究是学究式的文本考察与不充分关注文本生成的社会背景的混合物。那些更富同情心的人则抱怨说，把文本当作实例而非直面文本的本质，这种替代性方案过于笼统。出于一般的善意，在没有爆发学科对立的情况下，我们继续从彼此的研究成果中相互学习应该是有可能的。

---

42 这里我也认可邓肯·福布斯树立的典范；参见 "The European or Cosmopolitan Dimension in Hume's Science of Politics", *British Journal of Eighteenth-Century Studies*, I（1977），pp.57-60。参见拙文 "Adam Smith's 'Enduring Particular Result'"; "A political and Cosmopolitan Perspective", in Hont and Ignatieff（eds.），*Wealth and Virtue*, pp.253-69; and "Scottish Political Economy" in R. Wokler and M. Goldie（eds.），*The Cambridge History of Eighteenth-Century Political Thought, Cambridge*, 即将出版。

43 1776年4月18日致斯密的信，参见 *Corr.*, p.133。

"苏格兰政治经济学"这个概念出自一些学者的研究，他们认为苏格兰启蒙运动的总体特征是一套复杂的解释技艺。这些学说不仅包括休谟、斯图亚特（James Steuart）、斯密的经济学观点，它们已经成为经济思想史学家们的专利；确切地说，它还延伸到道德和政治主题——这些被视为人的科学的一部分和众多苏格兰哲学家所致力于从事的各项研究：探寻文明社会"从野蛮到文明"的起源和发展，在这类历史中，普遍的心理规律和社会-经济条件是两个解释性的基本要素。尽管有上文提到的各种理由，但我在讨论休谟和斯密时并没有发现苏格兰的政治经济学这个标签有多少信息含量，同样，我也不急于接受仍然主导我曾从事的那个学科进行众多研究时采取的那种受限的视角——一些经济学史学家一直将经济学视为一门不断走向现代启蒙的自主的科学，无论是真正的自主还是打造中的自主。我在其他地方一直反对作为这种立场基础的目的论假设，因此，在接下来的几篇文章中，我宁愿设想而不是费心费力地分析这一基本观点。但为了让我的设想得以成为可能，这里可能需要进一步解释我所理解的政治经济学。

斯密使用政治经济学这一术语时是慎重的，某种程度上是因为他认为政治经济学仅仅是他所致力于从事的更宏大的研究的一部分，另外可能也是因为斯图亚特在《政治经济学原理研究》这一著作中使用了该词，以此作为其旗鼓相当的著作的标题，而这本书的出版时间比《国富论》早了近十年。斯密使用这个术语绝大多数情况下是在讨论重商主义和重农主义体系的政策意义，进而强调它与立法者技艺的关系。由于这样的处理，斯密对政治经济学的实践性目标的定义就完全是传统的18世纪的标准：它"为人民提供充分的收入或生活资料，或者更恰当地说让人民能够为自己提供这些收入和生活资料；其次，为国家或共和国提供足够公共服务的收入"。同时，斯密还将政治经济学定义为"政治家或立法者科学的一个分支"，这个定义提醒我们《国富论》脱胎于斯密的自然法理学的讲义，后者讨论的是"民政治

20

安、岁入和军备"这些隶属性的问题。[44] 尽管他没能完成他在《道德情感论》中承诺的写一部"法和政府的理论和历史"的最初计划，但在解释《国富论》时有充分的理由认真对待该计划。[45]

除了 1790 年最后一版《道德情感论》增加的"广告"外，《国富论》中没有任何地方提及《道德情感论》，反之亦然。尽管如此，学生记载的斯密法理学讲座的笔记让我们了解这两部著作之间如何搭建桥梁以及在哪里搭建桥梁。两部著作处处流露出动机和道德问题，除此之外，《道德情感论》中的正义理论、法理学讲义关于法和政府的历史，以及《国富论》中将理论和历史付诸制度和政策上的应用，这些论述之间都有明显的关联。在法理学讲义中，已发表的和打算发表的著作有一些相互参照；在此意义上，法理学讲义有助于解释关于正义的思考为何如此频繁地涉及《国富论》中基于经济权宜之计之上的评判，以及自然权利这一术语为何在定义立法者眼中可能带给公民的伤害和公民之间的伤害时有着如此重要的作用。所以，斯密的立法者科学绝非一个未竟计划的幸存残余，这门科学及其自然法理学基础是人们理解作为一个整体事业的设想和目标的手段。[46]

这些思考可以解释斯密何以自信地认为他在 1776 年完成的逐渐累积的研究重点的转移带来的根本性创新；它们也解释了他为何如此急切地宣称自己早在 1748—1750 年的讲座中就已独立发现了自然自由体系；这一时间恰好也是本书副标题大致的开始时间。不过，除

---

44 *WN*，IV.i（着重符号是作者加上的）.

45 关于这个计划的说明，参见《道德情感论》的"广告"，以及 1785 年 11 月 1 日斯密致拉·罗什富科的信，见 *Corr.*，p.287。

46 我由衷感谢努德·哈孔森的研究对我理解斯密这方面思想的总体影响；参见 *The Science of a Legislator: The Natural Jurisprudence of David Hume and Adam Smith*，Cambridge，1981；以及收录在《自然法和道德哲学：从格劳秀斯到苏格兰启蒙运动》（*Natural Law and Moral Philosophy from Grotius to the Scottish Enlightenment*，New York，即将出版）一书中的文章。（哈孔森此书 1996 年由剑桥大学出版社出版，中译本 2011 年由浙江大学出版社出版。——译者注）

了内容方面的创新问题外，斯密以政治经济学作为更广泛的法理学和各种政府形式研究的一个分支，这项研究的整个大厦由道德、形而上学或心理学讨论支撑，遵循18世纪的普遍实践，这些实践一直持续到19世纪初期。[47] 像《国富论》这样的著作所取得的成功或许有助于推进以下进程：成为经济学的这门科学从政治学和道德哲学中分离出来。当斯密开始有志于尝试提出商业社会的解剖学、生理学，并涉足商业社会的历史学和病理学时，兼容并蓄（absorption）似乎更准确地概述了斯密本人真正的研究。一旦这些宏愿在他的心中生根发芽，斯密就有可能将政治经济学用作一种提喻，一种以局部描述整体的简略的表达方式，正如本书副标题那样。

　　人们可能更倾向于承认上述看法，即斯密的政治经济学比马尔萨斯的政治经济学更加契合一个更大的计划。马尔萨斯往往被当作从属于"古典"政治经济学，或用马克思的话说是"庸俗的"政治经济学，仿佛某人的学说可能偏离了正统一样；李嘉图的观点是这种政治经济学的代表，但马尔萨斯在后斯密时代研究这门科学的基本方法与其秉持世俗的功利主义的同时代人是一样的。然而，在与李嘉图的论战中，马尔萨斯也坚持认为，"政治经济学这门科学更接近道德和政治科学，而非数学科学"[48]。解析这一评论，包括其最令人困惑的一面，或许会有点成效：即受过剑桥大学数学训练的恰恰是马尔萨斯，而不是李嘉图。李嘉图常常对马尔萨斯将道德和经济问题结合起来的尝试感到困惑；而这种困惑在现代经济学家们那里得到了回应，后者希望强调他们学科的"实证"特性。这种困惑甚至得到约翰·梅纳德·凯恩斯（John Maynard Keynes）的回应——凯恩斯没有执着于实证主义的经济学概念，事实证明，他是最同情马尔萨斯的崇拜者之一——彼时他形容马尔萨斯的事业轨迹

22

47　参见 L.J. Hume, *Bentham and Bureaucracy*, Cambridge, 1981, pp.32-6。
48　参见 *PEE*, I, p.2。

时说："……从道德科学家的毛毛虫羽化，从历史学家的虫茧中蜕变，他最终作为经济学家扇动他的思想之翼、巡察这个世界。"[49] 我相信，最能将政治经济学家马尔萨斯与其同时代的世俗派人士区别开来的，是他把一生奉献给了基督教版的道德和政治科学，本书第三编的几篇论文可以作为站在凯恩斯的评判立场上的一种尝试。[50] 更通俗地说，这可以视为对经济和社会理论化的历史中另一种趋势的回应，而这种趋势称得上是过早的世俗化。正如自牛顿至达尔文的自然科学史充分展现的那样，自然神论提供了一个丰富的背景，在此背景下，自然科学和道德科学都可以得到庇护。"牧师"马尔萨斯——一如威廉·科贝特（William Cobbet）和马克思对他冷嘲热讽的称呼——不是仅仅为了时尚或便利而戴着牧师领结的李嘉图或约翰·斯图亚特·密尔。

如上文所述，现在有一群杰出的研究者的著作致力于探讨基督教政治经济学，这就更容易让人认为，在讨论一个宗教与科学、更别说宗教与政治常常密不可分的年代时，哪些结论不该是如此令人惊讶。在基督教政治经济学方面最具雄心、最有洞见的作品之一，是博伊德·希尔顿（Boyd Hilton）对"福音经济学"的研究。这些研究揭示了一种基督教式的——往往也是一种"自由托利党的"——自由放任和自由贸易观的表现及其普遍影响，希尔顿概述为"静止的（或循环的）、民族的、惩罚性的、净化式的自由贸易，以竞争作为教育手段而非增长的手段。该学说的心理学前提不是自利，而是经济良心的至高无上，后者是内在于心的，但仍需要通过自由市场机制以持久的诱

23

49 *Essays in Biography* in Keynes，*CW*，x，p.107.
50 我早期讨论马尔萨斯的文章可以参见 Stefan Collini，Donald Winch and John Burrow，*That Noble Science of Politics：A Study in Nineteen-Century Intellectual History*，Cambridge，1983，pp.63-89；*Malthus*，Oxford，1987；以及剑桥政治思想史系列中《人口原理》（1992年）的导言。

惑、良心审判以及惩戒性的痛苦"来养成一种习惯。[51]马尔萨斯在让这种政治经济观得以成为可能的过程中发挥了关键作用，虽然更完整的阐释是由其他人完成的，尤其是托马斯·查默斯的布道辞，后者被视为马尔萨斯唯一且最忠诚的信徒。

"福音派"解释最有力的一点在于它能够说明，政治经济学的类似结论获得的支持往往来自以下见解，即在获得神圣启示的计划内对人类行为的局限性和可能性所持有的不同的、更具神学基础的见解。这些研究展现了自由托利党外壳下的政治经济学活力，其另一个价值是在19世纪前三十多年的时间里，它们为政治经济学的政治派系归属打开了一个更广泛的视野。人们已不再可能认为这门科学只是辉格派或边沁主义者的专长；在研究济贫法修正案这些标志性事件时，那场争论就不能再像过去的通常做法一样局限于以下两方的争辩：一方是马尔萨斯和边沁的主张，另一方是带有诸如"家长制"或"托利式博爱主义"标签的或多或少有些辨识度的思想家群体。[52]一些人仍然寻求一个思想上的神仙教父或邪恶精灵去解释这一现象和其他一些重要的19世纪社会和经济法规，他们无疑会继续强调马尔萨斯或边沁的象征性地位，甚至极其详细地主张其亲缘关系。[53]下文将不会出现这类关于优先权和影响的研究。对思想和实践关系的严肃研究，而不 24

---

51 参见 Boyd Hilton, *The Age of Atonement: The Influence of Evangelicalism on Social and Economic Thought, 1795-1865*, Oxford, 1988, pp.69-70.该著基于先前的研究:*Corn, Cash, Commerce : The Economic Polices of the Tory Government, 1815-1830*, Oxford, 1977. R. A. Soloway, *Prelates and People: Ecclesiastical Thought in England, 1973-1852*, London, 1969, 该书也是宝贵的资源。最近对这个主题整体的主要研究参见A. M. C. Waterman, *Revolution, Economics and Religion : Christian Political Economy*, Cambridge, 1991。

52 对济贫法整个争论以及其中马尔萨斯的作用最详细、最具洞察力的研究，现在仍然可以参见J. R. Poynter, *Society and Pauperism: English Ideas on Poor Relief, 1795-1834*, London, 1969。

53 近年以来有学者试图证明1834年济贫法通过是马尔萨斯的功劳，参见Dean, *The Constitution of Poverty*, pp.100-5。

是将脸谱化的地位套在过去的思想家身上，最好留给那些准备研究地方和国家、个人与团体的完整证据的人；这项研究要求对行政、立法进程、政治同盟进行考察。近来关于济贫法修正案的研究就是这类考察，其结论是1834年似乎不再像过去曾经一度被认为的那样是中央集权的福利国家形成史的前所未有的分水岭。[54] 彼得·曼德勒（Peter Mandler）也做了一些有趣的研究，他讨论了基督教和托利思想家在充当马尔萨斯政治经济学和那些面临改革济贫法实践的需要和责任的地主阶级精英代表的调解人时发挥的作用。[55] 我对任何成功地将真正问题归因于统治阶级观念（或者其他任何阶级）的研究都表示同情，除此之外，社会政策的政治史不在我的讨论范围之内。这里，我试图采取的视角是通过马尔萨斯的眼睛在他生命的最后十年来看问题。仅凭这一理由，在第三编第十二章中，我斗胆对我所描绘的马尔萨斯肖像在何处以及如何恰当地契合新福音派和自由托利党的观点给予了某些评论。

在第十二章中，我对马克思和凯恩斯以不同方式比较李嘉图和马尔萨斯政治经济学开创的另一种二元区分的难题也提出了一些质疑。在马克思眼中，李嘉图拥有的特质是最典型的"资产阶级"政治经济学的"冷漠客观性"——在公开的阶级战争迫使其信徒选择支持或反对**资本**的意识形态立场之前——马尔萨斯仅仅是一个致力于替受到势不可挡的资本主义发展力量威胁的拥有土地的贵族精英的辩护人。与此相应地，马尔萨斯代表的是那些渴望"资产阶级产品"的阶层，只

---

54 例如，参见 A. Brundage, *The Making of the New Poor Law*, London, 1978; and P. Dunkley, *The Crisis of the Old Poor Law in England, 1795-1834*, New York, 1982。最近的研究考察可参见 D. Eastwood, "Rethinking the Debates on the Poor Law in Early Nineteenth-Century England", *Utilitas*, 6（1994）, pp.97-116。

55 参见 "The Making of the New Poor Law *Redivivus*", *Past and Present*, 117（1987）, 131-57; "Tories and Paupers: Christian Political Economy and the Making of the New Poor Law", *Historical Journal*, 33（1990）, pp.81-103; 关于布伦戴奇（Brundage）和伊斯特伍德（Eastwood）的讨论见 *Past and Present*, 127（1990）, 183-201。

要这种生产方式不是革命性的，不构成社会发展的历史因素，只是为"旧"社会创造更广泛、更舒适的物质基础就足矣。[56] 这种解释仍然残存在马克思主义传统之外，一些人认为马尔萨斯支持一种静止的或许可能是反变革的或者类似重农学派的愿景，这是不同于李嘉图对工业进步和自由贸易更具活力的信念的另一种选择。[57]

凯恩斯至少在写《就业、利息和货币通论》时就不甚关注资本主义经济体系的长期活力，他那时更关注的是短期不能维持充分就业的问题。由于这个目标，马尔萨斯对凯恩斯的吸引力就在于前者勇敢地（如果不是失败地）反对以让-巴蒂斯特·萨伊（Jean-Baptiste Say）的市场定律为中心的李嘉图派正统学说的尝试——萨伊市场定律的一系列前提证明的结论是：因普遍的生产过剩而导致失业是不可能的。这一颇有吸引力的结论导致凯恩斯对原本可以形成的政治经济学史表达了一种出人意料的哀叹："如果只有马尔萨斯，而不是李嘉图，成为19世纪经济学发展的根系源流，今天的世界将会是多么明智、多么富裕的社会啊！"[58] 凯恩斯在政治经济学的学说史中描绘了一条由以下两方构成的新二元线索的图景：一方是（另一种意义上的）"古典"经济学家，他们认为充分就业是一种自然均衡的状态，另一方即凯恩斯的那些前辈，他们（有时仅凭直觉）提出相反的看法。凯恩斯的干预无疑导致人们对一种"隐匿"的传统进行有益的再考察；而在这种传统中，马尔萨斯是19世纪早期英国唯一一个最著名的代表。从这个

56　参见 *A Contribution to the Critique of Political Economy: Theories of Surplus Value* in *Karl Marx/ Frederick Engels: Collected Works*，XXXII，p.244。马克思对马尔萨斯批评的汇编参见 R. L. Meek（ed.），*Marx and Engels on Malthus*，London，1953。

57　现代将马尔萨斯视为原始的（atavisitc）新重农学派的最全面的讨论，可参见 B. Semmel，*The Rise of Free Trade Imperialism*，Cambridge，1970，尤其是第三章"The Agrarian Critique"。对此的回应可参见 Hilton，*Age of Atonement*，pp.37-8，70，119，以及 Poynter，*Society and Pauperism*，pp.239-45。

58　参见 Keynes，*CW*，X，pp.100-1。这篇文章是早先1926年马尔萨斯悼文的扩充版本，此版经过了大幅度修改：这些变化可能与凯恩斯在《通论》中提出自己对"古典经济学"的抨击时阅读了马尔萨斯和李嘉图的通信有关。

意义上说，凯恩斯开始将马尔萨斯从李嘉图的阴影中拯救出来：马克思和约翰·斯图亚特密尔两类截然不同的李嘉图主义者以及追随他们的脚步的一长串教条主义的历史学家们，他们屈尊俯就的评判赋予了李嘉图这样的地位。然而，再考察的结果往往是夸大马尔萨斯、李嘉图以及一个凯恩斯化的马尔萨斯之间的分歧，忽视了马尔萨斯自己对长期发展前景和短期调整问题的关注。

26

一旦人们承认这一点，李嘉图和马尔萨斯之间一些确凿无疑的对比，无论是马克思、凯恩斯抑或是马尔萨斯的基督教经济学家同侪所认为的那些对比，就会以不同的方式显现出来。马尔萨斯不再被视为李嘉图学说的意识形态上的反对者，而是在1823年李嘉图去世后致力于从世俗政治经济学和基督教政治经济学中间寻求黄金分割点的调和者——这一点既没什么戏剧性，也没有悲剧性。非常奇怪的是，马尔萨斯作为调和者的这个角色虽然让他从他的基督教支持者那里获得了某些抚慰，但也常常需要他替自己和朋友以及论敌共同分享的那些观念做辩护——那些观念证明他们超越了斯密原本的遗产。换一种稍微不同的说法，即这并不意味着李嘉图及其果敢的信徒击败了糊涂而孤独的马尔萨斯，或者甚至是在李嘉图这位大师去世之后不久，他的经济学迅速溃败，这两件事都是有据可证的。更重要的是李嘉图和马尔萨斯都发现，作为后斯密时代的第一代政治经济学家专心思考的那些主题，被随后的一代人视为没什么意义，甚至完全不是问题。

四

目前，世界上有各种各样书写思想史的方式：心态史（*mentalités*）研究，话语实践考古学，意识形态批判（*Idealogiekritik*），文化唯物主义，新历史主义，解构主义，这些都是当前研究的某些方法论标签。因此，似乎有必要对这里讨论的方式说上几句。我不鼓吹那些仅仅在我看来最自然的方法，所以这几句话简短扼要。在这一点上，就像在其他事情上，斯密将道德准则比作文体风格时提出了一个有用的区分，他将更准确的语法规则比作他认为的自然正义的普遍规则。[59] 显然，思想史学家的责任在于留心他们的研究对象所用的语言，但写史方式的不同选择则更多属于道德和文风的领域，而非语法领域。因此，对我自己的具体风格进行详细的辩护似乎是多此一举。

　　虽然我在自己职业生涯的绝大多数时间里一直致力于撰写某种思想史，但随着我越来越了解自己的手艺，我的兴趣也在不断变化。我也从我的两位朋友约翰·伯罗（John Burrow）和斯蒂芬·科里尼（Stefan Collini）——很遗憾他们不再是我的同事——那里就如何写这类历史学到了很多。1983 年，我们合著的《高贵的政治科学》（*That Noble Science of Politics*）出版，在此之前和共同写作的合作时间里，这种学习是最热切的。用一种我很乐意借用的话说，约翰·伯罗将我们所写的这类历史比喻为"偷听过去的谈话"。[60] 这些年来，我的合作者们在他们自己的著作中对倾听和感受过去的音调流露出令人钦佩的敏锐性。[61] 尽管他们对重构政治争论也有兴趣，但我与他们的区别可能部分体现在研究主题和个人禀性两方面，我自己的研究似乎更多是讨论正式的辩论和争吵，而不是谈话。尽管如此，我仍然倾向于认为那些辩论常常类似于两方以上的交谈；允许说话者改变自己的立场；准允他们根据场合和氛围偶尔占据所有立场。这也解释了本书后面的章节为何有大量引言和冗长的引文：我引用这些段落以便读者能够抓住它们被使用时的语调。谈话的类比也解释了为何我愿意对思想史研

---

59 *TMS*，III.6.11.

60 参见 J. Burrow, "The Languages of the Past and the Language of the Historian: The History of Ideas in Theory and Practice", John Coffin Memorial Lecture，1987。

61 参见 J. Burrow, *A Liberal Descent: Victorian Historians and the English Past*，Cambridge，1981；以及 *Whigs and Liberals*。斯蒂芬·科里尼最近的研究参见 *Arnold*，Oxford，1988；以及 *Public Moralists: Political Thought and Intellectual Life in Britain, 1850-1930*，Oxford，1991。

究者根据彻底的二元选择排列各种派别的倾向表示温和的、或许是徒劳的抗议。邓肯·福布斯创造"怀疑式辉格主义"这一概念，正是为了躲避托利和辉格二元论的粗暴论断。目前用于18世纪政治思想的各种二元论中，逐渐形成粗暴二元论的是如下几种：自然法理学对公民人文主义，自由主义对古典共和主义，经济人（*homo oeconomicus*）对公民（*homo civicus*）。在下文中，除了简短比较"商业的"自由观念和"共和的"自由观念外，我要么避免使用这些术语，要么不在完整意义上使用它们。我对马尔萨斯及其批评者的已有讨论可以清楚地说明这一点，但第三编的几篇文章也间接地质疑一些同样被用于这场争议的强制性二元论。

我先前对文本和语境的评论将会表明我赞同一种人文主义的立场，这种立场相信作者、文本和话语实践的存在——作者在写作时能够形成一种话语实践，偶然还能成功地实现他们的意图。[62] 他们多多少少取得了些许成功，因为和我们一样，他们的语言和逻辑多少足以胜任他们承担的任务。更多情况下，他们的同时代人，尤其是他们的对手，指出他们的失败和偏颇；但是，既然这些观点及其后果在我们的时代没有解决，我们也可以加入评判成功的行动。无论我们是否做到，在多大程度上做到，此事都只关乎个人禀性而非义务，而且，真诚地感谢正在那样做的人，一直以来都是最好的策略。

这样做还意味着：确定意图的诸多困难，虽然绝非微不足道，但在下文中能够被克服。本书的各篇文章是在以下假设中写就的：我们可以重构过去的讲话者试图表达的内容，在重构过程中不会丧失我们自己对相同主题的思考能力。虽然我们在这里偷听到的谈话需要站在作者和读者的立场上进行历史的想象，但我希望它们不是武断或戏

---

62 和先前一些场合一样，我在这里也非常感谢昆汀·斯金纳在这些问题上对我的影响，参见 J. Tully（ed.），*Meaning and Context: Quentin Skinner and His Critics*，Oxford，1988。

谑的干预，不是以我自己的关切取代我讨论的主人公们的关切。实际上，除非我们打算认真努力地避免这一陷阱，否则我认为把他们作为我们自己对话的一部分几乎没有意义。这还意味着，我不会运用以"奥义学（'esoterism'）"著称的无谓学说，以对作者真实意图的解释替代作者实际上所写的内容，无论他们实际所写的内容多么不完美。

　　许多以其他方式书写思想史的实践者明显感到，他们正致力于解决今天更严重的道德困境和政治困境，为此目的调动了复杂的"理论"和适当的技术手段。我无法效仿他们作出类似的声明，这可能是我先前的职业病所致，因为我最初接受的是经济学教育，在我学术生涯的绝大多数时间里又是和这样或那样的社会科学家一起度过的。无论如何，人们很难将经济学说成是理论化（theorising）的反面。然而，熟悉经济学家和其他社会学家的习性，并没有说服我在写思想史时有义务效仿他们。还有其他一些重要的事情要做，它们几乎不要求运用从其他研究借鉴的理论来实现历史理解的目的。不过，我承认我在以下主题中遵循了一条非常简单的经验规则：过去的作家应该被对待的方式是一个人希望自己的作品和信念按照其原有样貌被对待的方式，如果他们的立场遭到某些令人惊讶的扭曲，他们的立场就会被彻底颠倒。我从中得到的教训是，我们不应该将我们的研究课题视为他们的环境和我们的理论或意识形态范畴的无辜受害者。

　　在讨论更戏谑的解构主义形式以及目的论假设导致的更严重的时代错置情形时，上述目标的清教主义标准仍然可以得到辩护，但它需要一定的限制条件以避免另一种形式的误解。偷听谈话不是字面意思上说的那么容易。至少，偷听需要灵敏的耳朵，即使是偷听的字面意思，即潜伏在房屋居所之间，倾听他们的高谈阔论或窃窃私语，也意味着令人不舒服的行为。此外，我们绝非只是偷听者，仅仅渴望尽可能忠实地重温我们的对话者说了什么，他们又为何那样说。我们致力于与自己交谈，根据自己的好奇心和可能的兴趣以及那些与我们说话的人的相关知识所决定的轻重缓急，我们选取、编辑、翻译。我们也有后见之明，观察和倾听的方式让我们能够洞悉过去的对话者没有察觉到的环境的特征。

如果把这些倾听的比喻换成旅行的比喻，那么，我们可以关注当地人是如何看问题、如何做事情的，同时保持我们自己对他们不感兴趣或他们不可能得出的模式的兴趣。如果这原本不是我们研究的必需环节，那我们就只能依靠以前的观光者收集的证据，由此节省了我们旅行的时间和精力，同时也享受了我们旅途中的乐趣和启发。像任何前往陌生地方时具有安全意识的旅行者一样，我已经读过很多在我之前探索过这一领域的游客撰写的导游手册（*ciceroni*）。我在脚注中表达了我对这些材料的感谢，并偶尔会对我认为不太可靠的向导发表了一点看法。不过，正如"二手材料"的意思一样，这些材料无一能够成为真实事物令人满意的替代品。因此，从这里开始，我将不会在正文中提到它们。

30

31

亚当·斯密的立法者科学

第一章

过于介怀身后名

一

不了解斯密生平的人可能会觉得以下做法有点奇怪，即一本特别声称对斯密思想感兴趣的书竟然没有系统地谈论斯密的生平，却只谈他那几本反复打磨的著作——它们是斯密的丰碑，也是我们理解力的主要挑战者。洞察这些著作之间的关联、矛盾和侧重点的变化，一直以来都是学术解释的关键，每一代研究者都对19世纪末德国学者戏称的"斯密问题"（Das Adam Smith Problem）持有不同看法；该"问题"，即建立道德哲学家斯密和政治经济学家斯密的两部作品《道德情感论》和《国富论》之间的和谐一致——如果存在的话。在这些问题上，斯密几乎没有留给我们多少私人的或纲领性的声明来引导我们。他还因吝于披露自己的思想来源而遭到批评，当影响斯密思想的材料被发现，换句话说更常见的是，某些材料被认为是斯密思想的直接来源时，斯密的原创性便会遭到怀疑。[1]斯密对自己主观原创性的

---

1 这种观点的经典之语，即斯密只是综合且几乎没有超越他前辈们的最好研究，见 J. A. Schumpeter, *History of Economic Analysis*, New York, 1954, pp.183-94, 361, 367, 557-8。最近对同一问题的讨论削弱了熊彼特傲慢的看法，见 T. W. Hutchison, *Before Adam Smith: The Emergence of Political Economy, 1662-1776*, Oxford, 1988。

强烈意识或许可以解释他为何不愿慷慨地感谢他的前辈和最密切的同时代人对自己的影响。这些问题在下文中都会谈到，但先前将斯密的缺点理解为传记叙述的一个主题，或许反而恰恰有助于我们理解这个人以及与其生活和工作的相关问题。

35　　因此，如果躲在那些他署名的出版物背后，斯密通常表现得注重隐私而刻意疏远其他作家，那就是他希望表现出的样子。任何试图洞穿他为保护自己隐私而树立的帷幕的努力，最好都从这种观察出发。人们同样也要记住从比较公认的传记材料中进行合理推论的局限性。多年来，人们付出了大量努力，想要确立斯密生涯中或多或少算是公众生活阶段的最基本事实：无论是作为牛津大学的学生、爱丁堡大学的讲师、格拉斯哥大学的教授、大学管理者，还是巴克勒公爵的家庭教师、各种俱乐部的成员、海关专员以及立法者的顾问。努力描绘他的个性、道德偏好和政治倾向以及他的个人情感，这样的事情几乎没法实现。实际上，绝大多数研究者都运用了信件和学生笔记这些材料——如果斯密能够销毁这些东西，他无疑会这么做。事实上，他的确烧毁了16本未完成的研究工作的手稿，因为他不希望看到它们出版；斯密的第一位传记作者，杜格尔德·斯图尔特（Dugald Stewart），将这件事描述为"对文学界无法弥补的损失"，而此事"在某种程度上是出于作者对其身后名声的过于介怀"。[2]

　　斯密在其最亲密的朋友大卫·休谟去世时卷入了类似的事件，此事也体现了他对名声的深切关注。他在那个场合公开和私下表达的意见，允许我们尽可能地确定他对这些事情的看法。休谟的出版商威廉·斯特拉恩（William Strahan），在另一位朋友爱德华·吉本（Edward Gibbon）的支持下，打算挑选一些休谟的信件和休谟所写的简短自传一起出版，以扩充休谟身后出版的著作的内容。斯密对这个提议的回应如下：

2　'Account of the Life and Writings of Adam Smith' in *EPS*, p.327。

　　我明白休谟先生的很多信件会给他带来莫大的荣誉，若非如此，您不会出版其中任何一封。但此事我们应该首先考虑的是逝者的遗嘱。休谟先生一再嘱托，除《对话录》(即《自然宗教对话录》)和他的自传外，烧毁他所有的文章。这一意愿甚至写入了他的遗嘱正文。我知道他一直不喜欢有人出版他信件的想法。他和他自己的一位亲戚保持着长期而频繁的通信，这位亲戚几年前去世了。当这位绅士的健康状况开始下滑时，他特别渴望收回他的信件，唯恐这位绅士的继承人有出版这些信件的念头。所以这些信就被索要回去了，而且一收回就被烧掉了。再者，如果休谟先生的信件集得到公众的赞许——您的出版肯定会有这种效果，那么，这个时代的柯尔们立刻就会到那些收到休谟先生只言片语的人家里翻箱倒柜。很多不宜公开的信件就会出版，从而让那些祈祷他流芳后世的人深感耻辱。[3]

　　我们从斯密的法理学讲义中获知，他认为遗嘱继承是法律史的一个晚近发展，遗嘱执行人需要在想象性地同情死者的最后嘱托时格外慎重地执行。[4] 正是出于这个原因，他也认为这样的同情可能是非常短暂的，因此要强化那些与此人此事密切相关的人的责任感。在一段密友关系结束时要求返还或销毁好友的信件在18世纪并不稀奇。休谟的一句评论抓住了彬彬有礼这种礼节的实质，那就是为了维持将来的快乐，人们不应该提醒一位朋友在他上次喝醉时做出的鲁莽言行。[5] 所有希望逝世的友人流芳后世的人，其主要的关切应该是保护他终其一生

3　1776年12月2日致威廉·斯特拉恩的信，见 *Corr.*, p.223。"这个时代的柯尔们"指的是埃德蒙·柯尔，蒲柏在《呆厮国志》(*Dunciad*)抨击了一位臭名昭著的伦敦出版商，后者专门出版文人通信和鸡毛蒜皮的生平轶事。据说柯尔让他的传主们对死亡产生了新的恐惧。

4　参见 *LJB*, pp.466-7，*TMS*, I.i.1.13。

5　参见 *Enquiries Concerning Human Understanding and Concerning the Principles of Morals*, edited by L. A. Selby-Bigge, 3rd edition by P. H. Nidditch, Oxford, 1975, p.209。

建立的名声不受毫无必要的损害。

休谟之死让斯密陷于一个非常麻烦的境地。尊重他朋友的心愿与兼顾自己和休谟的名声发生了冲突。对于实现休谟最初的遗愿——由他来看顾《自然宗教对话录》的出版，斯密表现出明确的不愿意。面对斯密的顾虑，休谟最初同意他裁夺在适当时出版，"或者无论您究竟是否愿意出版"[6]。然而，几个星期之后，休谟希望更确定《自然宗教对话录》是否能够出版。在考虑他是否应该自己出版此书之后，他决定另作安排，有效地让斯密解脱出来，因为此事对斯密来说明显是一个良心上的负担。

斯密的确同意看顾休谟简短自传的出版；休谟也同意斯密可以增加一些对自己病重最后阶段时沉着镇定的描述。在这些增补内容中，斯密把他的朋友描绘为"在人类脆弱的本性可能允许的范围内，几乎接近完美的博学多才、品德高尚的君子典范"，正如斯密后来见证的那样，这些增补"带给我的谩骂，比我猛烈抨击英国整个贸易体系所遭到的辱骂十倍还多"。[7]斯密赞扬他那不信教的朋友对待死亡的方式，揭开了一些基督教徒良心上的遮羞布，此事证实了斯密的预测：那时出版休谟的信件极有可能引起负面的舆论。

当私下的和公开的面相被扭到不同方向时，某种调查性的工作还是必要的。对这一插曲最有说服力的发现说明，人们可能无法知晓斯密晚年生活中看待宗教的立场。[8]在此背景下，斯密那时所写的一封私人信件中的两句话就显得极有分量了。

6　1776年5月3日休谟来信，见 *Corr.*，p.196。

7　1780年10月26日斯密致安德利亚斯·霍尔特的信，见 *Corr.*，p.251。

8　参见 D.D Raphael，'Adam Smith and the "The Infection of David Hume's Society"'，*Journal of the History of Ideas*，30（1969），pp.225-48。我从拉斐尔教授关于这一主题的另一篇讲话中也获益匪浅，参见 'Hume and Adam Smith on Religion'，Open University series on the Enlightenment，BBC，September，1980。

可怜的大卫·休谟很快就要离开人世，但他的神情还是很快活，富有幽默感，与哭哭啼啼的基督教徒口口声声说服从上帝的意志相比，他更为坦然，对人终有一死这一必然趋势真正处之泰然……既然我们的朋友是无法挽留了，但愿不幸中之大幸是他去世时像一个理智之人（a man of sense）该有的样子。[9]

如果斯密在公开的讣告中以这种方式表达自己的看法，可想而知，这种表述将会激起多少谩骂！然而，正如《道德情感论》的现代编辑指出的，这两句话并非没有意义：斯密在比较斯多葛学派那种"气魄和英雄气概"时，把各种多愁善感的、基督教启示的观念描绘成"颇多抱怨和悲观忧郁的道德学家"和"当代一些理论体系的幽怨调子"。[10] 这种更公开地对休谟之死发表的观点为塞缪尔·约翰逊（Somnel Johnson）和埃德蒙·柏克（Edmund Burke）的哲思撒上了一点额外的佐料，这两人在回应詹姆斯·鲍斯威尔（James Boswell）对该问题病态的痴迷时，记下了他们作为信仰者应该如何解释休谟之死和斯密叙述的看法。约翰逊认为，休谟声称他对灰飞烟灭的前景毫不挂心时不仅虚荣而且撒谎。[11] 不过，对于鲍斯威尔邀请他"一起敲敲休谟和斯密的脑袋，让虚荣浮夸的不虔敬者变得荒唐可笑至极"的提议，他并没有回应。诺维奇的主教乔治·霍恩（George Horne）打算完成这一任务，他写了《就大卫·休谟的生平、死亡和哲学而致亚当·斯密的一封信》，发表于1777年，这封信一直到19世纪都经常被基督教福音学会（Christian Gospel Society）再版，以警告不虔敬者。约翰逊显然没有和鲍斯威尔一样秉持相同的看法，后者认为斯密的颂

38

9　1776年8月14日写给亚历山大·韦德伯恩的信，参见 *Corr.*，pp.203-4。

10　参见 *TMS*，VII.ii.1.29 和 III.3.9。

11　James Boswell, *Boswell in Extremes, 1776-78*, edited by C. M. Weiss and Frank Pottle, New Haven, 1971, p.155.

词为"粉碎道德花园的毒草"提供了机会。[12]

斯密小心挑选他的公众言辞，掩藏他的情感和意见，但没有放弃表达他自己立场的机会。因此鲍斯威尔才会指控"浮夸的不虔敬者"，并始终怀疑斯密是否真的有权利对这种反应感到惊讶。柏克试图抚慰鲍斯威尔时看到了这一点，他说斯密对其友人之死的描述是"为了他们教会的名誉而说的"，并补充说，"没有哪个教会的信徒会为了教会信誉而运用更多技巧"。[13] 结合《道德情感论》中提到赎罪学说时删掉的段落来看，这段插曲表明斯密在宗教事务上与其说是一位休谟风格的积极怀疑论者，不如说是冷漠的或冷静的、踌躇不定的。[14] 这种态度契合休谟用来逗朋友开心的临终笑话，以及他在最后的私人遗嘱中忍不住温和地嘲讽一番基督徒的做法。这种做法也与休谟答复鲍斯威尔和他最后交谈时的低级质询如出一辙。[15]

如果鲍斯威尔设法在类似的情形下拜访斯密，那似乎可以合理地设想，他可能得到的答案是：他的质询不仅粗俗无礼，而且无关紧要。随着大限将至，斯密主要的焦虑是确保他的遗嘱执行人烧掉他绝大多数未完成的手稿。他允许他们出版他青年时期仅有的一篇关于天文学史的作品和一些关于自由科学与优雅艺术的相关历史的残篇，但要求他们销毁剩下的所有手稿，"不必仔细检查"。确实如此，斯密自己能

39

12 1777年6月9日鲍斯威尔致约翰逊的信，见 *Letters of James Boswell*，edited by C. B. Tinker，Oxford，1924，2 volumes，I，p.204。鲍斯威尔讨厌他以前的老师斯密，这种厌恶之情与斯密在《国富论》中批评牛津大学有关："由于他对休谟荒唐的颂词，以及他对英格兰大学教育愚昧无礼、忘恩负义的抨击，我丝毫不想与他同流合污。"参见 *The Private Papers of James Boswell*，edited by G. Scott and F. A. Pottle，New York，1928-34，XIII，pp.286-7。

13 参见 *Boswell in Extremes*，p.270。

14 因此，D.D.拉斐尔的结论是："担心宗教的真理，实际上可能就是一个信教之人的标志，在这个意义上，人们可以说，与亚当·斯密相比，休谟更像是一个信教的人，无论这看起来多么矛盾"，参见本章注释8提到的英国广播公司讲话。

15 参见 *Boswell in Extremes*，pp.11-15。饶有趣味地重构休谟之死对鲍斯威尔的影响，参见 M. Ignatieff，*The Needs of Stranger*，London，1984，Chapter 3。

做到这一点：只有在烧毁手稿后，他才能安心如意地面对死亡。他几年前描述其剩下的工作是"关于文学、哲学、诗歌和雄辩术的所有不同分支的哲学史""法和政府的理论和历史"，这些研究就以这种方式付之一炬。[16] 休谟希望他对宗教未发表的见解成为他哲学声誉的一部分，斯密则希望他的名声主要由他规模宏大的计划中那些坚实的内容奠定，而这些内容已经呈现在公众的视野范围之内，而且由他亲自修订。

二

斯密对这些事务颇为介怀，与之相伴的便是妨碍作家撰写传记的其他缺点。就像他的朋友们数不尽的怨言证实的那样，斯密不是一个勤于写信的人，而且信写得简短，回信还很拖延，这可能是因为他发现写信这个行为在肉体上是痛苦的。尽管他在写书和处理公务时大量使用抄写员，但在即兴写私人信件时很难让他人代劳。斯密在这方面的困难或许可以解释出自他手而留传下来的信件数量相对较少：他的一生平均下来每年写信不超过三、四封。斯密生活的年代是一个人们沉溺于临时起意写作政治、宗教和讽刺类的小册子的年代，但他只写长篇大论，这一点也很不寻常。即使是他身后发表的关于哲学主题的论文也是很长的，而且是反复打磨的。除了那些他作品涉及的话题，斯密对当时流行的热门议题几乎不置一词，因此，我们想要确定他稍纵即逝的热情、情绪和立场变化时就缺乏材料。由于这个原因，我们不得不几乎完全依赖已经出版的著作以及随着版本更新作者修订的那些内容。

斯密这种情况与休谟形成了鲜明的对比。我们不仅有休谟讨论各种主题的流行散文提供的记录：从政治学到一夫多妻制，从贸易平衡到自杀和灵魂不朽，还有他给朋友们的俏皮诙谐、偶尔急不可耐但常 40

---

16 1785年11月1日斯密致拉·罗什福科的信，参见 *Corr.*, p.287。

43

常是热情洋溢的信件。休谟这里的风险是资料过于丰富的窘境，私下陈述和公开声明混在一起，讽刺口吻和瞬间情绪停留在表面，正式论文和非正式信件的重要意义的差异被忽略了。[17] 休谟还写了篇"不那么讨人厌的文章《我的一生》"，而吉本则以一种更凝练的方式记录了《罗马帝国衰亡史》的作者认为他的读者会欣赏的那些事情。斯密没有这种偏好，甚至似乎回避坐着让人给他画像这件不太虚荣的事情。塔西（James Tassie）雕刻的一座蜡像——可能那时斯密正在做其他事情，以及约翰·凯伊（John Kay）的两幅漫画，是我们所拥有的一切。

斯密没有自传。考虑到目前为止提到的其他困难，那些希望从其著作中搜集更多信息了解斯密的人，就只能依靠杜格尔德·斯图尔特所写的《亚当·斯密的生平和著作》一文。此文1793年作为颂词被呈递给爱丁堡皇家学会，因此受到这种文体定例的限制。该文的基础是有限的个人私交，斯密活着的学生和朋友的证言，一些后来被斯图尔特的儿子销毁的有价值的文献以及人们可能期望的斯密作为爱丁堡大学道德哲学教授时的著述会流露出的那类详细信息。斯图尔特以"讨厌传记"闻名，但结果是他在斯密这篇文章中耗费了很多时间，所以，或许可以说，斯密一开始就被给予的荣誉正是斯图尔特最欣赏的那种语调。[18]

杜格尔德·斯图尔特的描述是19世纪斯密传记的主要来源，当约翰·雷（John Rae）这位对经济学感兴趣的记者推出了第一本全面的传记——一部可读性很强的故事——时，其基本信息仍然严重依赖斯图尔特。[19] 鉴于斯密19世纪的声名是鼓吹自由贸易体系和政府有限干

---

17 参见邓肯·福布斯在这些问题上对G.吉亚里佐的《休谟：政治与历史》（G. Giarrizzo, *David Hume. Politico e Storico*）的批评，参见*Historical Journal*, 6（1963），280-95。

18 另一次尝试在传记回忆录中叙述斯密的个人信息的文章，见William Smellie, *Literary and Characteristical lives of John Gregory, Henry Home, Lord Kames, David Hume and Adam Smith*, Edinburgh, 1800。更八卦、充满逸闻趣事的记述可参见*A Series of Original Portraits and Character Etchings by John Kay*, edited by Hugh Paton, Edinburgh, 1842, 2 volumes, I, pp.72-5。

19 *Life of Adam Smith*, London, 1985.

预的作者形象，而维多利亚时代中晚期的很多人都相信英国的繁荣正　41
是奠基于此，因此，约翰·雷这部传记这么晚才出版，此事本身就有
些蹊跷。沃尔特·白芝浩（Walter Bagehot）认为斯密在这方面的作用
不证自明，他在1876年写了一篇引人入胜的文章：《亚当·斯密——
一个大写的人》，该文设法理解斯密思想事业的范围（"几乎没有哪个
哲学家想象过一个更宏大的梦想"）；不过，在他对首相和政治家的传
记研究系列中，斯密是个奇怪的家伙。[20] 那个时候和现在一样，像斯
密这样杰出的哲人和学者，其生平传记是同事、朋友或许还有学生的
眼中的主要兴趣——如果他们有这兴趣的话。"没有一个英国人曾发
自内心地在灵魂深处为一位政治经济学家的去世感到难过；他更可能
为自己的一生感到遗憾"[21]，白芝浩说这话时本身就顺应了公众的趣味，
或者说顺从于一个记者的冲动。就斯密而言，这种遗憾一直持续到19
世纪末，一连串的短篇传记在约翰·雷撰写的传记前后出版，所有这
些传记都被列于各种以著名苏格兰人、伟大作家以及不太贴切的英国
哲学家和英国文人为题的丛书之中。[22]

　　19世纪对斯密的大多数学术研究是德国人做的，其中最重要的问
题是亚当·斯密问题。[23] 英国的学术研究在19世纪末经历了一次短暂
的复兴，其原因在于：一方面，詹姆斯·博纳（James Bonar）研究了

20　参见 *Biographical Studies*，edited by R. H. Hutton，2nd edition，London，1889，pp.247-81。

21　和雅各布·瓦伊纳在《历史中的那位经济学家》引用的一样，现在收录于Douglas A. Irwin（ed.），*Essays on the Intellectual History*，Princeton，1991，p.238。

22　参见 J. A. Farrer，*Adam Smith*，Edinburgh，1899；R. B. Haldane，*Life of Adam Smith*，London，1887；H.C. Macpherson，*Adam Smith*，Edinburgh，1899，F. W. Hirst，*Adam Smith*，London，1904。

23　关于这个问题的更多文献，可见下文第95、415—416页。有必要对斯密在19世纪德国的名声做一次现代研究，这种研究可能集中体现在August Önken，*Adam Smith und Immanuel Kant*，Leipzig，1877，以 及 Wilhelm Hasbach，*Untersuchungen Über Adam Smith Und Die Entwicklung Der Politischen Ökonomie*，Leipzig，1891。重要的还有，德语版《道德情感论》的第一个学术版本是由瓦尔特·艾肯斯坦（Walther Eckstein）翻译的，于1926年出版。

斯密的藏书，另一方面，1896年，埃德温·坎南（Edwin Cannan）出版了新发现的学生记录斯密关于法律、警政、岁入和军备的讲义——《国富论》就是这份讲义的一个令人赞叹的副产品。[24] 在20世纪，W.R.司各特（W.R. Scott）研究了作为格拉斯哥大学教授的斯密。[25] 1933年人们发现了《国富论》的早期草稿以及几封信件，包括1778年，斯密所写的备忘录，可能是对美洲殖民地叛乱导致的问题的解决方案。[26] 随后的一次发现是在20世纪50年代末：斯密关于修辞学和纯文学讲座的笔记，以及另一套稍微丰富些的法理学讲座笔记。随着所有这些新旧材料在格拉斯哥版斯密著作和通信集中出版，现在有能力写一部新的重磅斯密传记了。实际上，格拉斯哥版的两位编辑已经写了一部短小但有洞察力的传记，通信集的编辑之一写了一部更长的研究性传记，该书即将出版。[27]

　　尽管持久的声名和漫长的时间侵蚀了斯密的遗愿，但他还是设法确保他的已出版著作成为我们的主要信息来源，而且，理解那个宏大梦想的性质——此项智力事业的不同成分作为一个整体，如何彼此契合或龃龉——依然继续维持着这份荣誉。本书的工作将从相反的方向出发，即从传记性证据往回追溯到传主已出版的著作，如此一来就始

24　参见 J. Bonar, *A Catalogue of the Library of Adam Smith*, London, 1894, 2nd edition, 1932；Hiroshi Mizuta, *Adam Smith's Library: A Supplement to Bonar's Catalogue with a Checklist of the whole Library*, Cambridge, 1967，该版现在已经修订并增补了；以及 *Justice, Police, Revenue and Arms, delivered in the University of Glasgow by Adam Smith*, edited by E. Cannan, Oxford, 1896。

25　W. R. Scott, *Adam Smith as Student and Professor*, Glasgow, 1937.

26　1940年对这门技艺现状的调查——尽管这份调查没有提到1933年的重要发现，可参见W.R. Scott, "Studies Relating to Adam Smith During the Last 50 Years", *Proceedings of the British Academy*, 26（1940），pp.250-74。

27　参见 R. H. Campbell and A. S. Skinner, *Adam Smith*, London, 1982.伊恩·罗斯（Ian Ross）写了一部更长的传记，即将出版。（这里指的是伊恩·罗斯的《亚当·斯密传》，该书第一版1995年由牛津大学出版社出版，中译本2013年由浙江大学出版社出版，虽然温奇此书由剑桥大学出版社于1996年出版，但可能他交稿时，罗斯的《亚当·斯密传》尚未出版。——译者注）

终有个问题值得追问，那就是：就一个处心积虑对后人隐藏自己面目的人而言，为什么我们想知道的比他决定告诉我们的更多，现有的这些证据能否回答我们的问题。

斯密的一两封信说明了一些20世纪的读者感兴趣的个人事务。就像人们本来可以期望的那样，斯密亲近的朋友——最著名的是休谟——试图激发他的潜力，但关于他的研究最有信息量的一封信却是写给一个相对陌生的人，即安德烈亚斯·霍尔特（Andreas Holt），丹麦的一位海关关员。不过，最能窥探斯密情感生活的，却是他写给众多朋友之外的其他人的一封信。这封信写于他母亲去世一个月之后，那时斯密五十一岁。这次丧事的影响被他用来作为向其出版商道歉的一个理由，因为斯密迟迟没有寄回第二版《国富论》的校样。该信写道：

> 我本应立即告知您我收到了稿件清样；但我当时刚从料理我那可怜的老母亲的丧事中缓过气来。虽然一个人像她这样活到九十岁的年纪去世无疑是最自然而然的事情，因而是预料之中、早有准备的事情，但我必须告诉您我曾对别人说过的那番话，最终离我而去的那个人，无论过去还是将来，她爱我甚于任何其他人。我对她的爱和尊敬，超过对其他任何人的爱和尊敬。即使此时此刻，我仍然感觉到她的离去对我的沉重打击。[28]

43

面对这样的证据，似乎值得追问的是：在那些对斯密著作感兴趣的人眼中，这封信可能有些什么用处呢？他是一个单身汉（顺带提一句，休谟和吉本也是），他爱他的母亲，在他出生之前，他的母亲就成了寡妇；他在其一生的大部分时间都和他母亲相依为命：只有当我们把这些事实和某些理由结合起来，相信这些情况不同寻常，而且这种情

28　1784年斯密致威廉·斯特拉恩的信，见 *Corr.*，p.275。

况告诉我们一些关于斯密见解的重要内容时，这些事实才会引起斯密著作研究者的兴趣。正如我们已经看到的，关于斯密后来的宗教信仰，我们有合理的把握可以从他对休谟之死的态度中推断出来。

《泰晤士报》对斯密毫不同情的讣告贬损地提到他对"大卫·休谟斯多葛式的逝世矫揉浮华的颂词"，说斯密"很早就成了伏尔泰的信徒"，以这样的方式强调他的无信仰。[29] 我们有明确的理由对这种例子感兴趣。这一信息在洞察斯密关于神意在人类事务中的角色、宗教在解释那些人类无法完全理解的事件中的作用的立场时颇有价值。在这些事情上，有一些公开的文本需要被解释。人们有兴趣去了解斯密提出的"看不见的手"是否被认为属于基督教的上帝。我们将会在下一篇文章中看到，这条信息在解释斯密对教会建制的态度时也很重要。[30] 就斯密的情感生活来说，我们对传记证据的兴趣远远不够清楚；不以文本引出的实质性问题为基础的心理学归因，只是让我们陷入简单化的危险境地。

同样，根据斯密的人际关系推断出他在政治或意识形态上拥护谁，这种做法也是简单粗暴的。更应被谴责的是，有人试图以基于其他来源的推论来弥补因缺乏传记证据而留下的空白。出于这个目的，《道德情感论》被证明尤其具有吸引力，该著提到了形形色色的人物类型——谨慎的人、贵族、雄心勃勃的穷人、中等阶层的人，等等，这些形象被解读为斯密自己个人层面的隶属关系和对立关系的直接证据。然而，这种解读无异于试图认为小说家就是他塑造的角色，后者说的话全都是真的。斯密是一位敏锐的、反讽的作家，很少公开地、无条件地展示他的手中之物。正如他的修辞学和纯文学讲义所表明的那样，他对不同类型的话题所需的素材也有老练独到的见解。而且，他意识到，一个词语在某种情绪下可用，在另一种情绪下却不可用；

---

29 参见 *The Times*，4 and 15 August 1790。
30 见下文第185—191页。

哲学家的意见通常不是他在社会生活普通实践中的立场。在这些情况下，声称基于这种证据可以得出对斯密观念的可靠画像是鲁莽的。

然而，对于后弗洛伊德时代的一代人来说，不得不承认的是，斯密坦承自己对母亲的爱，这份情感可能会吸引那些寻求心理学理论的确认或希望将斯密所属时代和社会风俗普遍化的人。这是否还表明了斯密为何选择不结婚？这个问题的答案，会不会告诉我们他对家庭法、离婚、女性教育的态度等一些重要的信息，更不用说他的著作和讲义可能涉及的那些主题？对此，我表示怀疑。

人们更大的兴趣可能是斯密的收入、获得薪资的职位以及他与赞助人和政治家们的关系。前两个问题相当容易搞清楚，18世纪在公开薪酬方面不像今天这样保持体面。作为一位教授，斯密的收入大约是每年170英镑，很大一部分来自学生直接交给他的学费。1764—1766年，因为从格拉斯哥大学教席离职、陪同第三代巴克勒公爵到巴黎游学，他从巴克勒家族那里得到的终身年金是每年300英镑。1778年，斯密当选海关专员获得了另外的600英镑，这让他几乎和休谟一样"富裕"，后者承认在其晚年从历史著作中获得的收入让他每年有1 000英镑的进账。我们还知道斯密有匿名赠金给有需要的朋友的习惯，尽管因其保持匿名，赠金数额和受惠者都不得而知。

塞缪尔·约翰逊与切斯特菲尔德伯爵臭名昭著的关系表明，贵族赞助人是18世纪作家不可避免且可能充满摩擦的角色。斯密必须选择站在阿盖尔公爵这位苏格兰赞助的管理者这一边，以便1751年获得格拉斯哥大学的教职。而且，我们现在知道，此前作为牛津巴利奥尔学院斯奈尔奖学金的获得者，斯密度过的六年时间（1740年—1746年）虽然不愉快，但对他个人来说确实收获颇丰，他享受了阿盖尔家族的殷勤照拂。凯姆斯勋爵既像朋友又是赞助者，他赞助了斯密1748—1751年在爱丁堡的修辞学和纯文学讲座，这些讲座最早印证了斯密作为一名大学讲师的迹象。查尔斯·汤森德（Charles Townshend），即巴克勒公爵的继父——他为斯密提供了家庭教师的职位，让斯密能

45

够到法国旅行——开始知道斯密，主要是因为当时他唯一出版的著作《道德情感论》。18世纪60年代，斯密就经济和其他主题给担任大臣的汤森德和谢尔本勋爵提供建议，并在其后来的生活中一直与巴克勒公爵家族保持密切联系。巴克勒公爵的影响力以及《国富论》的成功，也导致斯密成为海关专员的候选人。格雷·库珀（Grey Cooper）爵士——斯密曾向他申请海关专员这个职位——的一封来信进一步证明了斯密是如何获得这个职位的，以及他以自己的发言打动别人的方式。

> 您曾为您朋友的儿子谋求格伦维尔港务局税收官员的职位，我清楚地记得，您推荐他时用语之热情、之殷勤、之热心，我回应说，附议您的心愿在我的权力范围之内，并尽我之力促使申请成功通过。现在，您为另一个人申请爱丁堡海关专员的职位，但这次，我没看到热切急迫的语气，只看到冷静、沉着、超然。不过，幸运的是，您半心半意支持的那个人，无需您或其他任何大人物的推荐。虽然您对他的评价不怎么高，但他的优点，诺思勋爵和各界人士都一清二楚。（唉，真令人困惑！）如果我没太弄错的话，他将很快被委任为苏格兰的海关专员了。[31]

这封信也许可被理解为斯密在18世纪所谓"信函（address）"方面的技巧的标志，或可作为斯密真正谦逊的证据，也可能是介于两者之间：对于一个要求相当多商业知识和商业法规知识的职位来说，斯密的履历和明显的资历给予了他合理的信心。

谚语有云：善猎者必善守。18世纪自由贸易的主要倡导者转变为海关专员，以狩猎者到守林人两者关系的逆转这一谚语来形容斯密身份的转变颇有吸引力。在后来几版《国富论》中，斯密肯定用上了他

46

---

31 1777年11月7日格雷库珀爵士的一封来信，见 *Corr.*，p.228。

在海关官员的职位上获得的信息，以强化他对贸易公司和重商主义体系的批判，由此也让他成为更好的守林人或偷猎者。但这种转变还可以有另一种解释。如他出席会议的记录所示，斯密没有把这个职位当作一个闲差：十年里，他参加了绝大多数需要他出席的会议，有时一年超过180次，唯一的例外是生病、他母亲的去世以及两次到伦敦的研究之旅，那时，正式的休假总是可以得到批准的。[32] 他对自由贸易以及较低税收有利于公共收入的看法没有改变，他心中相信，在不列颠完全建立自由贸易是一个乌托邦的梦——更不用说在其他地方了，有鉴于此，这个职位让他有机会以一种微不足道的方式去做一些事情。如我们将在第三章中看到的那样，斯密在其正式的著作中极力建议那位明智的立法者在不能建立最好的法律体系去为"这个时代的利益、偏见和怨气所容许的最好结果服务时，希望这些微不足道的工作能为更好的体系铺平道路"[33]。

三

格雷·库珀爵士提到的"冷静、沉着、超然"的性格触及斯密作为论述公共事务的作家的另一个特征，这一点最好与亚当·弗格森（Adam Ferguson）比较一下。斯密在其晚年与这位朋友发生过争执，可能是关于令人恼火的剽窃问题，或者说，弗格森从斯密的著作或谈话中借鉴而没有给予足够的承认。这一比较暴露出弗格森意识到他自己作为哲学家的脾性与作为哲学家的休谟、斯密之间的区别。这些区别表现在沉思与行动孰轻孰重，冲突所发挥的作用以及相较于非人格

---

32 参见 Campbell and Skinner，*Adam Smith*，Chapter 16。
33 *WN*，IV.v.b.53.

力量和个人意志在政治中的践行问题等。[34]

　　我们很难想象斯密会流露出弗格森那样的急躁情绪。在美洲殖民地争端高潮之际，弗格森因被排除在政治活动中心之外而表现得急躁难耐，他原本指望在美洲殖民地"打击这个时代糟糕的愚蠢行为"[35]。斯密在《国富论》中对重商主义体系的猛烈抨击、他对国教和英格兰大学的批评，都表明他在抨击根深蒂固的制度和思维模式时不乏勇气。但是，他选择抨击蠢行的方式不同于弗格森。1773—1776年那段时间，斯密实际上在伦敦，这几年英属北美殖民地危机正在发展，他充分利用获取额外信息的机会，将自己对正在发生的美洲争端的看法揉进他对重商主义体系的抨击中。他还沉溺于一个自觉哲学家的练习，企图勾画一个解决此问题的乌托邦方案——不列颠及其美洲殖民地的宪政和财政联盟。弗格森讨论此次争端的小册子以一段宣言结尾："我承认，我们国家的事业处在危机中时，我认为，不偏不倚不过是一种值得怀疑的美德。"[36] 大约在同一时期，弗格森写的一封或许是针对《国富论》作者的信证实了他的立场："我发现，**文人们认为超然于当前事务是一种体面，并只为后代写作。我的看法与此相反**。我认为，为今天的事务采取的行动比书架上看起来厚厚的书籍更有效。"[37]

　　弗格森曾任黑卫士军团的随军牧师，他形容自己是"一位好战的哲学家"，这一称呼与他的身份相得益彰。弗格森认为，美洲殖民者应当受到"一次严厉的打击"。讽刺的是，1778年，他担任了一个失败的英国和平代表团的秘书。[38] 这次使命的失败导致他回到比先前更

47

34　关于这一点，见D. Kettler，"History and Theory in Ferguson's Essay on the History of Civil Society: A reconsideration"，*Political Theory*，5（1977），437-59。

35　Letter from Ferguson to Sir John Macpherson, n.d., Edinburgh University Library.

36　*Remarks on a Pamphlet Lately Published by Dr. Price intitled Observations on the Nature of Civil Government, and the Justice and Policy of the War with America*，London，1776，p.58.

37　见脚注35提到的那封信。

38　Letter to Sir John MacPherson, 27 October 1777, Edinburgh University Library.

具惩罚性的立场上。如我们将要看到的，斯密的立场不是完全同情殖民者，但一直承认殖民地脱离母邦的可能性。尽管斯密和弗格森一样关注当时的公共问题，但他选择让自己享受不偏不倚的优势——这是一种摆脱了"派系和野心的大混战"的地方性立场之后的哲学视野。[39]

　　我想要说明的是，这种练达的、常常是反讽的姿态在斯密心中根深蒂固，其起源是秉性和偏好的混合物，即把复杂的历史事件解释为不同的、往往不那么有远见、也不太高尚的各种动机未曾预料的结果。这种姿态助长了那种对他立场的传统解释，即认为斯密几乎没有操练过实际的政治事务。多年来，这种解释一直被夸大，我将在第三章中对此提出质疑，但是，它所包含的核心事实在某种程度上可以表述为斯密对纯粹的政客与政治家或立法者的比较。斯密和弗格森一样完全理解英国党派政治的实际情况。如果他赞同他的政治家朋友的公共表现的话，他会毫不犹豫地支持他们。例如，18世纪80年代，他同情柏克所属的罗金厄姆派。柏克也（因此？）向罗金厄姆（Charles Watson-Wentworth）举荐了斯密，说他是个"有见地、诚实"的人，可以信赖，能够提供慎重而准确的政治信息。[40] 不过，和休谟一样，斯密选择的公众形象不包括公开的党派政治倾向，在《国富论》中，他致力于塑造一个举世罕见的、可能是一个想象中的立法者，此人的审慎考虑"由总是相同的普遍法则支配"。因此，斯密可能因弗格森指责他为后代写作而不支持当下行动而感到受伤，但可能还有另一种看法，即他对政治家的存在没有失去信心，而且他希望通过改变有教养的人的意见的状况，在一个更长的时期里对各种事件产生影响。

　　在目前讨论的内容中，我稍许夸大了我们掌握的斯密在其已出版著作之外透露意见的信息匮乏程度。学生关于他的法理学讲义的笔

48

39　WN，V.iii.90.

40　参见 letter from Burke to Rockingham，27 April 1782，Burke，*Corr.*，IV，pp.448-9；斯密和柏克更早的那封信，参见 Burke，*Corr.*，V，pp.3，86-7，98-9，296-8。

记——与普通的交谈相比，斯密在这个讲台上似乎更有表达力——成为新的信息来源，但在与已出版的著作相互比对时需要谨慎使用。而且，如果斯密是公共事务的旁观者，他往往有很高的特权，如我们从他所写的现存信件中看到的那样，他答复了政治家们让他提供机密建议的要求。斯密没写小册子，这一点在某些透漏内情的通信和明显的马基雅维利式报告中得到了更多弥补；在那些通信中，斯密就如何松

49　解重商主义的限制给大臣们提出了坦率的建议，他曾于1777年英国军队在萨拉托加战役失败后不久就给诺思勋爵（Frederick North）的副检察长亚历山大·韦德伯恩（Alexander Wedderburn）写信报告。[41] 某些人认为这场失败预示着国家的毁灭，而斯密冷静地回应这种观点；这种冷静的态度更为人所知，也进一步证实了斯密镇定自若的形象，"放心，我年轻的朋友，一个国家有太多的破坏了"[42]。无论如何，斯密给韦德伯恩的报告表明他是如何敏感地感受当时政治家面临的真实政治决策的。

这些信件和报告揭示出，斯密的机密建议完全符合他在《国富论》中写的那些内容，不过，人们或许可以期许，他以一种比较坦率的方式表达他的见解。这表明了斯密另一种令人钦佩的品质，而且他似乎在自己身上成功地养成了这种品质，即他曾经形容的"固执的正直"。最近发现的一组斯密信件证实他在公共和半公共事务中这种持之以恒的品行。这一点还可以进一步说明他非常看重名声。

这些信件是关于斯密所做的某件细致入微的工作，所为之事是弗格森的利益，后者被委任为斯坦霍普伯爵的侄子也是被监护人、即第五代切斯特菲尔德伯爵的家庭教师，此事是斯密举荐和协商的。双方的约定包括，一旦弗格森的职责履行完毕，雇主需承诺支付给他终身

41　参见 "Smith's Thoughts on the State of the Contest with America", *Corr.*, Appendix B。

42　*The Correspondence of the Rt Hon. Sir John Sinclair, Bt, with Reminiscences of the Most Distinguished Characters who have Appeared in GB, and in Foreign Countries, during the last 50 Years*, 2 volumes, London, 1831, I, pp, 390-1.

年金。弗格森怀疑斯坦霍普的承诺是不是要等切斯特菲尔德成年之后才会生效，因而，斯坦霍普给弗格森出具了一份书面保证，承诺弗格森的年金将由他和他的继承人支付。斯密对这一安排有些疑虑："我可以非常诚恳地向阁下保证，一想到此事给您的家庭和财产带来了最不必要的负担，一想到我在此事中起了作用，我就感到惴惴不安，一生中最令我不安的莫过于此了，尽管此事是阁下您自己的提议。"[43] 事后证明，当切斯特菲尔德伯爵不再聘任弗格森担任家庭教师时，他就不愿支付他以前的监护人同意支付的年金。看来，斯密的这些顾虑变成了现实。于是，斯密再次被请来充当中间人，他罗列了有力的法律建议，意欲让切斯特菲尔德伯爵意识到，为了自己的利益而履行他的监护人曾承诺过的义务，会赢得好的名声。司法诉讼的威胁最终促成了一个在弗格森和斯坦霍普双方看来都满意的结果。[44] 在协商期间，斯坦霍普给弗格森写了一封信（这封信现已佚失）。从斯密的回信中，我们获悉，这封信件包括对斯坦霍普在此事中受到牵累表示慷慨致谢，并引出了斯密随后正式的请求："如果阁下允许，我希望能保留（您写给弗格森的信的）原件，不仅是为了在合适的时间给我的一些年轻朋友阅读，还可以把它留给我的家族和后代，如果上帝眷顾我的话，此信可以作为固执的正直的榜样，我的家族和后代在任何场合都应遵从。"[45] 斯密通信集的几位编辑指出了一种不太可能的暗示，即斯密这位时年五十四岁的单身汉，仍在考虑结婚和生子的可能性；不过这封信也突出了斯密非常重视正直这一品质——希望为他的家族保留这封信并以此作为示范，就说明了这一点。

此外，几段更重要的故事也证实了这一品质：当他不得不压缩他

50

---

43 1777 年 3 月 29 日致斯坦霍普的信，见 *Corr.*，Appendix E，Letter d。

44 这个完整的插曲，以及所有相关的信件，可见 D. D. Raphael，D. Raynor and I. Ross，'"This is very Awkward"：An Entanglement of Scottish Professors with English Lords'，*Studies in Voltaire and the Eighteenth Century*，278（1990），pp.419-63。

45 1777 年 5 月 8 日致斯坦霍普的信，见 *Corr.*，Appendix E，p.428。

在格拉斯哥的教学时，他坚持退还学生的学费；当他获得皇室名下一个收入颇丰的职位时，他主动返还了巴克勒公爵拨付的那笔年金；他一丝不苟地处理个人事务和那些他人委托的团体利益。当他成为海关专员时，他可能尽职尽责地销毁了这个职位规定禁止占有的所有个人物品——尽管他汇报自己已经销毁其个人物品时的语气极有可能是讽刺性的。[46] 更有说服力的证据是他常常受其格拉斯哥大学同事的委托履行管理者的任务：该校大学图书馆的财务主管、艺术系主任、副校长以及最后的荣誉校长。他按照他认为符合该校最大利益的方式办事，并非常坚定地解决了早先他与休谟的友谊引起的责任冲突。1751年，他拒绝支持提名休谟成为格拉斯哥大学教席的候选人，其理由如下："我宁愿与休谟而不是其他任何人成为同事；不过我担心公众可能不会同意我的看法；而这个社会的利益将迫使我们考虑到公众的意见。"[47] 所有这些都刻画了一个在早期职业生涯中获得正直名声并一步步夯实这种名声的人物形象。虽然这个性格可能让斯密看起来持重冷静，但它也为出现在其他奇闻逸事中那个沉思的、心不在焉的、永远刻板的漫画形象增加了一个新的维度。

与斯密的正直品性唯一相悖的问题是由20世纪的经济学家们提出来的。该问题在于，斯密没有像他们希望的那样明确表示出他的思想受惠于何方，以及在较小程度上就与他对立的问题明确表态——这意味着，说好听点，斯密是不够慷慨，说难听点，是不坦诚。事实上，这是斯密不得不面对的最严肃指控的来源，如果这一点成立，那他们将会对思想史上那飘忽不定的念头——即他的原创性——表示怀疑。在斯密的一生中，这一直都是个敏感的问题，而且人们谴责剽窃都有确凿证据：据说斯密在不同时间谴责过不同的熟人剽窃他的思想，最著名的是威廉·罗伯逊（William Robertson）、休·布莱尔（Hugh

---

46　参见1780年1月3日致威廉·艾登的信，见 *Corr.*, pp.245-6。

47　1751年11月致威廉·卡伦的信，见 *Corr.*, p.5。

Blair）和弗格森。无论这些故事背后的真正真相是什么，斯密的原创性，或者他对原创性的意识，都可以和他的藏书一起被形容为他的主要虚荣心。

四

最后一个例子，传记证据偶尔会提供一些启发，尤其是当这份证据不经意间揭露了一些敏感词汇在谈话中的用法时，我们就应该提一提休谟与让-雅克·卢梭那场著名的争论引发的一个片段了。当时，卢梭把自己正在写《忏悔录》（就像他可能打算写的那样）的事儿弄得人尽皆知，又四处散布休谟参与了反对这位出生于日内瓦的哲学家的阴谋等各种谣言，因此，休谟在考虑发表对这些谣言的答复是否明智时，《忏悔录》这件事就成为他担忧的一个问题。

> 他亲口告诉我，他正在构思他的回忆录，在回忆录中，他自己的性格、他朋友的性格，还有他敌人的性格，都将被一视同仁地公正对待。由于我曾是他的朋友，后来又成了他的敌人，我肯定期望有个好形象：而且，我想，如果这些回忆录在他死后或在我死后出版呢？如果是后一种情形，那就没人替我的**回忆**辩护了；如果是前一种情形，我的申辩的**真实性**也将大打折扣。[48]

斯密在这段故事中发挥的作用，说明他站在一个心怀忧虑的局外人立场上渴望保护休谟的名声，希望劝阻他不要冲动，把卢梭奇怪的行为告知他的友人们就足矣，无须超出这个范围。任何更公开的事情

[48] Letter to Mme la Présidente de Meinières, 25 July 1776, in *New Letters of David Hume*, edited by R. Klibansky and E. C. Mossner, Oxford, 1954, pp.150-1.

将只会满足人们对"英国文人圈子""鸡零狗碎"的猎奇八卦口味。[49]
在这件事中，我们可以发现斯密不但正直而且机智，因为斯密证明
他的预见完全正确。令他后来遗憾的是，休谟听从了他的某些法国朋
友的建议，苏格兰朋友的意见没占上风：在达朗贝尔（Jean le Rond
d'Alembert）的授意下，《休谟先生与卢梭先生争论的真实故事和简要
说明》在巴黎出版。不久后，英语版紧随而至。[50]休谟还采取了进一
步的预防措施，把他与卢梭的通信寄存在英国博物馆，以防这些信件
可能被指责为是他伪造的。[51]这段故事引起了一阵热评，其中一些毁
谤恶语相向，所有的评论都很享受这两位哲学家身陷的私人纠纷如今
被公开曝光的局面。鲍斯威尔完全不顾他与休谟的友谊，也不顾他先
前对卢梭的奉承，偷偷摸摸地让这场纠纷酝酿发酵，他还给两人设计
了一幅讽刺画。如果卢梭看到了这幅讽刺画，他对自己是一场阴谋目
标的怀疑就会被证实。在这幅讽刺画中，休谟扮演着好人角色；可能
被忽视的一个事实是，他被描绘成"便秘之人"，因而需要医生提供
灌肠服务。[52]

　　卢梭在逃出英格兰之前曾公开表示，他放弃了发表他在流放期
间不幸故事的念头。休谟认为这意味着卢梭正放弃他写自传的整个计

49　1766年7月6日致大卫·休谟的信，见 *Corr.*，p.113。

50　参见 *A Concise and Genuine Account of the Dispute between Mr. Hume and Mr. Rousseau with the letter that Passed between them during their Controversy. As also, the Letters of the Honourable Mr. Walpole, and Mr. D'Alembert, Relative to this Extraordinary Affair*, translated from the French, London, 1766。休谟人生中第一次被这场争吵左右，参见Thomas Ritchie, *An Account of the Life and Writings of David Hume*, London, 1807。

51　这次争吵的细节可参见E.C. Mossner, *The Life of David Hume*, 2nd edition, Oxford, 1980, Chapter 5。

52　休谟对这幅画的回应参见Mossner, *The Life of David Hume*, p.535。鲍斯威尔在1767年2月1日致威廉·坦普尔的一封信中承认他在搅和这场争吵时发挥的作用，但否认自己提出了灌肠的想法，参见 *Letters of James Boswell*, I, p.103。

划，如果他知道情况并非如此，很可能会再次担心。[53] 卢梭的《忏悔录》于1778年发表，此时休谟已经逝世两年了。休谟在他的自传中没有提到这场争吵，尽管这篇自传证明他的下列陈述是错误的，即他从未遭到中伤诽谤的"毒牙"攻击。对卢梭而言，他遵守承诺没有在《忏悔录》中提到这场争吵，但他对休谟的描述十分清晰地解释了贯穿后面几章的主题。

简而言之，卢梭在遇到休谟前几乎不了解后者，他说，他把"一个非常共和主义的灵魂"和那些"崇尚奢侈的英国悖论"结合了起来。[54] 休谟的确认为，至少在理论上，"迄今为止，**共和制政府**是最好的"，不过他也感到，共和制只适合小国家，任何在不列颠缔造一个共和政府的尝试都"只会造成**无政府**状态，这是**专制政治**的直接预兆"[55]。斯密也曾被描述为"在政治原则上接近共和主义"[56]。在《国富论》中，斯密与那些被他描述为"持共和原则的人"讨论了常备军和公民民兵制的相关优势；而那些"坚持共和原则的人"，包括休谟和弗格森在内，有几位都是拨火棍俱乐部（Poker Club）的成员，他们成立这个俱乐部的目的是鼓动建立苏格兰的民兵制。斯密采取的公共立场似乎有利于常备军，因此有悖于他的俱乐部身份。因为这种态度，他遭到弗格森的批评以及该俱乐部的另一位成员亚历山大·卡莱尔（Alexander Carlyle）的书面批评。形容一个人是共和主义的同情者，其所蕴含的意思在18世纪政治技艺中是一个值得破译的用语。斯密对军事建制的看法与其苏格兰朋友的差异，是这个问题的关键，我

53　参见 Hume's letter to Turgot，in *The Letters of David Hume*，ed. J. Y. T. Greig，Oxford，1932，2 volumes，II，pp.137-8。

54　*Oeuvres complètes de Jean-Jacques Rousseau*，edited by Bernard Gagnebin and Marcel Raymond，Paris，1959，5 volumes，I，p.630。

55　参见 *Letters of David Hume*，II，p.306。

56　布坎伯爵在斯密去世一年后写的回忆录中如是说，参见 *The Bee or Literary Weekly Intelligence*，8 June 1791。

们将在后面一篇文章中讨论。[57]

不过，首先值得思考的是卢梭提到的休谟意见的其他特性，即那些崇尚奢侈的英国悖论。卢梭在1750年发表的《论科学与艺术》中抨击了这些悖论。这些悖论成为他提到的古代和现代政治思想家之间令人惋惜的差距的一个主要原因：在这一对比中，古代思想家"永远说的是精神与美德"，而今日思想家"却只说商业和金钱"。[58]如同他后来表明的，恶的最初根源是不平等，在不平等中产生的财富维持了奢侈和懒惰，与此同时这些人还谴责穷人在无止境的劳动或饥饿中选择野兽般的生活方式。这些关切迫使卢梭思考他第二篇论文即《论人类不平等的起源和基础》的主题，并成为卢梭作为一个共和主义政治道德家的事业的主旋律。他相信，古人有充分的理由将奢侈与不平等联系起来作为衰落和人口减少的主要原因。[59]尽管让−弗朗索瓦·梅隆（Jean-Francois Melon）和伏尔泰18世纪30年代支持这个崇尚奢侈的悖论，但卢梭完全意识到，其起源可以在十多年前曼德维尔发表的英语著作中找到。[60]休谟在《论商业》和《论奢侈》中对曼德维尔观点的有限认可，是卢梭惊讶的原因所在：一个像他自己一样坚持共和主义原则的人，绝不会不将奢侈和不平等视为大小各国道德和政治腐败的原因。斯密在奢侈问题上与休谟的看法相同，但在《国富论》中，他改进了那些看法，不仅仅是对休谟立场的详细阐释。就像我们将在下一章中讨论的那样，斯密的研究标志了18世纪关于奢侈是否威胁公民生活这场争论的巅峰。这也是对卢梭所代表的所有观点的决定性的

57 见下文第117—119页。

58 参见 The First and Second Discourses，edited by V. Gourevitch，New York，1986，p.16.

59 卢梭对奢侈的抨击，见 The First and Second Discourses，pp.45-6，72-3，88，211-12.

60 卢梭对曼德维尔的借鉴，见 The First and Second Discourses，pp.102，161-2。卢梭对曼德维尔的理解和借鉴的范围，最先被斯密指了出来：参见下文第67、71-74页。曼德维尔的影响远比斯密了解的深远，对此的阐释可参见 E. J. Hundert，The Enlightenment's Fable：Bernard Mandeville and the Discovery of Society，Cambridge，1994，pp.58-9，105-15。

反驳——如果不是彻底反驳的话。因此，在18世纪的最后二十五年，这个崇尚奢侈的悖论某种程度上通过与休谟、但主要与斯密的结合，成为苏格兰的一个突出问题。尽管如此，下一章对这个主题的讨论将首先考虑的一位奢侈的鼓吹者，毫无疑问是英格兰人塞缪尔·约翰逊博士。

56

54

图1　这幅讽刺画标题为《野蛮人》(1766年)。詹姆斯·鲍斯威尔暗示这幅作品讽刺了卢梭和休谟的那场争吵。此画把卢梭描绘成野蛮人，休谟在他的右边，为他提供饭食，两位医生一边说"他便秘了"，一边给他灌肠。伏尔泰站在卢梭的左边，正被那个野孩子彼得怂恿着鞭打卢梭；野孩子彼得是个在德国找到的年轻人，1767年被带到英格兰。卢梭正在说："不，不，大卫不可能是叛徒，如果他不是最好的人，那他一定是最卑鄙的人类。"背景里的三只猴子议论着"人类的不平等"。

第二章

隐秘的联系

　　环顾周遭，看到人们各展所长、各尽其才时，我不禁钦佩社会中那个隐秘的联系，它把大人物和小人物、把杰出之士和默默无闻之人都维系在一起；我心怀仁爱、满心欣慰地认为，除非身体完全残疾或心灵彻底残缺，否则，没人需要认为自己无用或是共同体的负担，自感屈辱：无论何种职业，那个勤奋工作的人配得上他所获得的生存所需，以及他所享受的保护；每天晚上，他心情愉悦地躺下休息，就是在为幸福生活贡献一份力量。

　　　　　　　　　——塞缪尔·约翰逊，《冒险家》，1753 年 6 月 26 日

一

　　塞缪尔·约翰逊钦佩那个将富人和穷人的命运维系在一起的隐秘联系，这种钦佩源于他对自己所喜爱的伦敦这座城市的生活观察。这些隐匿的关联体现在各行各业中，而它们被要求满足现代社会多样的、往往是转瞬即逝的需求，即现代社会"流行的、时尚的小玩意儿"，以及大量的生活必需品。约翰逊思考的是"各种活动同时出现的普遍情形"，在这种情形下，"我们中间几乎没人不享受一千个

工匠的劳动，无论这个人的生活方式是多么地简朴"。"人为的丰裕（artificial plenty）"体系产生了这种相互依赖。这种体系意味着，"我们每个人单独为自己所做之事可以非常少"。约翰逊将此情形与一个更加自给自足的野蛮人生活进行了比较，进而得出结论说，"尽管印第安人的不屈不挠和言行举止激起了我们的钦佩，但他们不可能让自己获得一个文明国家流浪的乞丐所享有的便利"。[1]

57

对奢侈和城市生活的这类思考经常出现在约翰逊记录的对话中；在这些问题上，他显然喜欢抨击同时代人轻率的道德主义的见解：

> 现在的事实是，奢侈带来了诸多好处。以伦敦的奢华建筑为例。难道这些建筑在便利和雅致的住宿方面没有产生真实的好处吗？难道这不是出自勤奋的劳动吗？当你把钱作为劳动报酬支付给那些工作的人，而不是仅仅出于慈善捐赠给他们钱时，你非常确定自己是在做善事……至于被铺张浪费毁掉的那些人所造成的损失，对这个国家而言，某些个人的痛苦不算什么事儿。当如此普遍的生产性劳动成为奢侈的后果时，即使债务人在监狱里，这个国家也不会在乎；换句话说，即使债权人也在监狱里，国家也不在乎。[2]

尽管最后几行出自奥利弗·戈德史密斯（Oliver Goldsmith）的《荒村》（Deserted Village），不过，我们将会看到，约翰逊同样直率地回击了他的朋友，因为后者抱怨奢侈是乡村人口减少的原因。

鉴于下文将要阐明的更明确的理由，斯密不认可约翰逊对债务人和债权人漫不经心的态度。即便如此，《国富论》的读者也会欣然意识到，斯密在描述劳动分工给人们带来的始料未及的好处时，他基本

1　*The Adventure*, no.67 in Johnson, *Works*, II, pp.383–9.
2　Boswell, *Life*, III, pp.56–6；也可参见 II, pp.170, 217–19；III, pp.282–3, 292–3；IV, p.173.

上使用了同样的论据。不太明显的是，这一点还体现在斯密对人们未曾预料的道德弊病的诊断中；这种弊病与城市生活和不断发展的体力劳动的专业分工有关，在这里，他再次从约翰逊那里得到了支持。在答复戈德史密斯关于人口减少和道德堕落的问题时，约翰逊先是怀疑这些事实，接着质疑奢侈是否能够导致以下这些问题：

> 奢侈，即使延伸到穷人那里，都会为人类这个种族带来好处；奢侈会增强人类的力量，让生活丰富多彩。先生，没有一个国家会被奢侈所伤；就像我前面说的，它会毁掉很少一部分人。我承认，商业和制造业的大力发展损伤了一个民族的勇武精神；因为它导致其他一些非军事荣誉的竞争——财富的竞争。它也伤害了这个民族的躯体；因为你将会注意到，凡是从事具体行业的人，你或许可以从他的外表来判断他的职业。他身体的这个部分或那个零件比其他部分使用得更多，在某种程度上，他是畸形的；但是，先生，这不是奢侈。[3]

58

斯密在其法理学讲义和《国富论》中都强调专业分工在创造就业岗位时的后果，就"大多数人"而言，他们在具体行业中的熟练似乎是"以智力的、社会的、军事的德性……为代价的"。[4]斯密在这里向明智的立法者提出了一个有待解决的重要问题，我们将在下一章中更充分地讨论这个问题。[5]

　　和约翰逊一样，斯密经常对野蛮人和文明人的生活方式进行比较；他还认为利益分散到社会的最底层是类似的进步的一部分。约翰逊进而提到"让人类的营生多样化的无穷无尽、纷繁复杂的趣味和境

3　参见 Boswell，*Life*，II，pp.217–18。
4　WN，V.i.f.50.
5　关于这个主题，参见下文第120—121页。

况"，在这种情形下，"一部分人不要的东西甚至可以为次一级阶层提供养活他们的必需物资"。这些物资特别是耐用品以及斯密笔下那些"小玩意和小饰品"的时尚玩意儿向下层的流通，每个人对无名工匠大军的依赖，甚至如我们已经看到的，约翰逊关于"有多少东西源于我们自身的能力，又有多少东西源于人为的权宜之计"的问题，所有这些都是斯密类似讨论的一部分。

斯密和约翰逊之间没有友好和睦的私人关系，他俩在宗教和政治上的看法相悖，可在上述问题上却碰巧一致，个中原因不难追寻。在18世纪的第三个二十五年里，人们为奢侈的标准化的辩护已经非常完善，以致卢梭说英国人崇尚奢侈的悖论是完全正确的。然而，由于这些辩护遭到另一些道德学家的坚持不懈的、同样也是标准化的挑战，卢梭也可以说英国人害怕奢侈。[6] 如果约翰逊和斯密有一个共同出发点的话，看一看伯纳德·曼德维尔的《蜜蜂寓言》就足矣。约翰逊承认这部著作"真正打开了［他］看待真实生活的视野"。[7] 在论述另外一

59

6　对英国奢侈争论的考察，参见J. Sekora, *Luxury: The Concept in Western Thought, Eden to Smollett*, Baltimore，1977.更早的法国文献也对该主题进行了广泛的讨论，参见H. Baudrillart, *Histoire de luxe privé et public, depuis l'antiquité jusqu'à nos jours*, Paris, 2nd edition, 4 volumes, 1880-1，以及A. Morizé, *L'Apologie du luxe au XVIIIéme siècle*, Paris, 1909。关于以卢梭为中心的奢侈讨论，较新的法国研究可见R. Galliani, *Rousseau, le luxe et l'idéologie nobiliaire, étude socio-historique*, Oxford, 1989。克里斯托弗·J.贝里还从概念和历史的角度讨论了这个主题，参见Christopher J. Berry, *The Idea of Luxury*, Cambridge, 1994, 尤其是关于18世纪讨论的第六章。

7　Boswell, *Life*, III, p.292.约翰逊的这种评论和其他一些议论促使曼德维尔的编辑F.B.卡耶（F. B.Kaye）声称约翰逊的"经济理论在很大程度上借鉴了曼德维尔"；参见F.B.卡耶为《蜜蜂的寓言》所写的编者导言，*The Fable of Bees*, 2 volumes, Oxford, 1924, I, pp.cxix, cxxxviii.对这种影响的有力主张（而且是不必要的主张）可能会遭到反向的夸大修正，见Earl R. Miner, 'Dr Johnson, Mandeville, and "Publick Benefits"', *Huntington Library Quarterly*, 21（1958）, pp.159-66。对约翰逊在经济主题上的主张更稳妥的论述，参见J. H. Middendorf, 'Dr. Johnson and Mercantilism', *Journal of the History of Ideas*, 21（1960）, pp.66-83；以及"Johnson on Wealth and Commerce", *Johnson, Boswell and their Circle*, Oxford, 1965, pp.47-64。

些他喜爱的主题——虚荣、自我中心主义和人性的普遍堕落——时，约翰逊偶尔也会提及曼德维尔：

> 人类的自然堕落和原罪的残余，在约翰逊先生的观念中如此根深蒂固，乃至他事实上成为这些影响的最敏锐的观察者，他有时半开玩笑半认真地说，这是他以前的导师曼德维尔的遗训。然而，就一本著作而言，他总是严厉谴责《蜜蜂的寓言》，却又不忘加上一句，"这是一部有思想的人的著作"。[8]

尽管斯密在讨论改善自我的雄心壮志时给虚荣和攀比保留了大量篇幅，但他的态度更为温和，也较少受到原罪论的影响，更贴近沙夫茨伯里伯爵（Earl of Shaftesbury）、弗朗西斯·哈奇森和休谟的立场，而非约翰逊和曼德维尔，他假设人天生被赋予了相互同情、相互理解的能力。斯密耗费了相当多功夫将曼德维尔令人愤慨的悖论中的核心真理与单纯的诡辩术区分开来，此时他追随的是哈奇森和休谟的脚步。而且，斯密论证背景中的另一个重要特征也非常突出：卢梭《论人类不平等的起源和基础》1754年首次出版，此书对曼德维尔将现代社会解析为人人自私的形象进行了逆转；斯密次年就在《爱丁堡评论》中评论了该书。实际上，斯密最先注意到了曼德维尔与卢梭之间本质的相似性，这就意味着，当斯密在《道德情感论》中或隐或显地讨论曼德维尔时，他也是在回应卢梭的某些论断。

　　这场戏的主要角色已经聚齐，现在可以思考这个隐秘的联系在斯密的早期著作和法理学讲义中有什么重要作用了。考察完这些，我们

8　Hester Lynch Piozzi, *Anecdotes of the Late Samuel Johnson during the Last Twenty Years of His Life*, in G. B. Hill（ed.）, *Johnsonian Miscellania*, Oxford, 1985, p. 268；可参见 p.207。约翰逊似乎将他对曼德维尔的喜爱传递给了特雷尔夫人，参见 *Thraliana: The Diary of Mrs. Trale, 1776-1809*, edited by Katherine C.Balderston, 2 volumes, Oxford, 1941, I, pp.4, 25, 421；II, pp.656, 784, 1066-7。

才有可能更清楚地理解斯密《国富论》表达的最终立场中的特殊见解
60　是什么。

二

　　斯密早在撰写他现在的成名作之前就已经开始思考这个主题。这
些思考出现在他18世纪60年代所作的讲座中，他还在这些讲座中对
一些内容作了发人深省的评论，例如，人的微妙的需求，他无法满足
于未经加工的自然物品，他对超出有形物品和服务的效用或"现实物
质"的审美愉悦永不满足的欲望："人类生活的所有勤劳，不仅要保证
我们衣、食、住这三种低级必需品的供应，还要获得与我们精美雅致
的趣味相应的便利品。"[9] 在野蛮状态中，"每个人享有他自己劳动的所
有成果"，一旦超越了这种野蛮状态，虽然依旧"贫穷"，但获得便利
品和奢侈品的同时是社会大多数人更加勤勉的劳动和享用方式的不平
等分配。于是，"那个在事实上承受着社会重担的人，却只得到最少
的好处"。[10]《国富论》最早的草稿大致可以追溯到《法理学讲义》的相
同时期，在这份草稿中，少数几个懒惰之人的奢侈生活与不平等和压
迫这一主题密切相关：

　　　　在一个文明社会中，穷人不仅要养活自己，还要为他们的上
　　层人物提供大量奢侈品。维持那个懒惰的地主虚荣心的地租，完
　　全都是那个勤勉的农民挣出来的。那个富人让自己沉溺于各种
　　卑鄙肮脏的肉欲，代价是他把自己的存货附加利息出借给行商坐
　　贾。所有依靠宫廷的轻浮懒散的家臣，他们的衣食住所等同样是

9　*LJB*，p.488；也可参见 *LJA*，p.335。
10　*LJB*，p.490.

由那些支付税金养活他们的人提供的。[11]

　　看来，人们承受的负担和得到的回报之间的不公平分配似乎与社会的整体和谐和相互依赖一样具有重要意义。但是，这个论断的要旨是表明，"在如此深重的压迫性的不平等中"，劳动分工能够解释，与"最尊贵、最能干的野蛮人能够获得的享受"相比，"文明社会最底层、最卑微的成员"是如何享受"优质充裕的物品"的。当然，同样的论断以不太鲜明的言辞出现在《国富论》第一卷论述劳动分工的章节中，这个观点通常因其特别强调"提高劳动生产力"这个单一的"原因"而闻名。

61

　　然而，在斯密最早出版的《道德情感论》中，这个观点有另一个版本，而且侧重点不同。在这里，它与"一只看不见的手"这个比喻联系在一起，给明显可见的混乱与不公带来了秩序；这个比喻自斯密在《国富论》中使用后便一举成名。该比喻出现的那个章节一开始讨论的是与手段和目的精确适应相关的审美愉悦，但很快就转而讨论以下问题，即对"琐碎实用"对象的追求"往往源于个人生活和公共生活中最严肃、最重要的追求这一秘密动机"。在这个世界上，升迁的野心与财富和权力会带来幸福的虚幻信念联系在一起，而事实上，它们仅仅是"费力工作的机器"，这架机器仅能保护拥有它们的人免于琐碎的不便。但是，幻想却对社会有着重要的影响。正是这关键性的"蒙骗""激起了人类的勤勉并使其永不停歇"，进而征服了自然，"创造和推进所有的科学和技艺，以使人类的生活变得高贵和丰富多彩"。[12] 在这个背景中，斯密重新回到奢侈和不平等之间的联系，以一种浮夸的风格描述那位"骄傲自大、毫无怜悯之心的地主"不能独占给他带来幸福的物质财富，而这些财富是他在社会中的政治和经济地

11　参见 *ED* in *LJB*，p.563。
12　*TMS*，IV. i.10.

位所赋予的。

　　眼睛大肚子小，这句朴实而又通俗的谚语，在他身上会得到最为充分的证实。他的胃容量同他那无底的欲壑完全不成比例，而且容纳的东西绝不会超过一个最卑微的农民。他不得不把剩余的物资分给那些用最精细的方法为他烹制食物的人；分给那些为他建造他要在其中消费自己那一小部分收成的府邸的人；分给那些提供和整理显贵在其家庭管理中使用的各种不同的小玩意儿和小摆设的人；就这样，所有这些人由于他的豪华奢侈和异想天开而分得他们不可能指望从他的仁慈或正义中获得的那一份生活必需品。在任何时候，土地产出所供养的人数都接近于它所能供养的居民人数。富人只是从这大量的产品中挑选了最珍贵和最中意的东西。他们消费得并不比穷人多多少；虽然他们天性自私贪婪，虽然他们只图自己方便，虽然他们雇佣千百人来为自己劳动，而其唯一目的是满足自己无聊又贪得无厌的欲望，但他们还
62　　是同穷人一起分享他们所作一切改良的成果。他们被一只看不见的手引导着对生活必需品作出几乎同土地在平均分配给全体居民的情况下所能作出的一样的分配；就这样，他们在既非有意为之、也毫不知晓这种分配的情况下，增进了社会利益，为人类种族的繁衍提供手段。当神把土地分配给少数权贵地主时，他既没有忘记也没有遗弃那些在这种分配中似乎被忽略了的人。后者也享用到了他们在全部土地的产出中的那一份收获。就构成人类生活真正幸福的那些东西而言，他们无论在哪方面都不比似乎地位远远高于他们的那些人逊色。在身体的舒适和心灵的平静上，所有不同等级的人几乎处于同一水平，一个在大路旁晒太阳的乞丐也享有国王们正在为之奋战的那种安全。[13]

---

13 *TMS*, IV. i.10.

　　这里丰富的典故值得大段引用。毫不令人惊讶的是，这种把幸福与财富之间的距离拉开的修辞手法被评论家绘声绘色地描述成斯密"最幽暗的斯多葛主义"，或是"浪漫主义的"渲染铺陈。这段话一边回应着卢梭提出的人天生平等的观点，一边也反映了众生平等的观点。[14] 一种关于财富与幸福之间联系的明显的非功利主义观点呈现出某些附加的特征，使其看起来更像是18世纪学者对人类愿望的虚荣的布道，而不是对文明生存的物质利益的颂歌。富人的贪得无厌是徒劳无功的。他们只有在分享财富时才能享受他们的财富，他们从消费中获得的好处几乎不会比他们被迫分享财富时的好处多。约翰逊发现可以毫不费力地把他的曼德维尔式的奢侈观与基于尤维纳利斯（Juvenal）第十讽刺诗的诗性布道辞结合起来；后者在诗中说，"财富加财富，难把真理和安全买/财宝不断涨，危险也随之增"[15]。斯密以同样的方式表现出同样的技艺，尽管与约翰逊的诗歌相比，斯密对虚荣的态度更多是尤维纳利斯的讽刺性鄙视，而更少布道书的悲剧性遗憾。约翰逊还反对尤维纳利斯援引斯多葛派的美德作为解决人类欲望空虚的手段，反而将基督教对上帝意志的服从作为唯一真正的宁静之源。从斯密提到休谟之死时不得不就基督教徒顺从上帝意志这一问题发表的观点来看，他可能对斯多葛式的解决方案评价更高。[16]

63

　　同样重要的是，斯密在《道德情感论》中对他的论点进行了限定，他认为这种观点是"人人都熟悉的在生病或情绪低落时以恶意揣度他人的哲学"的产物，这就意味着我们没有义务从这个视角来看待它。[17] 曼德维尔是斯密所说的以恶意度人的哲学家的主要例子，他形容"脾气乖戾的"个人"将应该归功于值得称赞的每个行为，都归因

14　最早的描述是，Hont and Ignatieff，'Needs and Justice in the *Wealth of Nations*' in *Wealth and Virtue*，p.10；其次是 D. D. Raphael，*Adam Smith*，Oxford，1985，pp.71-2，79。

15　参见 "The Vanity of Human Wishes"，in Johnson，*Works*，VI，p.32，lines 26-7。

16　参见上文第38页。

17　*TMS*，IV.i.9.

于对赞扬的热爱，或他们称作虚荣心的东西"。[18] 但这并不妨碍斯密把曼德维尔对上述双重事实的利用接收过来作为一种解释模式。富人天生的自私和贪婪、他们的贪得无厌，在一个不完美的世界里是它自身的解毒剂。还有一个明显的、甚至有点自满得意的神意论暗示，即如果把这些事情留给人类的设计、留给富贵之人对"人道"和"正义"的良心关照，那情况将会更糟。斯密在解释"伟大的体系"时从未给予慎重的理性多少信任。

我们在上文引用的那段话中还有另一个重要的术语。斯密的这个术语等同于约翰逊的"人为的丰裕"，或者柏克后来描述的"巨大的循环之轮"。[19] 在《道德情感论》中，消费以及由此而来的地主以租金形式享受农业剩余产品的权利流转，促成了现有物质资料的存货再分配。人们或许认为，在农业框架之内，其重点是每年的收获物通过消费而进行的再分配。在《国富论》中，农业剩余物品如何逐渐增加就成了主要问题，发展中的非物质成本得到适当的体现，但这种表现方式在《道德情感论》的神意论框架中是不可能的。土地的剩余产品，被地主用来支付武士家臣和卑仆贱奴的报酬时，或者被用来购买商业城镇生产的饰品玩意儿时，就为《国富论》第三卷提出的"财富的自然增长进程"提供了一条可行之路。这就与休谟历史著作中同样重要的主题关联起来。拥有商业和制造业的贸易城市的出现如何"逐渐引进了秩序和好政府，随之而来的是个人的自由和安全，而此前这些人几乎生活在与其邻居持续不断的战争状态中，卑微地依附于他们的上级"[20]，这一进程就变成了一个故事，其中一些素材已经被他搜集在法理学讲义中了。封建主义而非野蛮社会，现在成了评估商业的现代性的相关标准。《国富论》第三卷叙述了这场与商业相关的"悄然无声、

64

18　*TMS*, III.2.27.

19　参见下文第215页。

20　*WN*, III.iv.4.

未被察觉的革命"，这场革命已经导致了封建主义的崩溃，并为商业社会独特的现代性奠定了基础——商业社会终结了依附性（尽管没有终结顺从性，一如我们将要看到的），开启了被定义为法治下安全的现代自由。斯密对实现这一历史结果的过程总结得有点简单粗糙，并强调了个人的无意图性，这就提醒我们这一论断在其最初思想中的来源。

> 对公共幸福最为重要的一次革命，就是以这种方式被两个不同阶层的人民带来的，尽管他们的目的完全不是服务公众。满足最幼稚的虚荣心是大地主们唯一的动机。商人和工匠远没有地主那么荒谬，他们仅仅是从自己的利益出发，并且追求他们自己的商贩原则——在任何一个可以赚一便士的地方去赚那一便士。他们都没有伟大革命的知识或远见，只是一个阶层的愚蠢，和另一个阶层的勤勉，却逐步带来了这场革命。[21]

正是这一陈述，促使爱德华·吉本在其《罗马帝国衰亡史》中对他赞成的斯密论断补充了一个稍微批评性的注释。"风俗和消费的逐渐变化得到亚当·斯密博士令人钦佩的解释，他证实——或许过于恶劣地证实，最有益处的结果源于最卑劣、最自私的动机。"[22] 然而，吉本在其著作中讨论罗马帝国安东尼王朝诸帝时，对于奢侈在"伟大的体系"中的作用却是乐见其成的。

> 他们的服饰、桌子、房子还有他们的家具，这些讨人喜爱的财富将每件精品的便利、雅致、华丽结合在了一起，无论它们

---

21 *WN*, III.iv.17.

22 *The History of the Decline and Fall of the Roman Empire*, edited by J.B. Bury, 6th edition, 7 volumes, London, 1912, VII, p.98, 强调是我加上的。

65

能在多大程度上激发他们的骄傲，或满足他们的欲望。这样的精品，顶着令人憎恶的奢侈之名，遭到历代道德学家的严厉指控；如果所有人拥有生活必需品，没人拥有盈余（非必需品），那样或许有可能更有助于人类的美德和幸福。但是，在现在这种不完美的社会条件下，奢侈，尽管可能源于邪恶或愚蠢，似乎是能够矫正不平等的财产分配的唯一手段。勤快的技工、娴熟的工匠，他们在土地的分配中没得到一丝一毫，却从土地占有者那里得到一笔地主心甘情愿支付的税收；后者在利益感的驱动下改良地产，用他们的产品购买额外的快乐。[23]

因此，在18世纪的最后二十五年，这个英国悖论赞成以下结论：奢侈既是就业的来源，也是向富人征税养活穷人的一种方式，这种方式又使富人更加努力地工作以增加维持其恶习愚行必需的收入。这种说法已成为一种标准的辩护，这在很大程度上这要归功于休谟和斯密对曼德维尔著作的反思。但斯密对这一争论的贡献在于其他地方，在于某种程度上他抛弃了曼德维尔学说中那种以恶意揣度他人的道德或心理基础——他与休谟（也在某种程度上）共享了这一基础；还在于他抛弃了曼德维尔政治经济学的特征，即对节俭的贬低，这种扬弃就暗示了《国富论》中最著名的一个特征，即对个人俭省和资本积累的强调。以下两节内容讨论的便是这两个主题。

三

曼德维尔和卢梭，无论是单独或是放在一起，这两人都成为斯

23 *The History of the Decline and Fall of the Roman Empire*，p.71.关于奢侈与吉本与斯密在此主题上的关系，见 J.W. Burrow, *Gibbon*, Oxford, 1985，pp.87-8。

密参照物，就曼德维尔而言，休谟可以作为他和斯密的中间调解员。
《蜜蜂的寓言》表明，其作者乐于颠覆把私人美德和个人节俭与公共
利益联系在一起的固有修辞——这种修辞源于基督教对节制、自制的
教导，以及古典共和主义的焦虑，这些焦虑聚焦于奢侈和不平等对公
共精神的威胁。简言之，曼德维尔试图解释文明与奢侈难分难解；美
德和平等是贫穷的同义词；自利和虚荣在人类事务中发挥着不可或缺
的作用；在文明的或商业的社会生活中，私人的恶行与公共的利益有
着密不可分的联系。这种宽泛的反证法在严苛的道德主义者和那些着
手移风易俗以矫正奢侈传播的人身上反复实践，后来还以对沙夫茨伯
里仁爱主义的抨击作为补充。他们拒绝承认人的社会性假设，为的是   66
赞成以下观点，即邪恶和美德本质上是修辞技巧，它们被设计出来将
不合群的动物转化成合群的动物，通过"老练的政治家"之手把这些
动物塑造得更容易摆布。因此，一种新的、卑鄙的形式被用来描述柏
拉图视为高贵谎言的东西。这就成了一个假设：即，既然人类不能被
理性或情感支配，那么他们就不得不被诏媚、欺骗和诡计统治。

当斯密说"蜜蜂的寓言构成了卢梭在其《论人类不平等的起源和
基础》中的体系"时，他在卢梭那里察觉到的正是以上学说。斯密敏
锐地指出，曼德维尔笔下的肆意挥霍已被替换成"柏拉图主张的一切
纯粹崇高的道德"，这一点揭示出卢梭主张的"真正的共和主义精神
有点太过头了"。卢梭还修改了曼德维尔将人类原始状态描绘成悲惨
贫穷的图景。尽管如此，两位作者都假设：

> 人本身没有强大的本能，这必然使得他为了自己的利益而结
> 社；不过，在曼德维尔看来，悲惨的原始状态迫使他求助于这个
> 令人不快的补救措施；在卢梭看来，一些不幸的偶然事件产生了
> 那些对野心的不自然激情和对优越性地位的虚荣的欲望，而他此
> 前都不曾有这些激情和欲望，这导致了同样的毁灭性结果。两人
> 都设想了某些天赋、习惯和技艺同样缓慢的进程和渐进的发展，

这些天赋、习惯和技艺让人们适应共同生活在社会之中，而且，两人基本上以相同的方式描述了这一进程。在两人看来，那些维持人类当下不平等的正义之法，最初都是狡猾而有权力的人的发明，为的是维持或获得对剩下其他同胞的不自然的、不公正的优势。[24]

休谟和斯密在其关于法律和政府的哲学和历史叙述以及有关道德是如何由社会形成的叙述中抛弃了这种学说，因为该学说与他们的道德心理学相悖，而后者以至高无上的社会激情为基础。就休谟而言，当务之急或许是把自己的立场与曼德维尔的立场区分开，这一任务部分要归因于他在《人性论》中宣传他对类似自然主义的道德解剖的追求——这种方法力求避免目的论的捷径，因为目的论设想作出道德判断或确立正义规则的能力可以视为基于理性直觉的人类意志的结果，或作为特殊的道德感的产物，而这两者的属性都是上帝赋予的。在正义问题上，休谟的解决方案是诉诸"人为的"德性，后者以自利和对公共利益的顾虑为基础。这样，正义规则似乎就是个体之间无意识的社会互动过程的结果，每个人的行动基础是有限的仁爱。不过，如果像他坚持的那样，正义是一种"人为"的道德，这就意味着它是习惯和协议的产物，包含一个学习的过程，这个过程能够解决我们在这个资源稀缺的世界里的仁爱的局限性以及"我的"和"你的"之间的竞争。[25] 因此，休谟同意曼德维尔的说法，认为教育和"政治家的诡计"在强化遵守正义一般规则的动机中发挥着作用，遵守这些规则或许并不总是根据直接的自利。但他同样确信，同情为人们将正义作为一种美德给予道德赞同提供了一种自然的基础。这就意味着，法律和政府

---

24 "Letter to the Edinburgh Review", reprinted in *EPS*, pp.250-1.

25 最近有不少论著讨论休谟思想中"协议"的作用，特别是 Frederick G. Whelm, *Order and Artifice in Hume's Political Philosophy*, Princeton, 1984, 以及 Donald W. Livingston, *Hume's Philosophy of Common Life*, Chicago, 1984。

不像曼德维尔的阴谋论暗示的那样武断、唯意志论；这还意味着，正义不仅仅是一种策略——借助这种策略，精英们把那些原本是他们满足欲望的障碍转化为工具。因此，曼德维尔是休谟批评那些将诡计作为区分善与恶的唯一依据的目标之一。

> 如果大自然没在这方面帮助我们，那么，政治家谈论值得尊敬或不值得尊敬、值得赞扬或该受谴责将是白费力气。这些言辞都将完全不可理喻，与善恶相关的言辞也将无法理解，仿佛它们是一种我们完全不知道的语言。政治家能够作出的最大努力，是让自然情感突破它们最初的界限；但是，自然肯定还提供了一些素材，给予我们道德评判的某种概念。[26]

68

在《道德情感论》中，斯密打算对休谟关于效用在形成道德判断过程中的作用提出质疑，不过，此书的标题和开头第一段却宣称人类自然的社会激情的核心："无论人被认为有多么自私，他的本性中显然还存在某些秉性，使他关心别人的际遇，视他人之幸福为自己之必需，尽管除目睹别人之幸福所感到的愉悦之外他一无所获。"曼德维尔，附带着还有霍布斯（Thomas Hobbes），无疑是此书开篇批评的那些人。斯密这段话表明，人对社会的需要不可能源于"某种精致的自

---

26 *A Treatise of Human Nature*, edited by L. A. Sebly-Bigge, 2nd edition revised by P. H. Nidditch。同样的段落出现在《道德原则研究》（*Enquiry Concerning the Principles of Morals*, edited by L. A. Sebly-Bigge, 3rd edition revised by P. H. Nidditch, Oxford, 1975, p.214）。对曼德维尔更明确的批评，还可参见 "Of the Refinement in the Arts", "Essay, Moral, Political and Literary", edited by Eugene F. Miller, Indianapolis, 1985, p.272。"一位作家在这一页中写道，道德评判是政治家为了公共利益而发明出来的，却在另一页写道，恶行有利于公众，这难道不是矛盾吗？"或许值得注意的是，对曼德维尔的这些批评遭到曼德维尔的编辑F. B.卡耶（F. B. Kaye）的反驳。他指出，发明的视角与演化的视角不一致，而曼德维尔赞成这两种视角，参见 *Fable of the Bees*, I, pp.lxiv-lxvi。就像卡耶同时表明的那样，一种答案是，强调演化学说的目的是回应早期的批评者。

爱之心"，本书下一章讨论霍布斯和曼德维尔的重商主义同侪时还会涉及这种学说。

斯密同意以上所有的看法——偶尔还包括约翰逊的观点[27]，后者认为曼德维尔的名声很大程度上是基于任性赌气地拒绝在善行和恶行之间进行任何区分——但他和休谟一样都承认潜藏在曼德维尔讽刺背后的是一位真正的人性解剖家的主张。[28] 相比自然哲学家提出的那些体系，曼德维尔的体系和所有的道德哲学体系一样，"如果不是在某些方面道出了真相，那他就不会影响那么多人，也不会在那些自称更好原理之友的人中间造成如此普遍的恐慌"。[29] 如我们已经看到的那样，斯密非常重视虚荣和竞争：它们是那个促进物质和文化进步的实用骗局的基础——无论从一种"以恶意揣度他人的哲学"来看，个人的所获之物是多么虚无缥缈。这就是斯密版本的"私人的恶，公共的善"中间那个逗号以及曼德维尔式人皆自私背后的意义，而斯密以曼德维尔式的态度讨论人们的无意图的结果时激起了吉本温和的谴责。道德放荡不是曼德维尔作为道德解剖学家的主要缺点。斯密相信这个道德体系对人们行为的善恶有某种影响，但他主要批评的是曼德维尔的一个思想上的错误。这个错误在于，曼德维尔没有考虑到某些人类的能力以及在此基础上的实践（作为社会生活的一个可见事实），主要是那些区分单纯的虚荣（对赞扬的喜爱，无论这些赞扬是不是实至名归的）和对真正值得赞扬的喜爱的能力和实践。以稍微晚近的语言说，

69

---

27 "该书的谬误在于，曼德维尔既没有给恶行下定义，也没有给善行下定义。他把每件带来快乐的事都算在恶行中。他采取的是最狭隘的道德体系，僧侣式的道德体系，认为快乐本身就是恶，诸如在我们的饭食上撒点盐因为它尝起来味道更好；他认为财富是公共的善，而这一点绝不是对的。快乐本身不是恶。"（参见 Boswell, *Life*, III, pp.291-2）

28 曼德维尔在这方面的主张在以下各处被重提，见 D. Castiglione, "Considering Things Minutely: Reflections on Mandeville and the Eighteenth-Century Science of Man", *History of Political Thought*, 7（1986）, pp.463-88; 也可参见 Hundert, *The Enlightenment's Fable*, pp.18, 37, 43, 54, 113。

29 *TMS*, VII.ii.4.14.

那就是，斯密不相信虚假的良心问题在所有社会关系中都流行，无论那种谬论在曼德维尔对某些场合下某些社会行为的解释中发挥的作用有多大。斯密正是以这种方式——而且再次与休谟保持了一致——勉强接受了曼德维尔的观点中那些令人坐立不安的方面。

关于"各种技艺如何让人们在社会中一起生活"的"缓慢过程"，斯密在《法理学讲义》中讲述了一个自己的故事。在斯密看来，不存在前社会的自然状态，无论是霍布斯或曼德维尔笔下的野蛮状态，还是如卢梭所言仅仅基于一种非道德的动物本能的生存状态。即使是最原始或最野蛮的社会状态，标志着斯密眼中文明程度起点的猎人-采集者也享有社会的好处，并拥有语言。语言成为人类劝说他人相互合作以满足自身需求的独一无二的能力，语言允许他们发挥相互交易、以物易物的著名倾向，斯密以此解释劳动分工的起源。[30] 一旦引入劳动分工，就打开了提高劳动生产力的大门，就能获得超出直接需求的盈余（非必需品）——尽管这个规模受限于既定时间或空间的市场范围。

如同卢梭沉思的那样，不平等随着财产权产生了，人类在此方向上迈出了意义非凡的第一步，产生了社会发展的第二阶段即游牧阶段中的牲畜所有权。在第三阶段即农业社会中，当人们采取封建的所有权和人身依附制度时，不平等显露出更重要的意义。在这一点上，斯密的看法接近于曼德维尔和卢梭，他们都将法律和政府与不平等联系起来了：

70

---

30 *WN*，I.ii.1-3.或许今天可以被人们视为"语言的转向"的内容在《法理学讲义》（*LJA*，参见 p.352）中更加明显。"人们总是试图说服他人赞成自己的意见，即使此事与他们无关……而且，每个人都以这种方式终其一生在他人身上操练演讲术。无论何时，只要一个人与你意见不同，你都会感到不快，你总是试图说服他赞成你的想法；或者，如果不这么做，那是因为某种程度的自制（self-command），每个人终其一生都在不断养成这种自制。他们以这种方式获得了管理自身事务（换句话说，管理人们）的某种熟练程度和言行举止；两者完全都是人们在最普通事务中的操练的结果。"

在这一方面，而且实际上在任何方面，法律和政府都是富人联合起来压迫穷人、保护他们不平等地占有物品的产物，若不如此，富人占有的物品很快就会被穷人的攻击破坏……政府和法律防止穷人通过暴力获得财富，若他们不阻止，穷人就会对富人实施暴力；富人告诉穷人，他们要么维持贫穷，要么以他们（富人）相同的行动方式获得财富。[31]

不过，这种坦率的声明排除了任何形式的卑鄙谎言：或许有不同权力的结合和运用，但公众的利益却是真真切切的，无论这些利益多么出乎富人的意料。而且，在富人和穷人达成一项不公正的政府公约或契约的过程中没有任何欺骗——穷人不经意地而且宿命般地冲进了卢梭的锁链体系中。法治之下的安全让大小财产所有者都获益。有关财产的各种法律概念对于斯密版本的自然法学说不构成任何问题。关于占有、添附、时效、继承和自愿转移的冗长陈述提供了充分的答案，并不仅仅是由他的一批批学生在考试中反复重申。在写《国富论》的时候，斯密也强调，任何以自然正义为基础的体系应该包括那些财产权仅源于劳动的体系。

常规的法律体系和政府体系不仅保护合法获得的财产权，让不同的技艺和科学繁荣起来——卢梭接受这些结果，但给予消极的评价——同时还体现了“人类审慎和智慧的最高成就”。[32] 根据斯密的说法，没必要把人们已然知晓的富人的贪婪和毫无反思的被剥夺者的愚蠢混同起来。执行正义规则时的不完美和不公正一直挑战着人类的智慧，不过它们并不像卢梭认为的那样需要一种新的社会契约，以及一个斯巴达的吕库古式的立法者专注于稳固或颠覆历史进程。何以如此？个中原因不仅可以在斯密和卢梭不同的基本假设中找到，还可以

---

31 *LJA*, p.208.
32 *LJB*, p.489.

在他们各自对现代商业社会流露出的隐秘联系的性质诊断中发现。　

　　在卢梭看来，富裕和贫穷的关系是一场灾难性的纯粹零和博弈，他对城镇和乡村经济生活关系的看法进一步加剧了这种悲剧性后果。富人有钱只是因为穷人没钱。与不平等的解决方案一样，富人的奢侈消费比它本应补救的恶行还要糟糕：城市手工匠人的就业导致了乡村穷人的生活水准下降。制造业只有以农业为代价才能繁荣，任由其发展对经济整体造成的结果必然是人口减少。

　　　　奢侈在我们的城市每养活一百个穷人，就会导致我们的乡村中一千个人的死亡：金钱流经富人和工匠之手并为他们提供了盈余（非必需品），而农夫却失去了维持生计的钱；农夫连一身衣服都没有，只因为富人必须让他们的衣服上镶上花边。[33]

　　尽管这一简单的早期分析几乎不可能对斯密形成多大的刺激，但它有助于凸显他是如何彻底颠覆卢梭的逻辑的。当卢梭后来鼓吹抑制奢侈消费——无论是奢侈品还是奢侈服务——或对其征税，赞成减少所有那些腐蚀道德、削弱公民权的相对不平等的事物时，两种立场的分歧才有所发展。[34] 在斯密看来，通过劳动分工获得超出维持生活需要的非必需品，意味着这场经济游戏是有积极意义的，在其范围之内，无论人们各自所获之物的分配多么不平等，富人和穷人都提升了他们的地位。同样的关系也适用于城镇和乡村的关系，当经济作为一个整体发展时，制造业和农业之间是互惠互利的。

　　斯密可能还在其他问题上回应了卢梭，或者说同时涉及那些问

---

33 *First and Second Discourses*, pp.72, 211–12.

34 参见Rousseau's *Social Contract*, edited by G. D. H. Cole, London, 1913, pp.19, 42–3, 55, 以及卢梭撰写的《政治经济学》那篇文章, in Rousseau's *Social Contract*, pp.250, 255, 258–9, 264–9。叶礼庭在这一主题上对斯密和卢梭的比较性讨论，参见 *The Needs of Strangers*, Chapter 4。

题，这就形成了更多有趣的思想交流的空间。比如，或许可以说，斯密在《道德情感论》中详细阐释的同情理论，是卢梭提出的怜悯概念的加强版。怜悯是对别人受到的伤害和悲痛的本能反应，这一点已经

72 得到曼德维尔的承认，卢梭将此归功于人和类似的动物——尽管卢梭也相信，这种本能随着人们日益臣服于文明社会的腐败而变得越来越弱。[35] 从这个角度看，可以说斯密驳斥了卢梭，因为他为文明社会设置了一个领地，在这个领地内，怜悯通过无偏旁观者机制变得日益娴熟，进而成为常规的道德规范和自然正义规则的基础。于是，文明社会或商业社会就远非私人德性和公共精神的敌人，反而可能人们成为借助社会实践获得或提高其中某些德性的舞台。不过，这并不意味着，人类社会迈向更优雅的文明是一个纯粹的祈祷，其结果可以得到保证，而且不强求任何道德代价。另一方面，它也不需要诉诸曼德维尔的奥古斯丁式零和博弈，即世俗的幸福只能以牺牲美德的代价才能获得。在这个问题上，斯密在他的两个反对者卢梭和曼德维尔中间绘制了一条新路线。

　　然而，在其他方面，斯密绕开了这些问题，就像卢梭解释的那样，后者区分了可接受的、"自然的"、自我持存的自爱（*amour de soi*）和不可接受的、"人为的"自尊（*amour propre*）两者在文明社会发挥的作用。[36] 若翻译成斯密的语言，那就是，人们可以首先指出斯密对自爱（self-love）的积极评价。在这种情况下，斯密是有别于哈奇森的。斯密认为，对个人事务的审慎关照是一种德性，这种德性可以很容易地与单纯的自私和恶区分开来；这一点就不同于曼德维尔的观点。不同于卢梭对自尊（*amour propre*）的批评，斯密不否认真实的社会利益与追求虚荣目标时自我改善的欲望联系在一起。因而，尽管曼德维尔和卢梭对人的不合群癖好有着相同的基本设想，但斯密在

35 参见 *First and Second Discourses*，pp.160-3。
36 *First and Second Discourses*，pp.226-7.

相反的基础上建构自己的道德哲学时更接近于曼德维尔，他接受了现实主义，并从更高的立意解释了曼德维尔的评论。在评估个人充满虚荣和野心的实际利益时，斯密抛弃了曼德维尔将虚荣等同于恶行的做法以及卢梭夸张的共和主义情感，其见解常常看似好像分享了后者的斯多葛主义。超出我们最小的食宿需求之外的有形物品，并不能带来更大的幸福；它们不值得人们获取它们时所付出的努力，尽管追求它们伴随着实际的、若非有意实现的社会利益。这种在个人层面拒绝给予道德赞同却称赞社会利益的做法是斯密作为一个自然主义的观察者和道德学家以非意图的结果这一学说来满足解释的需要时所享有的额外自由之一。[37]

　　自然主义也是斯密和卢梭在不平等主题上的看法稍有不同的一个方面。卢梭谴责相对不平等，斯密则更为中立地分析了基于实际可见的财富差异的社会等级体系的稳定性质，两相比较似乎有一些微妙之处。[38] 至少在这方面，斯密可能会同意约翰逊那广为人知的结论，"人在不平等和差序格局中更幸福"[39]。他可能不会承认约翰逊的以下推论，即，如果没有这些，人将"堕落为野兽"，但他同意以下历史评论，即平等和贫穷是携手并进的。曼德维尔的讽刺也强化了这一评论，他讽刺说，一旦"嗡嗡作响的"蜂巢拥护美德，不知会发生怎样的事情。尽管如此，斯密对基本道德问题的持续关注可以根据他对1790年版《道德情感论》的扩充来评判，尤其是强调崇拜富人、无视真正的功劳或德性引起"道德情感的腐败"等相关内容。在这些扩充的内容中，斯密描述了一个能够发挥自制、进而能够抵制贪婪和虚荣的肤浅诱惑的智者所需要的品质。卢梭政治经济学那种僵化停滞的共和主义逻辑直接否认了斯密看待财富增长过程时更有活力的视角，有

---

37 关于这一点，参见 Burrow, *Whigs and Liberals*, Chapter 3。

38 *TMS*, I.iii.2.3; VI.iii.3.30.

39 Boswell, *Life*, III, p.219.

鉴于此，腐败问题，确保商业社会的行为不会被虚伪的良心扭曲等问题，不可能如此轻易地被解决。它可能关乎绝大多数人之上的能力，而且，它肯定也值得立法者们认真思考——一如我们在后面的篇章中将要看到的那样。[40]

74 　因此，和之前的休谟一样，斯密与曼德维尔主义者（以及相关的卢梭主义者）的关系比较复杂。休谟和斯密维持这种关系的方式，在前者的《论技艺的改进》一文中得到了最好的说明。此文最初的标题是《论奢侈》——这篇文章给卢梭的直接印象是：和梅隆、伏尔泰一样，休谟也支持英国人崇尚奢侈的悖论。休谟为商业辩护，认为商业是协调私人钱财和国家的"伟大事业"的一种手段。在现代条件下，在那些并不衰弱的国家中，商业和制造业增加了军事潜能，抑制了农业的懒惰性，引入了人们对自由的热烈关注，而自由让文明存续的所有技艺和科学都受益匪浅。纵观整篇文章，休谟表达了那些遭到曼德维尔嘲讽的共和主义者的焦虑，而在卢梭身上，斯密则批评其走向了极端。休谟不只是承认这些焦虑在古代条件下是符合逻辑的，还指出奢侈和不平等仍有可能不利于现代国家。换句话说，休谟区分了"无害的"奢侈和"理应受到谴责的"奢侈，这是曼德维尔一直拒绝承认的东西——而实际上，如果不区分这两类奢侈，那么曼德维尔的那些悖论的大部分效力就会瓦解。

　　但是休谟认可商业和奢侈还有另一个与曼德维尔自然主义相近的原因。正是在这一见解的基础上，立法者"必须按照人类本来的状况来对待他们"，并采取符合"人类普通倾向"的政策。[41] 这就往往意味着，那位立法者在一个次好的世界里工作，在这个世界里，"他只能以一种恶来治疗另一种恶"，其有害的结果会少一些。

　　　没有这些罪恶的奢侈，劳动力不会全部得到雇佣。这无非是

---

40 *TMS*，I.iii.3，以及 VI.i.

41 'Of Commerce' in *Essays*，p.260.

说，人性中还有其他一些缺点，比如懒散、自私、不关心他人，而奢侈在某种程度上却提供了一剂解药；正如一种毒药是另一种毒药的解药一样。美德就像对健康有益的食物一样，它比毒药更有效，无论毒药能多么有效地解毒。[42]

这段话是吉本后来争论的内容，而且，它可能也几乎解释了约翰逊的立场。休谟给设计政治制度的立法者们提供的建议也是基于同样的原因，即设想人们都是自私的无赖，即使这个设想在任何时代、任何人身上不都是事实。[43] 如同我们将要在随后几章看到的，一个相应的次好的实践哲学，以及倾向于利用非人格的机制将自私的行动引入公共利益体系，也是斯密给立法者提供的建议的特点。

75

四

诚然，当斯密完成《国富论》时，他已经远远超越了曼德维尔式主题的变奏曲，甚至修正了休谟版本的崇尚奢侈的悖论。在《国富论》中，曼德维尔与托马斯·孟（Thomas Mun）等人赫然在列，前者被视为重商主义体系"自诩的医生"。这一体系的主要表征是指把财富和货币混为一谈，进而以斯密认为的痴迷于将贸易顺差作为国家的经济优势。尽管曼德维尔赞成一个老练政治家的政治责任之一是确保贸易顺差，但这绝非其政治经济学遗留在17世纪末、18世纪初思想既有领域的唯一方面。[44] 曼德维尔的著作如此频繁地被当作现代资本主义的起源和精神气质的素材来源，以至于有必要强调他作为一个

---

42 'Of Refinement in the Arts' in *Essays*，p.279.

43 'Of the Independency of Parliament' in *Essays*，pp.42-3.

44 参见 *Fable of the Bees*，I，p.249："我最坚持而且不止一次重申的看法是一个国家的主要关切是贸易平衡，立法机构应该关心的是每年的进口额不要超出出口额。"

经济学家的局限性。[45] 除了执着于贸易顺差，这些局限还可见于他的以下见解：国家财富关键在于廉价的劳动力和一种防止穷人逃避必要的辛苦劳动的政治制度。曼德维尔在《论慈善和慈善学校》中不道德地宣称，为了国家财富的利益，穷人应该保持既无知又贫困，这一声明或许是他与卢梭携手的另一个例子，因为两者都认同不平等的零和博弈属性。尽管这些见解以蓄意的煽动性的方式提出，但它们符合以贫困效用学说闻名的传统智慧。[46] 推翻这一学说是斯密《国富论》的另一项成就，不过，他在法理学讲义中挑出曼德维尔的另一个观点进行反驳时就已经为这项基础工作打好了铺垫：这个观点就是："任何奢侈或愚蠢，哪怕是可以想象的最大挥霍，如果都花在家庭生产的商品上，也丝毫不可能造成什么损害"[47]。

76

曼德维尔明确地指出，"**铺张浪费**是整个**社会**的**福祉**，不会伤害任何人，除了铺张浪费的人自己。"[48] 约翰逊认为公众对私人的挥霍浪费和债务漠不关心，这种见解相当于认同斯密认为的类似谬论。在曼德维尔看来，节俭是"一种小气吝啬的**德性**，只适合满是好脾气的温和男人的小**社会**，他们安于贫穷，所以他们是轻松安逸的"[49]。节俭不是一种积极的德性，而只是对必需品的一种条件反射。另一方面，在斯密看来，俭省或储蓄的意义重要得多，它不应和单纯的贪婪混为一

45 参见 D. Castiglione，"Excess, Frugality and the Spirit of Capitalism: Reading of Mandeville on Commercial Society" in J. Melling and J. Barry（eds.）*Culture in History: Production, Consumption and Values in Historical Perspective*，Exeter，1992，pp.155-79。

46 对这一学说的最佳论述仍然是 Edgar S. Furniss，*The Position of the Laborer in a System of Nationalism*，New York，1957，especially Chapter 6。对此的全面考察参见 A. W. Coats，"Changing Attitudes to Labour in the Mid-Eighteenth Century"，最初发表于 1958年，现在收录在 *On the History of Economic Thought: British and American Economic Essays*，London，1992，pp.62-84。

47 *LJA*，pp.393，513-14。

48 参见 *Fable of the Bees*，I，p.116。

49 *Fable of the Bees*，I，p.104.

谈，后者意味着无益的囤积。他说，凡是存在"尚且可以维生的保障"，"一个人肯定会极度懒惰"，既不利用机会增加自己账户中的储蓄，也不把钱借给别人，即便后者将会连本带利地返还他那笔钱。[50]挥霍浪费意味着对物资或资本的消费，对国家毫无益处。浪荡子只是坐吃遗产，结果债务缠身，他没有让公众受益。[51]投资失败的那个人也没有让公众受益。[52]因此，"每个节俭者都是公众的恩人"[53]。而且，斯密坚信，"对每一个私人家庭来说是明智之举的，对一个大国来说几乎不可能是愚蠢之事"，至少在这个例子中，他将曼德维尔双重事实的其中一个事实化解为一个单独的问题。[54]在这些分析中，斯密也消除了曼德维尔为"老练政治家"的运作所创造的大部分空间。下文
我们将会看到，斯密对斯图亚特关于政治家在经济事务中的普遍义务这一竞争性的概念也采取了相同的剖析。

斯密在《国富论》第二卷就这个主题对曼德维尔等人作出了完整成熟的答复；在这一卷中，他讨论了资本的积累。第一卷讨论的劳动分工需要必要的补充："按照事物的本质，资财积累必定在劳动分工以前；只有在预先积累的资财越来越多时，劳动分工才能越来越细。"[55]从本质上讲，这并不表示斯密对其《法理学讲义》的改进，但因为1763—1764年的法国之行，他在《国富论》更充分地阐述这个观点的过程中赋予了那些借鉴自法国经济学家的术语以自己的含义：生产性劳动与非生产性劳动的区别。故而，他以一种新方式表达了他所叙述

50　*WN*, II.i.30.

51　"因为不把自己的花费限制在自己的收入以内，他［挥霍者］侵害了他的资本。就像一个把某种敬神财源的收入转做渎神之用的人一样，他将祖先们的节俭积累的用来供奉勤劳的财源转而用来支付懒惰者的工资。"*WN*, II.iii.20。

52　"在农业、矿业、渔业、商业和制造业，每一次失策与失败的项目，同样会减少用来维持生产性劳动的款项。"*WN*, II.iii.26.

53　*WN*, II.iii.25.

54　*WN*, IV.ii.12.

55　*WN*, II.3.

的财富增长进程中的一个主要原理。一个国家之财富不仅在于"普遍运用于劳动中的技能、熟练程度和判断力"，还在于每年受雇于"有用劳动和生产性劳动"与投身于非生产性劳动的可用劳动力的比例。斯密出于自己目标的考虑借用了这一区分，并试图将生产性活动与非生产性活动区分开来，前者与增加一个国家长期发展能力的私人投资有关，后一种非生产性活动——无论是私人还是公共的非生产性活动——只是通过消费让财富流动起来。我们在下一章中将会看到，尽管这个新术语在这方面很好地服务于斯密的目标，但在讨论某些重要的非生产性劳动的类型时，尤其是那些由公共支出维持的非生产性劳动时，还是产生了一些问题。[56]

然而，作为抨击重商主义理论家的一部分，斯密对资本积累和生产性劳动的强调，促使他提倡一种更具动态性的替代指标来表示一国逐年增加财富的能力。为了代替贸易顺差这一指标，斯密提出了每年消费和生产之间的顺差观念，后一种顺差能够让一国增加其资本积累，无论其贸易平衡状况如何。[57]这也为穷人依赖富人就业提供了一个新维度，它展现了社会的生产性成员——无论贫富——养活非生产性成员的那些情况。在斯密看来，后者通常是富人，但我们在下文济贫法争论的情形中将会看到，不断增长的赤贫者数量也可以被描述为非生产性的。如果过于压缩一国每年的生产与消费的平衡状况导致生产性劳动和非生产性劳动失衡，则可能不利于这个国家的发展。

然而重要的是《国富论》中的新术语和斯密对节约、生产性支出的强调，并不意味着斯密违背了他在《道德情感论》中对奢侈的辩护。非生产性支出一直发挥着较小的流通功能和创造就业的功能。这

78

---

56 见下文第112—113页。

57 参见 *WN*，IV.iii.c.15-17，这里比较了贸易平衡与生产、消费之间的平衡。也可参见 *LJA*，p.393，这里证明斯密无须借鉴法国经济学家的术语来表达相同的观点。

些支出对就业水平的影响可能是相同的，但就业的类型是不同的。[58] 而且，富人抛弃的耐用奢侈品传到那些收入程度低一等的人手中，仍然还是有用的。实际上，斯密对于某些私人和公共的华丽耐用品——这些物品若非增加了一国生产力，也增添了这个国家的尊严和美感——的态度是特别宽厚的："堂皇的宫殿，瑰丽的别墅，书籍、雕像、绘画和其他珍奇物品的丰富收藏，常常不仅是当地的，而且也是全国的光彩和荣耀。凡尔赛宫是法国的光彩和荣耀，斯托威和威尔登是英格兰的光彩和荣耀。"[59] 与花费在卑贱奴仆的服务上的其他形式的非生产性支出相比，与政府从税收中支出的大量费用相比，这些典型的华丽耐用品要更可取。不过，发展需要私人的节俭，尤其是在政府因公债制度习惯了铺张浪费、完全导致国家毁灭的社会中，因为公债制度让他们预测税收的收入，还让其支出超过其收入。

幸运的是曼德维尔那些错误的教导，某些个人的铺张浪费都不是成功的障碍："虽然消费的本能在某些场合下几乎在所有人身上都是主导性的，在某些人身上几乎所有场合下都占上风，但是，从大多数人的整个一生平均来看，节俭的动力不仅占优势，而且占很大的优势。"[60] 当然，这里的原因在于那个伴随着我们从娘胎到坟墓的"改善我们状况的欲望"。它不是一种确保社会地位、获得当前享受的狭隘欲望——绝大多数奢侈消费确实如此，而是随着时间的流逝试图提升我们境况的一种"沉着冷静的"尝试。

79

> 每个人为了改善自身状况的这种连续一致的、始终如一的、从不间断的努力，是公众、国家和私人致富的原始动力，它常常

---

58 "通常，一个大领主的支出养活的闲人比勤劳的人更多。那些富裕的商人，虽然他的资本只用于维持勤劳的人，但通过他的花费，即通过对他收入的使用，他往往也和大领主一样，供养着一批非生产性劳动者"；参见 *WN*，II.iii.7 和 III.iv.11-12。

59 *WN*，II.iii.9.

60 *WN*，II.iii.28.

强大到足以维持事物趋向改进的自然进程，尽管有政府方面的浪费和行政方面的最大失误。它就像动物生命中那条不为人知的原理一样，尽管我们面对各种疾病，还有医生给出的荒谬处方，但它还是常常恢复躯体的健康和精力。[61]

私人节俭结果的生产性运用为斯密回应奢侈的哀歌提供了拱顶石。只有对国民财富采取更长远的眼光，才能看到资本的增加和每年年度生产的缓慢增长。专注于短时间内具体的工业部门或具体领域时好时坏的财政状况，这种做法解释了以下事实，即"几乎不到五年的时间里，一些书或小册子被写了出来，尽管尚未发行，但其作者才华出众乃至在公众之中获得了某种威望，这些文章声称：这个国家的财富正在锐减，人口正在下降，农业被忽视，制造业衰落，贸易退步"[62]。

五

戈德史密斯的《荒村》无疑属于这类丰富文献的文学分支，至少就乡村人口减少而言是这样。斯密对这首诗的说教成分可能会有怎样的回应，我们可以从类似上述那段引文的评论中估量一下，不过，矛盾的是，斯密立场的真正新颖性，却在于他在这个主题上没说什么。人口减少或人口大幅增长的原因，斯密的很多前辈和同时代人都关注过，休谟也是其中之一，后者写了一篇文章与罗伯特·华莱士进行学术争论，其主题是：古代社会人更多还是现代社会人更多？斯密没有选择这个切入点进入那个"伟大的体系"，但在人口的某些基本问题

80

---

61 *WN*, II.iii.31.

62 *WN*, II.iii.33.

上，他满足于承认18世纪传统的观点。因而，上文引用《道德情感论》的一长段话中就稍微提到了以下观点，即"土地的出产在任何时代几乎都维持着它能够维持的居民数量"。这个主题当然是后来马尔萨斯提出某些不同的独特观点的基础，不过，我们也会看到，斯密的某些同时代人对人口增长原因的思考比他本人的著作对马尔萨斯的启发更大。和他的绝大多数同时代人一样，斯密将人口"数量众多"等同于"人口增长"，认为"任何国家繁荣的最关键标志是其居民人口的增加"。[63] 与坎蒂隆（Richard Cantillon）、斯图亚特等18世纪作家一样，斯密也承认，"每个物种的自然繁衍与其生存手段成正比，没有一个物种能够超出其生存手段而繁衍"。[64] 但斯密的不同之处还在于，他对立法者鼓励人口发展的职责性质的解释。这些职责不需要直接地、特别针对性地维持或扩大人口规模：它可以是通过资本积累、提高真实工资促进发展过程的副产品，而提高真实工资意味着更有力地掌控那些在任何特定时间和空间内界定生存物资的习惯性消费水平。[65] 不过，我们在这里必须先回到《荒村》，针对那些把奢侈与人口减少联系起来的传统观点多说几句。

约翰逊对戈德史密斯的公开回应（"奢侈，即使延伸到穷人那里，都会为人类这个种族带来好处"）遗漏了这首诗歌中表达的主要观点——恐惧。正如戈德史密斯在他的献词中明确表示的，也如同约翰逊在提到财富竞争对健康和"勇武精神"造成伤害时某种程度上承认的那样，戈德史密斯自觉地采纳了"一位自诩的古人"的立场。这也解释了他在人口减少的不可逆性问题上与卢梭某些观点的广泛相似性：

81

63　*WN*，I.viii.23.

64　*WN*，I.viii.39.

65　斯密在这方面的独特性是布莱克的结论之一，见R.D.C. Black，'Le theorie della popolazione prima di Malthus in Inghilterra e in Irlanda'，in *Le teoria della popolazione prima di Malthus*，edited by Gabriella Gioli，Milan，1987，pp.47-69。

> 沉疴遍地，病魔肆虐；
>
> 财富聚集，众生危亡；
>
> 王公贵族，或兴或衰；
>
> 一念可造之，如一念造之。
>
> 草莽匹夫，国之骄傲，
>
> 一朝毁灭，再不复生。

富人的奢侈，即使是在乡村中享受的奢侈，也会迫使穷人移居国外或国内的城市。与约翰逊相比，戈德史密斯对城市生活中"人为的丰裕"没什么深刻的印象：

> 如果跑去城里——那里有什么等着他？
>
> 看他肯定享不到的富庶；
>
> 看那成千上万纠缠不清的奇巧淫技
>
> 骄奢淫逸的奢侈，羸弱不堪的人类。

　　在戈德史密斯看来，构成威胁的与其说是制造业，不如说是与对外贸易发展和殖民扩张相关联的奢侈的蔓延。他是在对一种特殊的"理应受到谴责的"越轨行为提出具体的抗议，而非对商业和奢侈发起普遍的攻击。更不用说，如某些人所认为的那样，他反对圈地运动、资本主义带来的恐惧和刚刚开始的工业革命。[66] 他的靶子是"庞大而难以操纵的财富"，"只有一位主人掌管全境"，并将农村的土地转变为贵族的快乐庭院。

　　斯密承认，"大地主"抵达一个先前从事制造业的地区可能导致

66　对这种陈词滥调的矫正，参见 J. Bell, "*The Deserted Village* and Goldsmith's Social Doctrines", *Publications of the Modern Language Association*, 59（1944），747-72。

平民百姓的"懒惰和贫困"。[67]他将这种现象归咎于制造业被无须技巧的服务业代替时所产生的职业变化。类似的解释还说明了像巴黎与格拉斯哥这类商业城市的低犯罪率，在与凡尔赛和爱丁堡的犯罪率相比时，这两座城市的低犯罪率尤为明显，因为在后面两座城市中，从事家政服务或宫廷服务的人数更多。[68]然而，就像约翰逊可能会说的那样，"先生，结果是犯罪和道德败坏，而不是人口减少"[69]。

斯密在其法理学讲义中回应了另一种与戈德史密斯想法更为接近的古代论断，他的回应方式是将这一主题拉回到不平等的问题上。斯密告诉他的学生，被设计用来减少"过度增长的财富"的土地法为何在罗马全体公民中合情合理地盛行，后者面对的竞争来自役使奴隶开垦土地、满足他们对制造业产品需求的大地主。不过，斯密故事的重点是想表明，"在现在的状况下，如果拥有巨额财富的人和财富最少、地位最低的人之间的差距逐渐缩小，那这些大人物将对国家有利，而不是有害"。[70]斯密解释的理由还是通过富人的消费来扩散利益。这种对戈德史密斯具体问题的一般回复不会让后者信服：因为戈德史密斯相信，人口减少事实上是因为他所描述的原因。至于那些大地产，斯密坚称，它们通常管理糟糕，如果它们落到那些先前有经商经验的人手中，这些大地产可能会得到更好的耕种。如果戈德史密斯所说的令人憎恶的人（*bêtes noires*）是那些最近在商业上获利的人——很可能事实就是如此，那他就不会被这种说法打动。还可以补充的是，在《荒村》中，我们被要求去更同情奥本（Auburn）的居民丧失了他们简单的公共娱乐，而非他们勤勉和进取精神的毁灭——对于后者，戈

82

---

67 *WN*, II.iii.12.

68 参见 *LJA*, pp.333, 486-7, 以及 *WN*, II.iii.12。

69 当代一些评论家对戈德史密斯诗歌的回应和约翰逊一样；他们更多敬佩那些情感和意象，而非潜藏其后的主题，参见 *Goldsmith: The Critical Heritage*, edited by G. S. Rousseau, London, 1974, pp.76-86。

70 参见 *LJA*, p.196。

德史密斯什么都没告诉我们。斯密可能进一步加剧了他在戈德史密斯眼中的错误，因为前者对与富豪统治相关联的华丽耐用品采取了一种世俗的态度。然而，从《国富论》确立的这种立场看，戈德史密斯所犯的错误正是斯密讨论其他关于奢侈和衰败的当时流行著作时所指出的：没有从足够长远或足够宽广的视角去看待一个国家财富的真正来源，没有看到逐渐积累的资本存货和不断提高的劳动生产力。

另一方面，斯密和戈德史密斯两人可不是一唱一和的一对儿。斯密中立地描述了商人和地主在转移资本时不同的自由程度，以此作为商人为何常常被认为"不一定是特定国家的公民"的理由。[71] 他还给出了确凿的理由说明，在任何试图将财富增长过程纠正到其自然根基的尝试中，为何必须优先发展农业。有些场合下，他似乎也准备承认乡村的价值具有更大的吸引力。

> 除此之外，乡村风景的美丽，乡村生活的快乐，乡村可能给心灵带来的宁静，而且无论在任何地方，人类法律的不公都不会扰乱这份宁静，以及乡村真正提供的独立，这些魅力多多少少吸引着每个人；如同耕种土地是人类与生俱来注定的命运，在有人类存在的一切阶段，这个原始的职业似乎将被人类永远钟爱。[72]

就其立场而言，戈德史密斯也能加入一个合唱团，而这个合唱团称颂无害的奢侈有助于那个隐秘的联系。

> 从政治上来看，每个国家的奢侈消费越多，这个国家就联系得越紧密。奢侈只是社会的产物，奢华的人需要一千个工匠来满足他的幸福；因此，更可能的是，他应该是个好公民，出于自利

71　*WN*, III.iv.24, 以及 V.ii.f.6。

72　*WN*, III.i.3.

的动机与如此多的人联系在一起，而那个节制的人与任何人都没联系。[73]

这里应该提醒我们的一点是，城市与乡村、奢侈与节俭之间的争论日益失去了两个对立面在二元道德选择中的角色。这就成了一场关于中庸之道的争论，是关于如何确定并维持对立趋势的平衡、如何确定得不偿失的那个节点的争论。不过，这似乎也标志着斯密与其同时代人的分道扬镳。在区分必需品、便利品和奢侈品以便提出对奢侈品重点征税的建议时，斯密并不支持通常的禁奢法，一如人们可能期待的那样。实际上，他在道德评价上只是稍微曲笔带过。[74] 这是他尝试削弱曼德维尔等人提出的"贫穷有用"学说的主要特征，即他不仅关注奢侈消费扩散到劳动阶级身上，而且还拒绝承认"奢侈本身甚至可能延伸到最低等级的人民中间的常见抱怨"。

关于奢侈和人口众多的标准文献包含的另一个特征，在斯密这里要么没有提及，要么看起来是被修饰过了的。确立中庸之道的努力不仅必须表述私人的恶行与公共的利益之间的关系，还要在国与国之间的经济活动中保持理想的平衡。在叙述财富增长的自然进程中，斯密设想农业将在任何理想的世俗就业等级中占据最大优势——这表明，他相信农业存在着未被开发的投资机会。重商主义体系因扰乱自然的等级体系而遭到批评，而且，斯密还根据资本被用于某些或所有可能

84

73　Letter XI of *The Citizen of the World* in *The Collected Works of Oliver Goldsmith*，edited by A. Friedman，5，volumes，Oxford，1966，II，p.52. Howard Bell，"*The Deserted Village* and Goldsmith's Social Doctrines"，pp.753-9，这里解释了为什么这种观点和荒村不冲突。

74　"因此，我所说的必需品，不仅是就其性质上说，而且从已有的体面标准来看，对最底层的人民都非常必要的那些商品。所有其他物品，我称之为奢侈品；这一称呼并不意味着对它们的适度使用给予轻微的谴责"：*WN*，V.ii.k.3. 这一道德评判的唯一让步是"适度"一词。

的机会的程度来对不同国家进行分类。[75]

这种思考路径与18世纪中期重新提出人口和奢侈联系的古今之争的那些人之间的差异，可以从休谟与华莱士在这个主题上的友好碰撞中看出。这次碰撞能够友好进行，正是因为两人都承认，在涉及有利或不利于人口发展的商业、农业、奴隶制、奢侈、城市、战争模式、政府形式等各个方面达成一种平衡的主题上，绝对化的表述是不恰当的。[76]尽管休谟和华莱士讨论的问题比戈德史密斯提出的奥本问题更宽泛，但让他们兴致勃勃争论的，与其说是结论（古代人口更多或更少），不如说是两位作者力求定义中间立场的方式。华莱士站在古人一边反对休谟，因而，他在温和回应卢梭的一段文字中主张，"贸易和商业非但没有增加、往往可能（may often）还会减少人口数量，虽然它们会让一个特定的国家变得富裕，吸引大量人口到一个地方，但总的说来（upon the whole）不可能一点害处都没有，因为它们助长了奢侈、阻碍了很多有用的劳动力从事农业"[77]。注意这里用的是"往往可能"而不是"总是"（always），用的是"总的说来"而不是"始终如一地"（invariably）。类似的限定词也出现在休谟的文章中，在那些讨论中，假设的祈使句得到广泛而稳妥地运用。

《国富论》出版前后的那段时间里，有两本著作分别深入讨论了人口问题，一部是斯图亚特的《政治经济学原理研究》，另一部是威廉·佩利（William Paley）的《道德和政治哲学原理》：这也证实了这个寻求平衡的问题在当时学术争论中的中心地位。前一部著作在斯密的巨著面前相形见绌，但它和佩利的著作一起成为马尔萨斯的出发

85

---

75 *WN*，II.v. 20–57.

76 这个清单上的主题还可以补充以下问题，即贸易和繁荣是否可能得到那些在这一领域占得先机的国家的全心关注。关于休谟和华莱士在这个语境中的交锋的讨论，参见 I. Hont，"The Rich Country-Poor Debate in Scottish Classical Political Economy"，in Hont and Ignatieff，*Wealth and Virtue*，pp.289–91.

77 *A Dissertation on the Numbers of Mankind in Antient and Modern Times*，Edinburgh，1753，p.22.

点。斯图亚特从休谟的经济学论文中得到很多启发，并在其序言中提到并总结了那场关于奢侈的讨论。

> 一个人说，奢侈与一个国家的繁荣是互相排斥的。另一个人说，奢侈是一个国家福利和幸福的基础。事实上，这两个人的观点可能没什么差别。第一个人可以认为奢侈不利于对外贸易，腐蚀一个民族的道德。第二个人可以认为奢侈是为那些必须依靠其手艺过活的人提供就业的手段，在所有阶层的居民中间促进财富和生存资料的稳定流通。如果这两人彼此注意到对方复杂的奢侈观念及其一切结果，那么，他们将会让他们的见解变得更普遍。[78]

斯图亚特的《政治经济学原理研究》开篇第一卷讨论的全部内容是人口与农业。正如斯图亚特自始至终强调的，这一卷突出政治家在解决生存资料问题、促进人口在农业和他命名为"自由劳动"的其他行业之间合理分配中的积极作用。[79]

佩利的著作中"论人口和供给；以及附属于此的农业和商业"这一章，其视角基于一种认为幸福总量直接取决人口数量的绝对的功利主义；该章认为奢侈的问题是：奢侈有利于就业，但一旦奢侈品成为众多人口的必需品，它又会有碍于婚姻，这两方面相互作用。现在，大肆蔓延的奢侈之风被当作人们主要关心的问题，而佩利以一种曼德维尔式的方式回应了这种关切，他总结说，"最有利于人口的条件是一个勤劳、节俭的民族看顾一个富裕奢侈的国家的需求"。[80] 约翰逊相信，只有少数人享受奢侈生活时，奢侈不可能伤害一个国家，他的这

---

78 *Inquiry into the Principles of Political Oeconomy*, edited by A. S. Skinner, 2 volumes, Edinburgh, 1966, I, p.8.

79 "在政治经济学的每个问题上，我一直都认为政治家是政府的头脑，系统地控制着政府的每一个部分。"参见 ibid., I, pp.37, 122。

80 *Principles of Moral and Philosophy*, London, 1785, 19th edition, 1911, p.360.

86　种信念已经让位给人们对奢侈扩散到广大民众产生的影响的担忧。于是，这里再次出现了两类观点：一类人，用华莱士的话说，害怕奢侈"让仆从和更穷的人变得懒惰粗野"，另一类人，包括华莱士自己在内，他们都认为，只有多数人仅仅被当作"为养活大人物、提升少数人奢侈生活的服务人员时"，这条"狭义的格言"才会被承认。[81]"总的说来"，华莱士选择简朴的风俗，但完全欣赏休谟对商业和奢侈的论断。因而，虽然华莱士可以与休谟争论，但在休谟被更极端的奢侈反对者约翰·布朗抨击时，他也会挺身而出为他辩护。[82]

华莱士和休谟似乎预见了斯密在《国富论》中提出的一些明确主张的精神主旨，后者提出，每个人在其劳动中拥有"神圣不可侵犯的"财产权。在评判一国财富公正分配的标准时，下面这段话或许是斯密在这一主题上广为人知的表述。

> 一个绝大多数成员都身处贫困悲惨状态的社会，绝对不可能是繁荣幸福的社会。而且，那些为全体人员提供食物、衣服、住所的人，应该分享他们自己的劳动成果，让自己获得尚且过得去的食物、衣服和住所，这才算公正。[83]

尽管如此，在奢侈和不平等界定的语境中，斯密果断改变了这个问题，将财富的持续增长而非现有的庞大国民财富作为重点。不断发展的国家是那些正在资本积累的国家，在这样的环境中，不仅工资高，而且工资在不断上涨，无论他们获得的现有财富是什么样的水

81　*Dissertation on the Numbers of Mankind*, p.152.

82　这场争论被视为哲学家如何对待彼此的典范。华莱士为休谟辩护，反对约翰·布朗在其《评不同时代的风俗和原则》（*Estimate of the Manners and Principles of the Times*, 1757）中的批评，可参见 *Characteristics of the Present Political State of Great Britain*, London, 1758, pp.148, 154, 157。

83　*WN*, I.viii.36.

准——这种境况有利于人口增长，扩大市场，提高生产力。在此洞见之下，斯密将不列颠的北美殖民地划分为比母国更"蓬勃发展的"或"繁荣兴盛的"社会，因为工资取决于积累的比率而非"现有的庞大国民财富"。[84] 伟大的"标志"保持不变：斯密修改的恰恰是潜藏在那个"伟大的体系"背后的机制。当高工资既是"国民财富不断增长的必然结果"，又是"国民财富不断增长的自然征兆"时，以曼德维尔的方式或其他任何方式谴责高工资就没什么意义了。[85] 现在，在一个相当长的时间范围内，各种社会可以被划分为发展的、静止的、衰败的社会，北美、中国和印度分别是这三种状况的典型代表。斯密考察了一个国家获得"其土壤、气候性质以及其与邻国相关的位置允许其取得的全部财富"的可能性，并将中国作为这一空位的候选者。即使这样，最起作用的局限性主要是政治，"如果中国采取其他的法律和制度"，或许可能有进一步的发展。[86]

因此，斯密笔下的立法者仍然有重要的职责要履行：他要调整法律和制度以适应经济环境，同时最大限度地减少那些在道德上有害的进程所带来的意料之外的后果。尽管如此，这位立法者还是被免除了一项主要职责，即维持不同职业之间的平衡；而这项职责始终贯穿于斯图亚特设定的政治家的议程之中。如果斯密的自然自由体系能够确立起来，人们的自我改善的持续欲望将确保资本和劳动根据个人利益和国家利益在各种职业之间分配。

> 那个试图指挥个人应该以何种方式来使用他们资本的政治家，不但关注了最不该关注的事情，而且也僭取了一种不仅不能放心地委托给任何个人、也不能委托给任何议会或元老院的权

84　*WN*，I.viii.22.
85　*WN*，I.viii.27.
86　*WN*，I.ix.14–15.

威，一旦这种权威落入一个愚蠢且妄自尊大到幻想自己适合行使此权威的人手中，这将是最危险不过的事情了。[87]

这似乎是斯密提出其策略反驳并忽视斯图亚特著作的内容之一："我一次都没有提到这本书，但我自以为，该书的错误原理将在我的书中给予清晰而明白的驳斥。"[88]

劳动分工是财富增长的基础，斯密因强调这一点而在18世纪获得了特殊的地位，这么说或许是对的。[89]尽管如此，《国富论》关于劳动分工的基本论断，甚至对劳动分工好处的解释，既不是从百科全书派那里借来的，也不是从曼德维尔那里借来的，正如马克思第一个指出的那样。[90]然而，在奢侈讨论的语境中，其他人只是看到了那个隐秘联系的一个方面，即财富借助消费和就业实现的再循环，斯密超越了其《道德情感论》中赞同的这一论断的静态描述，并看到了其他内容。在现有争论的基础上，斯密在《国富论》中建构了一个形成"人为的丰裕体系"的独特综合体。人们的自我改善的欲望表现为放弃当下的享受而非铺张浪费。当投资富有成效时，节俭的结果表明：商业社会的形成基于更重要的因素，而非仅仅源于奇思异想和虚荣心，尽管后者或许仍然可以解释人类行为的某些方面；这与曼德维尔的想法相反。节俭不只是对经济必要性的一种反思性回应。正是在这个方面，斯密对当时流行的哀叹给予了更果敢的回答，他打开了一幅压制长期腐败种子的前景，在一个极其缺乏想象力的世界里创造稳定生活的方案。在这方面，他的研究还代表了这一阶段奢侈争论的巅峰。斯密做到这一点并不仅仅是希望看到奢侈得到全面控制并能够矫正不平等现象。他也不是仅仅承认虚荣在人们让消费和获得可见的等级标志

87　*WN*，IV.ii.10.

88　1772年9月3日斯密致威廉·普尔特尼的信，见*Corr.*，p.164。

89　这是熊彼特影响深远的观点，见*History of Economic Analysis*，p.187。

90　参见*Capital*，I，p.354n。

作为经济活动的唯一目的和目标时发挥的作用。这一结果得以实现，是因为斯密指出，在有利的法律和政治环境下，资本不仅会自由积累，还会得到最佳运用，从而形成不可逆转的社会变革和潜在的无限增长进程。什么样的环境是最有利的，明智的立法者在缺乏这些有利的环境时应该如何行事，这将是下篇文章的主题。　89

第三章

梭伦的智慧

政治家和设计者普遍把人当作政治机器的某块材料。设计者扰乱了大自然在人类事务中的运行进程；但在实现她可能为自己确立其设计的目标时，所需要的只不过是让她独自运行，让她自行其是……把一个国家从最卑微的野蛮状态推进到最高程度的富裕也无须其他作为，唯有和平、适度征税和尚且令人满意地执行正义；剩下的其他事情交由事物的自然进程就可以了。任何政府阻碍这一自然进程、强迫事物进入另一渠道或试图在某个特殊时刻阻止社会的进程都是有违自然的，支持这些行动就只能实行压迫的、专制的政策。

亚当·斯密，1755 年

一

上文似乎是斯密的真实想法，而且自《国富论》出版 220 年来似乎也逐渐成为斯密主义的真实想法。这就更微妙地说明了这位作者难以捉摸的思想：这些文字来自一份已经不复存在的文献，但事实是，这些文字几乎是在斯密完成这部著作之前的近四分之一个世纪时写下的，这也向人们证明了斯密致力于研究立法者科学的时间之长和思考之深，其实践性的结论赞成把经济事务留给"事物的自然进程"。斯密写下的这些文字是他草拟的一篇文章的一部分，以证明某些命题是他的"专利"，因为那时他怀疑熟人抄袭或打算抄袭他的想法。这篇文章委托给了杜格尔德·斯图尔特，后者在其颂词中引用斯密的这篇文章时比较委婉，因而没有指名道姓地说出这份怀疑，在那个场合下，他的兴趣不在于激起"私人的不同"回忆，而是想急于回应政治经济学这门科学的法国创建者们挑起的对立主张，后者观点的基础是更早时候发表的赞成弗朗索瓦·魁奈及其重农学派追随者的自由放任、自由流通（*laissez-faire, laissez-passer*）的类似论断。[1]

长期以来，斯密一直坚持自然自由体系的基本观点。这一点可以由1790年最后一版《道德情感论》中一段著名的陈述来证明。

> 热衷于体系的人……往往自以为很明智，并且常常如此醉心于自己那一套理想的统治计划的虚构的美丽，以至不能容忍它的任何一部分稍有偏差。他不断全面地实施这个计划，完全不顾可能反对它的重大利益或强烈偏见。他似乎认为他能够像用手摆布一副棋盘中的各个棋子那样非常容易地摆布偌大一个社会中的各个成员。他并没有考虑到：棋盘上的棋子除了那双摆棋的手强加给它们的运动倾向外，没有其他移动原则；但是，在人类社会这个大棋盘上，每个棋子都有它自己的行动原则，它完全不同于立

1　参见 Stewart, "Account of the Life and Writings of Adam Smith", in *EPS*, pp.319–23，这里谈到斯密的这篇文章，还有其构思的背景。弗格森可能是斯密后来怀疑的抄袭者，其证据见 Scott, *Adam Smith as Student and Professor*, pp.118–20。杜邦·德·尼摩尔（Dupont de Nemours）是杜格尔德·斯图尔特1793年为斯密原创性辩护时提到的不具名对象；参见拙文 "Nationalism and Cosmopolitanism in the Early Histories of Political Economy", in M. Albertone and A. Masoero（eds.）, *Political Economy and National Realities: Patterns and Paths in the Origins and Development of Economic Science*, Turin, 1995。

法机关可能选用从而强加给它的那种行动原则。[2]

　　因此，最早的证据和最晚的证据携带着同样的信息。设计者们，或热衷于体系的人，他们过于傲慢，以至于相信他们可以将秩序强加在人类事务之上，而不是允许秩序随着每个个体所做决定的自然结果出现；在一个"正义执行得还算不错"的环境下，每个人都遵守自己的行动原则，这种情形将不被这些设计者信任。1790年，斯密对热衷于体系的人的警告，其政治意义超越了他在《国富论》中抨击的那些体系，因此，这一警告在本书讨论美洲革命和法国大革命意义的几篇文章中也十分重要。斯密在《国富论》第四卷中重点讨论的两个现有的政治经济学体系——重商主义和重农主义，都是设计者们的工作，也同样遭到了类似体系精神受到的批评。尽管斯密出于自己的目的借鉴了重农学派的术语，尽管他向魁奈和法国经济学家们致敬——因为他们创立的理论是"迄今为止在政治经济学这一领域内已经出版的著作中最接近于真理的"，但是，他也认为魁奈是"一位过于沉溺玄思的内科医生"，其追随者坚持从整体上确立他们"完美的政策和法律观念"所需要的一切。[3]他们忽视了经济生活中起作用的自然疗效，这种疗效可以让病体痊愈，无须医生-立法者的江湖药方，也无论它是否是人们有意而为。经济学家强调完整性和完美性，却没有遵守一个基本真理，即"如果一个国家没有完美的自由和完全的正义就不可能繁荣，那么，这个世界上就没有一个国家能够繁荣起来"[4]，而这条真理却渗透在斯密的选择中。然而，重农体系从未在实践中被尝试过，而且可能被斯密宽容地视为一种英雄式的乌托邦猜想。

　　另一方面，重商体系——这个概念或许不是斯密的原创性发

91

2　*TMS*, VI.ii.2.17.

3　*WN*, IV.ix.38.

4　*WN*, IV.ix.28.

明，但斯密给予这个体系如此详细的贬义性内容，以至于它以这种形式一直流传到19世纪——代表了盛行于英国和其他商业社会的理论和实践的结合体。它确实是"欧洲政策"的基础。就像杜格尔德·斯图尔特指出的那样，斯密对他认为的重商主义谬误的敌意，以及他对商人和制造业者一起哄骗立法者创造一套不自由的方案的谴责，即对奖金、垄断以及其他一些旨在牺牲社会其他人的利益来为自己利益服务的独占性权利的谴责，其"语气是愤慨的，他在其政治著作中几乎从未用过这样的语气"[5]。斯密最初的苏格兰读者在他们的贺信中不断提到的正是《国富论》的这种特征：休·布莱尔以这种语气为斯密辩护。他说："您为**这个世界做了件大好事**，您颠覆了**商人们**所有那些利益攸关的**诡辩之术**，他们正是以此**混淆整个**

92 　**商业主题**的。"[6]

　　斯密对现在名为重商主义［经过德语"重商主义（Merkantilismus）"的重塑］内容的讨论，因其19世纪的英国继承者和德国批评者对自由贸易优势的争论，现在并不总是存在如此具有同情心的读者。[7] 在对斯密的控诉中，有些人为了努力创造一种根本不存在的理论整体而对不同的作者不加区别；有些人故意忽视理论学说与官方实践"计划外的大杂烩的结果"之间的差异，最后认为斯密不能充分解释重商主义国家采取的实际措施。[8] 在这些控诉之外，还可以加上一种狭隘的心胸，

5　*EPS*，p.316.

6　1776年4月3日致斯密的信，见*Corr.*，p.188，关于这一主题的其他信件，参见该书 pp.190-3。

7　关于这一讨论的最新研究，可参见 Lars Magnusson，*Mercantilism: The Shaping of an Economic Language*，London，1994，pp.21-35。一份有益的文献汇编可见于 D.C. Coleman（ed.），*Revisions in Mercantilism*，London，1969。科尔曼（Coleman）最近几年回到这个主题上，他在两篇文章中批评了斯密对重商主义的解释，参见 "Mercantilism Revisited"，*Historical of Journal*，23（1980），773-9；以及 "Adam Smith，Businessmen，and the Mercantile System in England"，再版于 *Myth，History and the Industrial Revolution*，pp.153-63。

8　引用的这句表述来自 Coleman，*Myth，History and the Industrial Revolution*，p.158。

说斯密没能认识到那些被他讽刺为重商体系"自诩的医生们"的思想价值，罔顾以下事实，即先前几位讨论商业的英国作家都曾预见到国家允许不受监管的市场的自由范围、劳动分工和自利的好处。[9]他们并不是都有"利益攸关的**诡辩**"之嫌，而且，斯密显然知道其中很多作家。有人可能还会问，为何他选择以一种如此勉强的方式偿还自己欠他们的人情。

斯密假设，人们各自的自利而非互相的仁慈，是我们与屠夫、面包师进行交易的特征，以及我们进入其他一切交易者几乎匿名的市场进行交易的特征。这种假设提出了一个相关的、但更微妙的问题。如果那只无形的市场竞争之手在这些情形下能够把人们对私利的追求变成公共的善，那么，当斯密认为商人和制造业者仿佛既是头脑清醒的恶魔，又是无意识的社会施惠者时，他是否有过度发挥那只手作用的嫌疑呢——如果这种看法不是自相矛盾的话？[10]20世纪的经济学家更倾向于遗憾地提到斯密没能沿着自利的逻辑继续探索到他们想要的深度，或者他本应做到的那样。[11]我们该如何看待斯密把政客贬抑为"阴险狡猾的动物"的评论呢，而这位政客却被短暂动荡的时局所左右，进而任由组织得更好、肆意吵闹的利益集团的摆布？在人类事务通常由如此政客引领的世界里，如果那个具有公共精神的人，或者说立法者，他的深思熟虑"由总是相同的普遍原则所支配"，那么，有多少余地留给他的明智而高尚的选择呢？这难道不意味着，虽然斯

93

9　熊彼特的看法是："如果斯密及其追随者改进并发展了'重商主义者'的命题，而不是弃之如敝屣，那就能够提出一个更符合事实的、更丰富的国际经济关系理论"；*History of Economic Analysis*，p.376。乔伊斯·奥尔德姆·阿普尔比（Joyce Oldham Appleby）对重商主义著作的研究也是从以下前提出发，即斯密本可以使用已有的好几个重要观点，参见：*Economic Thought and Ideology in Seventeenth-Century England*，Princeton，1978；尤其可以参见序言和结论一章。

10　以这种方式提出这个问题的论著，参见Coleman，*Myth, History and the Industrial Revolution*，p.161。

11　参见 G. J. Stigler，"Smith's Travels on the Ship of State"，in Skinner and Wilson（eds.），*Essays on Adam Smith*，pp.237–46。

密对现实主义引以为豪，但他却犯了他所批评的法国经济学家的那种隐蔽的完美主义的错误吗？在提出他自己的自然自由体系时，他本人难道不是一位设计者，因此也面临着他对体系人所做的同样的谴责？

任何通过立法者科学理解斯密政治经济学的方法都必须面对另一种基于以下悖论的常见指责，这个悖论可以简单表述如下：如果斯密科学的主要教训是人类事务最好留给"事物的自然进程"，那么，还有哪些积极的作用留给一位立法者来发挥呢？他被建议培养的那些仅有的德性似乎是那位沉思的哲学家的德性：观察自然的历史进程和经济发展，对有害的人为的权宜之计发出尽职尽责的警告。作为目标明确的事件和结果的塑造者，这位积极的政治家似乎没有多少施展拳脚的余地。正是这种旁观者式的特征，激起了弗格森的不耐烦，这也导致后来很多评论者认为斯密应该对所谓的真正意义上的政治寂灭负有责任——这种政治寂灭某种程度上是通过牺牲政治来发展经济，某种程度上是通过限制可用于行使立法意志或公民良性参与的公共空间来实现的。[12] 在一个无须运用理性和远见卓识就能在无意中产生有益结果的世界里，积极追求公共的善充其量只是可疑的说辞；在这样的世界里，呼吁公共的善要么是思想上的傲慢，要么被视为一个由利益集团发起的旨在误导公众的阴谋的标志。

我们将在下文揭晓这些问题的答案，不过它们不能只靠《国富论》来回答——如果仅从《国富论》来理解，这么做就像《道德情感

12 温奇考察了对斯密反政治或非政治的解释，见 Winch, *Adam Smith's Politics: An Essay in Historiographic Revision*, Cambridge, 1978, 第一章和第八章。斯密不能被视为一位真正的政治理论家，最近对这种见解的重申，可参见 Shannon C. Stimson, "Republicanism and the Recovery of the Political", in *Critical Issues in Social Thought*, London, 1989, pp.91-111；以及 P. Minowitz, *Profits, Priests and Princes: Adam Smith's Emancipation of Economics from Politics and Religion*, Stanford, 1993。

论》不是斯密更大计划中不可或缺的一部分一样。顺便说一句，斯密在《国富论》出版后继续修改这部分论证，而且让它自身处于不断的修改之中。《国富论》本身的成功，加上斯密没能完成他更完整的计划，一成一败，让他这两部主要著作更像是一座没有铁链的吊桥的两根桥墩，承载着斯密设计它们时要表达的思想。不过，斯密在区分社会环境时归因于个体动机的准确原则在《道德情感论》中得到更充分的揭示，那个在国内事务中审慎行事的人是《国富论》中自利之人的第二自我（alter ago）。作为《道德情感论》中讨论道德准则模式的扩展，斯密还推进了正义理论，《国富论》常常援引正义理论，并将其用于具体情形。此外，应该非常清楚的是，要掌握斯密提出的立法者科学和他向哲学家推荐的希望影响公共事务的劝服策略的本质，我们就需要考虑斯密在《道德情感论》中所说的话。因为，正是在这部著作中，他定义了必须在以下两者之间达成的那种平衡：一边是与"体系精神"有关的危险，另一边是对"某种普遍的甚至是系统化的完美政策和法律观念"的需要。前一种"体系精神"源于某种"对技巧和设计的热爱"，我们有时似乎认为手段比目的更重要；后一种需要将使立法者们确信，他们或许没有义务承担更直接的功利主义的布道。

　　如果你要在那个似乎不关心国家利益的人的心中树立公共美德，那么，告诉他一个治理有方的国家的臣民所享受到的更大好处；告诉他这些臣民会住得更好、穿得更好和吃得更好，也常常是徒劳的。这些道理一般不会给他留下深刻印象。如果你向他描述带来上述种种好处的宏大的公共政策体系；如果你向他解释该体系各部分之间的联系和依存关系，它们彼此间的从属关系和它们对社会幸福的普遍有用性；如果你向他说明，这种制度可以如何被引入他自己的国家，当前妨碍在他的国家建立这种制度的障碍是什么，这些障碍可以如何消除，以及治理机器中的所有各个

95

齿轮可以怎样运转得更为协调顺畅，彼此之间不发生摩擦或产生妨碍，那么，你更有可能说服他。[13]

这段论述可以解读为，斯密对他自己版本的 "公共政策的伟大体系" 提出实质性内容时，在《国富论》中采取的一种策略性的描述。然而，我们需要强调一下这种策略的非乌托邦性质。斯密理想的立法者或许比单纯的政客更明智，更具公共精神，但在人格魅力或科学知识方面，立法者也没有比他行使权力管理的那些人更具理性远见的天赋。实际上，真正的智慧往往在于尊重每个演员在社会戏剧中对自身事务拥有的高超知识，在于承认根深蒂固的习惯和特权对立法行动的限制，包括源于无知和偏见的习惯和特权的限制。

完全由人道和仁慈唤起公共精神的人，甚至会尊重每个个体已确立的权力和特权，更会尊重构成这个国家的主要社会阶层和群体的权力和特权。虽然他会认为其中某些权力和特权在某种程度上被滥用了，但他还是满足于调和那些如果人们不用强大的暴力便常常无法取消的权力和特权。当他不能用理性和劝说来破除人们根深蒂固的偏见时，他不想用强力去压服它们，而是忠实地奉行以下准则："决不用暴力对待你的国家，就像决不用暴力对待你的父母一样"——这一准则被西塞罗公正地说成是柏拉图的神圣箴言。他将尽可能使自己的政治计划适应于人们根深蒂固的习惯和偏见；并且将尽可能弥补那些因缺少人们不愿服从的规章而产生的种种不便之处。如果他不能树立正确的东西，他就不会不屑于修正错误的东西；而是会像梭伦那样，当他不能建立最好的法律体系时，就尽力去建立人们所能接受的最好的

---

13 *TMS*, IV.i.11.

法律体系。[14]

　　这段话清楚地表明，斯密没有假设沉思的消极性："兼融（accommodating）"可能不包括斯图亚特笔下那位永远在场的政治家所需的有目的的锻造，但也不意味着宿命论和不作为。对于立法者最重要的职责之一，即建立并维持一个人们尚可接受的正义制度，这通常意味着，或许可以被称为谨慎的、坚定的，但仍然是灵活多样的消极行动。

96

二

　　现在，尤其是学生关于法理学讲义的新笔记出版以来，我们已经很好地理解了正义在斯密提出的立法者科学中的核心地位。它被纳入了斯密最初讲授法理学的初步计划中，并由以下信念证实——休谟也持相同看法——实施交换正义的规则，保护那些与人身伤害和财产损失相关的"完全权利"，是社会存在的基础。后封建时期各种集权君主制建立和维持一种有效的司法机制、保障合理程度的公正性的能力，是现代公民自由而非政治自由概念的基础。实际上，保护各种形式的财产权，包括不平等这一难以避免的副产品，是任何常规政府存在的主要正当理由。斯密在法理学讲义中对这一点直言不讳，并在《国富论》中再次重申：

　　　　凡是有巨额财产的地方，都有巨大的不平等。有一个巨富之人，必定至少有五百个穷人，少数人的富裕意味着许多人的赤贫。有钱人的富裕激起了穷人的愤怒——他们常常为贫困匮乏所

---

14 *TMS*, VI.ii.2.16.

111

驱使、为妒忌所怂恿，去侵犯富人的财产。只有在民政长官的庇护之下，那个拥有由多年劳动或累世劳动所获得的贵重财产的人才能安稳地睡个好觉。他时刻都被未知的敌人包围着，虽然他从未冒犯过他们，却也从未抚慰他们，对于他们的侵害，他只有借助民政长官的有力臂膀，借助民政长官的持续不断惩罚侵害的有力臂膀，才能得到保护。[15]

正如斯密在《国富论》第五卷中所定义的那样，君主在这一领域更确切的职责是保护"社会的每个成员不受其他社会成员的不公对待和压迫，确保'正义的严格执行'"[16]。当然，这包括对公民能够为彼此遭到的刑事伤害和民事损失提供有效的补救措施。不太准确地说，在严格界定的交换正义之外，它还涉及立法者或君主的一项义务，即避免以牺牲社会中的一个阶级或集团的代价去帮助另一个阶层或集团，改革那些或明确许可或暗中鼓励联合集团违背公共利益的制度和政策。我们稍后将会说明这些事项不是立法者需要履行的唯一职责，不过，即便在这一阶段也需要注意的是，一项重要的提案是建议废除那些与重商主义国家相关的误导性的、不公正的法律。而且在积累资本、创造新的财产权形式的商业社会中，潜在的损害模式也在变化，作为调整制度和实践以适应不断变化的环境的手段，需要实现"公平对待"的立法活动和司法活动很可能变得日益重要。由于斯密在其法律建制史中提到的种种原因，商业社会更可能具备人们行使正义规则的优越机制。在绝大多数生活中审慎考虑自己利益的那些人，也逐渐认识到诚实的名声是自己的重要资产。[17]不过，斯密在这些问题上并没有给出任何更大的积极命题，无论是庆贺现代还是预见一个更好的

---

15 *WN*, V.i.b.2.

16 *WN*, IV.ix.51，斯密在V.i.b.1中再次重复了这一内容。

17 关于"中等和下层地位的人"为何更有可能认识到诚实是最好的策略，参见 *TMS*, I.iii.3.5。

未来。斯密显然不喜欢封建社会的依附性，所以他不主张，封建社会的后继者即商业社会拥有或可能拥有更大的道德合法性；也就是说，商业社会变得比其他类型的社会更不公正或更少不公正。[18]然而，这种中立的立场在另一方面又被抵消了，有更多证据证明了一种正面的结论，即，斯密认为，商业社会对于处理不公的更精准制度有更大的需求。[19]

只有最粗心的《国富论》读者才不会注意到斯密在称赞或谴责某些政策和制度时频繁诉诸自然正义。斯密在讨论与重商主义规章制度 98 相关的得失时，并没有把自己局限于根据人们转让的收入或放弃的金钱来考量经济的权宜之策。这些得失是经济生活的常规波动的结果，在公平竞争的既定规则中运行，因而，它们并没有构成任何正义体系的内容。为此就不得不产生一种损害，即对完全权利的侵犯。而这种完全权利之所以完全，是因为它主张，作为确保它得到尊重的手段，强制执行是合理的。然而，就像本文开头引用的1755年那段话以及先前关于压迫性不平等的文章提到的各种评论一样，立法者的职责看来并不局限于那个角色。君主侵害臣民的方式和臣民相互伤害的方式一样严重。在提及"一般的正义法律"因"一种公共效用的观念、一系列国家理由"而被牺牲时，斯密一直坚持谴责不合理的政策；在上述情形下，自然权利正被侵犯，一种普遍的失序正通过特权——这种特权只有君主才能授予——被引入政治实体中。[20]所有这些情况中，自

---

18 在这个问题上，我与洪特和叶礼廷有些不同看法，洪特和叶礼廷总结说，在斯密看来，现代商业社会"不是不公正"，穷人从劳动分工中获得的利益保障了足够的生存物资，赋予了不平等一种"道德合法性"，参见"Needs and Justice in the *Wealth of Nations*"，in Hont and Ignatief（eds.），*Wealth and Virtue*，p.44。

19 "商业和制造业极少能在这样一个国家里长期繁荣：在那里，没有秩序井然的司法，人民对于他们所占有的财产没有安全感，对契约的信守得不到法律支持，人们不认为国家的权威会被经常用来迫使所有有偿付能力的人偿还债务"；*WN*, V. iii. 7。

20 为了回应"喧嚣强行索取的局部利益"而被授予的垄断和特权，斯密说，"每一种这样的管制都会给国家宪政带来某种程度的真实混乱，这种混乱以后若要矫正，很难不产生另一种混乱"；*WN*, IV. ii. 44。

然正义都没有被人们给予至高无上的地位，但它的确是那些评价各种政策和制度的人——即斯密在其著作中面对的更广泛的读者——需要时刻思考的问题之一。

斯密不能或没有意愿完成他计划中的法理学科学的著作，这就让读者对其内容以及法理学的发现应该有多大意义产生了怀疑。尽管如此，《道德情感论》关于这门科学的最后几句评语已经足够明确：它是"关于各国应该贯彻的、并作为各种法律基础的原理的理论"[21]。而且紧随其后的那条评论为斯密在《国富论》中批评重商主义提供了理由："有时所谓的国家宪政即政府的利益，有时实施专制统治的特殊阶层的利益会使国家的实在法偏离自然正义规定的准则。"《道德情感论》提出的正义的心理学基础表明，隐藏在我们对损害的憎恶背后的是哪种本能，最后产生的规则是如何形成社会存在的基础的。在正义的核心地位上，斯密与休谟的看法一致，但斯密的理论在讨论个人权利以及诸如财产权这些典型的获得性权利或附带性权利时超越了休谟。[22] 如果人们做一项思想实验，问社会能得以存在的最低基础是什么，那么正义就是支柱，仁慈仅仅是"用以美化的装饰"——当然，这并不是说，一个只靠正义的社会是完美的。[23] 斯密这里说的内容和《国富论》中将商业社会极其简单地定义为人人都是商人的社会这种说法之间有着明显的关联："凭借人们对社会的效用感，而不是任何相互的关爱或友爱，社会可以存在于不同的人之间，就像存在于不同的商人之间一样；并且，虽然在这个社会中，谁对谁都没有任何义务，也没有谁要去感激，但社会仍然可以根据人们一致的估价借助唯利是

---

21 *TMS*，VII.4.37.

22 然而，如努德·哈孔森表明的那样，休谟确实讨论了"心灵和肉体的善"以及外在的善，参见 "The Structure of Hume's Political Theory"，in D.F. Norton（ed.），*The Cambridge Companion to Hume*，Cambridge，1993，pp.198-9。

23 *TMS*，II.ii.3.4.

图的互助交换维持下去。"[24] 与任何明智之人一样，斯密更希望一个社会也呈现出仁慈和公共精神，而不是一个不得不牺牲自由、安全和正义的社会，或许如我们将要看到的那样。

与潜藏于道义和仁慈规范背后的积极德性和义务相比，正义规则体现了消极德性。这意味着，如果我们学会了如何不伤害别人，那么我们只要弃戒伤害他人的权利就能公正行事。伤害、权利和相关义务能够得到精确的定义，这一定义在强制手段被委托给地方官实施公共执法时是至关重要的。当然，这也不是说，对于每个个体来说，真实的情形，即弃戒，适用于君主。但同样重要的是，要记住《道德情感论》适用于交换正义的限制条件不适用于分配正义。[25] 斯密与休谟分享了他的限制条件，在后者看来，个体和群体之间的相对功劳的观念——无论这些观念有多么令人"愉悦"——不够稳定，无法成为公共执法的标准。[26] 这也符合斯密对基于可见的财富差别之上的差序社会的辩护以及他的声明，即具有公共精神的人"甚至会尊重每个个体既有的权力和特权，更会尊重构成这个国家的主要社会阶层和群体的权力和特权"——我们之前已经引用过这句话了。

100

通过积极干预收入和财富的再分配，很可能是人们执行那些似乎他们本以为有着仁慈的目标却导致侵犯自由和正义的法律的一个主要例证。不过，说到这里，《国富论》一直强调的不公和压迫，似乎可能被交换正义的限制条件掩饰或削弱了。斯密对这些问题的强调确实比休谟多，尽管对二者来说，法律面前待遇平等同样重要。尽管如此，我们常常面对的仍然是斯密富有洞察力地描述为"消极权利的首

24　*TMS*，II.ii.3.2；cf. *WN*，I.iv.1。

25　斯密对这一区别的运用，参见*TMS*，VII.ii.1.10。

26　参见 D. D. Raphael，"Hume and Smith on Justice and Utility"，*Proceedings of the Aristotelian Society*，72（1972–3），pp.101–3。关于"令人愉悦的"功劳的观念及其在任何可以想象或可以运行的正义体系中难以被承认的情形，参见Hume *Enquiries*，pp.193–5。

要地位"问题，这一点可以从以下评论中得到说明："仅仅是为了促进某些阶层公民的利益而损害任何其他阶层公民的利益，无论这损害有多大，都显然违背了国王应该给予其所有阶层的臣民的正义和平等。"[27] 难道我们不会想起人们对《道德情感论》关于看不见的手的那个著名段落最克制的解释吗？那段话告诉我们，尽管富人"天生自私又贪婪"，他们却因想得到"小玩意儿、小装饰品"的欲望而被引导着在社会其他阶层中重新分配他们的收入。[28]

　　然而，《国富论》的主旨却恰恰相反：这一点体现在斯密关于劳动是自然权利来源的相关声明中，体现在经济活动的好处应该如何改善那些从事社会绝大多数工作的人的生活上，体现在对高工资的辩护上，体现在抨击重商主义限制工资收入者和消费者的影响上等等。所有这些都可以用来作为斯密关心"福利"的证据——就像我们现在非常勉强地推动的那样——甚至可以说明他对或许可以被称为经济民主的那些事物的兴趣，但是，交换正义和消极权利的首要地位在这方面产生的局限性仍然不可能被忽视。自然自由体系，如果能够变成现实的话，那将会产生更公平的收入分配，更少的不公平，减少对自然自由或自然权利的侵犯，比如，减少那些影响职业选择、居住地点、运用资本的模式以及其他类型的财产权的因素。但斯密主要致力于消除既有的干预形式：他不赞成任何积极的再分配方案，除了对奢侈品征税的决定，社会上大多数人的消费品都不在其列。

　　与收入再分配相反，斯密在财富方面有更多话要说。自然自由体系将会给予更多人"选举权"——经济意义上的选举权。通过财富分散在更大范围内的自然进程，农业和制造业领域中将会涌现出更多的

---

27 *WN*，IV.viii.30.关于斯密讨论的消极权利的首要地位问题，参见 Haakonssen，*Science of a Legislator*，pp.85，89，97.

28 *TMS*，IV.i.10，更加完整的引文，参见上文第62—63页。

自由生产者。随着资本的迅速积累，资本在竞争性的职业间更有效的分配，维持这个发展中的国家肯定会给工资收入者带来好处。通过资本积累实现的独立也将惠及更多的人。这里就非常简单地回答了一个问题：即斯密在一个少有的宽容时刻对他曾经参考过的"英国论商业的最好作家"为何没有宽宏大量。[29] 无论这些作家的经济敏感性有多强，令他们黯然失色的是斯密厌恶那些强大的利益集团在政治上损害了公共利益，这些利益集团出于自利的目的推崇重商主义的学说，总体上有害地影响了"欧洲政策"，尤其是英国的立法机构。然而，除了国内的混乱，斯密还相信重商主义管制是"民族间仇视"的根源，换言之，是休谟更明确提到的"猜忌"的根源。这不仅让和平和薄税更难实现，还体现了斯密政治经济学的国际化方面，因为在斯密看来，自由贸易可以成为国家间联合的纽带。正是这方面的遗产吸引着托马斯·潘恩这样的思想家，而且，如我们将要看到的，也正是这一理由造成另一些具有民族主义优先倾向的人认为斯密建立的这门科学不爱国。[30]

102

---

29 *WN*，IV.i.34。《国富论》中提到的作者是约翰·洛克，托马斯·孟和曼德维尔。根据《早期手稿》（*ED*）和《法理学讲义》（*LJ*），可能还可以加上约书亚·吉（Joshua Gee）和乔纳森·斯威夫特（Jonathan Swift）（参见 *LJA*，pp.392-4），还有一点轻视的评断，即"托马斯·孟（1664）以后的几乎所有作家"（一直到休谟？）都将财富定义为货币（*LJA*，p.300）。对这些"最好的英国作家"的参考被一个序言性的评论削弱了，这一评论说的是，他们是如何允许他们对"物品构成财富"的认识"从他们的记忆中消失"的。斯密的藏书中包括这些作家著作的很好的样书，他利用了他们对具体事情的发现，比如约书亚·柴尔德（Jashua Child）（*WN*，V.i.e.9.11-12），马修·德克尔（Mathew Decker）（"一位优秀的专家"，*WN*，IV.v.a.20），查尔斯·史密斯（Charles Smith）（"有创造力且渊博"，*WN*，IV.v.a.4）。格拉斯哥版的编辑们认为，约瑟夫·哈里斯（Joseph Harris）关于货币和其他问题的论述也散见于《国富论》各处。

30 见下文第399—400页。

三

　　不过，还有另一些理由可以说明，斯密为何试图将他从道德哲学家转向政治经济学家的思考与他的重商主义前辈那些典型的设想区分开来。想一想斯密对道德体系的批评，比如，曼德维尔和霍布斯将所有社会行为都归因于自利的体系，这里似乎值得思考一下，《道德情感论》的作者是否可能对那种仅仅以功利主义计算为基础的政治经济学、后来以理性经济人假设而著称的政治经济学感兴趣。一些人称赞重商主义著作具有预见性，展现了"工具性的、功利主义的、个人主义的、平等主义的、抽象的、理性的"特质，认为这些著作在这方面为斯密打下了基础；这些人可能不经意间将他们的手指恰好放在斯密希望抛弃的那一边。[31] 不难发现，斯密不同意威廉·配第（William Petty）对"度量衡"的培根式强调，也不喜欢达德礼·诺思（Dudley North）的笛卡尔式方法，他提到这两位人物时偶然运用他们的方法为经济学的"科学态度"铺路，同样，斯密也厌恶重商主义机械的、简单化的思想特征。那些只读过《国富论》的人，或者说只读过这部著作中经常被引用的内容，尤其是讨论屠夫、面包师时无所不在的自我改善的内在动力与仁慈无关的段落时，他们可能就会发现这些令人困惑的说法。不过，如果我们同时回顾一下《道德情感论》，这些困惑会消失在一些更有趣的内容中，该书还提供了一条重要的线索来解释

103

31　这段引文出自乔伊斯·奥尔德姆·阿普尔比（Joyce Oldham Appleby），*Capitalism and a New Social Order*，New York，1984，pp.19-23。对她的立场的更充分解释参见 *Economic Thought and Ideology*，pp.183-93，258，272-3，在那里，她提到了"出于自利的人类行为的冷酷无情"，还提到"机械的、非人格的"榜样的运用，提到对"需要合法性"的关切，洛克"关于荣誉的功利主义概念"，大胆运用霍布斯史的假设和"人类行为的可预测性法则"，以上述内容作为重商主义思想的特征，斯密接受了这些特征，但显然大大缩减了那些特征。

118

斯密为何渴望把自己与其前辈区分开来。

我们注意到，斯密为其道德哲学的两个核心观念——同情和无偏旁观者——铺设了舞台。《道德情感论》开篇提出，人对社会的需要不可能源于"某种修饰过的自爱"。[32] 社会的苦与乐是瞬间被人们感受到的，与此同时，对效用的感知似乎以我们赞同或反对他人行为、进而赞同或反对我们自己行为的能力为基础，这纯粹是"事后之见"，而非其最初来源。[33] 基于自利和基于效用的两种看法——斯密将第二种看法与休谟联系起来，二者都是斯密希望反驳的；他在整本书中都在与它们辩论，并在最后一卷将它们作为道德哲学体系给予更充分的讨论。斯密还抨击霍布斯（还有普芬道夫和曼德维尔），因为后者建立的体系将自利作为人的主要动机。他再次承认，当人们把自利与公共利益联系起来评判社会和政治制度时，这些体系拥有一种"或然性的表象"。[34] 但斯密先前在阐述自己的学说时已经批评过这一（归功于休谟的）学说，正如他认为的那样，更全面的理论建立在同情的基础上。在涉及理性角色的议题时，尽管他的时代与哈奇森和休谟完全相同，但斯密相信，归纳理性让我们能够建构起正义规则和普遍的道德规范，理性不是对错概念所基于的原始基础。和休谟一样，这是激情之事，或者如斯密指出的，这是"直接感知和感受"的事情。

不过，如果这就是斯密看待将自利、效用和理性摆在首位的放纵不羁和非放纵不羁的道德体系的立场，那么，我们如何解释他在《国富论》中将个人改善其处境的欲望视作行为动机的意图呢？我们该如何解释，在讨论发生在商业社会的关键制度即匿名市场里极为突出的经济生活时，他认为经济事务无关仁慈的著名论断呢？关于效用和

---

32 *TMS*, I.i.2.1.

33 *TMS*, I.i.4.4.

34 *TMS*, VII.iii.1.2.

104 理性方面的答案已经有了：斯密一直坚信，公共效用或许是任何机制良好的道德体系或经济体系的结果，拥有这些性质，就给予了那种所有成功体系需要满足想象力的审美愉悦，但同时，这仍然不能充分解释这种结果是如何产生的。它也是"体系精神"的源泉，在这些问题上没有梭伦智慧的政治家或政客以"体系精神"行事时就会造成有害的结果。这一评判肯定与他在《国富论》中对重农主义体系的评论以及谦逊地希望实施自己的体系以代替重商主义体系有关。[35] 如果斯密本人是一位设计者，那他是一位非常谦逊的、切中实际的设计者。

在理解《国富论》中自利的角色时，我们或许仍然可以在心中想一想构成斯密问题的众多比较陈旧的研究基础的谬论，即认为同情与自利相悖的那种看法。将仁慈与同情混淆的背后，是没能理解《道德情感论》中描述的"审慎的人"本质上是假定在商业社会中工作的同一个人。[36] 当我们诉诸屠夫的自利心让他卖给我们肉时，我们可能不需要他的仁慈，但这并不意味着我们没有想象性的同情，没有理解他的认可或不认可的行为并作出判断的能力。[37] 另一个流行的误解原因似乎源于将"次理性的（sub-rational）"本能——斯密以此解释互通有无、以物易物的倾向，以及自我改善的欲望——误读成所谓理性的经济人这种人造概念的假定行为。[38] 自19世纪中叶以来，经济人的形成和合法性困扰了几代社会理论家，以至于我们打算认为斯密创造了

---

35 这种谦逊的实践重要性将会在下文第157—162页讨论。

36 这种混淆似乎构成了路易·德蒙（Louis Dumont）对这一主题有影响力的讨论的基础，见 *From Mandeville to Marx: The Genesis and Triumph of Economic Ideology*，London，1977，p.61。法国人对路易的回应见 Claude Gautier，*L' Invention de la société civile: Lectures anglo-écossaises, Mandeville, Smith and Ferguson*，Paris，1933。

37 参见 D. D. Raphael，*Adam Smith*，第三章和第五章。

38 "次理性"这个术语出自雅各比·瓦伊纳，参见 *The Role of Providence in the Social Order*，Princeton，1972，p.79。

它，或接受了它，经济的自利这整个观念对斯密来说尤其是个问题。[39]
然而，他显然不是第一位讨论私人的利益与公共的善保持一致的道德
哲学家；他不觉得需要像曼德维尔和卢梭出于各自的理由所做的那
样，让自己担负起解释某些非常特殊的事情、某些迫切需要证明的事
情的全部责任，即经济领域是如何形成的，以及它是否可以依据古代
的和基督教的美德概念的传统道德范畴合法化。斯密对奢侈有条件的
认可，对奢侈得以成为可能的商业社会的承认，或许标志着他与古代
德性观的重大分歧，而卢梭对古代德性观的丧失哀恸不已。在这些主
题上反对卢梭并不意味着斯密尝试完成一项不可能的壮举，即试图预
测后来人的工作，这些人打算辨析以身份为导向的社会与以契约为导
向的社会的区别、礼俗社会与法理社会的分野等等。从马克思到马克
斯·韦伯，我们一直都在尝试解释并合法化经济动机和经济竞争的这
些特征，关于19世纪和20世纪的这些社会理论，我们可说的内容非
常多，不过，我个人认为，这一点不是斯密的主要问题。

　　根据《道德情感论》的说法，以自利为基础的行动是少数可以被
认为理所应当的激情之一："我们并不动辄猜疑某人在自利方面存在不
足。它绝不是人类天性中的弱点，或我们易于猜疑的缺点。"[40] 以物易
物的本能，就像"改善我们处境的欲望"一样，是一种"虽然通常是
冷静的、不带感情的欲望，却是我们从娘胎出生就有的，并且一直跟
随着我们，直到我们进入坟墓"[41]。这一点在人类这个物种的历史中是
真实的，就像在个人的历史中是真实的一样。追求这种本能的机会是
从绝大多数最近的实践中辨别其开端的唯一因素，"我们的祖先之所

39　比如，Milton L. Meyers, *The Soul of Modern Economic Man: Ideas of Self-Interest,
　　Thomas Hobbes to Adam Smith*, Chicago, 1983。梅耶斯的结论，如果是一种辩论风
　　格的话，与阿尔伯特·赫希曼的结论有几分相似，在后者看来，斯密为激情如何用
　　来控制利益这一故事提供了一个结尾，参见 *The Passions and the Interest*, Princeton,
　　1977, pp.100–3。
40　*TMS*, VII.ii.3.16.
41　*WN*, II.iii.28.

以懒惰，是因为勤劳没有足够的激励"[42]。但作为一种本能，它不可能被认为是对自利的理性追求，除非否认斯密道德哲学的实质，否则根据斯密的道德哲学，理性往往是一种事后归因的理性主义。

106　　斯密饶有兴趣地指出，我们对自己利益的认知常常是错的，我们过于自负；我们的行为，即使是经济行为，也会被喜欢统治、喜欢安逸等其他动机吹离航道。荣誉或公众的赞同解释了以下事实，即一些职业"就货币收入来说……通常是报酬不够的"[43]。忽视航行保险"只是由于粗心大意和轻率地藐视风险"——这一点还解释了军人们在追逐名声和刺激时为何愿意忍受艰苦和不值得的危险："这种缥缈浪漫的幻想要以他们的鲜血为代价。"[44] 一项不能根据最优经济效率解释的制度，比如斯密所认为的奴隶制，只能由统治欲来说明，只要法律给予这种统治欲存在的空间。[45]喜欢安逸解释了大地主的懒惰，还解释了轻松赚取高额利润的人为何总是沉迷于同样的倾向。

在这些方面，自利与其他心理倾向捆绑在一起，并被后者遮掩住了。不过，自利的持续性和强大的力量让它区别于社会互动背后的其他动机或本能。在被引向我们最基本的需要即饥饿、干渴和性欲时，几乎每一种自利倾向的表现都"令人不屑一顾"，但它们却表明，"人类心灵中这些最有利于社会的秉性，就其性质而言绝不是最令人尊敬的"。[46]即使被引向更值得尊重的目的——"对个人的健康、财富、地位和名声的关心"时，也只是值得"某种冷漠的尊重"。[47]就仁慈和其他倾向而言，我们不得不学会何种行为能赢得朋友和陌生人的认同。在正义的领域中，仅仅克制自己的欲望不去伤害他人的消极德性是主

42　*WN*，III.iii.12.

43　*WN*，I.x.b.2 和 24。

44　*WN*，I.x.b.28–30.

45　*WN*，III. ii.10.

46　*LJB*，p.527；*TMS*，I. ii.1.1–2.

47　*TMS*，VI.i.14.

要的目标，这里需要一个不断学习的过程，而人类自儿时以来就在不断地学习。因而，我们可以说斯密的道德讨论，要么基于神启论，要么基于演化论：基于相互需要的经济交易"被大自然深深地植入人心中，以至于它们没机会给较弱秉性需要的额外力量留有余地"[48]。劳动分工也是一样：它可以追溯到人类互通有无、以物易物的普遍倾向，以及劝说他人满足我们需要的倾向。它不是建立在自然天赋的差异之上的，而且不需要复杂的历史假设去解释。如斯密所写的那样，文明社会的推测史开始于人对社会的基本需要这一设想，这部推测史将会让斯密在这些主题上得出有别于卢梭和曼德维尔的答案。根据斯密的出发点，需要给予解释的是，财富增长的进程是如何被阻碍或被扭曲的，而非如何被发起或被合法化的。

根据斯密在法理学讲义和《国富论》第三卷讲述的故事，在社会发展的早些阶段，即土地自主保有的封建时期，财富增长的自然进程受到阻碍和颠倒，其原因在于农业改良受挫、长子继承制和限定继承权的法律、鄙视商业活动，以及农业产生的社会盈余的非生产性耗费。在故事的这一阶段，目光短浅的地主的阴谋诡计正是发挥主要作用的扭曲性力量，此外，在皇室的鼓励下，城市商业和制造业的发展削弱了封建男爵的权力，直到此时，秩序和良好的统治才可能从城市延伸到乡村。商人远非公众的敌人，只要遵循"他们自己的小商贩原则"，他们就成为"对公共福利最为重要的一次大变革"的无意识的当事人。[49]"此外，长期经营商业在一个商人身上自然形成的讲秩序、重节约、谨慎小心的习惯，使得他更适合执行任何改良计划，获得利润和成功。"[50] 因此，从个体和品格类型来看，商人其实稀里糊涂地成了公众的施惠者。那么，当商业社会开始形成时，这种变化为何会

107

48　*LJB*, p.527.
49　*WN*, III.iv.17.
50　*WN*, III.iv.3.

发生呢？

有人认为斯密在这个问题上有自相矛盾之嫌，其中一个原因在于他没能注意到以下两种自利追求的区别：一种是所有公平竞争规则和严格意义上的正义被遵守时个人在竞争性的条件下对自利的追求；另一种是借助公司联合、垄断特权和议会之外高压集团的活动对自利的集体追求。运用这些协同战术，商人们已近乎理性地认识到他们的利益，他们之所以被人怀疑，是因为这种认知伴随着那种阴谋反对公共利益的能力。在商业社会中，这样的行径在早期颠倒的财富增长的自然进程中一直延续，他们破坏了"行业之间的自然平衡"，并导致对自然自由和自然正义的普遍侵犯。斯密鼓吹自然自由是这种事物状态的解毒剂，只有在这个意义上才可以说他将经济个人主义置于政治集体主义之上。

108

四

我们先搁置一下这些政治的和法律的思考，把注意力集中到斯密抨击重商主义体系的广为人知的经济维度上，可以看到他的抨击有三个主要火力点。首先，他将消费者的利益置于生产者的利益之上，出于这个动机，他不止抨击商人的"垄断精神"，还批评官僚的"疏忽、渎职和贪污"、教师的懒惰——其收入不是来源于为学生兴趣的服务，而是因为遵守像牛津大学各个学院那样的法人实体的指令。这里的反对法团主义的思想与斯密表达的一种人性观有关，斯密在更悲观的时刻会认为，"人的天生傲慢"在于避免"使用好手段，除非他不能或不敢用坏手段"。[51]"法团主义精神"是很多反社会的行为模式背后的原因，其解毒剂在于恢复竞争，或发明制度性的机制控制自利诉求并正

---

51 *WN*, V.i.g.19.

当履行公共服务。[52] 尽管斯密在提出这些权宜之计的建议时有很多创意，但我们之前提到的法理学讲义中的消极特征在这里也是显而易见的。斯密在《国富论》中谴责商人们聚在一起搞阴谋诡计之后又补充道："任何法律——或是可能实施的或是符合自由和正义的法律，都不可能防止这些小集团。"不过，这不是承认没有能力采取行动，也不是面对一个腐败的社会时陷入厌世的崩溃情绪。刚刚引用的这一声明后面紧跟着一个限定条件，即"尽管法律不能阻止同一行业的人偶然组织小集团，但它不应该为这种小集团提供便利，更不应该让这种小集团成为必然现象"——这是斯密设计用来遏制集团联合精神的一系列实际措施的前奏。[53]

　　109

斯密攻击的第二个火力点集中在批评重商主义者把"真正的"国家财富等同于货币。这种米达斯谬论（Midas-falacy）或货币崇拜导致重商主义思想家过高估计对外贸易，放弃了不列颠和其他"以土地为生的国家"（landed countries）城乡之间大得多、也重要得多的国内贸易。只有先消除了这些优先权，斯密才开始分析国内与国外的市场扩张是如何彼此有利地促进经济发展这一进程。[54] 殖民地体系刺激了"远距离"贸易，让人们放弃了更近的、有利可图的国内贸易。它制造了一种"猜忌性的"零和博弈的指标——一种贸易顺差，但一个国家成功的指标应该被视为是一个多边获益、经济相互

---

52 在这种理解的基础上对斯密补救措施的概要，参见 N. Rosenberg, "Some Institutional Aspects of the *Wealth of Nations*", *Journal of Political Economy*, 68（1960）, pp.557-70。

53 一些规章制度要求或允许某一具体行业的成员登记，为他们的附属者采取集体行动，通过大多数人的决定制订团体的纪律，所有这些都为他们非正式地联合起来反对公共利益提供了便利，由此代替了唯一能确保好手艺的纪律以及从业者对失去顾客进而失去工作的恐惧；参见 *WN*, I.x.c.27-32。

54 对斯密思想特征的最好阐释，参见 Hla Myint, "Adam Smith's Theory of International Trade in the Perspective of Economic Development", *Economica*, 44（1977）, pp.231-48。拉敏（Myint）最开始关注的是斯密理论中的具体特征，参见 'The "Classical Theory" of International Trade and the Underdeveloped Countries', *Economic Journal*, 68（1958）, pp.317-37。

依赖的世界。

因此，消除这种货币崇拜至关重要，其目的是为了让人们聚焦于劳动——劳动才是"支付一切事物的最终价格"，进而关注分工所带来劳动生产力的提高，而劳动分工是扩大实际财富的最重要方式之一。商品数量体现的劳动数量不可能解释现代社会的交换价值，在现代社会中，劳动日益细分为不同的任务，需要劳动者的不同层次的教育和技术，土地和资本的回报即地租和利润只能由作为"自然价格"组成部分的工资决定。尽管如此，对斯密而言，劳动或努力的数量，"每件物品中的辛苦和麻烦"，以及由此而来的最大程度的福利，会随着时间推移在不断发展的经济中获得，它们的具体表现形式是工资上涨和产品自然价格的下降或保持不变。[55] 当然，这些收获是斯密能够谨慎乐观地描绘英国的生活水平比上个世纪有所上升的原因。[56]

第三个火力点与前两个结合在一起，即在评价财富和福利二者时从强调利润转向强调工资。尽管在竞争性条件下，利润会随着经济增长而下降，但实际工资（和地租一起）将会上涨，"慷慨的劳动报酬……既是国民财富增加的必然结果，又是国民财富增加的自然征兆"。抱怨高工资和与之相关的奢侈品、休闲机会向工资收入者的扩散是提高成本、减少努力工作的后果，这些是斯密急于揭示的另一个重商主义谬论：高工资鼓励人口增长，改善健康状态，进而提高劳动生产率。如我们看到的那样，每年生产劳动绝对份额的增长，是斯密为真正的富裕下定义时公平合理的附带条件之一。[57]

---

55 *WN*，I.v.2，以及 I.v. 7。

56 "在本世纪中，劳动的真实报酬，即劳动者所能购买的生活必需品和便利品的真实数量，或许比它的货币价格增长的比例更大。奢侈之风已蔓延到最下层的人民、劳动贫民已经不再满足于以往使他们感到满意的食物、衣着和住所，这些常见的抱怨就可以使我们深信，不仅仅是劳动的货币工资，而且其真实报酬也增加了。"（*WN*，I. viii. 35.）

57 参见上文第87页《国富论》的那段引文。

　　斯密对利润的态度是他对工资态度的镜像。就业者的劳动竞争提高了工资，降低了产品价格，这在某种程度上是雇主不得不支付更高工资的结果，某种程度上是因为强迫制造业者给出更低的价格。新市场的打开，或者说旧市场的成功垄断，比如在北美殖民地的典型情形下，就会提升利润，至少在一段时间内是这样，直到垄断壁垒被打破为止。[58] 而且与斯密的后继者们——尤其是唯李嘉图马首是瞻的那些人——形成鲜明对比的是，斯密认为利润下降是发展的迹象，而非资源积累即将枯竭的迹象："当利润减少时，商人们往往会抱怨他们的生意在衰落；然而利润减少正是他们的生意繁荣的自然结果，或是所投入的资本比以前更多的自然结果。"[59] 商人也喜欢指责高工资，批评它是"他们的产品在国外市场被迫压低价格销售的原因"，其实，罪魁祸首是他们期望高利润。[60] 在商业社会中，当经济立法机构在商人高压集团"常备军"的主宰下时，高利润往往是通过非正式联合和国家授予特定企业的特殊权利获得的不合法利益。资本稀缺的穷国深受商人的高利润之苦，而且利润在"马上要崩溃的国家中往往是最高的"。[61] 然而，斯密与他的前辈以及他的后继者们最大的区别，在于他对资本积累能力的信任，无论利润水平如何。

　　　　当财富、技术改良和人口均有增长时，利息下降了。劳动者的工资没有随着资本利润一同下降。对劳动的需求随着资本的增加（不管资本的利润如何）而增加；当利润下降时，资本不仅会继续增加，而且会比以前增加得更快。正是有了勤劳的民族，才能推进财富的获得，一如勤劳的个人获得财富一样。带来小额利润

58　*WN*，I.ix.6–11；I.xi.p.10，以及II.iv.8。

59　*WN*，I.ix.10.

60　*WN*，IV. vii. c. 29.

61　*WN*，I.xi.p.10.

的大量资本一般来说比带来巨额利润的少量资本增长得更快。[62]

在斯密看来，高利润远非激励人们储蓄的必要因素，它更容易"摧毁商人在其他情形中天然具有的节俭品性"[63]。

因此，在经济思想的这些重点变化中，最重要的是本书上一章讨论的节俭和资本积累的观点。这些观点是斯密对奢侈讨论做出的重要贡献。劳动生产力的提高，其唯一条件是伴随着资本积累和维持既有资本存量而来的市场扩大。在斯密从法国经济学家那里借来的一个更棘手的术语中，增长不仅取决于市场允许实行劳动分工的范围，还取决于生产性劳动与非生产性劳动的比例。这一区分的麻烦特性在比较简单的落后经济情形中不会出现。因为在封建社会，非生产性劳动完全可以等同于地主花在"卑微的佣人"和维持武装人员的开支。问题在于把这个区分用于复杂的商业社会，因为在商业社会，盈余可以表现为利润、地租、甚至从工资里节省下来的少量储蓄，而政府则声称通过税收不断增加分享盈余的份额。斯密设想在安全得到保障的条件下，储蓄将总是被用于生产性的投资，因此，他在私人节俭的生产性用途与公众的挥霍浪费普遍具有的非生产性目的——战争一直是非生产性的最好例证——这两者之间做了一个明显的划分。我们稍后将会更清楚地看到，在讨论斯密分派给立法者的其他一些职责时，一旦立法者意识到为真正的公共目的的大量政府支出既是必要的，也是可取

---

62 *WN*，I.ix.11.与他的很多前辈相比，斯密认为财富的增长是自我增强的而非自我毁灭的，参见Hont, "The Rich Country-Poor Country Debate", *Wealth and Virtue*, pp.298-306。斯密与他的后继者在这个问题上的区别，将在稍后的文章从多个角度讨论。

63 *WN*，IV.vii.c.61.斯密立场的特性得到G. S. L.塔克的强调，参见 G. S. L. Tucker, *Progress and Profits in British Economic Thought, 1650-1850*, Cambridge, 1960, 第四章，尤其是第72—73页。这个特性如何影响对殖民地主题争论的进程，参见 D. Winch, *Classical Political Economy and Colonies*, London, 1965, pp.42-4, 74-89. 还可参见N. Rosenberg, "Adam Smith on Profits-Paradox Lost and Regained", in Skinner and Wilson（eds.）, *Essays on Adam Smith*, pp.377-89.

的——就像斯密希望的那样，那么，用来警告国家可能因公众挥霍浪费而导致贫困的那种强有力的论证技巧将会陷入困境。

更大的难题在于试图运用一种听起来像是规范性的区分（实际上，斯密出于规范性目的运用了这种区分），以便区别对待以下两种支出：一种是私人花在可买卖的、且（或）是耐用物品上的消费，另一种是用于个人服务以及传统的私人挥霍，让人们耗尽自己的资产，最终身负债务。前一篇文章提到了解决这些难题的最好办法，即区分以下两类活动，一类是追求增长的私人投资等，另一类是政府开支等活动，或私人用于服务或持久性消费品的开支，这类活动只是收入的流通。后一类活动只是维持循环的流动，前一类活动是通过雇佣劳动、增加经济将来的生产性能力，因而促使了经济增长。

斯密对法国经济学家的借鉴往往被视为18世纪60年代他在法国度过的那段时间结出的丰硕思想成果的象征；在法国期间，他正将其关于警政治安、岁入和军备的讲稿转化为《国富论》。尤其是他与杜尔阁的关系，以及他对杜尔阁观点可能的依赖性，这些总是会引起人们的兴趣——这是斯密被怀疑没有充分感谢他所欠下的人情债的另一个例子。[64] 斯密乐意承认，法国体系给予的实践性经验是"开明慷慨的"；它们与他自己的体系有着惊人的相似性。他对重商主义偏见的抨击与法国经济学家试图消除柯尔贝（Jean Buptiste Colbert）在商业管制和鼓励制造业方面的遗产显然是相对应的。即使如此，这些见解的差异仍然足以证明斯密的信念，即他自己的自然自由体系背后的分析是独特的、原创的。

比较有名的论证是，斯密对重农体系的主要批评是它错误的理论前提，即只有在农业中，只有人们直接在大自然中劳动，才有可能获得以地租为表现形式的净盈余。从这一谬误出发，重农主义思想家认

113

64　对这一争论的睿智评价，参见 P. D. Groenewegen, "Turgot and Adam Smith", *Scottish Journal of Political Economy*, 16（1969）, pp.71-87。

为，商业和制造业是没有成效的，或是非生产性的，因为它们只能以
工资和利润的方式获得回报，以偿还最初的生产成本。正如前面提到
的那样，斯密打算承认，农业更具有生产性，在一个国家资本的任何
自然就业次序中都应该占据首位。尽管如此，他不可能认为，商业和制
造业中资本和劳动的运用只是一种致力于农业劳动的有用但非生产性的
附属物。在斯密看来，商业和制造业是产生净盈余的活动，这些盈余和
地租一样可以被当作未来的积累。实际上，商人和制造业者"天生比地
产所有者和土地耕作者更倾向于节俭和储蓄"，所以，他们更容易通过
投资来增加社会的年产量。斯密在《国富论》第一卷中指出，与农业相
比，制造业在通过劳动分工提高物质生产力方面提供了更多机会，因而
他不可能承认任何把制造业视为实现增长的低级手段的体系。[65]

五

以下推论将是错误的，即斯密认为在经济领域进行有限的经济
干预意味着弱政府。同样错误的假设是斯密设置的立法目标只具有
经济特征，或者说，他相信经济目标应该优先于其他合法的社会关
114 切。可以想象很多和斯密同时代的苏格兰人对后者的期许，比如亚
当·弗格森，他不仅通过引用斯密即将出版的著作为自己没有全面
讨论经济问题辩护（"公众可能很快就会看到一套国民经济理论，它
和迄今为止任何一门科学主题的理论一样"），而且，他还预期，斯
密将证实他自己的以下见解，即商业和财富不构成"民族幸福的整
体"，因此不可能是"一个国家的首要目标"。[66] 对于一部全面阐释财

---

65 *WN*, I.i.4.

66 *Essay on the History of Civil Society*（1767），edited by D. Forbes，Edinburgh，1966，
p.287.

富增长基本原理的著作的潜在读者来说，这个强调似乎有点奇怪，不过它包含了一种引人深思的见解以及弗格森一厢情愿的看法，这些内容揭示了斯密与苏格兰文人圈其他成员之间交往中的某些重要事情。这里的关键问题涉及军事准备和斯密剖析的商业社会的那种不利于道德和公民的后果。换言之，这个问题显然与那些"共和原则"有关，卢梭极力鼓吹这些原则，而爱丁堡温和派文人圈的成员也赞成这些原则。[67] 在这些主题上，斯密，通常还有休谟，采取的政治立场与他们的大多数苏格兰朋友相反。不过，我们必须先说一说强政府与弱政府、大政府与小政府的问题。

《国富论》第五卷的目的是要表明，在司法、国防、教育和公共工程的领域中，立法者有一些积极的职责需要履行，这些职责是其他任何机构都不可能承担的。[68] 这些职责之所以合理，是因为需要弥补私人供应的不足，处理商业社会不受欢迎的、意料之外的副作用，而这些副作用需要政府认真对待。在这些方面，人们可以说，斯密鼓吹一个有着明确目标的政府，他对其他一些基本的政府职能，尤其是那些与对外防御有关的职能的态度也有同样明显的偏好。同样明确的是，如果斯密希望——尽管他不期望一开始就成功——立法者在经济领域的活动不要变得过于广泛和琐碎，那么，他完全期望政府掌握富裕的商业社会中更大比例的年产量。正如某些恢弘的耐用品是一个国家的"装饰和荣誉"，所以，维持君主体面的费用也会随着其臣民财富的增加而增加。在法理学讲义以及后来的《国富论》第五卷中，斯密扩大了这种普遍化的范围，包括了政府的方方面面。

> 我们可能注意到，文明国家的政府比野蛮国家的政府的开支要大得多；当我们说一个政府比另一个政府支出更大，差不多就

---

67 关于温和派文人，参见 R. B. Sher, *Church and University in the Scottish Enlightenment*。
68 参见 *WN*, V. i.c.1。

像我们说一个国家比另一个国家在改良方面推进得更深。说政府支出大、人民不受压迫，意思是说那里的人民是富裕的。文明国家中有很多必要的支出，这些开支在野蛮国家中没机会用到。文明国家必须维持陆军、海军、防御工事、公共建筑、法官、岁入官员的支出，而且，如果这些支出被国家忽视，那么，混乱便接踵而至。[69]

恰好是在这些事项上，生产性支出和非生产性支出的区别被证明是无用的。考虑到斯密提出的与政府支出保持一致的非生产性消费的地位，那么，现在的问题就变成了承认扩大公共服务的必要性，但不鼓励以牺牲私人积累资本为代价的扩张。由于现代政府通过借贷增补税收收入的能力，因而，来自公共浪费的危险就增加了。不列颠开拓了公债技术，而且斯密确信其结果是"从来不曾有幸拥有过节俭的政府"[70]。与法国连绵不断的战争导致英国的公债日益增长，这些债务又因为让美洲殖民地分担帝国民事和军事组织成本遭遇的种种困难而不断恶化。弗格森等苏格兰人认为，没能通过军事手段制服英国的美洲殖民地将会招来横祸；斯密的看法与此相反，他与休谟看法相同，一直致力于和平解决不列颠的帝国难题。[71] 抛弃重商主义帝国金玉其外的计划，是斯密为符合英国经济环境"真正的中道"目标而提出的最全面实用的建议之一。在没有政治家干预的情况下，各种事件促成了这一现实，但这并未减损斯密诊断的独创性——这个主题将在后面第五篇章给予更充分地讨论。

根据惯例，斯密将公债描述为"毁灭性的权宜之计"。斯密提出

69　*LJB*，pp.530-1.

70　*WN*，II.iii.36.

71　参见 Sher, *Church and University in the Scottish Enlightenment*，Chapter 7。休谟对美洲革命的立场，参见 J. G. A. Pocock, "Hume and the American Revolution: The Dying Thoughts of a North Briton", in *Virtue, Commerce and History*, pp.125-4；以及 Donald W. Livingston, 'Hume, English Barbarism and American Independence', in R. B. Sher and Jeffrey R. Smitten (eds.), *Scotland and America in the Age of Enlightenment*, Princeton, 1990, pp.133-47.

了其他方法来减少公债日益增长的影响。尽管如此，他的语气不像休谟在公债主题上的见解那样危言耸听，这主要是因为他更自信，经济发展会让国家承受债务负担变得更容易，并可能维持继续借债——这是因采取更长远眼光而避免对一曲哀歌得出更戏剧性结论的另一个例子。斯密认为，以改善自身状况的自然欲望为基础的个人私下的节俭，是一条康复性原则，它通常足够强大到弥补公共机构挥霍无度的癖好所造成的损失，这一点与他对重农学派的完美主义的批评一样。[72] 不过，这一点同样也证实了斯密与休谟共享的立法者科学的一贯特征：即相信制度策略和宪政"机器"提供了一套将私人利益转化为公共目的的最佳方式。尽管这样的"机器"不能像钟表发条那样运行——某种程度的政治"管理和劝服"很可能总是必要的，而且肯定倾向于更"暴力的"统治手段——与任何只靠美德或公共精神的体系相比，它提供了更好的保护。斯密制度性的补救措施旨在确保人们的报酬与勤劳工作相匹配。他对公司垄断行为的怀疑以这种方式转化为国家解决司法、宗教、官僚和教育组织缺陷的实际策略。[73]

军事建制引起了相当不同的问题，这些问题是苏格兰温和派文人关心的重点。[74] 斯密和休谟都是拨火棍俱乐部的成员，该俱乐部组

---

72 在这个主题上学者对休谟和斯密的比较参见 Winch, *Adam Smith's Politics*, pp.124-31。对休谟立场更详细的讨论参见 I. Hont, "The Rhapsody of Public Debt", in N. Phillipson and Q. R. D. Skinner（eds.）, *Political Discourse in Early Modern Britain*, Cambridge, 1993, pp.321-48。

73 内森·罗森博格（Nathan Rosenberg）补充了这个问题，本章第52个脚注已有提到，他强调斯密提出的补救措施背后的经济理性，参见 J. C. Robertson, "Scottish Political Economy Beyond the Civic Tradition: Government and Economic Development in the *Wealth of Nations*", *History of Political Thought*, 4（1983）, pp.451-82。

74 参见 Winch, *Adam Smith's Politics*, Chapter 5；J. C. Robertson, *The Scottish Enlightenment and the Militia Issue*, 以及 Sher, *Church and University in the Scottish Enlightenment*, Chapters 5 and 6. See also R. B. Sher, "Adam Ferguson, Adam Smith, and the Problem of National Defense", *Journal of Modern History*, 61（1989）, pp.240-68。

117 织的苏格兰民兵运动，是他们众多思想活动和政治活动的焦点。作为一位"好战哲学家"，弗格森更关心在广大人民中维持有助于一国进行防御战争的意愿和能力的那些品质，他和斯密一样都认为，商业国家在保卫自己不受日益猜忌的但更原始的国家的攻击时面临着特殊难题。在支持"航海条例"方面，他也和斯密观点一致，认为"国防比财富重要得多"[75]。他还由衷地赞成斯密不得不围绕国防和教育的主题所写的章节内容，即人民丧失勇武精神是商业社会劳动分工造成的最严重的问题之一。然而，弗格森及其拨火棍俱乐部的朋友们难以接受的是，斯密深思熟虑的结论竟是"民兵的战斗力必定总是比一支纪律严明训练良好的常备军差很多"[76]。这一结论的基础是社会劳动分工不断扩大，现代战争的成本需求和技术需求不断增加。建立职业军队需要国家的积极干预：没有"国家的智慧"，就不可能建立一种平衡，以平衡普通公民在全身心投入那占据他更多时间、与其自然倾向更一致的经济事业中所获的利益。

尽管斯密发现自己与其苏格兰友人以及那些坚持"共和主义原则""无法否认常备军的优越性"的人意见相左，但他事实上支持创建民兵组织，并在一定程度上视其为补充职业军队的一种手段，但主要是为了"防止由怯懦带来的心灵残缺、畸形和不幸"在整个社会中传播开来。[77] 因此，除了它们可能的军事利益，民兵组织成为斯密提出的补救措施的一部分，其他的措施还有由公众出资建造教区学校，因为劳动分工削弱了社会大众"智力的、社会的和军事的德性"。这些意料之外的结果不仅是不可避免的，在斯密看来，这些问题也不能通过改进工作场所——无论是改良机器或改进工作方式——得到解

118 决。因此，国家在解决"完全的无知和愚昧"方面有着直接和间接的

---

75 *WN*，IV.ii.30。在这一共识下对该主题的进一步讨论，参见下文第159、161页。

76 *WN*，V.i.a.23.

77 *WN*，V.i.f.60.

利益，"在文明社会中，完全的无知和愚昧似乎常常使下层人民的理解力变得迟钝"。教育是"派系斗争和煽动叛乱"的解毒剂。它赋予个人的体面、对"合法上层人物"的尊重以及对公共事务的知识，而这一点对"自由国家"的良好秩序至关重要。[78]

斯密在以这种方式讨论国防和教育时承认，立法者有义务保护并改进它全体公民中的较低阶层的"品质"。这个例子在《道德情感论》中被置于"不完全权利"的领域，在这个领域，政治机构被要求做的事情可能比强制执行交换正义的消极但却完全的权利更多。在所有文明国家中，立法者被委托以权力"树立良好的风纪，阻止各种罪恶的、不得体的行为，以促进国家的繁荣昌盛；因此，他可以制定法规，这些法规不仅禁止公民同胞之间相互伤害，而且要求他们在一定程度上互帮互助"。不过，他补充的下列警告也是他立场的典型特征："然而，在法律制定者的所有责任中，或许就属这份责任需要极其审慎和克制地实施，以便恰当而公正地加以履行。全然忽略这份责任，会使国家面临许多严重的骚乱和惊人的暴行；而过度使用则会危及一切自由、安全和正义。"[79] 弗格森颠倒了这些优先事项，强调失序混乱而非毁灭性的后果，而失序主要集中在丧失一个社会的领导型公民所需要的那些道德品质，他认为这些品质是劳动分工后果的一味解毒剂。实际上，弗格森确实是这么说的："如果所谓平等的正义和自由的要求在让每个阶层变得一样奴性、唯利是图时戛然而止，那我们就缔造了一个黑劳士国家，这个国家没有一个自由公民。"[80] 这一区分恰好描述了可以简要概括为"商业的"自由观和"共和的"自由观的两种体系的差别。

在斯密的商业自由观看来，让那些最容易受劳动分工有害后果　119

78　*WN*，V.i.f.61。斯密的其他补救措施，聚焦于有组织的宗教，同样的条件将在下文第188—189页讨论。

79　*TMS*，II.ii.1.8.

80　*Essay on Civil Society*，p.186.

影响的人具备负责任行动的能力，并不必然会为他们赢得政治自由或一个未来的民主角色。[81] 这个主题将在讨论法国大革命给予欧洲政治议程中人民主权中心地位时再次凸显。这里唯一有必要指出的是，斯密几乎很少谈论代议制和政治自由。不过，他说过的话确实暗示着代议机构被授予一定程度的合法性，他们对稳定政府的主要贡献是强化公民自由的事业。他们这样做时约束了"政府的利益"以及"实施专横统治的政府中那个特定阶层的利益"。另一方面，这并不意味着，斯密提出教育目标背后的根本原因是一个纯粹经济的原因，力求为较低阶层在其职业中做更有效的准备。教育帮助他们理解自己的利益与社会中其他人之间关联的方式，还帮助他们领悟每个人都被赋予的那些自然权利和义务，因此，每个人都能够得到尊重。斯密以这种方式和休谟站到了一起，他们都认为，既然意见是一切形式的政府的基础，尤其是那些享受"自由"制度的好处、冒着与其相关危险的政府的基础，那么，一群能够自我评判的民众对公共利益是有利的。[82]

这里再次与弗格森形成了鲜明的对比。弗格森似乎认为，商业社会中较低阶层的状况已经到了难以挽救的地步，以至于无法让他们适合于任何政治角色，即使是建立一个不那么病态的意见机构也很难实现。弗格森的焦虑主要集中在那些注定要担任政治和军事领袖的人灾难性地沉浸于纯粹的职业追求和其他经济追求中，伴随这些追求而来的是人的品格的分裂，是伴随"社会共同纽带"的解体以及国家陷入

---

81 另一种解释认为斯密为议会主权和一种格拉斯顿式的民主观奠定了基础，参见 J.C. Robertson, "The Legacy of Adam Smith: Government and Economic Development in the Wealth of Nations", in R. Bellamy (ed.), *Victorian Liberalism: Nineteenth-Century Political Thought and Practice*, London, 1990, pp.15-41.

82 "在自由国家中，政府的安全极大地依赖于人民对它的行为所形成的有利判断，所以最重要的肯定是，他们不应草率而随意地对政府行为作出判断。" *WN*, V.i.f.61.

"怠惰和专制"而来的一切风险。[83] 斯密也对中上阶层的品格感兴趣，尽管他相信，他们从事的职业和在社会中的普遍地位为人格品质的获得提供了令人满意的机会。然而，斯密并没有指望他们免于经济生活的腐败影响，而是提议在他们获准"从事任何自由职业"之前，或在他们"接受任何信托或盈利的荣誉职位"之前，国家应该强制他们履行一项义务，即合格地掌握"科学和哲学"的义务。[84]

　　斯密选择在教育的背景下讨论这个问题，他含蓄地抛弃了弗格森的诊断。他对这个最让弗格森焦虑不安的问题——即政治精英尤其是土地贵族旺盛的领导力——的态度，只能从其他各种来源中找寻。我们稍后将会对这些来源给予更充分的讨论。[85] 尽管斯密承认地主身上具有各种各样的公共精神的品质是商业集团缺乏的，但他也欢迎商业社会越来越多地将国家资源的管理交给更积极、更有洞察力的决策制定者和雇主手中，和那些懒惰的人相比起来，这些人不太沉溺于地位和权力，而且"天生最喜欢积累"[86]。此外，由于斯密欢迎商业精神更广泛的传播，因此，我们就有可能得出以下结论，他更感兴趣的是看到地主更有效地发挥他们的经济作用，而不是把地主与他们的经济角色分开。

　　在公共德性问题上，斯密和休谟都不可能像他们的很多同胞一样是个热心肠。在那些和弗格森一样看待问题的人眼中，休谟和斯密被过度的怀疑主义和道德乐观主义的混合思想腐化了。弗格森看到的一个国家的灾祸毁灭比斯密打算承认的要少得多："这个国家的绅士和农民不需要哲学家的权威让他们忽视和荒废自己身上可能具有的每一种

83 参见 *Essay on Civil Society*，p.219. See also D. Kettler，*The Social and Political Thought of Adam Ferguson*，Columbus，1965，Chapter 7；and "History and Theory in Ferguson's *Essay on the History of Civil Society*"，pp.437-60。

84 *WN*，V.i.g.14.

85 参见下文第180—184页。

86 *WN*，IV. vii. c. 61.

潜能，尤其是在某些极端情况下的潜能，上帝知道，这些极端情况的
压力可能并不遥远。"[87]斯密的长远考虑既没有明显的说教，也更注重
务实性。我们还可以说他更深思熟虑，只要不把它与决定论混为一谈
就好。

121

商业社会除了有经济好处，还提供了更大的独立性，提高了诚
实、守信和礼貌的水平。做一个恭维逢迎的商人比作一个附庸要好
得多。不过，除了迄今为止提到的各种德性的丧失，还有一些严重
的倒退。审慎这一人类行动的主要动机，在与非商业追求相关的更
慷慨的、英勇的、高贵的情感相比时，只要求"冰冷的尊重"。一个
只靠正义和严格履行契约义务的商业社会或许博得了尊敬，但它也
是"不太幸福、不太令人愉悦的"。[88]这样的社会也没法为高尚的活
动提供空间：纯粹的合宜或许可以取代更英勇的美德。然而，对由
几代同堂的大家族的仁爱和安全主导世界的任何怀旧之情，都不可
能继续在封建依附和社会动乱的记忆中幸存下来。[89]直系亲属和亲朋
好友的领域继续为非审慎的人际关系提供了空间；即使在公共环境
中人们不可能一直依赖仁爱和公共精神，也并不意味着应该阻止这
些情感。公共精神在处理诸如法国大革命产生的合法性危机时尤为
重要。[90]人们的需求通过社会竞争、追求虚荣和优雅的对象而无限倍
增。这倍增的需求也会造成我们道德情感的腐败，刺激我们崇拜权
贵的倾向。这就要求特殊的自制能力，而这些特殊的能力或许超出
了绝大多数人的道德能力。一个富裕社会的很多方面不可能靠斯多
葛式的或苦行禁欲的哲学家来捍卫。尽管如此，公众的结论足够真

---

87 1776年4月18日亚当·弗格森致斯密的信，*Corr.*，p.194。

88 *TMS*，II.ii.3.2.

89 尽管"家族的骄傲"在商业社会中存留下来，但斯密将这种关系的回忆视为"一切
最轻浮、最幼稚的虚荣"。他还认为"大贵族"的虚荣得不到太多尊重，"恐怕我们
不能指望所谓的血亲之情在那个阶层上有特别大的延伸"，参见*TMS*，VI.ii.13。

90 参见下文第173—174页。

实到抵消卢梭在谴责自尊以及由此造成的存在与表象的混乱时所表达的那些恐惧。卢梭以乌托邦式的、共和主义的解决方案来解决他所诊断的问题，对这种方案的任何接受都会令斯密感到震动，因为这些方案会造成公民自由或现代意义上的自由的巨大牺牲。[91] 斯密提出的立法者科学的教训对商业社会来说似乎不是岌岌可危的，它的缺陷要么是持久的，要么是可以缓解的，换句话说，简言之，社会存在的可行基础，其全部潜力尚未实现。

122

　　斯密顾及既有利益和现有公众意见的状况，即便这些意见是无知的谩骂，这些考虑表明他赞成渐进主义，并不期望每一代人解决上一代人的问题。这赋予了斯密的思想一种绝对谨慎、甚至是保守的维度，这种怀疑主义的特性让他和休谟一起避免把大规模的推论运用到不可知的未来。另一种说法认为这是一种非历史决定论的历史精神。斯密提到整个欧洲发生的"沉默而静悄悄的"变革，但这场变革在英格兰却有更长久的基础，他认为，自英国女王伊丽莎白一世女王统治以来的两百年，是"人类持续繁荣的最漫长的一段时期"。[92] 这或许可以说明，他的乐观主义在回顾历史时比在前瞻未来时更强烈，但有必要重申的是本文先前提出的一个观点。尽管斯密不能保证，经济增长会在"战争和政府的一般革命"中发生，但就无限延伸的未来而言，他为其同时代人确立了一种更有信心的、开放式的立场。他的一些苏格兰同时代人发现很难接受这种立场的潜在影响；在没有重要的条件限定下，这种立场也没有得到政治经济学家斯密的主要继业者马尔萨斯和李嘉图的认可。将知识运用于社会和政治问题对未来完美性的思辨，超出了斯密提出的立法者科学的范围，但这一思辨后来吸引了法国启蒙运动的一些成员，尤其是杜尔阁的学生孔多塞，以及

91　参见Ignatieff, *The Needs of Strangers*，第四章。
92　*WN*, III.iv.20.

苏格兰的杜格尔德·斯图尔特。[93] 然而，本书第二编将会更清晰地表明，尽管斯密的科学或许是谨慎而怀疑的，但它体现了一种明确的、审慎的智慧，而非否认实用的治国才能在商业社会的生活中所发挥的作用。

123

---

93 杜格尔德·斯图尔特与休谟和斯密的比较，参见 Collini et al., *That Noble Science of Politics*, pp.39-44；以及 K. Haakonssen, "From Moral Philosophy to Political Economy : The Contribution of Dugald Stewart", in V. M. Hope (ed.), *Philosophers of the Scottish Enlightenment*, Edinburgh, 1984, pp.211-32。

亚当·斯密、埃德蒙·柏克与爱搞派系的公民

如果我觉得政治经济学没有什么价值，我就不会从非常年轻的时候开始一直到我在议会服务结束时——即便是在更早一些时候——把它作为我渺小研究的对象，……欧洲其他地区爱好思辨之人也投身于政治经济学的思考……伟大而博学的人认为我的研究不是完全没用，并偶然和我交流他们不朽著作的某些内容。

　　　　　　　　——埃德蒙·柏克《致一位高贵爵爷的信》，1796年

　　（柏克）说，在他与斯密先生就政治经济学的某些主题讨论过后，斯密先生告诉他，在这些问题上，他是唯一一位无须交流就完全像他一样思考的人士。

　　　　　　　　　　——罗伯特·比塞特《埃德蒙·柏克传》，1800年

　　如果柏克先生的天赋能像《国富论》的作者一样，那他就能理解那些进入宪法并综合形成宪法的所有要素。他本应从小到大推理清楚。他不适合讨论他所讨论的那个主题，不仅仅是因为他的偏见，还因为他的头脑杂乱无章，毫无条理。

　　　　　　　　　　　——托马斯·潘恩《人的权利》，1791年

　　普莱斯的推测不可能不被忽视，这是它们应得的结果。我一直认为他是一个爱搞派系的公民，一个最肤浅的哲学家，而且绝不是一个能干的计算家。

125　　　　　——1785年12月22日亚当·斯密致乔治·查默斯的信

图2 这幅画的标题是《法国革命论》，作者是克鲁克香克（Cruikshank），日期是1795年1月1日。它描绘了埃德蒙·柏克抱怨"劫掠者、暗杀者、共和党人、匪徒、割喉的平等派、弑君者、喜欢混乱的人、叛国者、反叛者。这些都是他们干的勾当"。在背景中，查尔斯·福克斯边跑边说："该死的……他得了法国凌乱症。"

第四章

颇有争议的相似性

一

第二编这组论文的片段节选，表明亚当·斯密、埃德蒙·柏克、托马斯·潘恩和理查德·普莱斯这四位作家之间存在一些相似，也有一些纷争；这四位作家的作品有助于标记美洲革命和法国大革命的政治经济学占据的思想空间的边界。因为斯密和柏克关系融洽，人们自然会设想柏克在提醒人们关注他作为一位政治家的资质时说起的"不朽著作"是指《国富论》：1796年能称得上"不朽著作"的书籍没有很多竞争对手。[1] 比塞特记载的轶事仅仅证实这段关系的密切性。不过，如果我们认为潘恩以《国富论》揭示柏克著作缺点的评论是可信的，那么，斯密似乎非常尴尬地站在潘恩和柏克之间没有边界的无人地带。因为至少对于18世纪末的英语世界来说，这四位作者是革命思想和反革命思想的缔造者，这就将斯密置于一种需要澄清——若非需要拯救——的矛盾立场。然而，普莱斯以"论爱国"为题出版的布

1　参见上文第49页注释40中柏克和斯密之间的通信。雅各比·瓦伊纳在其《约翰·雷的〈亚当·斯密传〉导读》评论了斯密与柏克关系的证据，参见 *Guide to John Rae's Life of Adam Smith*, New York, 1965, pp.23-33。

道辞，却是柏克决定在其《法国革命论》中谴责支持法国革命的英国人的直接原因，但斯密对普莱斯的彻底摒弃似乎改变了他在柏克这个方向的忠实程度。斯密的这一评论至少在一个方面回应了柏克在面临"诡辩者、经济学家和计算家"时对"骑士时代"的哀叹，而普莱斯身上兼具这三类人的特征。

127 　　《国富论》作为18世纪经济自由主义基础的明确宣言，其所获得的权威地位让斯密可以被用来当作另一种媒介——在力求捕捉柏克、潘恩和普莱斯政治学的社会和经济意义的研究中充当一个代表或检验的媒介。不过，一旦我们捕捉到了某些内容，上文提到的那些冲突如何能够适应彼此的领域呢？斯密创造的思想体系的双重命运告诉我们的又是什么呢？本编这组文章在解决这些问题时聚焦于两次革命即美洲革命和法国大革命产生的各种各样的思想和政治议题，它们主宰了柏克、潘恩和普莱斯的生活和工作——其中，第一位还在斯密写作《国富论》时的思考中发挥了重要作用。事实上，斯密18世纪60年代在殖民地征税问题上给大臣们提过建议，彼时，殖民地为帝国贡献收入的种种难题首次出现。1777—1779年，在获得海关专员的职位擢升后，斯密继续为北方事务部提供建议；18世纪80年代，在失去美洲殖民地导致的种种问题上，他再次被征求意见提供最佳解决方案。

　　比塞特的轶事自首次出现就给人们带来巨大的帮助。故事版本虽有少许变化，却成为柏克和斯密一些称颂性传记必引的段子。它还常常被某些人认为是"柏克问题"（如果这个问题可能存在的话）的一部分，调和他对旧制度的辩护与他对经济力量的支持——偶然以一种最直接的、毫不掩饰的语气，而革命的支持者，尤其是潘恩，相信经济力量最终会从根基上破坏传统的君主制、贵族制以及教会秩序。因此，由于不同的立场，柏克名声的批判者和辩护者都可以各取所需地引用这段轶事。[2] 然而，无论在哪一方的引证中，这段关系的所谓互补

2　试图从比塞特的轶事中把柏克从斯密式的不相匹配中拯救出来的尝试，（转下页）

性都有双重目的：斯密的政治经济学是柏克思想的一条主要线索，这 128
倒有助于我们反过来去理解斯密的政治学，不仅仅是从日常意义上理
解的政治学，还有他的政治学禀性和哲学任务。

　　不过，潘恩为反对柏克的《法国革命论》而反向运用斯密的思
想，在这里也有必要多说一下。事实证明，这种运用对于那些希望把
斯密从"保守的"拥护者中拯救出来的人是很有吸引力的。[3] 我们还可
以证明，对于希望描绘潘恩激进主义的（不可避免的？）局限性——
尤其是从事后之见以及更全面的启蒙立场来评判其局限性——的那些
人来说，这一点甚至更有用。潘恩和美洲革命、法国大革命的其他一
些支持者，从斯密对不恰当、不正义的公司特权和贸易限制的讨论中
提取信息、获得支持。事实上，潘恩在代言斯密的经济愿景时以一种
柏克不可能做到的方式改变了政治经济学的方向。在他后来作为一名
共和革命党人的职业生涯中，潘恩引入了收入和财富分配的新观念，
这些观念已然超出了斯密的遗产。但是，就像一个接受了斯密遗产的
人一样，他谴责柏克敌视法国人通过国民议会废除封闭的垄断公司、
在法国境内确立自由贸易、实现劳动力自由流动的尝试。

（接上页）参见 Carl B. Cone, *Burke and the Nature of Politics: The Age of the American Revolution*, Lexington, 1957, p.326, 卡尔·B.科恩（Carl B. Cone,）在讨论法国大革命的一卷（Lexington, 1964, pp.489-91）中继续这一尝试。阿尔弗雷德·科班（Alfred Cobban）发现柏克的辩护没有基础："他们表明，在何种极端情况下，一位天生仁慈的政治家能够获得理论的引导"；参见 *Edmund Burke and the Revolt Against the Eighteenth Century*, London, 1929, 2nd edition, 1961, pp.196-7。在朱迪丝·施克莱（Judith Shklar）看来也是如此，这一问题不可能解决：柏克是"将其经济和政治观点建立在完全相反的原则之上的最初一批社会理论家之一"，参见 *After Utopia*, Princeton, 1957, p.225。对柏克问题"令人困惑的"性质的讨论，参见 G. Himmerlfarb, *The Idea of Poverty*, pp.69-73。麦克弗森（C.B. Macpherson）解决了这一问题，他坚信，柏克一直是贵族制的捍卫者和一位"资产阶级政治经济学家"，柏克的这两个面向没有冲突，参见 C.B. Macpherson, *Burke*。关于那些追随麦克弗森对柏克的基本解释的研究，参见上文第11页注释20。

3　参见 E. Rothschild, 'Adam Smith and Conservative Economics', *Economic History Review*, 45（1992）, pp.74-90。

在潘恩读到《国富论》之前，他的第一本革命性论著《常识》（1776年）就出版了。该书不仅从政治基础上极力主张美国独立，而且还把独立视为通往世界性自由贸易的重要一步。在写《人的权利》的第一部分时，潘恩把斯密视为盟友，并提醒他的读者道：

> 在我所有的出版物中……我一直鼓吹商业，因为我是商业效用的朋友。商业是一个和平的体系，将人类联合在一起，让每个国家、每个个体都对彼此有用……如果商业被允许在它能够抵达的全世界范围内运行，它将消灭战争体系，导致不文明政府的革命。[4]

如果美洲革命和法国大革命原则的胜利证明这些原则能够引领这个和平的商业世界，那么，斯密支持的世界主义的理念将会实现。"所有国家之间广泛的商业往来"不仅类似于"一个大帝国不同省份"之间的贸易，还将"这个世界上最遥远的角落"联系起来，成为知识交流和改善那些目前被欧洲优越的经济和军事实力支配的国家的自然手段。在"胆量和实力"相当的条件下，多边自由贸易能够激起各国之间"相互的忌惮"，而仅仅这种"忌惮"就"能威慑个别国家的不义行径，从而相互尊重彼此的权利"。[5] 但是，斯密认为这种理想对他自己的国家来说只是一个乌托邦——如果用潘恩的标准来衡量的话，这种看法可能在面临特权利益时更像是一个怯懦的立场。[6]

斯密追随休谟的脚步，将商业和制造业作为"静悄悄的"革命力量，它们战胜了封建主义，并确立了法治下的安全，形成了现代意义上的自由。潘恩将这种革命大胆地投射到未来，将商业视为一种进

4　参见 *LMW*，p.400。

5　*WN*，IV.v.b.39以及 IV.vii.c.80。

6　*WN*，IV.ii.43.

步的动力，这种动力拥有"淘汰政府模式"的力量。[7]商业和制造业，"每个个体的进取心和勤勉精神，以及它们无数的相关之物"，促进了文明社会的进步，在这一链条上不可能不带来政府形式的变化，无论是通过演变还是借助革命。因此，1791年潘恩回应柏克道："如果政府一如既往，而国家在改良中前进，最后，它们肯定会走向彻底的分裂。"[8]这一论断是潘恩全盘颠覆柏克重要观点的一部分，但它背后的原因却在《常识》的第一段中就已表明。潘恩在这段话中说道："社会因我们的需要而生，政府因我们的邪恶而成；前者聚合我们的情感，积极地促进我们的幸福，后者限制我们的恶行，消极地促进我们的幸福。"[9]

　　回顾一下，我们就会发现，柏克似乎先发制人地抨击了这类观念，他在《法国革命论》中对同一问题给出了截然相反的答案。在说起"我们政治经济学者的神祇"，即商业和制造业时，他提出了有可能颠倒休谟、斯密和其他苏格兰文明社会史学家们阐释的更熟悉的顺序，这一顺序即商业带来社会风尚的改进，进而推动艺术和科学的进步。英国国内的法国大革命支持者威胁着要效仿法国榜样，煽动对法国旧制度的抨击，这就导致柏克质疑商业和学问在那些促使它们发生的贵族制度和教会机构毁灭后能否幸存。[10]然而，潘恩从这种更为广泛接受的顺序来推算未来，并支持其他同时代的柏克反对者所描述的斯密的自然自由体系，这一事实证明潘恩的这些推断对于18—19世纪之交的激进派学生来说是有用的，就像对于后来被视为柏克保守主义的学生有用一样。就潘恩的情形来说，这让他可以被描述为一个自利的经济个人主义者向上层流动的群体的代言人，一如斯密——还有洛克，而且两人协调一致地——理应体现"资产阶级"的所有激进品质

130

7　*LMW*，p.343.
8　*LMW*，p.387以及注释。
9　*LMW*，p.4.
10　颇有说服力的论证，参见J. G. A. Pocock, "The Political Economy of Burke's Analysis of the French Revolution", in *Virtue, Commerce and History*, p.109。

一样。[11] 就柏克的情形而言，某些随之发生的典型特征对这一时期不同性质的激进主义产生了同质化的影响。将普莱斯与潘恩纳入这一比较研究，这种做法提醒人们：革命的支持者在诊断最有可能与共和制度勾连的经济状况时，也并非口径统一的。潘恩相信商业和制造业的扩张蕴含着进步的潜力，而普莱斯没有潘恩这样的"斯密式"自信。我们将会看到，斯密也不会像潘恩那样相信革命政府能带来商业文明化的能力或必要性。

二

任何比较研究的基础必须首先考虑一手文献和当时更全面的语境。公开的主要文本选择他们自身。就美洲革命而言，这些文本包括《国富论》第四卷讨论殖民地的长长一章，斯密可能在伦敦准备出版事宜的1773—1776年对这一章进行了扩充。这一章借助他在最后一卷对不列颠公共财政和不断增长的债务问题的讨论得到了进一步完善，其中，与"当前战争"有关的支出指的是不列颠试图制服其美洲"叛乱的、

131

---

11 这种解释更激进的版本参见 E. Foner，*Tom Paine and Revolutionary America*，New York，1976，p.93，154-6、298-9。将斯密用作一个许可代理人，关于这一主题更成熟的解释可参见克拉姆尼克为"鹈鹕经典版"《常识》所写的导言，见 *Common Sense*，London，1976，pp.39-55，以及他与 M. 福特共同主编的《托马斯·潘恩读本》，参见 *The Thomas Paine Reader*，London，1987，pp.24-9。他还将"资产阶级激进主义"这个概念延伸到柏克的其他反对者身上，见 *Republicanism and Bourgeois Radicalism：Political Ideologies in Late Eighteenth-Century England and America*，Ithaca，1990。潘恩的斯密式联系，参见 G. Claeys，*Thomas Paine：Social and Political Thought，Boston*，1989，不过该作者也注意到自然法理学的共同根基及其真正的差异，尤其可以参考第46、50、86、94—100页。对于这一时期各种激进主义之间的区别给予完全公正的另一项研究，可以参见 G. Gallop，"Politics，Property and British Radical Thought，1760-1815"，Oxford，D. Phil. Thesis，1983。

爱搞派系的臣民"所导致的开支。[12] 它还引出了《国富论》整部著作的结语。斯密在结语中建议不列颠的立法者"抛弃这个帝国光鲜亮丽的装饰品",以及她深受重商主义影响的政客们的偏见,从而"使自己未来的前景和计划同自己真实的平凡状况相适应"。[13] 除此之外,还可以加上斯密两年后在英国在萨拉托加战败后给诺思勋爵的副检察长所写的著名的私人备忘录。斯密的朋友休·布莱尔建议,一旦美洲问题得到解决,就删除《国富论》中与美洲问题相关的部分内容。但与布莱尔的建议相反,斯密在随后的版本中保留了1776年他提议的所有替代性方案,这些方案很可能是基于各种基本原则岌岌可危之时的个人热诚和信念,而这些原则在后革命时代的美国发展中并没有过时。[14]

就柏克而言,他的著作包括《对一部描述我国目前状况的著作的评论》(*Observations on a Work Intitled the Present State of the Nation*, 1769),该书积极坚定地攻击威廉·诺克斯——他是威廉·格兰维尔(William Grenville)的一位支持者——关于英帝国政府的观念;以及1773年和1774年发表的关于美洲殖民地税收与和解的两场演讲;还有《就美洲事务致布里斯托行政官的信》(*Letter to the Sheriffs of Bristol on the Affairs of America*, 1777)。这些著作为他赢得了原则上是一位"美洲人"的名声;在潘恩和其他人眼中,柏克是这样的"美洲人"。柏克还是殖民地人民的怨言——如果不是权利的话——的声援者。这些著作还为后来指控柏克反对法国革命时的前后矛盾奠定了基础。

关于1789年后的法国事件,需要记住的是,斯密在1784年《国富论》第三版后就没做什么重大修订,《道德情感论》却有比较重要的增补,尤其是1790年的大量增补——一些可能是对普莱斯和法国革命的回应。柏克的重要文本当然是《法国革命论》,这部著作可

12　*WN*,IV.vii.c.66.

13　*WN*,V.iii.92.

14　对斯密可能动机的进一步考察,参见A.S. Skinner, *A System of Social Science*, Oxford, 1979, pp.184-208。

132　以与他后来对其政治立场的辩护以及关于法国的著作结合起来。此外必须加上《关于粮荒的思考和详细说明》（*Thoughts and Details on Scarcity*，1800），这份小册子是柏克去世后由其委托人汇编出版的，作为他对另一次正在发生的危机事件——即1795—1796年食物价格暴涨——最后思考的记录。这篇文章的构思写于柏克全心关注法国事件的时期，体现了他在政治经济学议题上的成熟立场。作为最初马尔萨斯的《人口原理》以及饥荒引起的济贫法争论的结果，饥荒问题在英国反法战争中日益重要。这份小册子是柏克在较狭义的政治经济学主题上的唯一一次试水，是人们提出的所谓柏克问题的关键所在。《关于粮荒的思考和详细说明》在相关问题上确实可以鼓励人们和斯密的观点比较一下——根据不同的政治趣味，这一吸引人的比较往往被人们或欣喜或遗憾地接受。

当然，潘恩和普莱斯提出了重大政治时刻的更大议题：所有形式的政府的起源及其合法性，以及根据美洲和法国经验英国政治体制应该进行哪些国内改革。其中的每个问题以及赋予这一时期英国激进主义众多特征的其他丰富的非国教清教主义文化产物，都成了柏克恶魔论中的一个形象。尽管他们在宗教事务、道德哲学和政治经济学上存在很多分歧，但潘恩和普莱斯都认为，"很大程度上，美洲殖民地的事业是所有人的事业"，一如上文指出的那样。他们还都同意，法国大革命，至少在其开始的几年里，代表了人类向同一事业迈出的巨大一步。

除了上文提到的潘恩和普莱斯的那些著作，我们还必须考虑一下普莱斯后来的著作《论公民自由的性质、政府原则以及与美洲战争的正义和政策》（*Observations on the Nature of Civil Liberty, the Principles of Government, and the Justice and Policy of the War with America*，1776），以及潘恩《人的权利》（1792）的第二部分。普莱斯从约翰·洛克论宗教宽容的观点中获得启发；他还自豪地称自己是洛克政治学说的信徒，后者学说的基础是原始契约、默认同意、反抗那些丧失民众信任的政府的权利。然而，在反对与美洲殖民地开战的斗争中，普莱斯的

活动却是双向的：一方面在原教旨主义的新洛克学说基础上为殖民地
人民的自治权利辩护，另一方面却探讨那些令人哀叹的主题：英国无　　133
法控制纸币、直面公债问题造成的人口下降以及岌岌可危的财政状况。
当他以不正义和迫在眉睫的财政灾难为由反对美洲战争时，这一活动
的两个面向汇聚在了一起。普莱斯一直建议，联邦政府应该研究他的
《论美洲革命的重要性》一书，该著指出联邦政府可以成为腐败欧洲的
一个健康镜像。1796年，潘恩也发现有必要写一部《英国财政体系的
衰亡》(The Decline and Fall of the English System of Finance)，作为他为
法国大革命辩护的一部分，以反对英国1793年发起的针对法国大革命
的战争。他写作这些文章时选择性地运用了《国富论》，这不仅激起了
斯密辩护者们的反对，还让那些采取柏克《就与弑君者媾和方案致现
任议员书》中阐释的爱国主义立场的人也站起来反对。

　　我们已经提到，普莱斯向**爱国协会**发表的爱国演说刺激了柏克《法
国革命论》的写作。普莱斯的这篇演讲发表于1789年11月，是英国激
进派为纪念英国光荣革命一百周年发起的庆祝活动的一部分，他将法国
事件的进展与英国人从1688年汲取现代教训的一种解释联系在一起，这
为柏克公开抨击普莱斯政治推理的结论和风格提供了机会。柏克可能
对此计划了很长一段时间，其进一步的目标是诋毁普莱斯的贵族赞助
人谢尔本勋爵，以及普莱斯的朋友、盟友约瑟夫·普利斯特里（Joseph
Priestley ），柏克怀疑后者心怀革命理念。实际上，柏克最初的打算是局
限于普莱斯的《论爱国》(Discourse on the Love of Our Country)，不过，
他在1790年夏天增补了他对法国的评论，进而让他的《法国革命论》有
了两个目标，以下评论体现了这两个目标，"无论我们邻居的房子何时
着火，灭火设备由我们自己开也没有什么不合适的"。[15]

---

15 参见 *Reflections*，in *WS*，VIII，p.60。还可参见 F. Dreyer，"The Genesis of Burke's
　　Reflections"，*Journal of Modern History*，50（1978），462-79；以及 F. P. Lock，*Burke's
　　Reflection on the Revolution in France*，London，1985，Chapter 2。

三

然而，与理解这些出版物相关的历史语境却不会自我选择。当然，某种程度上，历史语境是由各种著作的创作以及在特定历史时刻面对的不同读者等背景构成的。这里只需提一提最明显的差异，人们心中就可以比较一下各位作者的写作方式：斯密在一篇构思了十二年甚至更长时间的文章中穿插了他自己对美洲争端的建议，而柏克作为一位在英国议会中为罗金汉姆派利益服务的活跃政客发表了几篇演讲，以及作为美洲革命支持者所写的党派观点之作，这些措辞或多或少使用了哲学术语。至于我们现在的目标——比较柏克、斯密、潘恩和普莱斯在真正可以比较的问题上各自采取的立场，进而对其揭示的内容进行研究，还应注意其他一些难题。因为，潘恩和普莱斯对后革命时代的美国宪政和其他发展兴趣相近，但柏克和斯密对这些问题都没有发表过详细评论。如我们注意到的那样，斯密对美洲争端的意见，并没有因随后的美国宪政讨论而改变。他给各位政界人士提的建议也表明，他更关心美洲殖民地的独立对英国的经济影响。至少从已出版的文本来看，斯密将宪政问题视为他分析大英帝国商业和财政负担的延伸。柏克的情形与之类似，但更加神秘：虽然他在谴责法国人的同时，也为自己支持美洲人的政治原则的连贯性进行辩护，但他几乎没有为其后革命时代的美洲观留下任何指导。[16]

斯密对法国大革命的反应，即使用更多笔墨，可说的或许也只有

---

16 我们需要记住约翰·波考克在这一问题上的忠告："柏克对美洲革命经历有何种想法，我们几乎无法知道，因此，他如何将美洲革命与法国大革命区分开，这个问题可能也是子虚乌有的。没人阻止我们建构一个'柏克的'美洲革命解读，不过，柏克本人是否建构了一种理解则是另一个问题。"参见波考克为柏克《法国革命论》所写的导言，*Reflections*, Indianapolis, 1987, p. xv。

和柏克一样，尤其在讨论这一系列事件时，直接比较斯密与柏克几乎是不可能的。柏克的《法国革命论》只能与人们从《道德情感论》最后一版增加的几段话推断出的内容进行比较。这就意味着，斯密对《法国革命论》核心主题的看法只能在他的早期著作的基础上加以估量，包括他在格拉斯哥大学讲授法理学的学生笔记，这些笔记表明他对于法律和政府的某些重要问题如何思考。就柏克《关于粮荒的思考与详细说明》而言，现在有更多的证据表明，其立场是完全相反的：柏克去世后汇编的一份杂文集出版物不得不被人们拿来与《国富论》比较，但《国富论》的作者已在严重粮食短缺导致具体立法问题出现的五年前就去世了。显然，在这些条件下，就只能采取一些不太直接的解释方式。

135

第五章

失去君主制政府

一

在美洲殖民地叛乱这个问题上，涉及柏克和斯密两位作家的比较性故事的结局可以马上揭晓：如果比塞特的轶事导致人们产生以下期许，即就美洲革命的政治经济学解读而言，两人在同一个频道思考，那么这则轶事在很大程度上是误导性的。潘恩从《国富论》中获得了相当的支持来评判美洲殖民地人民的不满，而柏克若不彻底改变他所认为的英美和解的性质就不可能这样做。实际上，论及解决方案，柏克早已公开嘲讽或摒弃了斯密在《国富论》中赞成的两种选择方案——友好分离，或一个新的"英帝国**议会**"的牢固联盟。柏克和斯密向英国立法者提供的建议截然相反。[1] 然而，这个故事的结局却回避了他们更详细考虑各自立场时能获得的其他教训。

我们最好从柏克开始，他的思想活动空间局限于1766年罗金汉姆派采取他所提供的策略：废除印花税法案，通过《宣示法案》重申

1　理查德·科布纳（Richard Koebner）最先记载了这一点，他总结说，"没人会相信这两位神谕使者"，参见 Richard Koebner, *Empire*, p.220。

英国议会对影响北美殖民地的一切事务都有立法权。[2] 波士顿茶党案爆发时，柏克因脱离了早期罗金汉姆政策体现的政客路线，因而得以继续攻击诺思勋爵的执政方针。他主张保留《航海条例》（"英国对其殖民地政策的基石"），以及"商业垄断原则"，但反对旨在补偿殖民地的防御和管理产生开支的征税——这一点现在被证明是无效的。就像其他事情一样，在这件事上，先例应该是行动的指南："满足于用贸易法把美洲殖民地绑定：你们一直都在这么做。让它成为你们捆绑他们贸易的理由吧。不要用税收增加他们的负担；你们从一开始就不习惯这样做。让它成为你们不征税的理由吧。"[3] 与此同时，柏克为《宣示法案》辩护，强调议会的"帝国特征"，区分"英帝国的宪政"与"英国宪政"。英国政府根据征税令获得殖民地财政支持的那种权利得到了支持，但和解却被要求不该在目前情况下实施。

一年后，柏克极力主张通过议会宣告和解，并承认既然殖民地在英国议会中没有代表，那么征税应该只能由殖民地代表大会决定。他将这一方案描述为"慎重管理"的慷慨政策，是代替动用武力的另一种选择，而动武会让美洲殖民地蓬勃发展的极为自由的英国精神力量遭受挫折。这篇演讲充满了高贵的精神，回避了律法主义，代之以血脉和情感的纽带，"我们宁愿做幸福的公民，而不是狡猾的争辩者"。尽管这或许是政客的风格，然而，柏克的妥协无非是面临殖民地人民要求时的一种逃避，这种妥协性在他拒绝支持更激进的替代方案——分离，或在英国议会中给予殖民地直接代表议席——时有所体现。[4]

---

2 保罗·朗福德考察了柏克演讲的党派政治背景，参见 Paul Langford, introduction to *WS*, II, pp.24-9.

3 *WS*, II, pp.458.

4 就英美分离而言，柏克仅在拒绝分裂时提到，参见 *Speech on Conciliation in Burke: Pre-Revolutionary Writings*, edited by I. Harris, Cambridge, 1993, p.229。（转下页）

斯密的藏书中有一卷政治小册子，柏克关于美洲殖民地问题的所有著作和演讲都被捆在这卷小册子中。[5] 同一卷还包含威廉·诺克斯的《国家现状》(*The Present State of the Nation*)，后者在讨论英帝国财政问题时提出的方案与《国富论》鼓吹的一个方案非常相近。诺克斯提议，为了补偿征税的权利，美洲殖民地可以根据他们对英帝国财政的贡献比例在英国议会中获得一定的议席。[6] 这卷小册子中，和柏克对诺克斯小册子批评性的《评新近出版的〈国家现状〉》捆在一起的，还有约西亚·塔克 (Josiah Tucker)论美洲问题的一些著作，塔克是自由贸易的主要代言人，他反对殖民地居民的主张，直言不讳地鼓吹分离是符合英国利益的唯一解决方案。[7] 塔克在一篇小册子回应了柏克在有关和解的演讲中插入的一段有辱尊严的话，并对柏克极尽奚落之辞，因为后者不愿意从他对殖民地居民反叛心态的评断中得出勇敢无畏的结论。换句话说，斯密在写作《国富论》的最后阶段把已经出版的大多数著作分为两类，这两类观点与他打算考虑的立场都有关系。尽管斯密没有提柏克或塔克的名讳，但在讨论一个不相关的议题时提到诺克斯，这只能要求我们设想斯密绝非一个单纯的藏书家，并让我们得出以下结论，即他在抛弃柏克的结论时是有自觉意识的。这段时间可能是斯密"屈尊"咨询柏克的时候，也可能使他因柏克主张某种立法责任而在叙述《谷物法》时加上了一个趣闻，而这些只是给这个故事增加了一点复杂曲折的情节：他

138

（接上页）柏克在其《评新近出版的〈国家现状〉》(Observations on a late Publication, entitled "*The Present State of the Nation*")一文中讽刺在英国议会中设置殖民地议席是不切实际的，并在《关于和解的演讲》中带着少许鄙夷地拒绝了这一建议。关于这一点，参见 Koebner, *Empire*, pp.220–1。

5　参见 James Bonar, *A Catalogue of the Library of Adam Smith*, p.146。

6　关于诺克斯的传记研究，参见 Leland J. Bellot, *William Knox: The Life and Thought of an Eighteenth-Century Imperialist*, Austin, 1977；第81—95页讨论了柏克-诺克斯争论。

7　波考克充分剖析了塔克在这场争论中的角色，见 J.G.A. Pocock, "Josiah Tucker on Burke, Locke and Price", in *Virtue, Commerce and History*, pp.157–91。

们讨论过彼此观点的不同吗？他们之间是否有分歧，以致柏克后来的著作可以理解为对斯密的批评？[8] 为何柏克看到他与斯密的立场相距甚远却在 1777 年最后一次发表对美洲殖民地问题的主要声明时没提后者呢？

柏克与斯密的立场显然相距甚远。柏克希望束缚美洲人的那些"贸易法"是现有的重商主义规章制度已铺垫过的。在这方面，他总体上与诺克斯是一致的。如果柏克不同意这些规章制度——而且也没有证据表明他不同意，那么，他致力于维持先前罗金汉姆派的政策确立的框架就妨碍了他为帝国政府面临的问题提出解决方案时表露出这一意见。[9] 另一方面，斯密对重商主义体系的分析得出了直接明了的结论："在目前的管理体制下……英国从她所谓的殖民地统治中毫无所获，唯有损失。"[10] 只有在和欧洲其他国家的殖民政策比较，且很大程度上是因为英国殖民政策符合其建立的商业秩序的利益时，斯密才愿意退一步说，英国的重商主义体系没有那么"不自由"。他赞成航海条例在国防上是明智之举，并坚持国防"比财富增长重要得多"，它们是"英国商业制度中最明智的"[11]；这一点众人皆知。然而，和柏克不同的是，斯密不认为这些规章制度是英国政策的"基石"。海上实力取决于英国与欧洲的贸易，而这种贸易被殖民体系转移了方向并削弱了。柏克强调的是保留美洲贸易（一个"崇高的目标"）在危机时刻的利益规模，而斯密强调的是其不自然的"枝蔓丛生"的特征，并试图平息社会大众的恐惧，因为人们担心，即使是"适度渐进地"减少贸易，也会走向毁灭。[12]

8　这些主张最近的一个说法由罗斯柴尔德在其《亚当·斯密与保守经济学》一文中提出，见 Rothschild, "Adam Smith and Conservative Economics", pp.86-8。

9　一方面，柏克在支持爱尔兰、反对放松重商主义体系方面比诺克斯走得更远，参见 *Observation* in *WS*, II, pp.165。在这个问题上，斯密相反的立场参见下文第 158 页。

10　*WN*, IV. vii .c.65.

11　*WN*, IV. ii.30.

12　*WN*, IV. vii. c.43-4.

在税收问题上，斯密并不希望英国放松其要求。和诺克斯一样，斯密指出："爱尔兰和美洲殖民地应该为清偿英国的公债而有所贡献，这与正义并不冲突。"[13]他关于财政联合的详细计划旨在表明帝国议会可以充分定期地征收这些税收。斯密没有考虑到组织议席代表的政治困难是无法克服的——这些困难，柏克在讨论诺克斯的观点时一一列举了出来。然而，柏克的替代方案——根据征税令征税——被抛弃了。如同斯密提到柏克本人回避《宣示法案》的影响时表明的那样，议会既没有权力，也没有意愿对殖民地征收一笔适当的款项。和塔克一样，斯密也可以诉诸柏克对美洲自由精神热情洋溢的描述来支持他反对征税令的论断，换句话说，征税令没能迎合那些带头反对英国政策的"兴致高昂的人们"的新野心。

斯密明确指出，母邦与殖民地分离是这些事件最有可能的结果，但他承认，只有一个"想入非非的狂热者"才会期望将其作为一种策略。[14]至少在这方面，他和柏克一样都抛弃了塔克的方案，但他的拒绝并不是对塔克方案的柏克式讽刺挖苦。[15]斯密的拒绝源于他对重商主义体系的分析，而且他认为，帝国的花费很大程度上由英国的纳税人承担，但却是为了满足大商人的利益。

> 如果采取自愿分离的方式……英国不仅能立即从北美殖民地每年的维和费用中摆脱出来，而且有可能同它们订立能够有效保证自由贸易的通商条约，较之我国今日享有的垄断，该条约更有利于大部分人，尽管对大商人不那么有利。[16]

---

13 *WN*, V.iii.88.

14 对这一结论基本原因更充分的论述，参见 Winch, *Adam Smith's Politics*, Chapter 7。

15 "这不过是一次小小的闹脾气，就像爱发脾气的小孩使小性子，得不到他们想要的一切时就下定决心什么都不要。"参见 *Speech on Conciliation*, in *Burke: Pre-revolutionary Writings*, edited by Harris, p.229。

16 *WN*, IV. vii.c.66.

二

现在，我们将会明白，为何至少在经济和财政问题上，斯密的立场与潘恩更为接近。《常识》旨在让美洲读者相信，英美和解不再可能，除非完全独立，否则没什么方案是可接受的。另一方面，斯密的主要兴趣在于向英国或欧洲读者揭示这种帝国联系的不利之处。但是，斯密和潘恩都同意，目前的经济状况几乎不值得靠既有的宪政设计来维持。斯密可能会乐意支持潘恩的论述："英国此时正骄傲地觊觎着那些即使英国得到了但对她也没什么好处的东西。"[17]《国富论》部分回答了潘恩描述的问题，后者研究了"这些殖民地因与英国联系在一起并依赖后者所承受的、并且将一直承受的诸多物质损失"[18]。他无疑赞同斯密将重商主义的限制描述为"对人类最神圣的权利的肆意践踏"。然而，不同于潘恩（或者说，在提到殖民地税收这个事情上，141 不同于潘恩对柏克的评价），斯密不打算把现有体制描述为仅仅包含"奴隶制"的体制。他选择了一个情感色彩较少的词："不适宜的奴隶制标签"——这些标签很快将成为殖民地经济发展的"真正的压迫和难以忍受之痛"。[19]

尽管如此，但是，即使是关于这些依附性的标签也需要人们加以关注。休谟曾强调意见对自由政府的重要意义，斯密这里再次附和休谟的观点，他意识到，平息殖民地的"领袖、自然贵族"的怨恨，满足他们感受到的或想象的抱负、新的尊严和自己的重要性，必须成为英帝国补救措施的一部分。然而，斯密对这场争端的政治见解的

17 *LMW*，p.42.
18 *Ibid.*，p.18.
19 *WN*，IV. vii.b.44。

冷漠讽刺——为殖民地代表提供一个机会，让他们有机会以殖民地政治"微不足道的彩票"换取来自"英国政治大国彩票池"中的奖金份额——提醒人们，虽然柏克和潘恩以不同的方式积极同情殖民地人民的主张，但在这方面，斯密很难称得上有同情之心。至少有一位美洲殖民地评论家认为斯密是"美洲殖民地权利的敌人"；伯纳尔总督对斯密提出的英美分离的提议表现出他最强烈的批评，"这种仓促草率的结论完全不像是《国富论》的作者得出的，它让人看到了一位毫无实战经验的外科医生令人困惑的不谙世事，这位医生更愿意用手术刀截肢，而不打算使用康复治疗的技术"。[20]

如果斯密1778年为韦德伯恩所写的公务报告能够让公众审查，那么人们无疑会发现，斯密几乎毫不关心美洲殖民地的宪政主张以及殖民地人民在英国的支持者的意见。他说，如果"上次战争那些辉煌却无利可图的战利品新领土"——加拿大、西佛罗里达和东佛罗里达——被交还给法国和西班牙，以便提醒美洲人谁才是他们真正的朋友，那么，"美洲人溃烂的心灵"有可能会被唤醒。不过，下面这段提到英国内战的评论可能最清楚地表明斯密在多大程度上分享了潘恩以及其他美洲革命的支持者的狂热之情：

> 据说，美洲人在比较他们温和的旧政府和他们取而代之建立的暴力统治时，他们不能不带着遗憾地忘记前者、心怀憎恶地看待后者。等这场战争结束，他们的新政府在他们中间牢牢地建立起来——如果真是这样的话，上述心态将会是他们的感受，对此我确信无疑……直到英国内战结束后的某段时间，英国人们才开始后悔失去了那个他们草率推翻的合法政府，由于一些偶然因素

142

---

20 1776年9月25日伯纳尔致斯密的信，见 *Corr.*, p.366. 将斯密视为敌人的说法，参见 Arthur Lee, Letter to Charles Dumas from London, 1776, in F. Wharton（ed.）, *The Revolutionary Diplomatic Correspondence of the United States*, 1889, II, pp.110–11。

的共同作用，那个君主制政府幸运地复辟了，这种情况在任何类似场合下都不可能再出现。[21]

这段话没有表明潘恩等所说的任何好处；潘恩和美洲事件的其他支持者们相信，人类将从尊重自然权利的共和体系中获得好处，这种政府更适合人类的能力，能更好地适应与商业相关的社会和经济的改进。斯密显然不接受潘恩的下列观点，即不列颠处于一个"不开明的"政府的统治之下；他含蓄地否定了下列论断，即君主制政府会因承认多边贸易、废除垄断和特殊权利而被削弱。经济和政治体制并不是有机地联系在一起的，后者从前者那里获得暗示的方式一如潘恩对社会和政府的评论所表明的那样。

如果要说明斯密相信英国"混合"型"君主制政府"的力量和灵活性，人们还可以引用他的以下分析，即如果殖民地加入以英国议会为中心的帝国联盟，那么他们的利益可能会不断增加。斯密在描述殖民地大陆会议时提到，"他们并不总是一个非常平等的人民代表"，"就像在所有其他自由国家一样，一个古老的殖民地家庭的后代比一个有着同样功劳和财富的暴发户更令人尊重"——这个评论只是证实了他在《道德情感论》中对遵从的评论，对此，我将在下一章进行更详细的分析。尽管如此，没有世袭地位、世袭权利，意味着殖民地的"形式是更倾向于共和主义的，而且他们的政府，尤其是新英格兰的三个州，迄今为止也是更倾向于共和主义的"。[22] 这就让它携带着这类形式的政府的内在危险，即"与小民主国家密不可分的充满怨恨、恶毒的各种派系，总是分裂人民的情感，扰乱政府的安宁"。[23] 苏格兰因与英格兰联合而缓解了派系分裂，美洲殖民地，还有爱尔兰，也将从

---

21 参见 "Smith's Thoughts on the State of the Contest with America", in *Corr.*, p.384。
22 *WN*, IV. vii. b. 51.
23 *WN*, V. iii.90.

这种致力于解决毁灭性的"派系精神"——派系精神在爱尔兰因宗教而加剧——的方案中获益。斯密的提议与英国宪政的精神主旨大相径庭,坦率地说它们是乌托邦式的,但他将这些提议作为完善宪政的手段。[24] 正如伯纳尔清楚看到的那样,任何对斯密支持英美分离的意愿感到困扰的读者,都能够将此理解为他赞同顺应现有基本状况的优势。然而,他们可能会对斯密冷静的预测感到不安,即"不到一个世纪",美洲殖民地的繁荣以及由此而来的税收收入将证明帝国议席的位置转移到大西洋对岸是合理的。[25]

18世纪60年代,斯密在格拉斯哥的学生没有一个人会怀疑他们的教授对不列颠宪政和英国法律体系牢固稳健的信心,无论地理环境和皇室人物有多大的历史偶然性,都有可能促成其特殊性。伊丽莎白一世统治之后,英国下议院在掌控税收收入和偿债基金的作用方面已经变得和上议院一样。常备军和皇室费用的规模依然是自由的潜在威胁,但斯密讲课时说,"所有受到恰当约束的不同形式政府的良好混合体"都有足够的保护措施来对抗既有的威胁。[26] 司法独立于王权,军事领导权掌握在拥有独立财产的人的手中,任免终身财政官员的习惯使得皇室的影响力难以克服这种限制。"现在的政府体制以设想一种自由体系为其基础。尝试改变这一体制将会令每个人感到震惊,这样的改变将会伴随巨大的困难。"[27] 选举的频率、议会对选举行为的规范为英格兰带来了另一种安全,这种情况与苏格兰自治区选举的"寡头"或"贵族"特征形成了鲜明的对比。[28] 斯密请他的学生将人身保护令(*habeas corpus*)、陪审团、以限定司法自由裁量权的判例法为基础的法律体系视为更大信心的基础。

144

---

24 *WN*,IV.vii. c. 77.

25 *WN*,IV.vii.c.79.

26 *LJB*,pp.421-2.

27 *LJA*,p.271.

28 *LJA*,pp.273-4.

　　这份讲义笔记还让我们能够清楚地了解斯密对那些充满洛克式精神的政府"首要原则"的可能态度。这些原则是由普莱斯进一步提出的，旨在支持美洲殖民地的自治权。普莱斯的公民自由观念完全是规范性的，可以通过人们的理性直觉的进程来理解。这种观念不证自明的属性让它脱离历史的或真实的政治环境。它取决于以下看法，即每个有自我决断能力的道德主体都应该拥有成为自己立法者的权利，在政治和宗教事务上遵从自己的良心。因此，自由国家的文明政府，其根源在于人们的选择。所有的立法都需要他们的同意，理想的方式是通过人们直接参与决策，尽管他们可以将决策权委托给各自的代表，无论他们是否限制这些代表的自由裁量权。议会在信任的基础上行使权力。如果这份信任遭到背叛，或像在美洲争端中那样没有得到恢复，人民就必须组建一个获得他们信任、重获自治权利的新政府。如果没有代表所有人，或者代表不是人民自由选出的，就像当时不列颠一样，那么，政府也就不再是自由的。政治自由的缺失削弱了公民自由。只有自由政府才符合自然的平等。只有那些生活在自由政府之下的人才能享有行使权利带来的自我发展的好处。这些才是所有政府的正确目的，也是所谓神圣计划的一部分。这种论证的整条脉络都源于洛克，只是被扩大到赋予人民更大的创造性或破坏性的作用。同意取代了默认同意，并成为一个连续不断的过程。洛克对政治义务的叙述被转化为一种无尽的、可以重新恢复的民主形式。[29]

　　柏克首次回应这条演绎的推理线索是他1777年发表的《致布里斯托行政官的信》，但他没有提普莱斯的名字。

---

29 主要文本可以非常方便地在《理查德·普莱斯和美洲革命的伦理基础》中找到，参见 *Richard Price and the Ethical Foundation of the American Revolution*，edited by Bernard Peach，Durham，1979。一种延伸的批评性评论，参见 D. O. Thomas，*The Honest Mind: The Thought and Work of Richard Price*，Oxford，1977，他还编辑了普莱斯的《政治著作选》(*Political Writings*，Cambridge，1991)，此书是剑桥政治思想史系列的一种。

有人劈开并解剖了自由政府学说，仿佛自由政府是一个
关于形而上的自由和必然的抽象问题，不是一个道德审慎和自
然情感的事情……这场争论的煽动者不满足于转移我们的依附
性，并用鲜血和屠杀来填补这些依附性，还以这种方式腐蚀我
们的理解力……先生们，公民自由不是像很多人试图说服你们　145
的那样，是隐藏在抽象学术背后的事情。它是一种福祉，一种
利益，而不是抽象的思辨，在此基础上人们能够做出的所有恰
当的推理都是粗枝大叶的，完全适合那些喜欢它、那些为它辩
护的人的平庸能力。它们与不允许任何介质存在的几何学、形
而上学中的那些命题毫无相似之处……社会自由和公民自由，
就像日常生活中的其他事情一样，是根据每个共同体的脾性和
环境……以各种方式混合和调整……为了拥有自由，必须限制
自由。[30]

这段话准确预言了柏克《法国革命论》对普莱斯掀起的更猛烈的
抨击，但它忽略了普莱斯《论公民自由》中很多不能被描述为"几何
学和形而上学"的内容。这部著作中装饰性的内容要远远多于柏克承
认的不列颠和美洲殖民地盛行的"脾性和环境"，但它采取了一种传
统形式，而柏克不允许自己提到这种传统形式。普莱斯讨论美洲殖民
地的著作和他讨论英国人口和公共财政的文章一样，可以视为对所有
焦虑的概述，这些焦虑是整个18世纪英国关于"国家"、"共和"或对
立思想的普遍特征：对强化行政权的恐惧，反对王室通过官迷禄蠹扩
大影响，进而丧失混合政府内部的平衡；关心常备军；对不受控制的
纸币通货和不断增长的公债一直保持警惕；谴责奢侈是一种造成社会
腐败或衰弱的力量；诸如此类。尽管如此，柏克本能地发现普莱斯关

---

30 参见 *Works of Edmund Burke*, Oxford, 1906–7, II, pp.273–4。

于理性自由的哲学具有明显的颠覆性。柏克的这种观察是对的。[31] 这也让我们思考，如果斯密打算在《国富论》中讨论这些话题，以他的风格，他会说些什么呢？

我们关于斯密立场的唯一证据只能从学生记载的两份法理学讲义的笔记中寻找了。这些笔记明确证实斯密的见解与普莱斯复兴的洛克式观念几乎毫无相同之处。该笔记表明，斯密接受了休谟的观点，抛弃了契约论式的政府起源理论，一并抛弃的还有洛克的默认同意学说，在休谟和斯密看来，义务以两条心理学原则为基础，一条是对既有权威的自然顺从，另一条是对"共同利益或整体利益"（公共效用）的考虑——这两条原则在所有形式的政府中不同程度地发挥着作用。权威原则在君主制中占主导地位，在混合宪政中对托利党人更有吸引力；而效用原则在民主政府中占主导地位，在混合宪政中更吸引辉格党。这两条原则都是以形成义务观念、认识到常规政府好处的情感或倾向为基础的，它们与柏克所描述的"自然情感"或"一般能力"非常接近。换言之，它们不是理性直觉的产物，这种理性直觉的道德立场和政治立场有悖于哈奇森、休谟和斯密坚持的统一战线。或许正是这种学说——正如先前在普莱斯的《道德原则问题评论》（*Review of the Principal Questions in Morals*）解释的那样——促使斯密认为普莱斯是"一个最肤浅的哲学家"。这的确说明了斯密对普莱斯的态度：斯密认为没必要在《道德情感论》中讨论道德体系史的那一节中提及普莱斯，即使是作为一个理性主义立场的错误拥护者也不值一提。[32]

---

31 约西亚·塔克也聚焦于非国教徒的激进观念的颠覆性质，但不同于柏克，他明确提到这些观念的洛克式起源，参见 Pocock, *Virtue, Commerce, and Liberty*, pp.167-79。

32 普莱斯的《道德原则问题评论》首次出版于1758年。增订版发表于1787年，在斯密两部主要著作发表之后。普莱斯在一篇致敬的附录中提到不同意见，他在附录中提到斯密时说他是"关于国家财富的重要著作的作者，一位胜过我任何溢美之词的作家"。然而，在道德方面，他声明，如果他没有从斯密拉斯哥大学道德哲学教席的继任者托马斯·里德这位同等的权威获得支持的话，斯密的立场，（转下页）

斯密再次和休谟站在一起，几乎不强调"反抗的权利"，尽管"反抗的权利"在哈奇森的著作中非常突出——有人曾经指出，哈奇森的一些文章影响了美洲革命之前那段时期有关殖民地独立的思想。[33]斯密在法理学讲义中承认，只要哪里"推翻现有政府必然产生的混乱少于允许它继续存在带来的痛苦"，那里就有反抗政府的权利。但他又说："没有政府是十全十美的，但忍受一些不便比尝试反对它要好一些。"[34]当我们思考法国大革命时，个中原因将会变得清晰，我们有充分的理由相信斯密不会反对柏克《法国革命论》在这个主题上的说法："我对您坦诚相告，先生，我绝不喜欢这一段有关反抗和革命的长篇大论，或者说将一剂宪政猛药当作日常面包的做法。它让社会习性变得极其脆弱。"[35]这是休谟的立场，而且，在这些问题上，斯密与他这位朋友的立场很有共感。[36]

斯密在法理学讲义中关心的自然权利是法律之下的个人权利，而非普莱斯和潘恩颂并相信应该吸纳进所有"自由"国家宪政中的生命、自由和财产的前政治的（prepolitical）权利。斯密的权利观源于他的自然法理论，如我们所见，其自然法理论的鲜明特征在于他对各种伤害的解释，而那些不同的伤害激起了无偏旁观者的直接愤恨，从而在人类一般的道德情感中获得了充分的共识，此共识便是君主或执

147

（接上页）"如此有才华的作家"表达的立场本可以对他影响更大。参见D.D.拉斐尔（D. D. Raphael）编辑的普莱斯《道德原则问题评论》的版本，牛津大学出版社，1948年，注释D。

33 参见 C. Robbins, '"When is it that Colonies may turn Independent"': An Analysis of the Environment and Politics of Francis Hutcheson, 1669-1746', *William and Mary Quarterly*, 11（1954），pp.214-51。哈奇森与斯密在这些问题上的比较，参见 Winch, *Adam Smith's Politics*, pp.46-69。

34 参见 *LJA*, p.321；以及 *LJB*, p.435。

35 *WS*, VIII, p.113。

36 如邓肯·福布斯最先详细表明的那样；参见他的文章《怀疑式的辉格主义、商业和自由》，参见 "Sceptical Whiggism, Commerce and Liberty", in Skinner and Wilson（eds.），*Essays on Adam Smith*, pp.179-201；以及 *Hume's Philosophical Politics*, pp.92-101。

政官强制行动的基础。政治权利，尤其是那些源于人民代表的权利，或许可以为违背法治提供额外的保障，但它们本质上既不是个人权利，事实上也不是绝大多数尊重这些权利的政府的共同特征。斯密认为更重要的是专注于根据法律和政府发展的真实历史进程中揭示出来的那些原则，而非讨论它们应该基于的基础。[37]

在区别对待英国与其北美殖民地的具体问题即税收与代表权的关联时，斯密的这种观点变得非常明确。他相信，殖民地人民议会的基础是英国的政治模式和实践，已经被赋予的自由"在各个方面都等同于他们母国的同胞公民，而且同样受一个人民代表组成的议会的保护，该议会独享课税权以支持殖民地政府的运行"[38]。尽管他关于帝国联合的提议与基于代表权的纳税有关，但联盟提议的其他部分同样重要。它们与先前提到的政治彩票池和微不足道的彩票面值这个主题的评论有关，并且在后面斯密提及实现立法目标的可用手段时还会再次出现。斯密在务实的休谟式基础上指出，一个帝国议会代表人数的增加会伴随着可用于"管理"目的的岁入来源的增加。[39]当然，对英国宪政现实性的这种解释，恰好就是普莱斯对"**国家**"腐败和影响力进行诊断时旨在谴责的弊端。而且斯密没有将代表权作为合法政府的必要条件："只有英国才需要人民的同意，上帝知道，这不过是这里给出的一个非常形象的隐喻的同意。"[40]

尽管斯密不接受财产权利源于劳动的洛克式理论，但他在某种程度上同意洛克的观点，认为法律和政府的历史与政府和财产保护的历史并行不悖。[41]因此，政府对财产征收过高的税可能让人民的反抗变得合理。尽管如此，即使是需要人民象征性同意缴纳更高税收的政

---

37 参见 Haakonseen, *The Science of a Legislator*，Chapters 4 and 5。

38 *WN*，IV.vii.b.51.

39 *WN*，IV.vii.c.78.

40 *LJA*，p.323.

41 参见上文第71页。

府，其臣民必须对他们的统治者表示信任，"同意放弃一点他们的权利"以避免人民的反抗和推翻稳定政府带来的更坏结果。[42]斯密认为，更常见的情况是，不可能制定任何规则来说明怎样的滥用权力会给予反抗以正当理由。作为一个强政府但不是泛政府的鼓吹者，斯密很可能会反对普莱斯和潘恩任何试图将权利保护纳入宪政设计的尝试。如人们所期望的那样，这些广泛而全面的反洛克式观点在运用到法国大革命时具有重要意义，而这里就有可能与柏克立场做进一步的比较。

三

斯密相信，美洲人注定会后悔，并重新汲取民主共和国党派纷争的古老教训，但他在一个重要方面给予了美洲榜样的地位——即便美洲享有的历史和特殊的经济优势让它成为一个至多只能与欧洲国家近似的榜样。可以说，美洲土地上发生的事情在欧洲被创造出来，被成功效仿的希望微乎其微。北美殖民地比欧洲各国"繁荣得多，发展迅猛得多，获得的财富也更多"。美洲殖民地工资比英格兰高，主要是因为资本积累的速度，相较于斯密估计的欧洲每五百年人口翻一番的平均速度，北美殖民地人口大约每二十年翻一番。[43]因此，如果用斯密本人付出大量心血为同时代人确定的那些指标来衡量的话，北美殖民地是斯密"进步"社会的最佳典范。

美洲殖民地的突出地位还在于它是通过自然进程实现真正的财富增长的唯一一个例子。欧洲各国支持商业和制造业而非农业，从而颠倒了这个自然的顺序。出于《国富论》第三卷给出的复杂原因，丰饶而未开垦的土地的无限供应，而且也没有一段封建社会史，这些条件

149

---

42 *LJA*，p.324.
43 *WN*，I.viii.23.

让北美殖民地的人民集中于从事农业改良。

美洲殖民地迅速走向富强的主要原因，就在于迄今为止他们把几乎所有的资本都用在农业上……假如美洲殖民地居民联合起来，或用任何其他激烈的方式，阻止欧洲制造品的进口，使能够制造同种物品的本地人有垄断的机会，将大部分资本转而用在这些方面，其结果只会迟滞而不会加速每年物资生产价值的增加，只会阻碍而不会促进国家走向真正的富强。如果他们试图以同样的方式垄断全部出口业，情形就会更加如此。[44]

与土地相关的劳动力稀缺换来了另一个福祉：

在其他国家，地租和利润耗尽了人们的工资，靠地租和利润养活的两个上等阶层压迫靠工资生活的下层人。但在新殖民地，前两个阶层的利益迫使他们以更慷慨、更人道的方式对待下层人；至少在新殖民地，下层人没有过着奴隶的生活。[45]

美洲没有封建残余，由此产生的好处在长子继承法和限定继承法方面最为明显。斯密认为这些法律条款的长期实施阻碍了农业的充分发展，进而妨碍了人口在英国的潜在增长。长子继承制的践行源于维持封建男爵军事力量的需要，这种做法一直延续到现在，而它们除了维持"家庭地位的骄傲"没有任何正当的理由。长子继承制阻止了土地所有权通过继承进行切割，限定继承权妨碍了土地通过转让或出售进行分割。因为"国家利益要求土地应该和商业中的其他商品一样"，所以斯密以最严厉的措辞谴责了这些做法。它们不仅是那些最有可能

150

---

44 *WN*，II.v.21；还可参见III.i.5。
45 *WN*，IV. vii. b. 2-3.

改良土地的人有效运用土地的障碍，进而抑制了经济增长，而且还违背了各个世代之间的自然正义："它们建立在所有假设中最荒谬的一个假设之上，该假设认为，每一代人对土地及土地上附属的东西都有不平等的权利；而现在这一代人的财产权应该根据大约五百年前死去的人的想象加以限制和管理。"[46] 斯密在法理学讲义中讨论这个主题时，运用了他的词汇表里所有的贬义词：长子继承法"违逆自然、违背理性、违反正义"[47]。美洲殖民地提供了一个极佳的对比，在这片国土上，小土地所有者充满热情地开垦他们自己的土地，不仅成功地"开垦土地，还建设土地"[48]。宾夕法尼亚因为完全没有长子继承制而受到斯密的称赞，新英格兰因为只给长子双份土地而被斯密提及。即使美洲殖民地存在长子继承制的地方，也没有与限定继承权相伴而行，因此，土地转让和商业化经营仍然是可能的。[49]

从上述内容看，很明显，斯密与潘恩、普莱斯在这些主题上是完全有共感的。潘恩完全分享了斯密基于农产品生产的自然优势而对美洲殖民地前景的乐观评判："美洲殖民地自身致富的商业是生活必需品，并将一直拥有一个市场，因为以食为天是欧洲的习惯。"[50] 尽管如此，与斯密相反的是，潘恩坚持认为，这些优势只能通过自治获得。斯密和潘恩各自对美洲殖民地未来前景的评判有相似之处。斯密承认，重商主义限制虽然没有妨碍美洲殖民地的发展，但它们将来会妨碍其发展。因此，他或许不费力气就会相信，按照潘恩的论断："美洲殖民地确实不知道什么才是富足：而且，尽管它已经取得的进步与其他国家的历史并不平行，如果她自己手中本该拥有立法权——一如她应该拥有的那样，那么与她本该能够实现的目标相比，现在这个阶

151

---

46 *WN*，III.ii.6.
47 *LJA*，p.49.
48 *WN*，IV.iv.19.
49 *WN*，IV.ii.b.19.
50 *LMW*，p.18.

段只是她的童年。"[51] 在长子继承制方面，斯密和潘恩的观点也几乎一致。普莱斯明确建议，长子继承制的所有残余都应该从美洲殖民地根除，而潘恩在《人的权利》中也呼吁人们废除这一制度，这就促使柏克为这一制度进行一次全面的政治辩护。[52] 因为继承法直接关系到"自然"贵族和土地贵族之间的关系；我将在下篇文章对此作进一步的思考。

《国富论》对美洲殖民地经济前景采取的立场凸显潘恩与普莱斯的重要区别。在商业和奢侈这个主题上，潘恩往往表现为一位商业发展利益的狂热支持者，普莱斯则在为美国这个新国家的立法者们提供建议时回避对外贸易和奢侈这对一最永恒的主题。看一看普莱斯在这些主题上典型警示吧。

> 尽管对外贸易拥有某些有利的趋势，尤其是在遏制更排外的、孤立主义的爱国主义方面，在促进各国的相互依赖感方面有好的一面，但它仍然令人感到担忧，因为它打开了风俗败坏的大门。除了对淳朴、有道德的生活带来威胁外，贸易的增长还很危险，因为贸易逆差意味着丧失金银，这样的损失必然导致使用纸币，而使用纸币则会带来国家破产的威胁。[53]

美洲殖民地多种多样的土壤和气候以及它的内陆交通网络，使得它与欧洲的贸易没有那么必要。尽管如此，普莱斯还是意识到对外贸易对新国家的公民有着致命的吸引力，尤其是对美国东海岸城市的公民。一想到下列内容，他就战栗不已。

152

---

51 *LMW*，pp.41-2.

52 参见下文第180页。

53 参见 *Richard Price and the Ethical Foundations of the American Revolutions*，edited by Peach，pp.267-8。

贸易狂热很可能在他们中间风行。这会给他们带来无尽的伤害。所有国家都在给他们设圈套，引诱他们进行危险的交易。他们的最佳利益要求他们以一切恰当的手段保卫自己，尤其是通过对进口货物征重税这种手段。但是，任何手段都不会成功，除非有风俗相助。在这样的立场下，尤其有理由担心，我国人民对国外浮夸的昂贵饰品不断增长的热情将让一切最好的管理都变得无效。而一旦这些事情发生，淳朴的品质，刚毅无畏的精神，对俗气的金钱至上观念的鄙视——这是人们真正的尊严所在，都将消失不见。懦弱无能、奴役卑微、唯利是图将泥沙俱下，自由和德性将被腐败的沟壑吞噬。这或许是美洲各州的事态发展的方向。对美洲各州来说，最好是由淳朴诚实的农民构成，而非富裕奢华的商人。[54]

普莱斯关于上述问题的看法再次反映了他对城市生活、公债、纸币以及不列颠的普遍腐败的悲叹，他所持的极端观点与约翰·布朗的《评不同时代的风俗和原则》（*Estimate of the Manners and Principles of the Times*）有关："我们在这里看到了一个古老的、事实上很伟大的国家，但它物价高涨，人民没有宗教信仰，被奢侈搞得衰弱无力、债务累累、命悬一线。"[55] 在柏克眼中，如我们已提到的那样，普莱斯看起来或许是一位在政治自由和公民自由主题上技艺高超的数学形而上学家，但他的社会和经济观点却以一种更温情的共和主义语言表达。这些语言为新共和国政治生活中的好几位领导人敲响了警钟，尤其是本杰明·富兰克林（Benjamin Franlin）、托马斯·杰斐逊（Thomas Jefferson）和詹姆斯·麦迪逊（James Madison），至少从理论上讲，他

---

54 参见 *Richard Price and the Ethical Foundations of the American Revolutions*，edited by Peach，pp.211。

55 Ibid.，p.116.

们都渴望保留共和美德所必需的土地基础，以避免美国陷入英国已经沾染上的萎靡无力的奢侈。事实证明，在实践中坚持这种立场更难，因而人们会对商业现实做出某些尴尬的妥协。

虽然潘恩一直是商业的热情支持者，但回溯一下本书第二章讨论的奢侈之争的特点还是很重要的。这场争论不需要参与者在对立立场中做出无条件的选择，因而，几乎没理由说明现在的历史学家为何要在他们头上强加一种选择。虽然潘恩"进步的""自由的"、自由放任的信念偶尔会导致他被扣上"资产阶级"激进派的帽子，但他心中同样也有担忧，这种担忧也存在于普莱斯劝说的那些人心里：

153

> 一个国家越是人口众多，他们的军队规模就越小，此事值得深思。在军队规模上，古代国家远远超过了现代国家；原因显而易见，因为贸易是人口增长的结果，人们太过关注于此而忽视了其他事情。商业消弭了爱国主义精神和军事防御的精神。而且历史已经充分地告知我们，最勇敢的成就总是在一个国家的早期获得的。随着商业的发展，英格兰丧失了它的精气神。[56]

本书第一编的几篇论文也清楚地表明，虽然斯密不赞成比较极端的奢侈反对者的焦虑，但他和潘恩一样也担心英国勇武精神的衰落，也能理解人们对土地事业的偏爱。[57] 然而，就美洲殖民地的前景而言，斯密和潘恩的立场更接近，而和普莱斯相去甚远。普莱斯竟然情愿承认产业保护和贸易平衡这些标准的重商主义概念，这就让他站在了另一个阵营；他赞成的正是斯密反对的美洲殖民地自给自足的方案，斯密反对的理由是这样做会妨碍美洲殖民地的发展。斯密似乎更有信心，因为美洲殖民地一开始就给予农业、食品和原材料出口优先权而

---

56 *LMW*, p.36.
57 参见上文第84—85页，第118—119页。

走上了正确的道路，只有极端愚蠢的人才会诱使美洲人过早地发展制造业。但是，如果美洲殖民地1776年的可支配资源保持不变，那么，这将有悖于斯密通过贸易促进发展的动态路径的开放特征。他所说的英帝国各省之间的贸易利益，当然排除了普莱斯遵循自给自足、尽量减少对外贸易瓜葛的政策。如果在立法者产业保护和鼓励制造业的其他措施上采纳明智的建议，那么，美洲殖民地不仅过去满足了，而且未来还将继续满足斯密对一个"繁荣""幸福"国家的设想。这个社会的大多数人，由其工资劳动者代表，他们将会充分分享经济增长带来的好处，而不会受到地主和雇主的压迫——奴隶一直被排除在外。

普莱斯和其他反对派作家最担忧的是公债；在这个主题上，斯密承认，公债的增长"从长远看或许会毁掉欧洲所有伟大的国家"。[58] 他关于帝国税收方案的一个目标，是强调需要在现实和一个单纯的计划或昂贵的"金色梦想"之间做选择。如果这个选择几乎不可能兑现，那就应该放弃。尽管如此，与众多同时代人相比，斯密对英国前景的看法没有那么悲观。[59] 对于普莱斯和潘恩而言，这种悲观的前景却是真真切切的，他们肯定很可能以自己反对与美洲革命、法国革命开战的立场来渲染他们对即将到来的国家毁灭的预测。潘恩相信，英国的公共财政已经处于非常危险的境地，在现任首相的有生之年就会崩溃，他在陈述时援引了斯密的权威文本以及他对国债增长的评估。[60] 这就激起了一位神秘人物"乔尔森"——这个名字或许是一位早期反雅各宾派作者的笔名——的直接回应，他指责潘恩利用《国富论》中"某些只言片语的段落"对斯密的见解断章取义。"乔尔森"坚持认为，斯密对国债的警示更适用于法国而非英国，英国的繁荣奠基于更牢固的道德和经济基础之上。潘恩所犯的过错在于，他试图以货币衰

154

58　*WN*, V.iii.10.
59　参见上文第117页的注释。
60　参见 *The Decline and Fall of the English System of Finance*，1796。

退这种人为的解释来代替斯密对英国经济增长源于英国劳动力的生产率和增加资本存货能力的"真实"解释。[61] 无论"乔尔森"反对潘恩宣传的政治动机为何，他在精神上可能更接近斯密的意见。我们当然可以推断，斯密可能抛弃了普莱斯对英国立即崩溃的评判和估算。正是在回答普莱斯的对手乔治·查默斯（George Chalmes）——一位前北美殖民地的忠诚派，写了一部诽谤潘恩的传记——的问题时，斯密表达了反对普莱斯的观点，即本编题记中引用的那段话。那时，查默斯正寻求斯密的帮助，他在苏格兰海关报表的基础上汇编数据以支持他抨击普莱斯的结论。通过与查默斯计划的合作，斯密流露出他自己更乐观、可能是更"爱国"的立场。[62] 我们将会看到，柏克打算谴责这些对英国前景"尖酸刻薄"的观点，在呼吁英国致力于发动对法国大革命新政权更全面的战争时强化了查默斯的立场。

155

《国富论》中有迹象表明，斯密批评美洲殖民地过于渴望"变得极其富裕"。这看来或许是回应了普莱斯对这一主题的"共和主义"的警示，但斯密的评论是他支持英国王权下英美财政联合设想中的一部分；这些评论答复了殖民地人民的反对意见（普莱斯附和这些反对意见），即支付帝国会员费将耗尽殖民地的贵金属。斯密不仅相信，美洲殖民地已足够繁荣，能够支付作为帝国的会员所需的货币数量，而且他还感到，以硬通货作为支付帝国开销的手段还有一个额外的好处，那就是，它会降低"他们过度热衷于改良土地的活力和热情"[63]。土地应该是商业交易的对象，但斯密不相信一个使用纸币、不受约束的银行体系能够充分地约束"设计者们"，而他们的失败则损害了节

---

61 S.A. Joerson, *Adam Smith and Thomas Paine: A Critical Essay Published in All Languages*, Germany, 1796, especially pp.4, 47, 53, and 76.

62 参见 G. Chalmers, *An Estimate of the Comparative Strength of Great Britain*, 1785, especially pp.17, 76, 158, 164, 191, 查默斯在反驳普莱斯时援引了斯密的文献。查默斯1792年所写的潘恩传记用的是费城的 W. 奥尔狄斯（W. Oldys）这个假名。潘恩对这一攻击真正作者的认识可参见《人的权利》，参见 *LMW*, p.457.

63 *WN*, V.ii.87.

俭观念成功带来的公共利益。因此，斯密宁愿支持立法控制利息率，在这一主题上，杰里米·边沁（Jeremy Bentham）在《为高利贷辩护》中以其老师斯密更忠实的批评者形象加入了这场经济争论。但是，斯密对美洲殖民地的评论没有一句表明，他与普莱斯一样担忧美洲梦会变成欧洲的噩梦。看起来更有可能的是，他会认为普莱斯的干预主义方案非常接近卢梭聊以自慰的共和主义的反自由论。

四

随着美利坚合众国的诞生，英帝国的这一阶段结束了。这意味着斯密的殖民政治学（politique coloniale）——法语比英语能更好地体现政治学与政策建议的结合——对大西洋两岸的立法者需要提供一些新建议，斯密有时会提供直接的建议，但更常见的是制定一个标准，根据这个标准来评判各种备选方案。美国的国父们面临的问题是如何创造政治条件，以确保十三个前殖民地更大的自由贸易，并让这个新国家能够成为国际商业事务中一股可以信赖的力量。这当然是1787年制宪会议的代表们一门心思想要实现的主要目标之一：从无效的邦联制走向更有活力的联邦制。这也是以不太明显的方式解决派系仇恨问题——斯密曾预言派系对立将是美国未来的命运——的办法，麦迪逊在《联邦党人文集》第十条也对此给予了很多关注。斯密建议的帝国解决方案，即一个合并的联盟，其背后的政治原因与麦迪逊以国内宪政挽救一个不断扩大的联邦共和国的措施有相似之处。两种方案都包括了旨在限制并约束派系的宪政机制，其方式是将广泛的、多样的利益囊括进来，进而创造一个扩大的舞台，在这个舞台上，这些利益可以互相竞争从而实现平衡。新的共和国在国际事务中应该采取怎样的立场，以及是否像汉密尔顿（Alexander Hamilton）所说的那样致力于成为一个制造业大国，立

156

179

法者也需要对这些议题表明立场，而彼时《国富论》在这些问题上的立场已成为公认的权威。英国立法者面临的同样问题，是决定前殖民地是否应该以及在何种条件下——如果有的话——重新被纳入旧的殖民贸易体系中，在这个主题上，斯密要么被要求给英国立法者直接提出实用的建议，要么，其他解决方案的鼓吹者们热切地援引了他的观点。

斯密几乎很难因为在自由贸易问题上鼓励人们保持过度的乐观态度而遭到谴责："事实上，期待自由贸易能在英国完全恢复，就像期待大洋国或乌托邦会在这里建成一样荒唐。大众的偏见，以及更不可压制的众多个体的私利，都难以抵抗反对自由贸易的诱惑。"[64]《国富论》出版后，斯密提出的建议明确承认，偏见和私利是国内的制约因素，即使是政治家，更不用说政客都不得不受制于这些因素。这完全符合他认为应该引导立法者行为的那些原则，根据这些原则，他建议立法者采取一种渐进的、甚至是策略性的行动走向那个满足多方利益的理想境地。因而，当亨利·邓达斯（Henry Dundas）和贸易委员会主席卡莱尔勋爵（Lord Carlisle）向他咨询如何恰当地回应美国独立战争期间爱尔兰人鼓动摆脱重商主义管制的诉求时，斯密建议，首先，即使从长远来看，爱尔兰制造业对英格兰和苏格兰的竞争者不构成任何危险；其次，"为了支持苏格兰或英格兰某些特殊城镇的垄断，却压榨帝国一个如此伟大美好的省份的**勤勉精神**，完全是不公正、不明智的"。从更便宜的供货渠道更自由地进口物品，不会损害普遍利益即大不列颠所代表的利益，尽管这种贸易"有点干扰我们微不足道的垄断"。事实上，爱尔兰人的要求无一不是合理的，而且，如邓达斯建议的，如果英格兰和爱尔兰的立法机构只有通过"恰当分配**面包和鱼**"才能保持一致，那么，斯密打算提名那些可以受雇从事分配面包和鱼类事务——这个过程被文雅地称为"管理"——的人。斯

---

64 *WN*, IV. ii. 43.

密鼓吹议会联盟是解决爱尔兰分裂为"两个敌对的民族、压迫者与被压迫者、新教徒与天主教徒"的最佳手段。[65] 虽然这种预感被证明是过于乐观的，但斯密预言爱尔兰的制造业产品即便以更低的价格出售也几乎不会对英格兰的制造业造成威胁，这一点却被证明是更接近事实的。[66]

　　矛盾的是，在美洲独立引发的问题上，斯密的经典文献可以被引用来证明两条不同的发展路线，这两条路线在18世纪80年代一直是立法者的关注点。第一条路线与谢尔本高度相关，他公开宣称，他自己关于自由贸易"明暗景象之差别"的知识要归功于1761年他与斯密一起度过的一次长途旅行。[67] 1783年，谢尔本尝试在议会通过一项提案，恢复前殖民地在旧殖民体系中原有的地位。[68] 该提案将在互惠的基础上规范英美商业关系，这可以视为他采纳了斯密在美洲判乱期间提出的建议，即通过签署"一种有效保证自由贸易的商业条约"来默认独立，承认英国抱怨不休的前臣民"是我们最忠实、最友爱、最慷慨的盟友"。[69] 然而，还有第二套斯密式的行动方案。第二套方案主要得到谢菲尔德勋爵、威廉·艾登和乔治·查默斯的支持，他们在行动上或多或少是一致的；这套方案占了上风，该方案反对谢尔本和皮特更"慷慨的"议案。简言之，这个方案需要的是遵守航海法，根据新的豁免权禁止美国船只进入西印度群岛贸易，但允许在无歧视的基础

158

65　参见斯密1779年10月30日致邓达斯的信、1779年11月1日邓达斯致斯密的信以及1779年11月8日斯密致卡莱尔勋爵的信，in *Corr.*，pp.239-44。

66　有关这个问题，可参见R. D. C. Black，"Theory and Policy in Anglo-Irish Trade Relations, 1775-1800"，*Journal of the Statistical and Social Inquiry Society of Ireland*，18（1949-50），pp.1-13。

67　参见杜格尔德·斯图尔特在《亚当·斯密的生平和著作》中引用的一封信，*EPS*，p.347。

68　有关这一时期的经典研究，参见Vincent T. Harlow，*The Founding of the Second British Empire, 1763-1793*，in two volumes，London，1952 and 1964；关于谢尔本的互惠政策，参见Vol.I，pp.448-92。

69　*WN*，IV.vii. c. 66.

上对英美之间的直接贸易进行监管，进而发现作为相互贸易可能结果的"自然"水平。《国富论》对美洲殖民地独立带来的问题的这一解决方法，其正当理由有两个层面：其一是斯密对航海法背后原则的辩护；其二，他认为，旧殖民体系刺激了英国与美洲殖民地远距离贸易的发展，却牺牲了在国内和周边国家投资的机会。

这两种主导议会讨论的方案似乎都不完全符合斯密自己的见解的确切重点。谢尔本的议案更强调保护现有英美贸易模式的重要意义，谢菲尔德-艾登-查默斯的方案强调需要维持西印度群岛的贸易以保护英国更大的海上势力范围，后者远远超过斯密认为的必要范围。就第一个议案的观点来说，斯密与谢尔本的差异在于，前者认为，损失一些因重商主义规章制度造成的人为膨胀的东西，可以等同于某些事物在更自然的贸易关系模式基础上带来的利益。就第二个议案而言，斯密不同于那些主张需要在海防基础上限制西印度群岛贸易的人，他似乎明显赞同在这一方面逐渐走向自由贸易。《国富论》中有一个明显的迹象表明，斯密希望看到"逐渐放松给予大不列颠对殖民地贸易专营权的法律，使之变得适度，直至在很大程度上把它变为自由贸易"，但他同时也意识到这些宽松政策带来的破坏性结果，因而建议采取逐步放松的政策。这些殖民地贸易如何对其他国家放开，这个问题只好留给"将来作决策的政治家和立法者的聪明才智"了。[70] 然而，直到1783年，斯密仍然赞成允许美国按照革命前适用的条款与西印度群岛进行贸易，并指出，正如西印度群岛的例子证明的那样，"限制商业对我国忠诚臣民的伤害远远大于反叛我国的臣民"。不过，他承认，"某些人"将发现这一提议难以接受。[71]

谢菲尔德、艾登和查默斯就属于"某些人"这个群体。事实

70　*WN*，IV.vii.c.44。斯密对这些问题的建议的风格的进一步证据将在下文第203—212页讨论。

71　1783年12月15日斯密致艾登的信，in *Corr*.，p.271。

证明，正是基于这些原因，他们成功地让谢尔本-皮特的议案流产了。谢菲尔德写了一本颇有影响力的小册子，即《美国与欧洲和西印度群岛的商业评论》(*Observations on the Commerce of the United States with Europe and the West Indies*)。这本小册子在1783—1784年间印刷了六版，并为后来威廉·艾登担任贸易委员会秘书采取的立场提供了基础。两位作者都认为他们受惠于斯密，并在接受自由贸易原则的基础上为自由贸易的例外情形辩护。斯密愿意与查默斯一起合作，反对普莱斯对英国前景的评估，正如上文已经提到的那样，这一点表明他对查默斯商业政策的优先事项和策略有一些同情。这个群体采取的立场被贴上了"新重商主义者"的标签，因为他们承认将财富与国防或国家权力相关的事务分开，同时反对比较粗糙的"贸易平衡"形式的重商主义。[72] 这个标签似乎是恰当的，因为它表明，斯密描述重商主义特征并对其进行抨击之后，对于那些以精通那个时代最好的"自由"观念为荣的人——就像这里提及的这个群体——而言，采取一种新重商主义的立场，绝不可能与斯密抨击的那种重商主义完全一致。[73]

---

72 "新重商主义者"这个术语可参见 Vincent T. Harlow, *Founding of the Second Empire*，但更广泛的运用可参见 John E. Crowley, "Neo-Mercantilism and the *Wealth of Nations*: British Commercial Policy After the American Revolution", *Historical Journal*, 33 (1990), pp.339–60; and *The Privileges of Independence*, Chapter 4。

73 所以威廉·艾登在《威廉·艾登致卡莱尔伯爵的四封信》(*Four Letters to the Earl of Carlisle, from William Eden*, London, 1780, pp.102–3) 中提到"我们的朋友亚当·斯密，他的政治科学被认为是伟大的恩赐"；在第77—78、99、152—177、166页中还提到休谟，并隐晦地提到斯密。还可以看一看艾登对他与法国谈判达成的条约的辩护："我很满意，所有国家政策的合理原则，我都可以追溯到大卫·休谟、亚当·斯密、谢菲尔德勋爵、M.内克等人的著作中，否定目前的实验——尽管这个实验可能是伟大而危险的，不仅荒唐，而且极不道德。目前，它给数百万人带来了面包、就业和繁荣；将来，前景至少和过去一样好"：Letter to Sheffield, February, 1787, in *Journal and Correspondence of William, Lord Auckland*, London, 1861, I, pp.402–3。查默斯在其《英国比较性实力评估》中插入了一段对斯密的吹捧，见 *Estimate of the Comparative Strength of Britain*, 1782, p.211。

160 　　"新重商主义者"似乎不同于斯密在《国富论》中攻击的人，他们对待独立后的美国人的强硬以及缺乏公开同情的态度有一种斯密式的许可。1780年，斯密感谢艾登公开支持他在《国富论》中对未来的美洲贸易以及增加关税收入所采取的立场，他认为后者有可能愿意废除出口奖金、进口禁令。[74] 就英国与美洲的贸易而言，斯密也同意尽量减少对未来的担忧，"平等对待各个国家，我们或许很快就能开启与欧洲邻国的贸易，这远比与美国这样遥远的国家进行贸易有利得多"[75]。这是谢菲尔德《美国与欧洲和西印度群岛的商业评论》的主要信息之一，尽管有人傲慢地认为，该评论在尝试提升英国人自豪感的同时，似乎也有意伤害美洲人的敏感情感，进而有助于证实以下怀疑，即英国决定在所有的贸易谈判中采取一条惩罚性的路线。[76]

　　在《航海法》这个问题上，斯密赞成国防优先于财富。这个例子让斯密关于这一主题的论断在其所有爱国主义的叙述中最独具特色，甚至成为民族主义或帝国主义的关注点。[77] 斯密还谈到了一个与不完美世界的生活相关的重要的次优选项，在这样的世界中，各国互相冲突，不同国家在国际贸易和商业外交中拥有不同的权重——这正是美国立法者在与英国决裂后面临的处境。例如，斯密感到，当大国不愿

74 Eden，*Four Letters to the Earl of Carlisle*；参见1780年1月3日斯密致艾登的信，in *Corr.*，pp.244-6。

75 参见1783年12月15日斯密致艾登的信，in *Corr.*，pp.271-2。

76 詹姆斯·麦迪逊对谢菲尔德小册子的回应，参见其1783年8月30日致埃德蒙·兰道夫（Edmund Randolph）的信，in *The Writings of James Madison*，edited by Gaillard Hunt，New York，1903，II，pp.11-12；and Tench Coxe，*A Brief Examination of Lord Sheffield's Observations on the Commerce of the American State*，Philadelphia，1791。

77 帝国主义的解释在19世纪末更为常见，彼时，帝国联邦的主题再次被提上英国政治议程，参见J. S. Nicholson，*A Project of Empire: A Critical Study of the Economics of Imperialism with special reference to the work of Adam Smith*，London. 1909。基于"自由贸易帝国主义"这一概念对斯密的现代解释可以参见B. Semmel，*The Rise of Free Trade Imperialism*；and M. Panic，*National Management of the International Economy*，London，1988，chapter 7，其标题"自由贸易学说：国际主义还是伪装的重商主义"颇有意义（"The Doctrine of Free Trade: Internationalism or Disguised Mercantilism"）。

意带头时，一些小国单方面走向自由贸易是不审慎的："因此，一个国家的糟糕政策，可能会在某种程度上导致另一个国家采取原本应该是最佳政策这一行为的危险和轻率。"[78] 他还充分意识到，某些国家有可 　161能利用关税作为报复性措施迫使其他国家降低关税——这种情况对一个新国家尝试应对英国立法者打造的把自己排除在外的新殖民体系产生了明显的影响。

斯密的建议不是在为一个理想的世界进行设计，这一点确实解释了汉密尔顿1791年出版的《制造业报告》一书。汉密尔顿给予斯密极高的赞誉，在其报告可能应用斯密学说的所有主题上都照搬了斯密的观点：例如，反对重农学派给予农业优先地位的说法，极力主张劳动分工和运用机器给制造业带来利益。这种吹捧在汉密尔顿接受斯密关于普遍的世界性原则的声明时同样明显，他认为，斯密的声明提供了一个恰当的背景，在此背景下，他自己提出的适合美洲的情形的实际例外情况应该得到证明。[79] 汉密尔顿的行为在这些方面就像英国的"新重商主义者"——与其像人们通常所说的那样，旨在把时针拨回到《国富论》之前的重商主义形式，不如说是一种彻底的后斯密主义立场，即使汉密尔顿的结论有悖于斯密对美洲直接的自然优势的评判。这种评判同样适用于汉密尔顿的一位德国崇拜者，弗里德里希·李斯特（Fredrich List），《新政治经济学体系纲要》在他抵达美洲后不久的1827年出版，该书是其1841年出版的更著名著作《政治经济学的国民体系》的预演。李斯特致力于揭示背信弃义的阿尔比恩的起源和斯密思想的影响，他指出，英国通过自由贸易的手段获得了她的民族认同，却拒绝其他国家的民族身份——在这场竞争中，后来者获得了与其制造业能力匹配的能力。不过，无论汉密尔顿的报告还是

78　*WN*, IV.v.b.39.

79　参见 Hamilton, *Report*，以及《国富论》被改写的那部分内容的编辑选集，in *Paper of Alexander Hamilton*，edited by Harold C. Syrett，New York，1966，x，pp.230–362。

李斯特的著作，如果不考虑他们的天然目标和补充性的语境——即李斯特形容的斯密"世界经济学"的目标和语境，我们都将难以想象它们的目标是什么。

无论斯密在这些问题上的确切观点可能会是怎样的，他理解其早期的美洲批评者和推崇者面临困境的难度，肯定要比他的现代美国同行们理解后者的难度小得多，特别是在1800年后，那些急于主张杰斐逊式的民主已充斥着斯密式的或"资产阶级的""自由主义"的现代同行。[80] 斯密对"君主制政府"的支持，他对美洲人鼓吹的政府形式的某些特征缺乏同情，这些也可以用来证明20世纪末新自由主义推崇者们的尴尬，后者将美国宪政解释为自由放任原则的化身。[81] 在这些问题上唯一稳妥的历史结论似乎是消极的：对斯密本人而言，自然自由体系与具体的治理形式是一一对应的。商业利益可以在君主制政府中实现，也可以在共和制政府中实现，如果公民自由的基本议题——即法治下的安全——能够得到保证的话。这是英国对美国奠基所做的唯一贡献，也是最重要的贡献。尽管作为结论不那么令人激动，但这符合先前讨论过的斯密的立法者科学反乌托邦的特征。斯密对法国大

---

80 "自由的"解释最明显的代表是Joyce Oldham Appleby，Capitalism and a New Social Order；I. Kramnick，*Republicanism and Bourgeois Radicalism*，值得一提的是论"共和修正主义"一文；John R. Nelson，*Liberty and Property: Political Economy and Policy-Making in the New Nation, 1789-1812*，Baltimore，1987；不同政治视角的看法，参见Thomas Pangle，*The Spirit of Modern Republicanism: The Moral Vision of the American Founders and the Philosophy of Locke*，Chicago，1988。

81 例如以J. M. 布坎南为典型代表的公共选择学派，这一学派的思想基础是他们对斯密"宪政经济学"的主张；参见布坎南在这一主题上的论文："The New Palgrave Dictionary of Economics"，edited by J. Eatwell，M. Milgate and P. Newman，London，1987。新自由主义者为美国宪法两百周年庆典撰写的文章也强调两者之间的亲缘性，就像以下主张一样，即"斯密的著作提出了引导国父们的人性观。他的观点解释了建构一个如下政府的可能性，这个政府允许公民理性的自利像'一只看不见的手'那样行动，个体的经济行为者追求他们自己的目标进而促进公共利益"，参见Jonathan R. Macey，"Competing Economic Views of the Constitution"，*George Washington Law Review*，56（1987），pp.54-5。

革命意义的思考以及类似的比较性线索将会弄清楚这些特征在斯密那里的印迹有多深。

　　还有一点余地留给一个更积极的结论。政治经济学，就像斯密在《国富论》中刚刚定义的那样，为明确表述新国家的困境提供了一种跨大西洋的通用语言，这不是"自由派"的特有财产，也不是那些后来因其"共和"态度而闻名的人的专属财产，后者转而维护共和主义的"美德"，上文谈到的普莱斯的各种观点最能说明这一点。事实证明，将"自由派"和"共和派"严格按照偶然分派给他们各自的阵营划分会越来越有问题。[82] 参与美洲论战的各方都以政治经济学为手段、围绕民族认同来探讨最基本的问题。还有一点值得指出的是，政治经济学在英国国内的争论中也发挥着类似的作用，尽管事实是——爱尔兰被部分地排除在外——民族认同不算是一个关键的问题。麦迪逊、杰斐逊，还有普莱斯，可能会认为英国及其拥挤的制造业城镇是美国的一个反面形象，不过，麦迪逊尤其愿意承认，无论采取怎样的措施推迟这个不幸的日子，这或许最终还是美国的宿命。[83]

163

　　我们将会看到，斯密关于历史的这些推测并不局限于这个新国家。在美国建国的最初四十年里，英国人也试图接受一些令人困惑的暗示，即他们自己的经济命运没有历史先例，可能充满了危险。这些事实对我们来说非常熟悉，但接受这些事实是后斯密时代的第一代政治经济学家面临的主要挑战。英国开始成为一个世界领先的商业和制造业大国，生活在新城市中心的人口比例日益增长。1801年人口普查之后，有证据表明，英国人口每二十五年就翻一番，而不是几十

82　可参见约翰·艾什沃斯的评论性文章，John Ashworth, "Jeffersonians: Classical Republicans or Liberal Captialists?", Journal of American Studies, 18（1984）, pp.425-35，最近的另一个研究始于放弃寻找排他性选择，参见Cathy D. Matson and Peter S. Onuf, *A Union of Interests: Political and Economic Thought in Revolutionary America*, Lawrence, 1990。

83　参见 Drew McCoy, *The Elusive Republic*, pp.104-19, 128-32, 255-9。

年前人们认为的三十年或五十年翻一番。与此同时，日益明显的趋势是，英国正在进入一个基本食品净进口国的危险境地——和人口增长率一样，斯密没有涉及这一生活事实，或许也不可能涉及。事实上，这方面的变化是缓慢的、不均匀的，进口粮食通常似乎只是粮荒时期特别的权宜之计，当时人们对此现象的评论几乎很难找到，直到这一趋势已完全确立才开始出现评论。依赖国外供给粮食或许是诸如威尼斯这样一些较早的商业共和国的事实，但对于英国这样一个具有农业潜力、在国际事务中具有影响力的国家来说，这些先例并非令人宽慰。除此之外，英国在这些趋势逐渐为人所知的时期中几乎一直处于战争之中，战争给公共财政增加了额外负担；不断增长的人口似乎与国内不断增长的粮食生产成本齐头并进，制造业的就业人口比例迅速增加，而且，《济贫法》之下英国用于救济贫困人口的开支陡然上涨，说这些迹象令人困惑似乎过于轻描淡写了。

164

本书随后的几篇文章将会表明，政治经济学家常常被分为两类，一类试图接受英国似乎开始走上的新进程，另一类和马尔萨斯一样，至少在其研究开始之时，将其视为"早衰"的端倪。事实上，人们可以说，为了预测一个后来得出的论断，马尔萨斯作为一个政治经济学家耗费了大量气力去思考如何重建斯密认为理所当然的世界运行的方式。这也是下文的基本观点之一，即政治经济学不只是一门追求获得财富的技术官僚的行动蓝图——一门纯粹计算经济成本和产出而将人的或道德的维度束之高阁的算术学。[84] 虽然这门科学的业余爱好者通过解决与债务、税收、货币和商业政策相关的问题为其赢得了可信度，但政治经济学如果不超越这些问题，囊括更深刻的道德议题，它

---

[84] 在这方面，我对乔伊斯·奥尔德汉姆·阿普尔比在其《资本主义与新社会秩序》中提出的英美比较表示怀疑，她在这本著作中说，鉴于杰斐逊主义者认为《国富论》是"经济发展、社会平等、政治上称职的公民的社会蓝图"，在有着"明显社会等级"的英格兰，政治经济学仅仅可以作为"理解各国通过贸易实现增长财富的一个手段"，参见 *Capitalism and a New Social Order*，p.60 and pp.14，50，59–60。

就不可能回应当代的社会关切和政治关切。"美德"以及斯密提到的"品质"得以保存的条件，常常在美国人的争论中提及——这反映了以下事实，即如孟德斯鸠和卢梭提醒美国人的那样，美德总是被视为共和国生机盎然的精神。但美德表达的观念在英国争论中并不缺乏，尽管事实是，英国作为一个制造业国家的崛起实际上没有任何相似之物，其对古典模型的运用似乎不如它们对最近放弃——在斯密看来，是"贸然"放弃——其君主制政府的那个国家重要。

165

第六章

柏克的信念：政治见解、骑士精神与迷信

请允许我表达我对柏克先生关于法国革命信念的赞同。我钦佩他的雄辩，认同他的政治见解，崇拜他的骑士精神，我几乎可以谅解他对教会机构的敬畏之心。

爱德华·吉本《自传》

一

吉本对柏克《法国革命论》精心推敲的赞誉在这里仅作为一个顺便提及的话题。这份证言是否能让人们说，斯密也和吉本一样赞同柏克关于法国大革命的"信念"呢？他会支持柏克的"骑士精神"吗？斯密会分享吉本对柏克热衷于教会机构的保留态度吗？吉本提到的这段话，以一种不太保守的方式反映了他自己在宗教事务上的怀疑主义，就像他对柏克的"迷信"的怀疑一样。[1] 斯密在《法国革命论》出版前刚刚去世，所以这些问题的答案显然只能靠后人猜了。不过就像

---

1 "我甚至可以原谅他的迷信"，参见 *The Letters of Edward Gibbon*, edited by J. E. Norton, 3 Volumes, London, 1956, III, p.216。

前一篇文章一样，一些结论可能仍需推敲，但得出这些结论所包含的比较仍有其自身的吸引力。

在讨论柏克对法国大革命及其英国支持者的著名抨击的某些方面之前，我们可以借助斯密对第五版《道德情感论》的大范围修订来间接考察这一主题。斯密1788年开始认真修订此书，为此他从海关专员的职位上请了四个月假。他最初告诉他的出版商说，最重要的增补是第三篇关于义务感和最后一篇关于道德哲学史的内容。那时，斯密六十二岁，他认为"自己的生命大限极不确定"，并抱怨他成了"一个迟缓、非常迟缓的作者，每一篇文章在我能勉强满意之前至少要修修改改六遍"。[2] 一年后，他仍然"非常努力地"修订，这个过程损害了他的健康，他决定回到海关大楼，"获得片刻放松，做一些容易得多的事务"。现在，他已经远远超出他先前所说的打算，写了一篇全新的内容（全新的第六卷），他形容这一卷"包含了一个实践的道德体系，标题是德性的品质"，其整体效果是强调先前关于审慎、良心、自制的讨论，对这些德性给予更宽泛、更温情的讨论。[3] 这份手稿在1789年初冬时节寄给了出版商（没有确切的日期），这是在七月份巴士底狱陷落之后的几个月，可能是在理查德·普莱斯发表其布道辞的十一月之后。斯密在这段时间里仍然在对他的作品修修改改，而这可以表明，第六卷的某些段落可以理解为他对法国大革命总体上的评论，尤其是对普莱斯布道辞的评论。[4]

2　1788年3月15日斯密致托马斯·卡德尔的信，*Corr.*，p.311。

3　1789年3月31日斯密致托马斯·卡德尔的信，*Corr.*，p.320。参见编辑对这部分内容的评论，*TMS*，pp.18-20。调和《道德情感论》和1790年的增补内容这一问题已经成为很多学术讨论的主题，参见 Lawrence Dickey, 'Historicizing the "Adam Smith Problem": Conceptual, Historiographical, and Textual Issues', *Journal of Modern History*, 58（1986），pp.579-609。D.D.拉斐尔详细回应了迪基的主张，他在《道德情感论》导言的编辑评论中提出，1790年的修订代表了一个重要的立场转变，参见 "Adam Smith 1790: the Man Recalled: The Philosopher Revived", in P. Jones and A. S. Skinner（eds.），*Adam Smith Reviewed*，Edinburgh，1992，pp.93-118。

4　参见《道德情感论》的编辑评语，*TMS*，pp.18-19，以及第229、231页的注释。

鉴于斯密对法国有着广泛的接触和兴趣，似乎可能的情况是他会密切关注法国大革命的进展。尽管这段时间他的信件寥寥无几，但他至少接到一封来自法国的信，此信对卡隆（Charles-Alexchdre de Calonne）执政下的商业改革以及其他改革可能带来的结果保持乐观的态度——杜尔阁在1774—1776年担任路易十六的财政总监时虽然没有取得持久的成功，但为这些改革奠定了基础。杜尔阁的密友杜邦·德·尼摩尔（Dupont de Nemours），正是斯密收到的这封信的写信人。杜邦随信附上的是他为1786年缔结的英法贸易条约的辩护词，为其最温和的目的申辩，并充满信心地报道了比较客观的政治发展态势，内容如下："我们正在快速建立一个良好的宪政，这一点甚至有助于完善贵国的宪政。良好的原则在美国、法国和英国经过几年艰难的时光，最终会蔓延到其他国家。"杜邦在最后一段称赞性的评语中告诉斯密，您和杜尔阁以及经济学家们"已经加速了这场有用的革命"。[5]

1790年7月斯密去世，这个时间很接近巴士底狱陷落一周年，也是第六版《道德情感论》出版后不久；在斯密去世前后，法国人对他的作品表现出了极大的兴趣。《国富论》第二个法语译本出版于1790年，四年后该译本第二次印刷时，第三个译本由热尔曼·加尼耶（Germain Garnier）翻译。孔多塞的妻子苏菲·德·格鲁希（Sophie de Grouchy）1786年开始翻译《道德情感论》，而孔多塞自己则为《国富论》写了一个长篇摘要，并于1791年出版。同时，孔多塞承诺会有一篇更广泛的评论，但从未发表。[6]与此相反，从《泰晤士报》发表的英国人对斯密冷嘲热讽的几篇讣告来看，伦敦的反应远比巴黎冷淡得多，尤其是在被斯密冒犯过的那些人的圈子中，原因可能是斯密对休

167

5　1788年6月19日杜邦致斯密的信，*Corr.*，p.313。

6　《国富论》在法国的译介及影响，尤其是孔多塞的接受和运用，参见丹尼尔·迪亚特金和安藤隆穗（Daniel Diatkine and Takaho Ando）为1990年会议撰写的文章，现在收录于H. Mizuta and C. Sugiyama（eds.），*Adam Smith：International Perspectives*，London，1993，pp.199–213。

谟在宗教事务上的怀疑主义表露出了他的同情，以及在《国富论》中抨击了牛津大学。[7]《泰晤士报》的讣告特别强调不信教这一点，它说斯密"很早在宗教事务上就成为伏尔泰的信徒"——这一评论在1790年可能不像几年前那样无伤大雅。

法国事态的发展似乎证实了柏克的预言；随之而来的是英国人对指导立法行为的抽象原则变得更加冷淡。在1792年9月大屠杀之后，英国人的反应呈现出更批判性的倾向，随后是路易十六在十二月被处决，次年二月，英国对法宣战。孔多塞被认为在九月屠杀中有所牵涉，而杜格尔德·斯图尔特发现自己迫于外界压力不得不撤回他在其著作中为孔多塞的《杜尔阁传》所说的好话。虽然斯图尔特做了辩护，但他没有完全遵循这一请求；他还是保留了"完美性"的学说——基本上还是孔多塞赋予"完美性"的那种形式，并将其作为一种理想，一种应该作为引导立法的长远目标和抱负的理想。[8]尽管如此，公众的压力确实让斯图尔特有所改动，出于他觉得直到很久以后才能公开承认的原因，他删减了1793年发表的关于斯密回忆录的一部分。

> 当这份回忆录在爱丁堡皇家学会被宣读时，即使在颇具才华、知识渊博的人中间，也会有人故意把政治经济学的思辨性学说误解成不幸在那时煽动公众心灵的政府首要原则的讨论，这真

7　因此，8月4日，《泰晤士报》的讣告提到斯密"对大卫·休谟斯多葛式的死亡的矫揉浮华的颂词"，8月14日，提到斯密认为自己（特别强调）在巴利奥尔学院受到的待遇是"宽宏慷慨"的，并强调斯密在英国接受的教育给他带来的益处。斯密对法国百科全书学派的了解，对休谟的称赞，对约翰逊的诋毁，都被视为苏格兰常见的"看法，毋宁说是偏见"，这些"与斯密博士的功绩凑在一起，让他成为一个非常入时的教授"。我们已经提到，斯密对牛津的批评是鲍斯威尔为其与斯密断交给出的理由之一；参见上文第39页注释12。

8　这段插曲在科里尼（Collini）那里有充分的讨论，Collini et al., *That Noble Science of Politics*, pp.32-44.

是再寻常不过了。自由贸易的学说本身就代表着革命的趋势。[9]

　　杜格尔德·斯图尔特是英国第一位公开的政治经济学教师，在面对人们区分"新宪政计划"与"阐明实际立法政策"的敌意时，他打算作出策略性的妥协，并主张关心实际立法政策与斯密立法者科学的优先事项是一致的。在法国大革命带来的仇视氛围中，斯图尔特采取这一策略或许是审慎的。说到那些采取不太审慎、更革命性的观点的人，潘恩或许是一个。他以下列内容批评了孟德斯鸠、魁奈、杜尔阁（可能还隐晦地批评了斯密）："他们的著作充满了政府的道德准则，但更倾向于节省政府开支，改革政府管理，而不是针对政府本身。"[10] 在拿破仑的监控下，逐渐成为斯密在法国的首席信徒的让-巴斯蒂斯·萨伊（Jean Baptist Say）正式宣布政治学与政治经济学的分离。[11] 尽管暂准判令从未成为最终判令，但斯密的某些英国继承者出于方法论的原因——如果不是出于审慎的理由的话——被吸引到政治经济学的狭隘范畴，并明智地将立法"科学"的问题与那些涉及立法"技艺"的问题区分开来。[12] 到目前为止，从所说的一切来看，这样的举动不会对斯密有利。当涉及法治之下安全能够得到保障的政府形式时，在实质的或经验的基础上坚持认为经济和政体并非不可避免地彼此约束，这种看法并不需要遵循这条非实质性的（方法论上的）规定。尽管如此，我们仍然有必要回到斯密可能会对法国大革命所持立场的蛛丝马迹，以衡量杜格尔德·斯图尔特在多大程度上反映了斯密

169

9　参见 "Account of the Life of Adam Smith" in *EPS*, p. 339。

10　*Rights of Man* in *LMW*, p. 299.

11　"长期以来，政治学本身，即组织社会的科学，被误认为是讨论财富如何形成、分配和消费的政治经济学。然而，财富独立于政治组织。如果管理得当，任何形式的政府都可以蓬勃发展。"参见 *Traité d'économie politique*, 1803, Discours préliminaire, p. ix。

12　参见 Collini et al., *That Noble Science of Politics*, pp.67–89; and T. W. Hutchison, *Positive' Economics and Policy Objectives*, London, 1964, Chapter 1。

自己的优先项，而不是他自己在不利条件下流露出的担忧。

最确凿的迹象与普莱斯有关。如我们已经提到的那样，1785 年，斯密对普莱斯提出的所有观点的裁断都是负面的。他批评普莱斯是一个爱搞派系的公民，这一批评可以视为他对普莱斯《对公民自由性质的评论》或他的《公民自由两论》的总体评价，这两本小册子都是在美洲危机期间发表的，并被斯密捆在一起收在他的藏书中。这符合我们了解的斯密对美洲反叛造成的宪政危机的看法，也确立了斯密在法国大革命产生的同样议题上与柏克的潜在联系。如我们已看到的，早在美洲革命和法国大革命赋予普莱斯的观点以政治意义之前，柏克和斯密就联合起来反对普莱斯鼓吹的某些道德理性主义。在 1757 年《关于我们崇高和美的观念的起源研究》一文中，柏克坚持认为，"感官是我们所有观念的重要源泉"，并一直追随沙夫茨伯里、哈奇森、休谟和斯密，认为激情和本能高于理性，引导着道德判断和行为。这就解释了《道德情感论》第一次出版时柏克为何狂热地赞美斯密；他形容此书"可能是迄今为止有着最优美的道德理论结构的一部著作"。[13]

170 显然，斯密和柏克在这些问题上的一致性，可能会在某种程度上影响他们对柏克形容的普莱斯"各种政治意见糨糊"的反应。因此，除了否认普莱斯对 1688 年确立的英国宪政的历史解释，即赋予人民废黜国王、组建或解散政府的权利，柏克还一直致力于抨击一种基于人性的政治观，这种抨击始于他的《致布里斯托行政官的信》。普莱斯在叙述人的权利时所奉行的道德真理的朴素性或不言自明的特征，只是推测性的——"从方法论上讲是真的，但在道德和政治上都是虚假的"。[14] 当然，从更大的意义上说，柏克在《法国革命论》中的完整立场是为那些慷慨的自然本能、同情和成见辩护，它们维持着当下的秩

---

13 柏克对《道德情感论》的评论发表于 1759 年的《年鉴》；还可以参见他 1759 年 9 月 10 日写给斯密的信，*Corr.*, pp.46-7。

14 参见 *Reflections* in *WS*, VIII, p.112。

序，却遭到法国改革者及其英国支持者们抽象的、形而上的思想的威胁，而英国支持者们因尝试在短时间内将外国的观点输入人们对英国事务的讨论中而犯下过错，往好的方面说，他们是爱搞派系，往坏的方面说，是煽动叛乱。[15]

斯密对道德学家普莱斯的总体抗拒可以扩展到他们各自对爱国主义的理解的不同侧重点上。在普莱斯看来，主张普遍的博爱或国际手足情谊的基督教学说是第一位的。[16] 任何对自己国家的偏爱都应该用权利和自由的普遍概念加以限制，而后者使得批评国家宪政的缺陷成为一项公民义务。即便斯密1790年的增补内容事实上没有回应普莱斯的《论爱国》这篇布道辞，也没有回应其中专门用来支持法国大革命的具体内容，但他无疑在以下问题上分享了普莱斯的看法，"我们爱自己的国家不是仅仅因为它是人类大社会的一部分：我们爱它是因为它本身的缘故，与这些考虑无关"。斯密当然不赞成"民族偏见和仇恨"，但他坚持认为，增进人类更大团体的利益，更好的办法是"把每个个体的主要注意力引向特定的部分，这个部分最好在他的能力和理解力的范围之内"。[17] 至少在这个问题上，斯密和柏克在预演后革命时代争论的主导性议题方面是一样的，而这些争论是由葛德文眼中的普莱斯理性的、普遍的博爱学说挑起的。[18]

171

---

15 "无论站在水流的哪一边，我们都不应该忍受自己让假冒伪劣之徒蒙骗我们，一些人通过两面行骗，把假冒伪劣当作英国生产的原装商品违法出口给你们——尽管这些东西与我们的国土格格不入，他们的目的是此后再把这些商品走私回这个国家，说这些东西是按照巴黎最新的改良自由的方式加工制造的"：*Reflections* in *WS*, VIII, p.76。

16 "我在这篇文章一开头就指出，[基督]没有向他的听众反复灌输要爱他们的国家，或者将爱国视为他们义务的一部分。相反，我注意到他教导人们爱全人类的义务，推荐普遍的博爱作为我们的首要义务（仅次于对上帝的爱）"，参见 *A Discourse on the Love of our County in Richard Bite: Political Writings*，edited by D. O. Thomas，p. 194。

17 *TMS*, VI.ii.2.4.

18 参见下文第251、257—258、259—260页。

如前一篇文章所述，斯密反对普莱斯强调反抗权利的新洛克主义，这一点可以从不同版本的《道德情感论》的其他论断中得到证实。比如，我们可以从斯密对君主的命运际遇流露出的自然同情印证这一点："国王是人民的公仆，根据公众便利的需要而服从他们、抵抗他们、废黜他们或惩罚他们；这是理性与哲学的信条，但它不是大自然的信条。"[19] 如果再煽情一点，这句话就可以成为柏克对玛丽·安托瓦妮特及其法国王室遭受的伤害进行修辞性处理的基础，以及谴责普莱斯等人对革命暴力的受害者毫无自然的同情感。斯密1790年的增补内容强调我们对有钱有权之人的钦慕所导致的道德情感的腐败，但这些内容也重复并强调了以下一点：

> 大自然已经明智地断定：地位等级的区别，社会的安定和有序，以门第和财产上清楚和明显的差别为基础，比起以智慧和德性上不明显并且常常是不确定的差别为基础更为可靠。人类大部分乌合之众即使没有什么分辨的眼光，也足以察觉前一种差别；而即使是有智慧和有德性的人，要以其良好的辨别力辨认出后一种差别，有时也要费尽千辛万苦。[20]

立刻就将斯密的"人类大部分乌合之众"等同于柏克的"猪猡大众"是没有意义的。然而，根据之前我们已经说过的内容，显然，斯密对个体自然权利平等的强调都必须到他的自然法理学中寻找，而不是他对政府形式和维持政府的手段的看法中寻找。

172

---

19 *TMS*, I.iii.2.3.比较一下这句话和柏克的以下论断："我们敬畏地瞻仰国王、热爱议会、对治安官负有义务，尊敬牧师，尊重贵族。为什么？因为，这些观念出现在我们心中时，我们的心灵自然地受其影响；因为所有其他的感情都是虚假的、伪造的，往往腐蚀我们的心灵。"*Reflections* in *WS*, pp.137-8.

20 *TMS*, VI.ii.2.20.这段话可以和《道德情感论》第一卷第三篇第三章比较一下，这部分内容是1790年增加的，它强调人们钦慕有钱有权之人的倾向带来的腐败。

1790年的增补内容还以动态形式将国家的"宪政"描述成一种不断变化的平衡，这种平衡必须在构成该国的不同"阶层和社会团体"之间形成，每个阶层都有能力"维护自己的权力、特权和豁免权，以反对其他阶层的侵犯"，这种能力在决定国家稳定性方面发挥着重要的作用。尽管我们对自己阶层的偏爱"有时可能是不公正的"，因遏制"创新精神"而成为改良的障碍，但这种倾向有助于"整个体系的稳定持久"。[21] 在柏克对"小群体"的称赞以及他在《法国革命论》中对成见保护性质的讨论中，我们似乎不用费力就能听到以上观点的回声。[22]

斯密继续论证说，我们对国家的爱取决于两条原则："在和平安宁的时代里，这两条原则是和谐一致的"："对已经确实建立的宪政或政府的某种尊重和敬畏"，"真诚地渴望尽我们所能让我们的同胞的生活状况变得安全、受人尊敬和幸福"。权威原则和公共效用感正是斯密继休谟之后以经验为基础更为合理地替代原始契约理论预设的方案。通常，这两条原则相互支持，但1790年，斯密设想了"公众不满、发生内讧和混乱失序"时期两者之间的冲突，而在此时，"即使一位明智之人可能会想做出一些必要的改变"，目的是"维持公众的安宁"。（注意这里的"即使"［even］，暗示了谚语所说的愚人不动脑筋想到就做）在这些条件下，"往往需要人们的政治智慧尽最大努力来决定一个真正的爱国者应该何时支持并努力重建旧体系的权威，何时应该让位给更大胆但往往更危险的创新精神"。柏克在这些状况下的选择是明显的。斯密没有活到做同样选择的时候，如果他能有这个选择的话，他可能感到作为哲学家没必要公开为自己的立场辩护。然而，与　173

---

21 *TMS*，VI.ii.2.7–9.

22 我们可以比较一下《道德情感论》的引文与《法国革命论》的下列论断："依附于所属的派系，热爱我们在社会中所处的小群体，是公共情感的首要原则。正是通过众多联系中的第一联系，我们才会爱我们自己的国家，爱人类"，参见 *WS*，VIII，pp.97–8。

此相反，必须指出的是1790年版《道德情感论》的另一个特征：斯密强调"伟大的将军、伟大的政治家、伟大的立法者"的"高级审慎"——简言之，这些品质可以习得，并只有在公共生活中才能体现出来。以此为背景，以下论断——也是增补内容的一部分——就具有了额外的意义："爱好沉思的哲学家最崇高的思辨，几乎都不能补偿对最小的积极责任的忽略。"[23] 斯密或许不能分享弗格森在政治和军事事务上的狂热，但他对于公共人物绝非漠不关心，尤其是在公众不满期间。

解决权威原则和效用原则的冲突导致的困境的方案——如果解决方案一词的意义不太强烈的话，就在之前我们引用的那段著名的结束语中。在这个语境下，我们可以重申一下。斯密在比较"具有公共精神的人"和"体系的人"时偏向前者："具有公共精神的人"尊重"即使是个体的既有权力和既有特权，甚至是这个国家被划分为不同的几大阶层、以及社会群体的权力和特权"，而"体系的人"自负地尝试着在每个细节贯彻执行其"理想的政府计划"，毫不顾忌"巨大的利益，或可能反对该计划的强烈偏见"。[24] 斯密的编辑表示，斯密在写这段话时，普莱斯可能再次成为靶子。不过，将普莱斯作为斯密的靶子难以成立，因为在紧接着的一段结束语中，斯密从"立法机构"转向"王室改革者"和"主权君主"，把他们视为最危险的"政治投机者"。[25] 他们更倾向于傲慢地扫除他们改革计划的所有障碍。诉诸"贵族的权威"，取消"城市和各个省份的特权"，似乎将抨击的焦点正好转向了此前二十年中央集权化的君主们试图在法国采纳杜尔阁之类的

---

23 *TMS*，VI.ii.3.6."论高级审慎"，参见 *TMS*，VI.i.15。

24 *TMS*，VI.ii.2.11-17.

25 D.D.拉斐尔在稍后一篇关于"启蒙与革命"的研究中将这些参考文献视为斯密立场"模棱两可"的来源，in N. MacCormick arid Z. Bankowski（eds.），*Enlightenment, Rights, and Revolution: Essays in Legal and Political Philosophy*，Aberdeen，1989，pp.12-13。

哲学家-管理者建议的那些改革。只有在这段话的基础上，认为斯密在为孟德斯鸠"这样的贵族"进行辩护才情有可原。另一种说法认为，这些评论似乎与以下看法完全一致，即斯密一直支持那些贵族和神父们的主张，他们在法国成功地召开了第一次三级会议——该机构很快被国民会议吞噬，国民会议的措施被柏克——解析并遭到他的攻击。

174

　　这些推测仅仅意味着：它们被提及只是为了说明从斯密的这部分文本不可能推断出他对时局的看法。尽管如此，即使我们设想，斯密在创作这部分内容时心中想的不是评论当时的法国大革命，细心的读者也几乎不可能推论出他支持激进的宪政变革或试验。他们甚至可能得出结论说，斯密在其晚年已经变得彻底"不自由（illiberal）"了，但只有忽视他一直以来强调的一贯意见这一事实才可以这么说。杜格尔德·斯图尔特心中想着斯密将《道德情感论》的新增内容描述为"道德的实践体系"，他似乎谨慎地没有歪曲斯密的优先项，比起那些希望强调斯密与其某些英国和法国崇拜者"自由"、激进或亲革命倾向联系的人，那些强调斯密与柏克关联的人的理由更为妥当。斯密完成《道德情感论》修订的同时，柏克正在创作其《法国革命论》。斯密心平气和地关注均衡，柏克怒不可遏地谴责革命，这两者之间的差异几乎再明显不过了。但是，在那些力求在理性主义的权利概念、不考虑在既有利益的基础上重溯政治制度的人看来，两篇文章的态度相同。或许两人真的不用交流就能心灵相通——至少在"首要原则"和柏克所说的"构建共和国的科学"方面是如此。

二

　　当然，在评估斯密是否和吉本一起推崇柏克的"骑士精神"之前，还有另一个问题摆在我们面前：吉本所说的"骑士精神"是什么意思？与《法国革命论》过去和现在的众多读者一样，吉本对此书印象最深的，恐怕只是柏克对玛丽·安托瓦妮特遭到的无情侮辱所渲染的夸张情感。吉本感受到法国大革命的威胁有一些个人的原因，就像他在洛桑的贵族移民中间时的切身感受一样深刻。在更深层的意义上，他可能打算把这些事件等同于野蛮和狂热，而野蛮与狂热被他视为罗马帝国终结的原因和遗产。[26]吉本可能也意识到，柏克诉诸骑士精神的一个方面是源于苏格兰历史学家开创的优雅礼节的历史。吉本在某种程度上想把自己塑造成休谟和威廉·罗伯逊（William Robertson）这样的历史学家，称赞这两位历史学家时说自己不妄想忝列"三头同盟"。[27]他曾在伦敦给亚当·弗格森写信说："我总是怀着最真诚的尊敬之情遥望我们这片岛屿的北部，那里的趣味和哲学似乎已经摆脱了这个庞大首都的烟雾和匆忙。"[28]

175

柏克了解同样的信息来源，他可能在《评论年鉴》（*Annual Review*）评论了罗伯逊的著作，还就历史解释问题与他通过信。[29]在《法国革命论》中，柏克可能提到了罗伯逊《欧洲社会发展观》（*View of the Progress of Society in Europe*，1769）很有特色的一个命题，而该命题在约翰·米勒（John Millar）的《论等级差异的起源》（*Origin of the Distinction of Ranks*，1771）中得到了强调，后者认为，妇女的待遇是礼仪进步的试金石。这个主题对于欧洲的封建主义经历非常特殊，即情感的优雅化，尤其是封建主义后期的骑士时代，骑士般对待妇女的行为所流露出的情感的优雅化。因此，在柏克看来，"古老的骑士精神"意味着"意见和情感的混合体系"，这一体系"将其品性赋予现代欧洲"。它表现为"古老的封建主义精神和宣誓效忠的

26 参见 *Letters of Gibbon*，III，p. 321；Burrow，*Gibbon*，pp.15，65；and P. B. Craddock，*Edward Gibbon*，*Luminous Historian*，*1772–94*，Baltimore，1989，pp.292，312-13。

27 参见 Gibbon's *Memoir of my Life and Writings*，edited by G. A Bonnard，London，1966，p. 158。

28 *Letters of Gibbon*，II，p. 100.

29 尤其可以参考柏克1777年6月9日致罗伯逊的信，*Corr.*，III，pp.350-3。

骑士精神"，并且仍然可以在"绅士精神和宗教精神"中找到。[30] 已有人言之凿凿地论证，这种对封建主义起源的特别柏克式的歪曲在于暗示，苏格兰历史学家所称赞的那些文明部门，即商业、制造业、艺术和科学的兴起，在面临海峡对岸法国人向它们掀起的攻击下可能难以幸存。[31]

斯密作为文明社会史学家在这个过程中扮演的角色非常重要，但留下的疑难问题也很多。米勒的灵感几乎肯定都要归功于他作为格拉斯哥大学的学生听取的斯密关于法理学的讲义。在这些法学讲义的学生笔记被发现之前，米勒的叙述是人们理解斯密如何完成其任务的主要来源。[32] 斯密以一种不太明显的方式影响了罗伯逊的《欧洲社会发展观》：他明确指控罗伯逊借鉴了他的观点却没有给予充分的承认。[33] 我们还可以从吉本对斯密《国富论》第三卷论证的引用推断，这部分研究已经成为一种特殊解释的源泉，即解释商业性的奢侈对封建主义的影响。[34]

尽管如此，骑士精神的主题并不在斯密对欧洲封建阶段的任何历史描述中占重要位置。我们将在下一节看到，斯密同时叙述的教会机构的历史中，教士也没有支持学术的复兴。斯密在《国富论》第三卷中以简单扼要的方式提出了两个主要观点，其一，财富增长的缓慢进程，以此解释封建依附和长子继承制如何阻碍了农业改良、造成商业不能繁荣的各种环境；其二，封建男爵与君主的权力之争如何打破了国内和平，不可能公正地建立并执行法治——休谟的《英格兰史》被

176

---

30 *Reflections* in *WS*, VIII, pp.127–30.

31 该论断出自 J.G.A.波考克，参见 *Virtue, Commerce and Happy*, pp.196–9；以及他为《法国革命论》所写的导论，pp. xxxii–xxxiii.

32 参见米勒致杜格尔德·斯图尔特的信，后者在《亚当·斯密的生平与著作》引用了该信，参见 *EPS*, pp.273–6，以及该书第275页脚注的引文，米勒感谢斯密对自己研究的影响。

33 参见 W. R. Scott, *Adam Smith as Student and Professor*, pp.55–6，117–18。

34 关于吉本有条件地运用了斯密式方法，可参见上文第55—56页。

誉为第二个主题的最佳写照。直到封建男爵的权力被商业和制造业的扩张削弱，为绝对君主制留下明显的空间，城镇首次经历的和平和繁荣——某种程度上归功于王室赞助——才延伸到乡村。斯密讲述这个故事时运用了曼德维尔式的反讽，几乎没有余地留给柏克《法国革命论》中援引的礼仪进步。这些讲义提到涉及改善战俘待遇的"军事礼仪"，但封建主义主要与"混乱无序的礼仪"和"依附于领主……的奴性"相关。[35] 封建贵族制没有救赎的特征：它一直被斯密视为欧洲最恶劣的压迫，北美没有封建贵族制是值得庆贺的。[36] 吉本发现，斯密将变革与商业联系起来的描述极为"恶劣"，因为这种描述证明"最有助益（尽管并不令人愉快）的结果源于最卑鄙、最自私的动因"。吉本对柏克"骑士精神"的"崇敬"流露出了他在这些问题上的偏好。

不过，我们也看到，人身依附的终结，虽然就斯密对商业与自由相关的看法而言是至关重要的，但它并不表示基于有形财富的社会等级体系内的顺从的结束。斯密讨论了更容易同情社会层面中那些处于我们地位之上的人的情感的自然倾向——这种倾向在同情王室的感受时被神化了，他强调这种倾向与依附性是有区别的："我们对地位较高之人的谄媚，更多是源于我们对他们处境之优越的羡慕，而非源于我们自己期待从他们的恩惠中得到什么好处。他们的恩惠只能惠及少数人；但他们的幸福却几乎会引起每一个人的关心。"[37] 如我们已经提到

---

35 在《法理学讲义》（*LJB*，p.549）中，战争中"高级的人道主义"要归功于"教皇时代"。关于奴性的人身依附，参见 *WN*，III.iv.4 和 *LJA*，p.33。

36 "因为贵族是我们能想象的自由的最大反对者和压迫者。他们对人民自由的损害要远大于对绝对君主的损害。"参见 *LJA*，p.264. 美国没有这种压迫，参见 *WN*，V.iii.90。

37 *TMS*，I.iii.2.3.《法理学讲义》在讨论财富作为主张权威的依据时说出了这段话："这不是出于穷人对富人的依赖，因为总体说来，穷人总是不独立的，靠他们的劳动养活自己，不过，尽管他们有强烈的倾向尊重富人，但他们并不期待从富人获得任何好处。"参见 *LJB*，p.401。

的那样，顺从特别有钱、有权之人所代表的既有权威，是旨在取代原始契约学说的两种心理原则之一。

柏克也抛弃了整套原始契约学说以及前文明社会的人的自然权利的先验概念，包括和这些概念一起的反抗权利。在谴责人们丧失骑士精神时，柏克还谴责顺从这一品质在法国遭到严重威胁的迹象，并维护英格兰的继续顺从，认为它是优越性的标志。相反，斯密运用了一段更平实的社会观察语言，在提及顺从时说它是人类行为的正常特征，与此同时他也注意到顺从是如何堕落为时髦的谄媚的——这种观点在1790年《道德情感论》的增补内容中讨论良心时表达得尤为强烈。自制是一种个人品质，它能够让其拥有者区分真正的功劳与单纯的财富和权势，当自制被视为一种心理评价和判断时，对它的挑战也就呈现出格外重要的意义。请大家记住，自制是斯密在1790年增补内容中给予更多关注的另一个主题。即使如此，我们也不应该夸大斯密和柏克在同一种话语上更明显的规范性设置的差异。如果英国人的顺从习惯是自然的或正常的，就像法国人在旧制度下的类似习惯一样，那么，1789年之后这些习惯消失的病理学因素就更加引人注目了，这又凸显了柏克对导致这一现象的特殊客观环境的关注。如我们所见，斯密可能会在反对暴力、傲慢地漠视社会既有利益和秩序等问题上和柏克达成一致。然而，赞成这一点，共同抗拒新洛克式的自然权利观和契约义务观，并不需要斯密赞成柏克对骑士制度的历史叙述，或者分享柏克的以下看法，即一个建立在商业基础上的世界面对"绅士精神和宗教精神"的消亡时不堪一击。

虽然这种精神的起源可能是封建的、骑士的，但正如柏克在其批评法国国民会议乱七八糟的人员构成、谴责其剥夺手段一样，它现在的意义源于世袭的原则，而且尤其是源于土地财产的继承。在《法国革命论》中，柏克不仅为"王室继承的世袭原则的神圣性"辩护，因为它在1688年就已经得到修正，或者说，甚至英国自由的意象也是"从我们祖先那里限定继承而来"，而且他还为具体的世袭贵族制度

178

辩护。[38] 以最低的评价来看，正是这种制度维持了英国的代议制体系的稳定；它提供了一种环境，在这个环境下，有才能的人可以证明自己，并在证明自己的过程中为那些原本"迟缓的、懒惰的、胆小的"、纯粹保守的因素增加了一种积极元素。土地利益提供了社会其他阶层无法提供的稳定性：商业人士、金融人士或职业人士，无论他们是共同行动还是单独行动都无法提供这种稳定性。而且考虑到庞大的财产引发的嫉妒，土地只能代表"最大的积累，否则它就得不到恰当的保护"。[39] 所有这些方面都与法国的新"捐客体制"形成了令人震惊的对比，该体制越来越由金融利益操控，来自第三等级的平庸之辈，有着"喜好诉讼辩论的性格和焦躁不安的心灵"的野心勃勃之士，在组建国民议会时淹没了其他阶层。[40]

179　　《法国革命论》发表一年后，柏克出版了《新辉格党人向老辉格党人的呼吁》一文。在此文中，他进一步在同一个方向将"真正的自然贵族"定义为不仅仅是一个重要的独立利益群体；它包括那个将社会中所有其他利益整合起来的领导群体，实际上如果没有这个群体，大众"几乎不能说是身在一个文明社会中"。[41] 也正是在这篇文章中，柏克接受了潘恩在《人的权利》中的挑战，捍卫构成贵族制大厦基础的长子继承制。[42] 柏克《法国革命论》在完成此项任务时取得的一些进展，是他对法国教会财产辩护的副产品："任何事情过犹不及都不好，所以为了生活，过大份额的土地可以由官方持有；不过在我看来，有一些地产的获得方式不是通过之前所说的货币购买，存在这

38　参见 Reflections in WS，VIII，pp.72，83.

39　Ibid.，p.102.

40　Ibid.，p.94.

41　WS，VIII，p.60.

42　柏克在长子继承制上引用《人的权利》时没有提作者名讳。潘恩对柏克的挑战进一步推进："这里躺着一头巨怪；而柏克先生，如果高兴的话，可以为他写篇墓志铭。"参见 LMW，pp.288，439。

样的情形也不会有损于共和国。[43]"他现在继续辩称，主导继承的法律是"习惯性的社会风纪状态的一部分，在这种状态下，越明智、专业、华丽的行为，因教化和保护而变得越软弱无知，越是不能提供财富"。在这一点上，柏克似乎接受了曼德维尔式的卑鄙谎言，这种观点认为，公共道德需要的不仅仅是神秘的元素，更需要神秘化的元素。[44] 这确实是后来威廉·葛德文这样具有理性主义倾向的激进派分子对柏克的指控，而这也是后面几篇文章讨论柏克宗教观念时的重点所在。

如此，在这个关键的地方，我们显然就非常有必要考虑一下斯密对"自然贵族"和构成各种土地利益基础的长子继承制、限定继承法的态度了，不过在这里，斯密的立场可以说既重要，但也可疑。就现存的继承法而言，斯密的立场在我们前面讨论美国语境时的内容中似乎就显而易见了。[45] 潘恩对长子继承制源于军事征服和"国家财产"在大地产中的"挥霍浪费"的评论，很有可能来自《国富论》的那几页纸。这种封建残余阻碍了土地成为商业交换的对象，因而也就妨碍了土地落入那些最能有效利用它为公众带来最大利益的人手中。它不仅妨碍了经济繁荣的进程，还成为世代之间不公的主要根源。因此，我们讨论的不是斯密只关心经济效果、而柏克则考虑政治稳定的简单问题。斯密强调的不公，是一代人压迫另一代人导致的一种政治混乱，而立法者的责任之一就是防范这种压迫。长子继承制的唯一合理之处是"家族地位的自豪感"，斯密补充说，"与无数家庭的实际利益背道而驰的，莫过于为了让一个孩子富裕却让所有其他孩子沦为乞丐

180

43　*WS*, VIII, p.212.

44　然而，柏克的"曼德维尔主义"最明显的体现在于，他指出了关注财产权利专断的封建起源所带来的危险结果：法国的农民很可能会还之于"诡辩理性的硬币（coin of sophistic reason）"，因为他们坚称所有财产的权利都属于耕种者，不属于那些只通过继承或革命性的占用土地的人；参见 ibid., pp.269–71。

45　参见上文第150—152页。

的权利"。[46] 此外，斯密在限定继承相关主题所说的内容也不可能与柏克达成一致："限定继承被认为是维持贵族享有高官厚禄的排他性特权所必不可少的组成部分；这一阶层已经篡夺了凌驾于其同胞之上的一种不正当的利益，他们又担心自己的贫穷被人耻笑，故而认为他们还应得到另一种利益也是合理的。"[47]

如果没有这些法律，柏克笔下的"大贵族"也不可能发展壮大。在提到苏格兰的大贵族时，斯密毫不怀疑他们的行为应该被谴责：

> 我们苏格兰有些贵族的地产从东海岸延伸到西海岸边，他们称自己是改良者，他们的同乡也这样称呼他们，他们在自己宅邸周边两三百英亩的地方开垦土地，同时让剩下的所有土地都闲置起来，差不多杳无人烟，完全没有开发，一百英亩的土地连一先令都不值，如此可耻、如此愚蠢的玩忽职守，何以对上帝、对他们的国家、对他们的后代负责！[48]

181

不过，在斯密看来，人们尊重既有财富（与"暴发户"相反）体现了社会的和心理的现实情况。以财富为基础的阶层体系是社会生活的事实，这一点在美国以及仍然存在封建残余的欧洲一样都可以看到。这一体系即使腐蚀了某些人、可能是绝大多数人（"绝大部分乌合之众"）的道德情感，它也为社会带来了净收益。其原因很快就显现出来，然而，斯密不会和柏克一样如此执着地将占有土地财富的人与拥有立法智慧和立法技能的人关联起来。不过，如果人们注意到斯密的以下评论——"即使在君主制下，最高职位和一切行政管理也往

---

46 *WN*，III.ii.4.潘恩言简意赅地表达了相同的意思，他说："贵族从来都只有一个孩子。"参见 *LMW*，p.28。

47 *WN*，III.ii.6.

48 1759年斯密致谢尔本勋爵的信，*Corr.*，p.32。

往由出身中下层的人执掌；他们因自己的勤勉和才干而得到提拔”[49]，那么，他们之间侧重点的差异也可能被缩小。柏克晚年因收取年金而遭到攻击，这让他很恼火，所以他在《致一位高贵爵爷的信》（*Letter to a Noble Lord*，1796）中流露出这种贤能统治的想法。他代表英国制度安排主张的观点之一便是，在土地财富得到保护的情况下，有才能的人应被允许证明自己的能力并对公共生活作出自己的贡献。斯密劝告那些出身不高的人不要把“大人物的客厅”当作他们可能发光的地方。他在好几个地方都用了自然贵族这个概念，我们有理由认为这个概念与实际贵族不是同义词：前者包括在真正成就的基础上取得更大的领导权。这一点在另一种情形下似乎得不到证实：因为斯密主张以常备军维持英国国防，而其军官源于“这个国家的主要贵族和乡绅”，因此代表了对君主潜在野心的制衡。[50] 不过，斯密提出这种见解的依据仍然是以英国社会和制度安排的各种实际利益的制衡为基础的；他只是记录事实，而非为其辩解或鼓吹。

鉴于斯密在《国富论》中极其赞成将地主视为政治实体中的有组织的利益团体，这个结论可能看起来有点轻描淡写，甚至回避了问题本身。人们有充分的理由说明，斯密对大商人和制造业者获得的排他性特权的敌意，远比他在与大土地所有权有关的相对不平等方面的看法更为人所知。他指出，按照传统的思路，土地的所有权意味着土地所有者的公民权，而更具流动性的财产权不会给予财产所有者公民权。[51] 一国之财富再次投资于土地时才有更安全的基石。此外，因为地租在年收入中的比例随着财富的增长而提高，所以土地利益的受益

182

49　*TMS*，I.iii.2.5.（这里原文可能是印刷错误，应为 I.iii.2.5，而不是 I.ii.2.5。——译者注）

50　*WN*，V.i.a.41.

51　地主“必然是其地产所在地的具体区域的公民”，而“股票持有者是这个世界的公民，却不必然依附于某个具体国家”。参见 *WN*，V.ii.f.6。

者和工资收入者一样，"与社会总体利益密不可分"。[52] 与之相伴的是政治利益："当公众在讨论有关商业或警政的规定时，土地所有者从促进本阶级利益出发，绝不可能起误导作用。"不过，斯密以一个非常重要的条件补充完整了这句话："至少如果他们对自身利益还有相当准确的认识的话。"地主享受着一种"既不用劳动也不用操心"就有收入的状况。斯密还以一种更颠覆性的圣经语言描述了这个观点，他在将地主和土地的私人占有联系起来时说，这表明地主"和其他所有人一样，都喜欢不劳而获"。[53] 与他们获得收入的方式相关的懒惰妨碍了他们去理解任何"公共管制"产生后果的前提条件。尽管如此，斯密对地主的迁就态度也说明，他认为，既然他们不可能像那些生活在城市环境中的人那样容易联合起来，那么，"乡村绅士和农场主为了他们的荣誉，也会成为所有人中最不容易受到那可悲的垄断精神影响的人"。[54] 他们不会垄断市场或抬高价格；他们"通常更倾向于促进而非阻碍他们周边农场和地产的开垦和改良"，分享有利于地产改良的知识。所以，令人遗憾的是，他们"竟然将对他们的地位而言非常自然的慷慨品德抛诸脑后"，去获得谷物和肉类的垄断权。

　　人们或许可以说，与大商人有组织的共谋相比，地主只是因为无知才成为公共利益的敌人。斯密对工资收入者也采取了同样的基本态度：即便他的利益与最大的社会利益密不可分，他也"既不可能理解那种利益，也不可能理解它与自己利益的联系"[55]。然而，在这两种情形下，根据前面第三章讨论的斯密的教育方案来判断，原则上，不知天高地厚这种毛病还是可以救治的。在后来的一些政治经济学家看来，面对地主更坚定地利用贵族的政治影响以维持拿破仑战争期间和之后谷物法提供的保护时，斯密对地主利益的迁就似乎有点幼稚，而

183

52　*WN*，I.xi.p.8.

53　*WN*，I.vi.7.

54　*WN*，IV.ii.21.

55　*WN*，I.xi.10.

且肯定是不合时宜的。[56]

即使在长子继承制问题上，如果按照潘恩的标准来评判，斯密也可能会得到不同方式的解读，要么被理解为悲观厌世的，要么被认为是先知先觉的。[57] 尽管长子继承制在所有方面都是错误的，但斯密认为，这一制度"可能会持续好几百年"。推测起来，这是一种附属于特殊的阶层成员身上的特权，尽管这种特权"在某种程度上被滥用了"，但人们却不得不忍受它。然而，在此问题上，斯密和柏克之间仍然有一道无法跨越的鸿沟。斯密并没有容忍大地主忽视其地产的行为，他提出了一种干预手段，即旨在鼓励地主开荒的一项税收——潘恩或许借用了这一观点，他在其《人的权利》第二部分提出了类似的方案。[58] 我们将在下一篇文章中看到，柏克反对基于原教旨主义学说对农业事务进行一切干预，因为这些原教旨主义学说主张让土地所有权成为神圣命令链条的重要一环。对柏克而言，长子继承制即使在最坏的情况下也有可能代表很多好事情，但对斯密来说，长子继承制始终是一件坏事——它代表一种不公正，也是财富增长的一个障碍。虽然人们可能不得不接受长子继承制，但这种制度无疑是政治生活的重要基石。斯密可以冷静地思考一个既有的财富增减和不同家族地位起起落落的世界，当然，条件是这些财富的增减和地位的起落是在公平竞争的制度下商业交换的自然结果。[59] 斯密和他的学生米勒不同，他并不认为"财富的波动"是可能与商业繁荣相关的政治利益的乐观评判的一部分。这或许在那部未完成的讨论法律和政府的历史和理论

184

56　参见下文第351—352页。

57　其他人发现斯密的立场模棱两可，参见 U. Vogel，"When the Earth Belonged to All; the Land Question in Eighteenth-Century Justification of Private Property"，*Political Studies*，36（1988），102-22。

58　*WN*，V.ii.c.15。这段话的前面几段话还提出了其他防止地主以牺牲他们佃户的利益让自己获益的方案。至于潘恩提出的累进的地产税方案，可参见 *LMW*，pp.434-9。

59　"在一些商业国家中，尽管有最严格的法律规定防止财富的分散，但财富几乎很少长期保留在一个家族内。"参见 *WN*，III.iv.16。

的著作中很重要，不过，同样，斯密在不涉及制度机构变化的改良行动的假设之上所做的谨慎预测，很可能不会考虑"财富的波动"。

三

最后，柏克在《法国革命论》中为教会机构辩护，而斯密在《国富论》中也讨论了同一主题，这两者之间的比较能够让我们了解到什么呢？虽然吉本几乎可以谅解柏克的"敬畏"或"迷信"——这与他总体上赞美《法国革命论》的背景相反，但似乎很不可能的是，至少在后革命的氛围中，柏克会因为自己原谅斯密对教会机构立场的语气或内容而反过来赞美他。实际上，对斯密在这一主题上所说的话的一种解读可能会让普莱斯或其他非三位一体的非国教徒感到更多安慰，因为普莱斯认为美洲革命和法国大革命不只是消除宗教考验的机会，还是把教会与国家彻底分开的机会。简言之，斯密鼓吹的是"非教会政府"的政策，同时积极鼓励宗教教派的激增和扩散。在《法国革命论》前几页中，柏克讥讽普莱斯给他的读者所提的建议——如柏克指出的那样——"推进新教教徒的多样性，根据每个教派自己的原则单独建造礼拜堂"。[60] 这条建议听起来很像是斯密的计划，但不同于普莱斯，斯密这么提议的理由纯粹是出于世俗的考虑。柏克可能会容忍斯密1776年对休谟之死采取的不虔敬态度：1790年后，他或许会采取不同的立场，那时，他考虑的是英国国内激进的一位论（Unitarians）派和海峡对岸法国文人们的自然神论以及无神论的威胁或造成的破坏（这种威胁或破坏或许是他想象的）。

柏克在法国大革命之前因支持宗教宽容而获得了公正的声誉，而他在《法国革命论》中区分了两类人：一类人在宗教问题上容忍不

---

60 *Reflections* in *WS*，VIII，p.63.

212

同见解，相信凡人"无须经受神的考验"，另一类人的宽容是建立在"狂热"而非"轻视"的基础上的。[61] 柏克攻击的阵营是针对法国出现 185 的一个危险阶层，那些正在领导法国大革命步伐的"政治文人"。这一阶层"形成了摧毁基督教信仰的常规计划"；他们组建了一个"无神论之父"的阴谋集团，"学会了以僧侣精神反对僧侣"。[62] 因此，柏克将普莱斯和普利斯特利之类的一位论激进派和法国的无神论以及自然神论联系起来，将他们的角色塑造成追求几近轻视的宗教宽容或冷漠。无论我们对柏克个人宗教信念的性质和深重程度采取何种看法，似乎都有必要意识到真正的宗教"狂热"对于柏克愿意在基本信仰问题上宽容不同意见的各种限制：在一个基督教国家，自然神论和一位论都是不可接受的信仰体系。[63] 然而，正是教会与国家分离隐含的深层目标才吸引了柏克的大部分热情。教会和国家分离攻击了构成了作为文明社会基石的宗教精神。有必要向人们灌输"崇高的原则"，以强化"维系人类理解力和对神的情感的理性而自然的纽带"。[64] 因此，"国家宗教机构也有必要举行国家祝圣礼，以树立自由公民有益于道德的敬畏之心"。伴随自由而来的权力需要在宗教上认可一种信托观念，它不断提醒人们，权力"要被合法化，必须遵循永恒的、不朽的法则，在这一法则中，意志和理性是一样的"。在承认英国国教教会这个决定性角色时，国家应该保护其法人身份，像保护其他独立财产一样保护教会财产，因为这份财富和其他所有财富交织在一起。遵循这一方针，英格兰社会在让它的神职人员成为单纯的"国家教会津贴领取者"与酿成"派系化的牧师之间的混乱"——后者的收入依赖皇

61 *Reflections* in *WS*，VIII，pp.142，199.

62 Ibid.，pp.160-161.

63 参见 F. Dreyer，"Burke's Religion"，*Studies in Burke and His Time*，17（1976），199-211，该文认为，柏克应该被视为有着正统宗教自由派同情心的圣公会教徒。

64 *Reflections* in *WS*，VIII，p.143.

室之外的其他来源——之间达成了妥协。[65] 圣公会的智慧在处理这些
问题的另一个具体表现，是承认在一个以财富为基础的等级社会中教
会的教牧目标和教育目标最好是宽容神职人员的收入不平等，这一不
186　平等最大限度地遮蔽了社会的不平等。而法国正在发生的事情——没
收教会财产、神职人员收入平等化——再次表明，如果激进的非国教
徒得逞，英国将会发生怎样的事情。

如人们可能期待的那样，《法国革命论》这一核心主题与斯密
《国富论》第五卷讨论宗教制度的世俗语调之间形成了鲜明的对比。
同一卷之前的内容中，斯密对英格兰的大学，尤其是牛津大学发表了
极具争议性的评判，他认为，英格兰的大学沦为了教会机构，大学教
育的知识僵化陈腐，为了大学教师的舒服生活而牺牲了学生的兴趣，
因为无论他们怎样教书都能得到收入。[66] 吉本在18世纪90年代写自传
时引用了斯密的评判，并依据自己在牛津大学的经历赞成这一评判。[67]
几乎在同一时间写作的柏克，正颂扬英格兰大学"古老的教会模式和
风格"的美德，宣称"哥特式和僧侣式教育"与现代学术和科学发现
是兼容并蓄的。[68] 我们知道"休谟社交圈子的感染"是怎样的，以及
斯密广泛引用休谟的《英格兰史》并形容作者是"迄今为止当代最杰
出的哲学家和历史学家"这一事实，因而，读者需要意识到，对宗教
的休谟式反讽始终都在展开。斯密甚至设法引用了他最喜爱的法国学
者伏尔泰，但他的这一做法并没有赢得《泰晤士报》讣告作者的欢
心，而且在1790年肯定也不会得到柏克的赞许。[69]

斯密对宗教机构的讨论是放在正式的标题下面的，教会的教牧活

---

65 *Reflections* in *WS*，VIII，p.150.

66 *WN*，V.i.f.6–9.

67 *Autobiography*，p.42.

68 Reflections in *WS*，VIII，p.150.

69 "我们不是伏尔泰的信徒……无神论不是我们宣扬的。"（*ibid.*，p.137）1755年，斯
密在致《爱丁堡评论》的信中形容伏尔泰"可能是法国有史以来最具普遍意义的天
才"；参见 *EPS*，p.254。

动和教育行为在其历史上是如何得到财政资助的，在一个监管良好的
国家，它们应该如何被资助——无论是基于土地的地产、什一税的自
愿捐助，还是通过国家对现有神职人员发放津贴。不同的筹款方式导
致的社会和政治后果是斯密关注的焦点，教会史的讨论与《国富论》
第三卷中封建领主的衰落正好对应。在这两种情形下，一场对公众具
有重要意义的革命在无意中、没有理性的计划之下实现了。与商业和
制造业兴起相关联的奢侈消费，削弱了神职人员的特权和世俗权力，　　187
正如它也破坏了封建男爵的军事权力一样。然而，就教会而言，奢侈
如何让教会走向衰落的故事，每个时代都在重复，资金充裕的教会的
神职人员采取绅士的态度，因此在与"下层人民"关系紧密的更狂热
神职人员领导的派系竞争下受到威胁。在英国**教会**衰弱无力的状态
下，它被迫（或者说不断被引诱着）要求获得民政长官的支持，以对
抗这些宗派对他们的舒适和权威带来的威胁，由此导致国教教会主张
他们的学说享有特权地位。

　　斯密在不独立的当权教派的优势问题上引用了休谟的分析和结
论：休谟给"明智立法者"的建议是，当权派虽然对公众来说成本高
昂，但确实值得立法者投资，因为它旨在克服争取和依赖大众支持
的神职人员鼓吹的"迷信、愚蠢和谬见"。花钱购买神职人员的"怠
惰"有利于"社会的政治利益"。尽管斯密对这一判断抱有明显的
同情，但他采取了另一种支持教派独立的立场。宗教和政治冲突的
因果联系在两方面都在起作用："不过，如果政治绝不要求宗教的援
助"，如果有机会允许"每个人选择他自己认为合适的牧师和宗教"，
那将会产生"大量的宗教派别"，估计有两三百个。[70] 这种状况将在
降低人民的"兴致勃勃的、积极的狂热之情"的麻烦方面产生可以
预期的效果。教派之间的竞争、某个派别具体特权的丧失，将会使
一个教派不可能主宰"或打扰公众的安宁"。通过这种方式，中道盛

70　*WN*，V.i.g.8.

行，各宗派学说将会变得通融平和，成为"纯粹和合理的宗教，摆脱一切荒诞、欺诈或狂热的混合物，这是世上任何时代的贤士都希望建立的"。[71]

斯密提出了其他防范措施，这些措施也考虑到了社会的政治利益。大众教派的价值在于提供了一个"值得尊敬的社群"，在这个社群中，城市工人的行为举止能够得到教派其他成员的观察和提升。在这方面，斯密的提议是其更宏大的教育救助方案的一部分，而教育救助是他提出来应对商业和日益城市化的社会中与劳动分工伴生的诸种弊端的。[72]宗教派系的主要缺陷是它们通常实践的苦行僧式的道德体系。斯密为宗教派系"令人不快的严苛和不合群的习惯"开出的补救方案包括两个层面：其一是，设置进入自由职业的准入考试，鼓励中上层人士获取知识；其二是，为社会下层提供"频繁而欢快的公共娱乐"。因为知识或科学是"狂热和迷信这些毒药最好的解毒剂"，中上层人士接受教育将为下层人民起到榜样的作用。社会对绘画、诗歌和艺术表演的支持，有望让下层的道德变得宽和，尤其是喜剧对宗教狂热进行的幽默讽刺，这样的效果会更为柔和。[73]

斯密支持将教会独立作为解决教会政府问题的一种方案，如他所承认的那样，该方案在英国内战期间被某些"非常放肆的狂热主义者"鼓吹，并只在18世纪中后期宾夕法尼亚的管理中发挥作用；它似乎有悖于他思想中一贯的反乌托邦特征。然而，在概述了宗教事务可能发生的"自然"进程之后，斯密继续思考的是，在一个国教教会已经建立的地方——就像英格兰和苏格兰的主教制或长老派制度一样，应该采取怎样的措施呢？对于国教教会，斯密的建议是君主应该保留对教士晋升方式的控制，以防止国中之国出现——这一点承认了休谟

71　*WN*，V.i.g.8.

72　参见上文第118—121页。

73　*WN*，V.i.g.11-15.

的忧虑，也暗示了柏克的方向。这就再次将"经营与劝说"作为解决其他制度缺陷的手段。[74] 然而，苏格兰长老派的解决方案，结合大致平等的牧师收入，显然代表了次优选择中的最佳方案。苏格兰的大学在根据教学表现制订教师收入，这种做法就优于英格兰的大学，与其他由长老派牧师主导宗教事务的国家一样，苏格兰的教会机构以最少的公共成本带来了最好的效果——请大家记住，在这一名目下的所有开支——用斯密的话说，都是"非生产性的"。牧师们可以获得的适当收入不仅让他们勤勤恳恳地履行其宗教义务，而且没有大量的带薪神职人员还产生了一个很有价值的副产品：它使得学问和大学教师的职业对那些有才干的人具有了吸引力。[75] 正是在这一点上，斯密引用了伏尔泰的相关评论，后者认为天主教国家大学各个教师阶层都没有杰出的文学之士和哲学之辈。斯密坚持之前对牛津大学的抨击，并将其结论扩展到英格兰的大学，在那里，"就像在天主教国家一样，几乎找不到一位老式大学教师是欧洲闻名遐迩的文人"[76]。

189

柏克和斯密在这些问题上的不同意见只是我们在了解他们的宗教信仰、个人经历和民族同情基础上的可能预期。对"宗教精神"的积极解释不是我们能够将其与斯密联系的那些内容（更不是与休谟或吉本相关的思想），因为在斯密看来，"僧侣的德性"更可能被嘲讽而非赞扬。[77] 这里起作用的是反天主教主义（斯密显然是一个新教怀疑论者），通常，宗教总体上等同于狂热——还有基于宗教狂热的政治

74　例如，*WN*，V.i.g.19。

75　"在欧洲大概很难能找到比荷兰、日内瓦、瑞士和苏格兰的长老派神职人员更有学问、更有礼节、更有独立精神和更值得受到尊敬的人了。"参见 *WN*，V.i.g.37和41。

76　*WN*，V.i.g.39.比较一下这句话与柏克的论断，后者认为，法国带薪神职人员的平等化，"让中等阶级不再轻松，将来高卢教会再也不会有科学或博学之士"。参见 *Reflections* in *WS*，VIII，p.196。

77　关于"修道院徒劳的苦修"的论述，参见*TMS*，III.2.5；以及 *WN*，V.i.e.29，对"僧侣的禁欲苦修"与"人的自由、慷慨和精神抖擞的行为"的比较。

派系及其表现出的最糟糕的政治混乱。[78] 尽管斯密劝说性地呼吁"理性宗教"（在18世纪90年代的虔诚者眼中，"理性宗教"本身就是一个颇具怀疑色彩的词语），以及任何时代的明智之士都相信的那些东西，但这样的见解和柏克的"迷信"一样，多多少少代表了18世纪的思想。[79] 实际上，有大量证据表明，斯密的观点在他苏格兰教会温和派阵营的朋友中并不具有代表性，即便他没有以休谟的方式肆意夸耀这种思想。[80] 柏克的宗教狂热随着他的其他忧虑与日俱增，但并没有让他为英国教会组织的辩护变得与众不同。[81] 休谟讲着一种完全世俗的语言，他可能会同意柏克对教会机构的结论，而斯密也可能支持圣公会体系的逻辑——即便他认为该体系显然比不上苏格兰的选择。

不过，《法国革命论》还有其他引人注目的特殊之处，即柏克对法国没收教会财产的抨击。出于以上原因，柏克应该捍卫教会财产，不过他辩护的一些特点与宗教精神、教会和国家、或与他反对没收教产的公开目的没有直接关系，而法国人没收教产时公开宣称的目的是为一种新纸币提供背景支持，这一问题与法国金融利益带来的威胁一

---

78 休谟对宗教派系的担忧和反对，参见K. Haakonssen, "The Structure of Hume's Political Theory", in Norton（ed.）, *The Cambridge Companion to Hume*, pp.182-221。同样的情感也是斯密看待爱尔兰的基础：在爱尔兰，"所有区别中最可恶的一种，是宗教和政治偏见的区别；这种区别比任何其他区别更能激起压迫者的傲慢和被压迫者的憎恨和愤怒，并且通常使得同一个国家的居民彼此敌对，其程度甚于不同国家的居民彼此敌对的程度"；*WN*, V.iii.89。

79 参见上文第39页柏克对以下影响的评论，即没有哪个教会会为了赢得其声誉而运用更多技巧。

80 休·布莱尔1776年曾预言，斯密关于教会机构和大学的章节会招来"难以对付的对手，他们将会尽其所能谴责您"。他也批评了斯密关于教会"独立"和增加宗教派系的提议，参见*Corr.*, p.188。从整体上讨论苏格兰温和派的宗教，可参见Sher, *Church and University in the Scottish Enlightenment*。

81 事实上，现在有人指出，这完全是对英国的保护辩护，关于柏克这种稍稍迟来的转变，参见J. D. C. Clark, *English Society, 1688–1832*, Cambridge, 1983, pp.249-58。

起理应成为人们广泛讨论的主题。[82] 柏克辩护的独特性，在讨论"伟大的体系"——他为之贴了另一个标签，即"流通巨轮"——时的思想模式背景下可以得到最好的理解。这种辩护带来的问题涉及财富与贫穷的关系，还有柏克对穷人的合理期许的经济见解，我们将在下一篇文章中讨论。

四

我们在这里不可能继续深入比较柏克对法国大革命的"信念"和斯密的立场。尽管如此，作为补充，这里可以引入另一位法国大革命争论的参与者：斯密的学生，约翰·米勒，一位福克斯派的辉格党，其职业是格拉斯哥大学的民法教授，该职位让他有机会就正在发生的法国大革命的意义做一次演讲。[83] 米勒在18世纪90年代是一位政治活动家，支持代议制改革，支持废除《宣誓法》，撰写或促成了一些政治小册子，这些小册子都不如他的《英国政府历史观》有见地。[84] 换

191

82　这是J.G.A.波考克解释《法国革命论》的核心；参见 *Virtue, Commerce and History*,
　　pp.200-209。波考克最近对这一主题的讨论，参见 "Edmund Burke and the
　　Redefinition of Enthusiasm : The Context as Counter-Revolution", in F. Furet and M.
　　Ozouf（eds.）, *The French Revolution and the Creation of Modern Political Culture*, 3
　　Volumes, Oxford, 1989, III, pp.19-43。

83　我非常感激努德·哈孔森为我提供了米勒关于法国大革命的讲稿的笔记副本，这些
　　讲稿现在收藏在格拉斯哥大学图书馆，编号MS 180,（1-3）, Volume II。

84　《英国政府历史观》的最后两卷于1812年米勒身后发表。当时对米勒观点的最好叙
　　述是约翰·克雷格的传记，后来增补入1806年版的《论等级差序的起源》中。就
　　法国大革命而言，米勒对其见解最广泛的表达是在《克里托通信》（*Letters of Crito*,
　　London, 1796），这份匿名的小册子现在被认为是他的作品。更多的争议涉及另一
　　本小册子《西德尼通信》（*Letters of Sidney*, London, 1796）是否由米勒所写。我
　　的引文出自文森佐·梅罗莱（Vincenzo Merolle）编辑过的两本小册子，这两本小册
　　子在罗马大学出版（Giuffre Editore, 1984）。梅罗莱提出了大量的间接证据说明这
　　两份册子是由米勒撰写，或受到他的启发。

言之，米勒没有采取杜格尔德·斯图尔特的审慎路线，他没有退出这一时期的政治议题的公开讨论。尽管我们知道，至少在一个议题上，米勒不相信斯密对自由贸易毫无保留的支持，但他作为一个斯密派（如果不是斯密本人的话）的代言人资格，在法理学和宪政问题上的观点是无可挑剔的，足以引起人们的关注。[85]

米勒完全赞成休谟-斯密对赋予自然权利合理性的契约论模式的批评，坚持他们关于公共效用感和遵从权威在维持政治义务时共同起作用这一立场。从这里和在此主题上的其他明确观点中，我们可以推断，和斯密一样，米勒对普莱斯、潘恩和普利斯特利在支持法国大革命时采取的立场并无共感。正如他的第一位传记作者所说的那样，米勒

> 极为鄙视所有与实际效用相悖的形而上权利的论断：他嘲讽处理政府事务时不可侵犯、不可剥夺的人民权利这一观念，同时，他也意识到，当时流行的学说是很受欢迎的，而且，他认为，对这些学说最好的、而且是唯一可靠的反驳，以宪政为中心，将这个国家的大多数人联合起来进行议会改革，它本身是可取的，现在几乎也是必要的。[86]

尽管如此，缺乏对柏克对手的同情并不意味着接受柏克在《法国革命论》以及随后著作中的立场。比如，米勒在柏克的著作和演讲导致辉格党出现裂缝时的初期阶段所写的一封信中，有这样一段话：

192

85　对米勒法理学和政治学更细致的研究，参见 K. Haakonssen, "John Millar and the Science of a Legislator", *Juridical Review*, 1985, 41-68。在自由贸易问题上，参见米勒致休谟日期未明的信件，in *Letters of Eminent Persons addressed to David Hume*, edited by J.H. Burton, London, 1849, pp.315-17。

86　J. Craig, *Life of John Millar in Origin of Ranks*, London, 1806, pp.cxiv-cxv.

事实是，与柏克这样的杰出之士意见相左让我感到痛苦，但在这件事情上我看不出他可以得到怎样的辩护。他是议会代议制改革的敌人，还反对废除《宣誓法》——而且，眼见法国大革命可能就要促进这两项措施，他却选择最先开口慷慨激昂地反对革命。然而，这是白费功夫。法国确立的体制将会对这个国家产生影响，折射出她从美国获得的那些光束。[87]

和大多数其他人一样，在九月屠杀和路易十六被处决之后，米勒被迫稍微修改了一下他的意见。他公开的声明更多批判柏克，讨论法国大革命的放肆过度时则不再那么不加批判。因而，柏克被米勒视为一位"危言耸听者"，他对新旧辉格党的区分不过是一场烟幕，而烟幕背后，可以悄悄地"抛弃他之前的信条"。[88]这种抛弃更多要归咎于"普遍的贵族偏见"，而非对名声或权力的热爱，但也不能排除将柏克的养老金与其变节关联起来盲目谴责这通熟悉的操作。[89]这是标准的福克斯式的辉格修辞，不过，米勒就他与柏克的分歧给出了更有趣的理由。他支持法国废除神职人员和贵族的特权（但不用废除头衔），以及"第一次革命"（即法国大革命前期）早期试图缔造一个有限君主制的尝试。他也急于利用法国事态的发展，将其扩展到英国国内代议制体系改革方面，削弱王权通过"金钱利害关系"施加的影响，进而限制皇室特权。至于"第二次"法国革命（即法国大革命后期），通过暴力手段建立的共和国，米勒虽然谴责其结果和方法，却将事态

---

87 1790年2月16日致塞缪尔·罗斯的信，格拉斯哥大学图书馆。非常感谢大卫·R.雷诺慷慨地给了我一份米勒的这封信和其他未发表信件的副本。

88 *Historical View of the English Government*, 4 volumes, London, 1812, IV, pp.307-10.

89 "即使那位对骑士时代喜爱幻想的崇拜者，之前像一位单纯的贵族轻骑手一样似乎表现出镀金色的自由，现在也忘记了崇高和优美，拿着一笔特别丰厚的养老金高兴地退休了；厚颜无耻地嘲笑他以前的职业，还说他变节的价格是他服务的回报"：*Letters of Crito e Letters of Sidney*, edited by V. Merolle, p.79; pp.42, 113, 129, 这些地方也偶然提到柏克。

193　的急转直下归咎于法国外部敌人的仇视，那些外部敌人试图恢复旧的君主制。[90] 法国文人中的不信教和怀疑主义不是这个国家的整体特征，也不能在国外为这些危言耸听的理由辩护。话虽如此，米勒仍然宣称自己相信法国和美国采取的"独立"教会体系的优势，斯密也是支持这个体系的。[91] 就英国国内改革导致的危险而言，米勒认为柏克的担忧是软弱的表现：

> 难道我们的宪政如此愚蠢腐烂，以至于它将不能承受任何管理？我们的有限君主制，这么长时间以来一直鼓吹的、用我们先祖的鲜血换来的有限君主制，与真正的自由原则如此地不协调，如此有害于这个共同体的状况，难道我们却不敢让它经受理性的检验？难道它的设计如此糟糕，以致需要一层神秘的面纱遮住它的缺陷？[92]

尽管这些言辞仍然属于一个"坚定的辉格党"和小皮特政府对法战争政策的反对者的党派修辞范畴，但最后一个论断让我们更贴近米勒与柏克之间一个潜藏的重要差异。米勒提出的下列观点在斯密的著作中没有明显的依据，即随着知识在现代商业社会中的传播，效用原则正以盲目顺从现有权威为代价来获得力量，作为政治服从和合法性的主要来源。一旦"根据公共政策的效用标准来审查这些政策的方式"变得更加普遍，那么不可避免的趋势是，"那种窥探政府滥权的倾向很可能表明了对统治者权力的限制；当广大人民亲自参与讨论不

90　"如果让法国人根据他们自己便利的想法建立自己的政府，他们君主那种温和无害的性格，可能绝不会让他成为人民不信任和愤恨的对象；根据他们自己的自由选择建议和确立的政府形式，将几乎没有什么变化或干扰"；*Letters of Crito e Letters of Sidney*，pp.73-4。

91　Ibid.，pp.93-7.

92　Ibid.，p.86.

同政治制度安排带来的政治利益时，他们必然产生偏向那种有利于各阶层的平等，扩大民众的权利"的体系。[93] 在法国，"科学之光"最终战胜了习惯，允许人们去发现"人的权利，政府的真正原则"。不幸的是，追求这些权利的狂热与生前的迷信和压迫不谋而合。在清除那些腐败的机构时，革命者"推翻了那些银行和地标，它们在捍卫居民公民权利的同时，也可能有助于引导和规范新机构"。因此，米勒的立场与潘恩式的激进派以及后来的边沁派功利主义的不同之处在于，他承认，除了效用原则，遵从现有的权威仍然发挥着一定的作用：

> 人类倾向于尊重、服从优秀卓越的个人品质，更尊重和服从阶层高和地位高的人，再加上人人都有一种继续他们长期以来已经习惯的行为模式的倾向，大多数人通常既没有闲暇也没有能力衡量公共规则的优劣，他们被禁止放纵难以驾驭的激情，而且被要求服从治安官。同样的倾向在某种程度上有助于抑制那些鲁莽的、想入非非的计划，这些计划源于政治家的野心或他们对革新的肆意渴望，国家会因此面临灭顶之灾。人类心灵中这些产生权威的情感，可以被视为大自然为维持社会秩序和治理而提供的最明智选择；这些激情若越过恰当的界限，不再服从人类的利益，实际上往往会成为专制和压迫的工具——正如常常发生的那样，它们只会令人痛惜并受到谴责。[94]

没有这样的保障，国家就会面临"灭顶之灾"，法国经历了这样的事情。换言之，米勒仍然试图实现斯密1790年《道德情感论》增补内容中讨论具有公共精神的人时所说的那种平衡。

93　*Historical View*，III，p.305；IV，pp.307-9.

94　引文出自John Millar，*An Historical View of the English Government*，Indianapolis，Liberty Fund，2006，VIII，p.807.——译者注。

米勒对现代政治的"新辉格"解释——基于效用考虑的满怀希望的启蒙主义的预测——对柏克"老辉格"立场有哪些进一步阐释呢？反过来说，它告诉我们斯密身上的辉格主义标签有哪些内容呢？在这方面，斯密和米勒有个共同点：他们通常认为公共效用感更多是与辉格党有关的服从原则，而将服从权威更多与托利党联系起来。[95] 在这一点上，柏克对权威、相沿成习的财产权状况和现有政治制度的强调，代表了辉格党内部或该党之外的"托利化"转向；这种说法或许很有吸引力。然而，当柏克声称他的原则是"老"辉格身份时，他坚决而恰当地拒绝了任何此类评断。或许在柏克的思想中有些新的"保守"成分，但这些非常新颖的成分要求我们超越托利党标签。有些人在柏克那里寻找保守主义的意识形态基础，在这些人中，很多都会强调他思想的有机性、社团主义和自然法特征，而这些基本上被视为有悖于个人主义和功利主义的论断。[96] 这些解释与以下证据完全矛盾：该证据表明，柏克有多么重视权宜之计基础上的思考，而这些思考仅仅是对结果的实际考虑而已。[97]《法国革命论》明显的保守性可能是柏克大量运用一种将权威和效用融合在一起的自然法时效的怪异学说。[98] 在这个主题上，斯密沿用了传统的自然法惯例，对仅仅基于时效的命题的主张做了更严格的限制：单纯的古老悠久绝不能作为权利主张的道德基础。如果斯密接受了这样的观点，那么他就会破坏其自然法理学的关键内容，因为一旦接受了上述观点，他就不可能再讨论对权利

---

95 *LJA*，pp.319-20，402.

96 从保守主义视角对柏克思想的功利主义解释的最坚决抨击，可参见P.J. Stanlis，*Edmund Burke and the Natural Law*，Ann Arbor，1958。

97 我这个说法的根据是J. R. 狄文迪（J. R. Dinwinddy）回应P.J.斯坦利思（P.J. Stanlis）的思路，参见J. R. Dinwinddy，"Utility and Natural Law in Burke's Thought：A Reconsideration"，以及 "Burke and the Utilitarians：A Rejoinder"，这两篇文章都收录在他的书中，参见*Radicalism and Reform in Britain, 1780-1850*，London，1992，pp.229-52，265-72。

98 参见 P. Lucas，"On Edmund Burke's Doctrine of Prescription；Or，An Appeal from the New to the Old Lawyer"，*Historical Journal*，11（1968），pp.33-63。

的侵犯了。[99]

　　米勒让我们对以下情况有了一些了解，即一个非常进步的"新"辉格派如何解释柏克推行的辉格主义内部明显的重点变化。当然，在某种程度上，米勒调用了"进步的"、几乎是潘恩式的手段来宣判柏克没能理解历史潮流，这个潮流就是赋予公共效用以更多人更重要的意义，却仍然不废除对权威的服从。虽然柏克坚持这两个原则都有神圣的来源，两者是相互支持的，并表明不应该允许它们互相冲突，尤其是在公众不满意的时期，但米勒确立并扩大了斯密恰好提到这些时期时注意到的不可避免的分裂。我们有可能推断，斯密可能的立场与柏克更贴近，而非与柏克的激进反对者更近，但是，猜测斯密在法国大革命问题上可能是"老"辉格还是"新"辉格——就像柏克对这些术语的定义一样——则要难得多。米勒的福克斯式辉格主义，至少和柏克对法国以及非国教徒的怒火一样，都宣称代表了一种斯密式的观点。

196

197

99　参见 Haakonssen, *Science of a Legislator*, pp.108–9, 132。

第七章

劳动贫民

　　我们听说过很多计划来救济"劳动贫民"。这种胡话既不无辜，还很愚蠢。在着手处理重大事务时，软弱从来就不是无害的。迄今为止，穷人这个称呼（在人们通常用这个词激发恻隐之心的意义上）并没有被用于那些有能力劳动的人，而是用于那些没有劳动能力的人——用于那些羸弱不堪、自幼失怙、年老体衰之人；但是，如果我们故作姿态，把那些必须劳动的人当作穷人来怜悯，仿佛若不如此，这个世界就不能存在，这时，我们就是在轻视人类的处境。人必须用他额间的汗水——身体或心灵的汗水——才能换得糊口面包，这是人类的普遍命运。如果这份辛劳是一种诅咒——它的确是诅咒，就像人们从赐予一切福祉的天父的诅咒中期望的那样——它也被许多缓解贫困、救济穷人的措施缓和了……这种故作姿态的怜悯只会让（穷人）对他们的处境不满，教他们缘木求鱼，教他们在自己的勤劳、节俭和持重之外寻找饭食。

　　　　　　——埃德蒙·柏克《就与弑君者媾和方案致现任议员书》，1797年

一

这些评论驳斥了1795—1796年粮食严重短缺期间一直流行的一个词语，但这番话在当时并没有像柏克的《法国革命论》提及"猪猡大众"那样引起诸多愤慨。尽管如此，这些话都是柏克生命最后阶段的言辞，彼时，他隐居乡间，发起了一场反对任何干预工资或粮食市场法规的运动。柏克在这个主题上提出的观点后来出现在《关于粮荒的思考和详细说明》中，这本小册子由其文学委托人搜集，证明该作者在政治经济学上颇有造诣，并对1799—1800年英国再次发生食物短缺而重启争论产生了一定的影响。1796年，阿瑟·杨（Athur Young），这位农业委员会秘书拜访柏克，与他讨论有无可能将柏克的意见融入委员会正在准备的一篇关于工资和粮食的文章中时，他发现这位大师在精神和身体上都非常虚弱："他的谈话没有条理，农业评论、法国的癫狂、粮食价格、他儿子的去世、管制劳动的荒谬、我们的济贫法造成的损害、佃农保有奶牛的困难性等等，支离破碎地混合在一起。"[1]这一评论对于《关于粮荒的思考和详细说明》的风格甚至内容都不算是糟糕的描述，而且解释了阿瑟·杨那时为何感到柏克在不久的将来发表其观点的希望是渺茫的。

然而，正如本书"序曲"中提到的那样，一旦柏克的"保守"之名在《法国革命论》的基础上确立，他对不可能通过任何方式改善穷人境况所表达的尖刻观点——如我们将要看到的，这甚至是渎神行为——就具有更重要的意识形态意义。斯密和柏克，还可以加上首相

---

[1] *Autobiography of Arthur Young*, edited by M. Bethan-Edwards, London, 1989, pp.257-8；可参见 Burke, *Corr.*, VIII, p.454, 在这个主题上，柏克与约翰·辛克莱尔有比较早的通信。

小威廉·皮特，以及18世纪90年代第二个五年里议会中反对立法干预国内谷物市场的其他人，他们观点上的相似度似乎也非常突出，以至于为下列说法提供了主要支持：即正是在这里，斯密的政治经济学获得了它作为立法行动指南的第一次重大胜利。这场胜利还被描述为标志着整个18世纪代表穷人利益的家长制"道德经济学"的终结。[2]证明或反驳某种思想对公共政策、公共舆论的影响绝不是一个简单的任务。尽管如此，几乎不用怀疑，就斯密而言，他对粮食自由贸易的立场具有相当重要的意义；正是在这一主题上，他的权威文献在18与19世纪之交的英国严重粮荒时期被经常引用；而且，当他自己的著作被谨慎对待时，这些著作为他的立法科学方法及其作为立法技艺的实际运用提供了一个好样板。然而，鉴于目前这幅画面已被人们引入了很多额外的、甚至是不必要的要素，因此，我们似乎有必要回到柏克在那个节点上落笔的确切原因，然后再比较斯密和柏克在工资和生活物资议题上的观点。

199

二

柏克写作《关于粮荒的思考和详细说明》的初衷是回应小皮特向他咨询"粮食问题"的要求。[3]1795年10月，英国国王乔治三世的演说已经表达了对食品价格居高不下的担忧，一个特别委员会被委任去研究这个问题，而小皮特后来告诉下议院，他已经"努力从最好的渠道搜集信息"。[4]柏克大概是这些信息的来源之一，他在11月7日做出了一个回应，并在这次回应中结合了11月3日下议院争论观

2　最著名的要数E. P.汤普森《英国民众的道德经济学》，参见 E. P. Thompson, "The Moral Economy of the English Crowd", in *Customs in Common*，pp.185-351。

3　Burke，*Corr.*，VIII，p.337.

4　*Parliamentary History*，XXXII，p.705.

点的各种评论。在这一阶段，议会正在研究的救济措施集中在改变与《面包令》（Assize of Bread）相关的法律以及旨在节约粮食的其他行政手段。这是特别委员会报告的重要任务，柏克认为这份报告"竭尽所能，尽其本分"，并补充说，危险在于更进一步的行动。[5] 如果我们抛开柏克的编辑们后来增补的章节，就有可能重构柏克最初的建议书。[6] 一旦了解了柏克的最初所言，我们就会看到，柏克在11月主要是在谴责政府干预粮食市场的失策，为农场主和中间商辩护，让他们免遭经常受到的牟取暴利的谴责，并抨击公共粮仓之类不切实际的方案。回顾一下11月3日的议会争论，我们可以确定，柏克的目标是查尔斯·詹姆斯·福克斯（Charles James Fox）。至少在那个场合下，柏克的议会演说主要因为他同意皮特否定"诉诸任何强制性制度的合宜性"而闻名。[7] 即便如此，福克斯还是说了一段后来意义重大的话：他同意以下观点，即"劳动价格应该提高，大多数英国人应该摆脱摇摇欲坠、卑躬屈膝的依附性地位"。这可以理解为他注意到济贫法助长的弊端，但在这一阶段，福克斯的希望集中在呼吁地主和农场主确定工资时奉行的"人道"。柏克与福克斯的对立可以说明他在其建议书中为何抨击"劳动贫民"这种"具有政治倾向性的语言"。然而，到目前为止，柏克主要还是在为一场小争执提供信息，事实证明，这场争执并无必要，因为，无论是特别委员会还是反对的一方，都没有为重大的政策转向提供这些建议。在这个阶段，不干预是小皮特、柏克以及福克斯对英国粮荒的一致反应，尽管在这共识的背后潜藏着未来分歧的线索。

这场争论的第二阶段始于12月9日，塞缪尔·惠特布雷德（Samuel Whitbread）提出了一项旨在授权地方官制定最低工资的法

5　Burke, *Corr.*, VIII, p.337.

6　参见 W. B. Todd, *A Bibliography of Edmund Burke*, London, 1964, pp.226-7.

7　*Parliamentary History*, XXXII, pp.239-42.

案。这是福克斯早些时候遗留的某些线索的发展，而在这个场合下，福克斯对这个方案给予了一些支持。为了阻止反对方，小皮特宣布他打算改革济贫法，这个决定激怒了柏克，他愤怒地评论说："以上帝的名义，小皮特先生关于进一步救济穷人的计划有何意义？除了那些确实难以让他们更节俭或更勤劳的东西，他们还想要怎样的救济？我看他正在和福克斯先生一起竞争大众选票。"[8]

或许是这些事件的新转折点促使柏克考虑以新素材充实他的建议书以备发表。1795 年 12 月出版商发布了一则广告，该广告宣称"埃德蒙·柏克阁下致农业委员会秘书阿瑟·杨的一封信，内容涉及议会讨论的某些计划，包括增加农牧业每日结算工资的工人工资以及农业经济的其他主题"即将面世。这份增补的材料讨论了工资议价的性质，并抨击最低工资方案是"对劳动的任意征税"，是对农场主-雇主财产权利的侵犯。这本小册子没有提到济贫法，可能意味着新素材写于 12 月，在小皮特的改革计划造成这次争论扩大之前。如果柏克反对这些计划的话——就像他看起来的确反对这些计划一样，那么，没有迹象表明他的《关于粮荒的思考和详细说明》一文确切的反对目标是什么。[9]

鉴于我们了解这篇文章创作的相关背景，因此，将柏克这本小册子与斯密《国富论》就相同主题所说的内容进行比较，尤其是其中关于工资、工资与利润的关系以及其中分析国内外谷物贸易的章节等进行比较，看起来可能就有点小题大做。《关于粮荒的思考和详细说明》虽然受到柏克忧心法国大革命以及维持国内公共秩序问题的心情

201

8　Burke, *Corr.*, VIII, p.454.

9　C.B.麦克弗森认为（参见 *Burke*, Oxford, p.52），正是"对斯品汉姆兰（Speenhamland）方案的担忧"刺激了柏克写作《关于粮荒的思考和详细说明》，这一点似乎是没有根据的，但在这一点上，他似乎吸取了别人的观点（参见 Himmelfarb, *The Idea of Poverty*, p.69）。斯品汉姆兰方案只是从 1815 年以后才成为济贫法问题的象征，相关的证据可参见 Poynter, *Society and Pauperism*, pp.76–9。

的影响，但它也充分证明了其作者的长期关切，并使之成为作者的观点和表达风格的典范。在"法国癫狂"发生之前的1772年和1787年，他也为不干预粮食市场的原则做过类似的辩护；如我们将要看到的，《关于粮荒的思考和详细说明》的其他一些观点甚至可以追溯到他先前的一些著作，其中最著名的是1756年的《为自然社会辩护》。这本小册子也可以证明柏克自己的主张，即他关于政治经济学的专业知识是独立获得的。如果人们比较一下小皮特和谢尔本这样的政治领导人物与斯密的交情，再看看柏克和斯密先前的友谊，那么，柏克在任何时候都没有引用《国富论》这一点无疑看来十分重要。[10] 因此，柏克是斯密的信徒，抑或是他的对手，这两种观念几乎都是不可能成立的；关于后者，有一种看法认为，柏克实际上在一篇二十年前全然不同的背景下发表的文章中抨击了斯密对"劳动贫民"一词的使用。[11]

就济贫法这个问题而言，1798年马尔萨斯的《人口原理》首次改变了公共议程，此后围绕这个主题的很多争论集中在贫穷和贫困救济，因此，斯密和柏克之间的比较只能是纯粹的推测。柏克突然在济贫法这个主题上反对小皮特，这种做法在逻辑上很难理解；而斯密对济贫法的评论也仅局限于废除那些导致限制劳工自由流动的规章制度，以满足更高工资和更多市场机会的要求。斯密闭口不言济贫法之下救济援助的基本法律权利，这就让评论者们可以据此随意推论：要么他是济贫法的温和捍卫者，要么他完全不关心济贫法。[12] 最周全的

10 关于柏克主张自己自学政治经济学的说法，参见 Letter to a Noble Lord in Works，VI，p.51。谢尔本公开承认受斯密影响，参见上文第158页。关于皮特同样的证据，参见 J. Ehrman，The British Government and Commercial Negotiations with Europe, 1783-1793，Cambridge，1962，pp.178-81；以及皮特两卷本的传记，The Younger Pitt，London，1969 and 1983，I，pp.277，325，512；II，pp.445-7。
11 Rothschild，"Adam Smith and Conservative Economics"，p.87.
12 希梅尔法布在其《贫穷的观念》（第61页）一书中采取了前一种立场。为证明斯密的沉默不仅仅是对济贫法抛出的基本议题漠不关心而进行的一次更大胆的尝试，可参见 Dean，The Constitution of Poverty，pp.122-44。

说法似乎是遗憾地认为这个问题是斯密在众多场合、实际上是无数场合下的疏忽，他没能回答其后继者极其关心的问题。我们只能局限于注意到斯密在相关问题上所说的内容，尤其是在确定工资和粮食市场方面，他还广泛讨论了粮食歉收或严重粮荒的原因和补救措施。

在工资方面，惠特布雷特的最低工资方案对这个问题提出了质疑，而柏克的小册子一开始就否定这一建议，因为，如果工资这笔交易达成的过程中没有"强力胁迫、欺诈、串通或合谋"的话，那么缔结工资合同的各方之间就没有利益冲突。在这些条件下，"相关各方的自由契约绝不可能对任何一方造成负担"[13]。这种同义反复的论断引出的问题恰恰是斯密工资定价研究的出发点。斯密主张，双方的利益"绝不是一样的。工人渴望尽可能多得报酬，而雇主则希望尽可能少给工资。前者倾向于联合起来提高劳动者的工资，后者倾向于联合起来降低劳动者的工资"[14]。只有从长远来看才可以真正地说，"工人需要他的雇主，就像雇主需要他们一样"。然而，这个"长远"与工资谈判无关，在工资谈判中，直接的需要损害了弱势一方的利益。换言之，斯密与柏克的不同之处在于他没有假设不存在串通或合谋的情形，而是强调雇主一直拥有合谋的长期力量和能力，尤其是当"没有议会法令反对雇主共谋降低劳动价格、却有很多法令反对劳动者合谋工人提高价格"时更是如此。[15] 如我们看到的，出于某些目的，斯密比较了城市商人和制造业者定价的能力与主导农业的分散性竞争条件。然而，就工资定价而言，斯密认为所有的雇主，包括农业和制造业的雇主，"在任何地方都秘而不宣、始终如一地共谋，不让劳动者的工资高于实际工资率"。[16] 柏克所说的"互惠需要"或许会令斯密感到震惊，因为这是雇主们惯用的一套修辞。

---

13 *Thoughts and Details* as reprinted in WS，IX，pp.124-5.

14 *WN*，I.viii.11.

15 *WN*，I.viii.12.

16 *WN*，I.viii.13.

203 　　最低工资法规不是斯密的主题，而且，如上述引文所示，他的重点落在偏向于雇主的法规上。当斯密在《国富论》第一卷后来的章节中重回这个主题时，他的结论是："无论何时，只要法律试图调整工人工资，总是宁可降低工资而不是提高工资。"[17]因此，最高工资法规是斯密的主要关切，而且很难想象柏克对任何形式的规章制度的反对是如何可能与斯密的判断达成一致的："当规章制度有利于工人时，它总是公正、公平的，但在有利于雇主时则不是这样的。"[18]斯密的兴趣在于制衡雇主拥有的权力。最好的解决方案或许是宣布所有的雇主共谋为非法行为；不过在这方面，就像在绝大多数法律事务上，斯密不满足于把自己局限在理想的条件中。在一个不完美的世界里，从权宜之计和正义的角度看，平衡现有的不平衡状况是最佳行动方案。而在这里，我们面临的是一个典型的例子：埃德蒙·柏克，这位思辨哲学家、前立法者、国家事务管理"技艺"的称赞者，所有这些形象颠倒了过来；这位退休的政治家兼绅士农场主比他的哲学家同行更急于从理想的竞争性条件推理。

　　柏克反对地方官提出的最低工资定价的重要内容，意在表明，虽然工资不取决于食物价格，但事实上最近几十年工资和食物价格一起提高了。尽管我们只能推测斯密可能会对1796年这些事情持有怎样的态度，但柏克在提出这些观点时本可以广泛使用斯密的文献——如果他选择这么做的话。根据斯密的体系，工资取决于劳动的需求和供给，而非食物价格。在一个享有资本积累和财富"不断增长"的国家中，劳动需求的扩大会稳步提高工资。尽管雇主联合和工资定价法规违背那些靠出售劳动力的人的利益，但斯密解释说，现有的实际证据表明工资超过了与英国"普遍人道"持平的最低标准。他推断，工资收入者的实际收入在18世纪的英国一直在提高，因为食物价格在不断

17　*WN*, I.x.c.34.

18　*WN*, I.x.c.61.

下降，工资可购买的产品的质量在提高，并越来越多样化。

　　小皮特在反对固定最低工资方案时也不得不抨击惠特布雷特提出的证据，这一证据源于普莱斯的悲观估算，这种估算表明，由于工资上涨滞后于食物价格的上涨，劳动贫民的处境没有任何改善，相应地，人口几乎或完全没有增长。[19] 这是马尔萨斯后来用来反对斯密的一个理由，而当斯密本人1776年面对波纳尔总督的问题时，他选择在随后的《国富论》版本中对这一观点不做任何更改——但他对波纳尔提出的其他问题进行了修改。[20] 小皮特在回复惠特布雷特和普莱斯时，事实上援引了这位"最杰出的政治经济学作家"的文献，而且在这些观点上，小皮特和柏克都反映了一种可以被合情合理地称为斯密主义的立场。此外，为了让"劳动自由流动"——这是改革居住法的主要目标之一，小皮特对居住法表达了强烈谴责，这一点也完全反映了斯密的立场。

三

　　如果我们回过头来看看斯密关于废除国内谷物贸易所有管制的观点的话，那他的结论与柏克、小皮特的结论之间的进一步相似性就显露出来了。尽管斯密从未让他的读者对下列观点有一丝怀疑，即他赞成将彻底的国内外自由贸易作为最终目的，但他的分析一直源于法律和公共舆论的现有状况。他将谷物贸易分为四个部分：国内贸易、进口贸易、出口贸易、转口贸易——尽管他承认这四个部分往往是结合在一起的，因为他希望能够将这些贸易区分开，谷物经销商的利益并不总是与大多数公众的利益一致。然而，由于国内贸易在数量上比国

19　*Parliamentary History*，1796年2月12日，p.706。

20　参见 *WN*，I.viii.22n。

外贸重要得多，他在各个方面都优先考虑国内贸易。他或许希望通过这种方式让公众的注意力不再痴迷于将进出口管制作为鼓励国内耕作的主要手段。[21] 事实证明，恰恰是斯密在国内贸易这一方面提出的命题——即谷物经销商的利益即使在严重缺粮的年月里也总是与公众

205 利益一致——是他最有争议的命题之一。这一结论是基于对农场主与经销商之间可能存在的长期竞争、投机的价格稳定效应、价格上涨导致的供应配给制所做的评估。因此，斯密将人们通常认为由农场主与中间商不公平的垄断造成的后果全都归咎于政府的管制。粮荒是粮食歉收和战争带来的真正缺粮所导致的结果；"饥荒之所以发生，只是因为政府粗暴地以不恰当的手段来克服粮食匮乏造成的困难，除此以外没有其他原因。"[22] 经销商遭受到的"民众的憎恶"拥有自我实现的特性，因为政府的激励措施助长了这种特性。废除政府对侵占和囤积的管制将会明显有利于公众，对此，斯密信心十足，以致他大胆做了一个少有的预测，即摆脱管制将终结人们的恐惧和怀疑，"因为它消除了鼓励和支持这些恐惧和怀疑的重要来源"[23]——事实证明，这个预测是错的。

　　和所有的体系或模型一样，改变某些基本假设——比如，经销商与农场主的竞争，参与竞争者可获得的期望和行动所依据的信息等——就有可能得出不同的结论。不过，似乎值得强调的一点是，虽然斯密可能在这些问题上作出了不准确的假设，但他没有为了便于分析而作出武断的假设。[24] 理论发挥其自身的作用，就像在所有尝试洞

21　参见 *WN*，IV.v.b.28.在这里，尽管斯密对政治计算没什么信心，但他仍旧引用的估算表明国内贸易与进口贸易量的比例是 570：1，前者远超过后者；相同的国内贸易量与出口贸易量的比例是 30：1。

22　*WN*，IV.v.b.5.

23　*WN*，IV.v.b.26.

24　在这个问题上，E. P. 汤普森坚持认为斯密的模式是纯粹的长期竞争模型。因此，这是一篇"逻辑上优秀的、自我证明的文章"，甚至是"反经验的"。这看起来与其他未经验证的、需要更多信息论证的说法——尤其是认为"它比家长制方案更符合18世纪的现实"——相冲突；参见 "The Moral Economy of the English Crowd", in *Customs in Common*，pp.203-7，277-8。

察因果的努力中一样，而观察和历史经验也有同样的作用。不同于他
的现代同行，斯密没有构建一个理想的竞争模型。他也没有让立法者
们对应该如何看待这个真实世界、看待这个真切影响人们的世界感到
毫无头绪。

揭示斯密这些方法的特征需要考虑他对国内外谷物市场的看法；
这些看法不可能被单独讨论。在出口奖励金和进口税这个问题上，斯
密提出了另一套独特的命题。奖励金和进口税这些措施对国内农业生
产的促进取决于这种农业投资形式回报率的提高，进而取决于与其他
因素相关的粮食产品价格的提高。斯密反对这种希望，他指出："事物
的本性赋予谷物以真实的价值，这一价值不可能仅仅通过改变谷物的
货币价格而发生改变。"[25] 它所遵循的是，"谷物的货币价格调节着所
有其他国内制造的商品的价格"，包括劳动的货币价格。因而，通过
谷物出口奖励提高谷物生产利润的目标可能被证明是适得其反的，因
为谷物价格的上涨将会通过货币工资的上升传递给一般产品价格水平
上涨，进而让农场主和地主与其他行业处于同样的相对位置。虽然奖
励金不可能给谷物生产者带来真正的好处，它却体现了纳税人和消费
者的真实负担，因为奖金诱导出口而对国内市场供给造成的影响最终
导致生活物资的价格更高。反过来，对生活水平的这种影响要么降低
人口增长率，要么抬高货币工资；这两种情况的结果都将是"阻碍、
限制国内市场的逐渐扩张"，而国内谷物生产的需求最终取决于国内
市场。[26]

斯密对诸多进口关税的考虑也是一样的；它们无法改变农业的
实际回报，但自由进口的结果是降低其他商品的货币价格，因而会刺
激对外贸易以及"这个国家的普遍勤勉精神"。致力于对外贸易的经

206

---

25 *WN*, IV.v.a.23.
26 *WN*, IV.v.a.8.（根据格拉斯哥版亚当·斯密著作和通信集，这里出自第四卷第五章
第一部分第八段，原书这里的标注有误——译者注）

销商是奖励金和税金体系的唯一受益者。严格执行的现有进口壁垒可能在谷物稀缺时期造成困境，尤其与旨在鼓励出口的奖励金制度一起运行时更是如此——如果国内粮食短缺和周边国家的饥荒状况同时发生，那么这种贸易形式就可能直接违背公众利益。在斯密看来，在粮荒时期经常需要暂停进口关税和出口奖励金，这充分说明了现有的保护性法规是不合法的。[27]

从单纯的国家视角评估了这种状况之后，斯密继续从世界主义的角度讨论：如果所有的国家都实施自由贸易政策，将会发生什么？毫无疑问，最佳解决方案是：完全的自由贸易将是"缓解粮荒的最佳方案""防止饥荒的最有效措施"。自由贸易的区域越大，运输成本越低，所有的相关人员将会获得的利益越多。但这不是国际贸易目前的运行方式，在一个次优的世界中，遵循自由贸易政策或许不是理性的或审慎的，尤其是对一些小国家来说更是如此，个中原因我们在前面的文章中已经提到。[28] 小国不可能承担自由贸易带来的风险，但像法、英这样的大国却并非如此，在这些大国中，谷物出口只占整个农业产量中的很小份额。在这里，斯密诉诸对正义的考虑来强化他对上述权宜之计的分析："此外，阻碍农场主把他的商品随时送到最好的市场，显然是因为公共效用的观念以及某种国家理性而牺牲了一般的正义法则。"[29] 应该指出的是在这个场合下斯密没有主张高高在上的自然权利，但他继续说道，国家理性"只有在最紧急的必要场合下才能得到谅解"。因此，这个结论是基于他对各种优先事项的权衡，而禁止谷物出口高价格为这种优先项提供了一种解决方案，当然，在斯密看来，谷物的"价格应该总是很高"。

最后，在公共舆论造成的那些问题上，斯密承认，任何影响生存

---

27 *WN*，IV.v.b.8.

28 参见上文第161—162页。

29 *WN*，IV.v.b.39.

资料交易的事情都会激起类似宗教信仰的强烈情感："人们感到，他们对任何有关自己今世生活或来世幸福的事情如此感兴趣，以至于政府必须对他们的偏见让步，并且为了维护社会安宁而建立他们赞同的体系。"[30] 很明显，这不是一个不可撼动的壁垒，因为斯密接着就给出了理由，说明将英国的繁荣归功于奖励金的观点为何是以不合逻辑的事后推论为基础的。把英国的繁荣归功于1688年以来个人享有的法治下的普遍安全更合适一些。鼓励谷物贸易的类似举措在其他国家也有实施，但它们没有英国繁荣，因为"这种不良政策在那两个国家并没有被人民享有的普遍自由和安全所抵消"[31]。斯密评论英国在这一问题上的最新立法即1772年法令时，他对把关税和奖励金降低到可以支付的价格以及各种仓储条款表示欢迎。但他批评把奖励金扩展到其他谷物产品的条款，以及以他认为的以低价对外倾销的禁令。他还认为，禁止以可支付奖励金同等水平的价格出口是一个错误："在一个低得多的价格时应当停止发放奖励金，或者，在一个高得多的价格时应当允许出口。"[32]

四

在这一点上，我们可以很顺利地把柏克拉回到这幅图景中。他不仅在起草1772年的法令过程中发挥了主要作用，而且有证据表明，他还埋怨斯密对他的批评，此事促使斯密补充了几句安抚性的话语——前面一篇文章的主题已经提到："然而，虽然它有这些缺陷，我们大概可以用评价梭伦法律的话来评价［该法令］：虽然它本身不是最好的，

---

30 *WN*, IV.v.b.40.

31 *WN*, IV.v.b.45.

32 *WN*, IV.v.b.52.

但却是当时的利益、成见、倾向所能容许的最好的法律体系。它或许可以适时地为一个更好的体系铺路。"[33] 柏克声明他为自己在捍卫该法令中起到的作用感到自豪，并为其后的条款进行辩护。由此看来，这可能是柏克发现斯密妥协认可的一个例子。1772年，他反对奖励金应该降到可支付的价格的任何建议，并引证说其利益确保了谷物出口市场，鼓励了谷物生产——对于这些结果，斯密在四年后打算表示质疑。[34] 在这一点上，值得注意的是，在美洲殖民地争端期间，柏克不打算支持任何放松美洲贸易管制的举措——而这项政策是斯密提议的核心。[35] 1796年，有人鼓吹将工资和食物价格交给市场的政策，柏克并不推荐放宽影响对外贸易的法规。当柏克为中间商辩解以免他们遭受加剧粮荒的指控时，这些辩护虽然听起来和斯密一样，但他仅仅只是为现状辩护，因为这还涉及继续保留相当的措施来保护地主和农场主。尽管在柏克看来，农耕是一项特别易受影响的活动，但它和处于"一般商业原则"中的其他任何活动一样。不过，这些一般原则在英国的港口却未实现。斯密明确论证说，"农业服从其他法则，由其他原理支配"，进而证明以下结论，即试图通过管控对外贸易来提高谷物价格和农业生产利润是适得其反的；这些在柏克的册子没有任何蛛丝马迹。这种论断几乎不可能吸引任何农业利益代言人——而这一形象恰是柏克在这个场合下的伪装之一。

同样明显的是：在生存问题上，与柏克18世纪90年代愿意做的、或者说实际上在早些时候面临重新制定反对囤积粮食的法律的请求时愿意做的事情相比，斯密更愿意考虑公众的强烈情感。尽管柏克在《法国革命论》中对"成见"进行了精心的辩护，但是，一旦涉及国内粮荒问题时，几乎没有迹象表明他希望看到政府为了保持社会的

209

33　*WN*，IV.v.b.53.

34　*Parliamentary History*，4 May 1772，pp.480-2.

35　参见上文第138、139—140页。

稳定利益而屈服于大众的情感。事实上与之相反，柏克对公共秩序问题越来越多的关注，意味着他认为政府的任何软弱举措都无异于助长民众的混乱失序。就像在其他问题上一样，"愤怒环境下的疯狂投机"导致巨大的危险。任何建立公共粮仓的企图不仅骗取农场主和地主公平的资本回报，而且粮仓还会成为其所在城镇居民的"民众暴怒"的目标。这里相关的是"法国的癫狂"，因为柏克在《关于粮荒的思考和详细说明》的结尾处又发泄了一番他对法国"弑君者"的愤怒，并提醒他的读者，法国君主的错误之一是"焦虑不安的过度统治欲"——这种态度削弱了权威，因为它意味着政府在其本不应该承担责任的情况下成了罪魁祸首。[36]

至于柏克后来名声的一个方面——即作为辉格派渐进主义的化身，支持政治制度的翻修（renovation）而非改革（innovation），斯密对实行自由贸易的态度再次比柏克本人更好地说明了这种倾向。斯密的建议包含了大量实用的独创性见解，我们在讨论进口关税或可支付的出口奖励金时就已经注意到这一点。在应该如何实行自由贸易这个更大的问题上，就像讨论后革命时代的美国一样，斯密同样提供了有用的建议。他指出，当国内生产的商品需要缴税时，对进口物品征收反倾销税是合理的；不过，这笔反倾销税不应高到足以保护国内商品。这种税收也不应该扩展到其他商品上，作为补偿人们认为一个国家的工业所遭受的更普遍的不利条件的一部分。斯密也承认，报复性的管制或许也是合理的，但只有在短期内减少对外贸易壁垒有望产生想要的结果时才是合理的。他关注这些策略对分配造成的影响，并指出这些策略需要整个共同体为一个有利于某些生产者利益的体系买单，而不是为那些受外国关税不利影响的生产者买单。斯密建议，取消雇佣"大量人手"行业的保护措施应该通过"缓慢渐进的方式，并

210

---

36 参见 *Thoughts and Details* in *WS*，IX，pp.135，144-5。

采取十分小心谨慎的态度"才能顺利完成。[37]

然而，作为这一进程的向导，斯密提到那些不可能受到影响的行业（那些没有津贴就能顺利出口的商品），并指出，事实证明，大量被遣散的士兵的再就业通常比预期的更快。他认为，"把勤勉的方向从一种劳动转向另一种劳动，肯定比把怠惰和懒散转向另一种劳动"容易得多。[38]制造业常常有可以扩展的衍生性行业，只要一个国家的资本没有减损，劳动力的自由流动能够实现充分就业，就能在保护措施被废除后维持大致相同的水平。然而，要实现这样的流动，就要求废除排他性的公司特权和学徒法——这是斯密为立法改革拟定的另一项主要纲领，如果不实行自由贸易，那么这就成为解决限制劳动力流动的次优方案。斯密意识到，一旦涉及庞大的资本，"公平地考虑"那些遭受损失的人的利益，"需要的改变绝不应该是骤然进行的，而是缓慢的、渐进的、经过很长一段时间告诫之后的改变"[39]。

211

柏克小册子的最后一部分令人印象深刻，因为它对"立法中最重要的问题之一"做出了陈述，即"国家应该根据公众智慧来引导什么；以及应该把什么留给个人酌情处理，在尽可能不干预的情况下由个人裁决"[40]。杜格尔德·斯图尔特后来引用了这段话，作为《国富论》主要命题的一种陈述。[41]虽然大体而言这是对的，但如果斯图尔特认为柏克关于什么属于公共领域的说明完全抓住了斯密的意思，那他的记忆就出了差错。柏克认为固有的公共职能有两个——其一是"从外部确立其宗教"，其二是管控那些"根据其法令成立的公司团体"。如我们所见，在第一个职能上，斯密所持的观点就与柏克相左；至于第二个职能，斯密对东印度公司这样的贸易公司的全面分析表明，他认

37　*WN*，IV.ii.40.

38　*WN*，IV.ii.42.

39　*WN*，IV.ii.44.

40　参见 *Thoughts and Details* in *WS*，IX，p.143.

41　参见 "Account of the Life of Adam Smith" in *EPS*，p.345n。

为这样的团体与他的经济效率概念和政府为促进公共利益进行管控的适当能力不兼容。

<h1 style="text-align:center">五</h1>

《关于粮荒的思考和详细说明》包含了其他素材，它把我们拉回到"伟大的体系"中。它还让我们回到柏克《法国革命论》中为教会财产辩护的具体问题上，这一点之前已有提到。因而，柏克在《关于粮荒的思考和详细说明》对社会贫富关系进行了残酷的讽刺：为了重新分配财富而割断富人的脖子，不会让那些只凭数量众多扮演富人供养者的人（指穷人）受益，这些人再次被讽刺地描述为"依附性的抚恤金领取者"。[42] 正如本章开头的题词所示，这是柏克在后革命时期的其他文章继续攻击有关"劳动贫民"这种时髦空话的一部分。在《关于粮荒的思考和详细说明》中，他提出了另一个讽刺性的问题：无法用自己的劳动以现有食物价格养活其家庭的劳动者是否应该"被扔到由法律之剑来支撑的铁石心肠和满腹闹骚的卑鄙自利之手"？柏克回复的答案援引了普芬道夫的文献，他认为，那些"根据交换规则和正义原则"——这里包括了"完全的"义务——不能要求任何东西的人，他们自己将只能满足于慈善的"不完全义务"。[43]

这一区别呼应了柏克在《关于粮荒的思考和详细说明》结尾时所做的另一个区别——我们已提到过，即"真正的和恰当的"公共正义（这种情形下的正义）与属于"风俗"（manners）领域的"义气"的区别，对后者而言，政治家"可以有所倾斜，但不可能制定法律"。斯密在讨论立法者的义务时，尤其是在提出他自己的交换理论而非分

212

42　参见 *Thoughts and Details* in *WS*，IX，p.121。

43　Ibid.，p.129.

243

配理论时，也利用了完全义务和不完全义务的区别。[44] 然而，在柏克看来，贫富关系的整个讨论都是在一个神学框架中进行的，在这个框架中，有一条神定的"从属链条"，从地主、农场主到他们雇佣的劳工，再到地上的野兽，都属于这个链条。[45] 因此，柏克将交换法则等同于上帝的法则，他将歉收视为"神的不满"。[46] 换言之，在面临这个世界的不幸和不义时，柏克的观点和他后革命时期其他著作中的观点，都有点宣扬基督教顺从的布道色彩。至少在这个场合，柏克的愤怒和讽刺把世俗读者的注意力引向了另一个方向，即将这些观点作为提供给大众的鸦片，不过，有必要再次称赞一下他真诚的宗教信念。如果人们面临贫穷、疾病和死亡时的宗教慰藉是真诚的，就像柏克明确相信的那样，那么它们也不会局限于一部分人口。此外，如果他将这个世界的经济事务视为包括超越死亡的报偿在内的神圣宽宥的一部分，那么，不提这些慰藉则是他的严重疏忽。[47]

一旦承认这一点，我们几乎就没有理由怀疑柏克同情穷人或劳动贫民困境的其他表述的真实性。这种表述的经典之语要数他的《为自然社会辩护》。

> 最显著的社会分裂是贫富之分；同样明显的是，穷人与富人的数量比例极为失衡。穷人的全部工作是为富人的懒惰、愚蠢和奢侈埋单，作为回报，富人的全部任务是找到最好的方式确保奴隶制度，加重穷人的负担。在自然状态下，人之所获与其劳动成正比，这是永恒不变的法则。在人为的社会状态下，那些劳动最多的人，享受着最少的东西；而那些根本不劳动的人，却拥有最

213

44 参见上文第100—101页。
45 参见 Thoughts and Details in WS, IX, p.125.
46 参见 ibid., p.137.
47 参见 R. Hole, Pulpits, Politics and Public Order in England, 1760-1832, Cambridge, 1989, pp.140-1, 这里是对现在一个很容易被忽视的明显事实的有益提醒。

多的享受，这也是一条永恒不变的法则……我猜想，在英国，有十万多人受雇于铅矿、锡矿、铁矿、铜矿和煤矿；这些不幸的可怜人几乎没看到过太阳的光芒；他们被埋于大地之下；他们在那里从事着恶劣而悲惨的工作，没有一丝解脱的希望；他们吃着最粗劣、最糟糕的饭菜；他们的健康受到严重的损害，因为一直困在这些有毒矿井的重重烟雾之中，他们的寿命被缩短了。至少还有十万多人，在提炼和处理产品时因令人窒息的烟雾、燃烧的高温、连续的苦力等等而痛苦不堪……[48]

这篇《为自然社会辩护》的讽刺性目的——对博林布鲁克先验的自然神论的反证式实践，并将其运用到卢梭刚刚发表的关于不平等的论文这个主题上——想要将人们的注意力从基本情感移开。不过，这里我们可能需要暂时搁置评判，首先回顾一下斯密在《道德情感论》中讨论那只看不见的手的神性特征时对富人和穷人所运用的相似修辞，以及斯密在《国富论》的早期手稿以非神性的方式讨论劳动分工的好处时所铺设的背景。[49]然而，斯密以世俗的方式讨论"伟大的体系"时所缺乏的，恰恰是神圣命令的链条的观念——而这种观念将真实的现状等同于神的引导。当斯密从现实和历史出发讨论不平等问题时，他急于强调这种世俗的解决方案所带来的实际好处和真正的不义。换言之，斯密向穷人提供的比宗教慰藉要多一点内容。

214

当然，从柏克的角度看，就像《关于粮荒的思考和详细说明》所揭示的那样，斯密提供的要么比应该承诺的（或可以兑现的）多一点，要么比基督教信徒应该相信的少一点。而在这一点上，值得思考的是柏克对法国政府没收教会财产的分析，其中包含了对"巨大的循

48　*Burke: Pre-Revolutionary Writings*，edited by I. Harris，pp.50-1.

49　可以比较一下柏克《为自然社会辩护》中的陈述和上文第62—63页引用斯密的文字。

环之轮"的积极特征和消极特征的有力论断。当然，一方面，柏克只是鼓吹了一种公认的观点，以表明奢侈消费是如何作为社会盈余循环、扩散、以穷人就业的形式进行转移的一种手段的。不过，它又为一种修辞实践提供了基础，这种修辞与柏克渲染骑士精神和玛丽·安托瓦妮特遭受的侮辱时一样有着自己独特的夸张形式。理解柏克这种夸张的特点需要一段长篇引文。

　　在一切繁荣的共同体中，生产者所生产的东西总是要比维持他当前生活之所需多一些。这些剩余就构成了土地资本家的收入。这些剩余将被一个并不从事劳动的地产所有者消费。但是，这种不事生产本身就是劳动的发条；这里面包含着对勤勉的鞭策。国家唯一要关心的是从土地收取的地租作为资本应该重新回到它所来自的生产中去；还有就是这种花费应该尽可能不损害那些消费它的人的道德以及它所返还的对象的那些人的道德。

　　一位严肃的立法者，总会在收入、支出、个人就业的全盘情况谨慎地比较以下两种人，一种是人们建议他驱逐的财产的所有者，一种是打算填补财产所有者位置的陌生人。通过大规模没收而进行的一切剧烈的财富革命，必定会导致种种困难，在此之前，我们应该有一些合理的保证，即相比旧的所有者——无论这些所有者是主教、司铎、修道院院长、僧侣，或者你想怎么称呼都行，被没收财产的新买主将在很大程度上更勤劳、更高尚、更清醒，更不倾向于从劳动者的收益中榨取不合理的一份，也不愿他们自身的消费超出了个人正常所需的份额，或者，他们应该有能力以一种更稳定、更平等的方式分配这些剩余物，从而满足政治支出的目的。僧侣们都是懒惰的。假设实际情况就是这样吧。假设他们除了在唱诗班唱歌就没有别的用处。他们的工作至少和那些既不唱歌也不讲话的人一样有用，甚至和那些在舞台上歌唱的人一样有用。他们的工作和那些从早到晚都在从事那无数的奴隶般的、堕落的、不体面的、不人道的、往往是最不健康的、瘟疫般的职业——由于社会体系的缘故，许多可怜人不可避免沦入其中——一样有用。如果人们打乱事物的自然进程，在某种程度上妨碍这些不幸之人的劳动在各种各样的方向上转动巨大的流通之轮，如果这样做并不是普遍有害的话，那么我将无限倾向于把他们从那悲惨的劳苦困顿中解救出来，而不是粗暴地打扰修士们在修道院的安静修行。人道主义精神，也许还有政治决策，可能会在这方面而非在另一方面更好地证明我是对的。这是一个我经常思考的问题，我每次都不是毫无感情地思考它。我确信，除非人们必须屈服于奢侈的枷锁和幻想的专制主义之下——那样人们就会按照自己专横的方式分配剩余的土地和产品，否则任何一种思想都不会认为一个管理良好的国家容忍这些行业和职业是合理的。不过，在我看来，就这种分配的目的而言，僧侣们的无用消费和我们世俗的游手好闲之辈的无用消费，其导向是完全一样好的。[50]

这种对奢侈枷锁和任由事物按照它们的自然进程发展的政策的双重辩护，在强化柏克抨击法国教会财产的新主人方面具有明显的针对目标。在对"华丽耐用品"——图书馆、绘画、雕塑和"庄严的宗教大殿"——与"琳琅满目的货摊、各种污秽场所的邪恶和奢侈"进行比较时，柏克还利用了另一个为奢侈辩护的标准特征。不过，如柏克承认的那样，人们必须宽容这两种形式的消费，"不是出于人们对它们的喜爱，而是出于对更坏结果的担忧。我们容忍它们，因为财产和自由在某种程度上需要这种宽容"。在这里，柏克的分析在策略上忽视的是斯密对生产性劳动和非生产性劳动的区别，有用劳动和我们自我提升的欲望激发的节俭之间的区别，而这种自我提升的欲望是资本积累和经济发展的基础。在这个意义上，宗教机构和歌剧演唱

---

50 *Reflections* in *WS*, VIII, pp.209–10.

家（"那些在舞台上歌唱的人"，与柏克所说的在合唱团唱歌的僧侣的地位完全一样）都不是生产性的。流通，而非发展，是这种情境下柏克认为发挥作用的唯一一个因素。不过，这种疏忽可以合理地被称为策略性的或暂时性的，因为柏克在《就与弑君者媾和方案致现任议员书》中详细地记载了英国对法国成功发动战争的经济（以及税收）能力。这份记录认为英国过去的经济增长是理所当然的，并力求打消那些胆小鬼的疑虑：为维持战争开支而不断增长的国债不会严重削弱国家未来的发展。金融利益集团，即那些愿意投资公共信用的人在战争中至为关键，他们"贪恋钱财"，可能带来邪恶的后果，但这种金融利益也是"所有国家繁荣的重要原因"。

216
> 恰恰是这条自然的、合理的、强有力的、丰富的原则，讽刺作家揭示其荒谬；道德学家谴责其罪恶；有同情心的人谴责其铁石心肠、残酷冷漠；法官批评其欺诈、勒索和压迫；但是，政治家运用它，因为他发现了它所有的优点和与之相伴随的瑕疵。[51]

金融利益在法国不稳定的共和制度中是诸多危险的根源，却可能被诱导着为英国的公共利益服务。此外，一国之习惯长期有利于发展，该国也更容易承担税收负担。

> 劳动和节俭为财富之母，在我们这里，人们的劳动和节俭是不遗余力的，也是明智的。当人们不再积累公共财富存货，他们就不再以他们的勤勉或克制来丰富它，而是以他们的奢侈，甚至他们的安逸，来为公众做贡献；不是因为它们是邪恶的原则，而是因为它们是非生产性的。[52]

---

51 *Letters on a Regicide Peace* in *WS*, IX, p.347.
52 Ibid., pp.348-9.

《法国革命论》中关于教会财产的论断的另一个特点是，它强调
了那种"最不健康的、疫疠般的职业，由于社会体系的缘故，许多可
怜人不可避免沦入其中"——这种情感呼应了《为自然社会辩护》一
文，并没有因其是讽刺性的刻意模仿而受到猜疑。假设柏克真的关
心奢侈枷锁的双刃剑性质，那么我们得出的一幅思想肖像就会完全不
同于人们常常从《关于粮荒的思考和详细说明》中提炼出来的那些形
象，比如，头脑冷静、不动感情的经济自由主义者、"彻头彻尾的资
产阶级"、现有社会秩序必要的剥削性质的坦率辩护人等等。如我们
所见，我们现在勾勒的这幅思想肖像与斯密的大多数相似之处都经不
起仔细的推敲，尤其当我们认真思考柏克思想中明显的神学因素时更
是如此。柏克将宗教作为其为现存秩序辩护的一部分，博学的评论家
们在其中洞察到了一丝"伊拉斯谟的余味"。[53] 这一点很可能是对的，
不过，斯密在这些问题上的伊拉斯谟主义完全是马基雅维利式的，而
柏克的伊拉斯谟主义则为合理的怀疑留下了余地。

不过，我们反而从柏克和斯密的比较中证实了他们基于流通巨轮
的奢侈和不平等的论断的多样性，因而也表明了向柏克和斯密的继承
者们敞开的某些可能性。结果，马尔萨斯对大众贫困的讨论注入的系
统性的神学维度，不仅聚集了他的众多批评者的心力和火力，还将他
与19世纪前三十年追随斯密脚步的那些更世俗的政治经济学爱好者区
分开来。同样重要的是，马尔萨斯最初的靶子，威廉·葛德文，认为
柏克的《为自然社会辩护》是一篇"以无与伦比的推理力度、滔滔不
绝的雄辩揭示现有政治制度罪恶的雄文"，尽管作者意在说明"这些
罪恶被认为是微不足道的"。[54] 我们将会看到，葛德文自己对奴隶制的

217

---

53 我将"伊拉斯谟的余味（erastian after-taste）"一词归功于 J. R. Dinwiddy, "Interpretations of anti-Jacobinism", in M. Philip（ed.）, *The French Revolution and British Popular Politics*, Cambridge, 1991, p.45。可以少引用一些伊拉斯谟式（更真诚的笃信宗教）的辩词，但这并不会否定柏克的信仰绝不是彻底的伊拉斯谟式的。
54 W. Godwin, *An Enquiry Concerning Political Justice*, in *PPW*, III, p.8.

分析——奢侈消费让穷人深受其害，沦为奴隶，显然非常类似于柏克的分析，无论柏克的意图是什么。

在潘恩等人看来，柏克彻底抛弃了对完全权利和不完全权利的区分、正义和慈善的区分。尽管潘恩在其较早的著作中对"自然的"商业追求——在没有垄断和排他性特权的时候——产生的不平等给予了认可，但当他写作《人的权利》第二部分和《土地正义》时，他的重点就转向了再分配政治学。这种转向可能部分要归因于柏克对财产权的辩护激起的愤怒，另外很大一部分是因为潘恩和孔多塞以及其他吉伦特派一起参与了后革命时期的法国讨论，这些讨论涉及不平等是如何削弱那些被人们认为对大国建立共和制很有必要的风俗的。[55]美国共和制度的少数几个困难（尽管在普莱斯眼中并非如此，一如我们已经看到的那样）带来的问题，在讨论法国、英国这样腐朽的欧洲国家中成功的前提条件时意义就要重大得多。新的侧重点也让潘恩有别于斯密，在前者看来，完全权利和不完全权利的区别、交换正义和分配正义的区分，需要"最精妙的思虑"来突破。正是这一点让潘恩和孔多塞成为提倡各种社会保障的平等主义者，进而让他们和马尔萨斯抨击"平等制度"的目标之一葛德文走到了一起。

最后，过去支持法国大革命的那些浪漫派诗人以及后来在19世纪最初十年就认为柏克新造了"保守主义"衣钵的那些人都认为，一个日益依赖城市制造业生产的最不健康、疫疠般职业的社会，需要恢复柏克立场中的其他方面，这些方面对于只了解《关于粮荒的思考和详细说明》的读者并不明显：一种重现活力的土地利益的理想，以及

---

55 如同最近评论家们强调的，在这方面，柏克-潘恩的争论不应该视为排他性的"保守主义"与革命之争，而是"保守主义"与"重新分配的激进主义"之争。最后一词还是来自 J. R. Dinwiddy；参见 "Interpretation of anti-Jacobinism"，p.40。类似的强调平等的重新阐释，可以参见 G. Claeys, "The French Revolution Debate and British Political Thought"，*History of Political Thought*，11（1990），59-80；以及 M. Philp, "The Fragmented Ideology of Reform"，in Philp（ed.），*The French Revolution and British Popular Politics*，p.53。

同样重现生机的国教的作用。当然，对拿破仑战争期间英国发生之事的关切，超出了柏克的浪漫派崇拜者的视野。实际上，他们可能更容易被人们与潘恩的继承人及其后继者联系在一起，后者是一堆庞大而杂乱的大杂烩，他们有的坚持激进观念，后来还有些人坚持社会主义的观念，这群人都对19世纪前几十年英国发生的经济变化做出了相应的回应。人们往往注意到浪漫主义的极端托利党和新的雅各宾经济政策派之间的亲缘性，同时还进一步假设，这些极端派的友好交流主要发生在中产阶层的辉格派和激进分子这群鱼龙混杂的群体占据的一片荒凉地带，主要以边沁主义者和政治经济学领域的斯密信徒为代表。[56]这当然抓住了其盟友和对手的某些策略性方面，尽管这些观念的身份认同并不总是符合可将它们归因于阶级地位和所谓意识形态意义基础上的那些东西。在很多辉格派人士眼中，边沁主义者绝非雅各宾派，更不用说19世纪20年代那些在英国教会和宪政改革中采取极端托利派立场的人了。事实上，由中产阶层理论家领导民众叛乱的法国大革命所激起的恐惧，可能被詹姆斯·密尔这样的边沁主义者唤醒，就像这些恐惧可能被潘恩、葛德文、托马斯·斯宾塞或罗伯特·欧文唤醒一样。[57]此外，劳动贫民有资格期待的合法权利，人们对未来前景的合理愿望，并不总是符合阶级忠诚，无论这份忠诚是真实的、被指派的，还是被选择的。进入这一复杂领域的最佳途径是思考一下马尔萨斯《人口原理》提出的政治任务和道德任务的影响，把人们的注意力集中到通过制度变革来实现未来愿景的局限性，在这方面，第一版《人口原理》无疑贡献颇多。

219

---

56 参见 E. P. Thompson, *The Making of the English Working Class*, London, 1963, reprinted 1968, p.379。

57 T. B. 麦考莱指控詹姆斯·密尔是雅各宾主义；参见 *Edinburgh Review,* 46（1827），261。

第三编

作为政治道德家的
罗伯特·马尔萨斯

一个人，出生在一个已然被人类占据的世界里，如果他不能从其有合理需求的父母那里得到生存物资，如果社会不需要他的劳动，那他就没有**权利**要求哪怕是最小份额的食物，实际上，他在其所处的地方也无事可做。大自然的盛大宴席上没有他的一席之地。她让他走开，如果他没有博取她的其他客人的怜悯，她将很快执行她自己的命令。如果这些客人起身为他腾挪出一个位置，其他不速之客就会立即出现，要求同样的帮助。关于所有人的食物要求就会随之而来，这些单据被无数索要者带到大厅中。宴会的秩序、和谐被扰乱了，之前的丰盛大餐变得匮乏；大厅每个角落里都是悲惨依附的景象，还有一些人在大发雷霆，大声叫嚷着强行索要，因为他们被教唆着期望得到食物，而现在却一无所获；所有这些都摧毁了客人们的幸福。客人们意识到他们的错误为时已晚，因为他们违背了伟大的宴会女主人对所有不速之客宣布的严格命令；这位女主人希望她的所有客人都应该得到丰盛的招待，也知道她不可能为源源不断的人提供食物，当她的餐桌人数已满，她仁爱地拒绝接纳新来者。

　　　　　　　　　　　　　——T.R.马尔萨斯《人口原理》，1803

A MALTHUSIAN.

图三　这是《智力的游行》（R.西摩尔，1829年）中的一幅插图，题为《一名马尔萨斯主义者》。它描述的是，一个屠夫说："我看看！我有8个孩子，如果每个孩子生8个孩子就有64个孙子，他们再生8个就有512个，再生8个就有4 096个，然后是32 768个人，然后是262 144人，每代都生8个是2 097 512人，如果他们再各生8个，就有16 617 210个人，我的天啊！！！哪有足够的面包养活这一大家人啊。"

222

第八章

当务之急：最初的任务

一

　　本编的题词在马尔萨斯批评者的记忆中盘桓萦绕的时间之长远甚于其他人。从1798年《人口原理》第一版问世到1826年最后一版出版的二十八年时间里，该书是马尔萨斯根据其人口原理引起的政治和道德困境表达其不断变化的观点的主要媒介，它似乎也是与马尔萨斯大名联系在一起的贫富理论最冷漠无情的缩影；尽管这段文字在二十八年里只出现了三次，但事实证明，这段话太有用处了，以致它从未从公众的记忆中溜走。马尔萨斯在这里的确是在鼓励富人——即那些在大自然的宴席中享有牢固席位的人——不要未经反思就同情那些凭劳动都不能为自己挣得一席之地的人，从而危及整个宴会。对救济权利的抨击似乎也恰好回应了柏克对以下观点的谴责，即劳动贫民应该期待，或应该由他们的长官引导着期待得到比基督教慈善给予他们的施舍更多的东西。尽管马尔萨斯从未直言不讳地提到柏克的《关于粮荒的思考和详细说明》，但在后革命时期，两人对频繁出现的与食物短缺有关的政治动荡和经济停滞境况下的济贫思考有着明显的相似之处。除此之外，马尔萨斯第一版《人口原理》的主要攻击目标——葛德文和孔多塞，与柏克的很多激进派对手，尤其是与潘恩之

257

间的关系密切，而在柏克对背信弃义的哲人们枯燥冗长的叙述中，孔多塞被描绘成一个"狂热的无神论者、愤怒的民主共和党人"，如此，马尔萨斯与柏克的相似之处似乎可以被扎扎实实地描画出来。[1]

223

马尔萨斯在削弱与卢梭和法国大革命密切相关的人类完美性的观念时，似乎不仅仅致力于发起一场反雅各宾派运动，甚至可能参与了一场反抗18世纪的意义深远的"保守主义"运动，这场运动后来被归功于柏克。马尔萨斯的神职忠诚，以及将统治物理世界和道德世界的自然法则等同于那个仁慈的神所创立的法则的神学论证，这些因素有助于证实他观念中的反启蒙特征——至少，在那些相信不信教和反神职主义是启蒙运动可靠标志的人眼中就是如此。然而，与此相反，人们也可以反驳说，恰恰因为这是法国启蒙运动的事实，马尔萨斯和所有赞同他的信徒们才不打算承认基督教不符合各种形式的科学——自然科学和道德科学——所坚持的承诺，而且，得到恰当解释的基督教是最高形式的启蒙。不过，正如本书序言中提到的，马尔萨斯对社会思想贡献的悲观、反动和"阴郁沮丧的"倾向已成为这一时期意识形态考古学的标准特征。实际上，作为一个批评性术语，"马尔萨斯主义"在马尔萨斯在世的时候就已经流行了，该词恰好可以用于1798年第一版《人口原理》出版到1834年济贫法修正法案——马尔萨斯在其生命的最后一年常常因促成这项法案而受到赞誉或谴责——这一确定的完整阶段。大自然的命令得到了强化，因为取消了健壮劳动者的院外救济；它确保院内救济只能在被救济者"能力不足的"基础上才可以获得，这种救济不能让它的接受者比那些走到市场通过自由劳动获得工资的人过得更舒服；它强调以下命令，即父母在决定结婚、进而生儿育女时，首先要对他们后代的命运以及他们自己在大自然宴席上的座位变化负责任。

---

[1] *Thoughts on French Affairs*, in *WS*, VIII, p.369；柏克在《致高贵爵爷的一封信》中也提到孔多塞是"不虔敬的诡辩家"，*WS*, IX, p.186。

以下几篇文章关注的是这一时期马尔萨斯式争论的一些主要特征。随着时间的流逝，上述故事中的真相与谎言的要素变得混乱不堪，这就促使我们似乎完全有必要回到比较简单的起点。要回到起点，首先值得思考的是从1798年到1803年这一阶段葛德文和马尔萨斯最初争论的主旨，在后一个时间节点上，马尔萨斯的《人口原理》第二版——一本首次公开作者大名的知识渊博的四开本著作——发表了。本编几篇文章的解释会跟随这场争论的发展，透过主要当事人而不是后来人的眼睛来呈现这场争论的样貌，如此，我们才有可能了解到葛德文和马尔萨斯的共同之处以及他们的分歧所在。事实上，这场争论的最初五年代表了思想史中（或就此事而言是一般意义的生活中）那些难得一见的事件，主角们不仅共享了大量的假设前提，而且出于信念和良好的哲学风度，他们决定礼貌坦诚地对待彼此。马尔萨斯此前是一位默默无闻的作者，却在葛德文声名显赫之时批评他，在讨论葛德文关于人可能在未来战胜死亡和性欲这些比较夸张的思虑时，他选择了某种温和的讽刺。不过，我们将会看到，这种讽刺与同一时期葛德文开始遭到其他人那种反雅各宾派的谩骂之间存在着鲜明的对比。

更鲜明的对比，在于马尔萨斯-葛德文争论的第一阶段与骚塞、柯勒律治对马尔萨斯的抨击，再加上华兹华斯后半生谴责马尔萨斯时毫无节制的放纵这两者之间。早期浪漫派在抨击马尔萨斯时受到盟友哈兹利特的极力调唆，而当浪漫派放弃他们青年时期共同的激进主义时，盟友变成了敌人。这几位人物都经历了一个葛德文式的阶段，并在他们的著作中留下了不可磨灭的印迹。他们对马尔萨斯-葛德文争论的思考是讨论这一主题的必要前奏。因而，如果马尔萨斯最初选择让自己在公众面前出名的方式是采取一种颇有争议的颠覆葛德文思想的立场，那么，哈兹利特和浪漫派对马尔萨斯的所作所为也是同样的套路。马尔萨斯是——或者说浪漫派认为他是——他们建构自己公共评论员身份的过程中一个明确的反面素材。他们也力求让自己与葛德文保持距离，然而，他们的逆转也没有导致马尔萨斯试图颠覆的内容简单地恢复过来。尤其是在成熟时期的柯勒律治看来，葛德文和马尔萨斯因其坚持功利主义风格的论证而败坏了名声，而功利主义的论证需要以纯粹的、柏拉图式的哲学和宗教的复兴来对抗。尽管下文不会尝试描述柯勒律治的整体哲学，但会比较详细地讨论他在浪漫主义抨击的早期阶段选择拒斥马尔萨斯立场的理由。

225

湖畔派诗人从一个不太高深的哲学层面关注拿破仑时期法国战争背景下的英国宪制政治，以及对战后时期国家状况的诊断。我们可以说，他们采取的是一种模糊宽泛的柏克式方法。在 19 世纪前三十年里，保护英国看似最受威胁的东西，涉及复兴——甚至可能是创造——一种遗产，这与面对法国大革命和英国国内抨击教会和国家时的柏克式立场有关。这种威胁首先来自拿破仑以及那些在英国或反对与法国作战，或看来似乎不愿猛烈发动对法战争的人。对国家稳定、甚至是国家认同和国家存亡的类似威胁，是后来"制造业体系"的兴起造成的，而这种体系被认为是一种前所未有的发展。英国战后经济萧条，寻求社会救济的健壮贫困者人数日益增长，最终以卢德分子和彼得卢惨案为代表的民众骚乱，这些情形都强化了以上认知。然而，在柏克的遗产中，浪漫派没有选择承认或延续的一部分，是他对救济"劳动贫民"的不干预态度——柏克因"劳动贫民"的情感色彩而不喜欢该词，但柯勒律治却出于相反的理由认为该词是"我们的措辞中一个不好的征兆但却是一个非常恰当的变化"。[2]

拿破仑战争期间的英国经济状况在柏克的著作中没有相应的叙述。英国商业和制造业发展带来的刺激让人们对农业必需品和生活方式、新兴的制造业城镇和郊区的生活和工作条件的最佳平衡等问题感到忧心忡忡。柏克对于必需品生产屈从于奢侈的枷锁感到痛心，但他不可能预见臣服于这一枷锁之下的人数急剧增长的情形。就其叙述的

2　参见 *Lay Sermon* in *CW*，Ⅵ，p.207；参见上文第 198 页柏克的评论。

可信方面而言，他也不可能意识到制造业产品日益囊括了社会大众广泛的"便利品"，再也不是只局限于制造有钱人的奢侈消费品。承认这些评论的影响，是马尔萨斯以及骚塞和柯勒律治著作中的一个突出特点；既然他们彼此的写作常常同步进行，那我们就有机会比较他们各自的反应和诊断。

拿破仑兵败之后，浪漫派感受到的威胁来自近在眼前的民众叛乱的恐慌，而这些叛乱的规模相当于法国大革命。当他们为道德复兴、改善穷人经济状况的各种补救措施进行游说时，英国国教和宪政秩序的变化在他们眼中似乎是政府在蛊惑民心的压力下屈服的迹象；这些压力和任何与拿破仑战争有关的事情一样，都有可能摧毁他们关于英国民族性的观念。在这些问题上，他们自己的恐惧与柏克在政治不稳定情况下所面临的宪政改革的喧嚣氛围确实有相似之处。当华兹华斯被问起他对改革法案的意见时，他简洁明了地指出："和现代人中最明智的柏克先生一样，我反对所有剧烈的改革。"[3] 我们将会看到，很多观察家，包括像马尔萨斯这样的温和辉格派，都会赞同这一普遍的情感，但他们却对所需进行的冷酷改革的性质得出了不同的结论。柏克的遗产在其诞生和传播的早期阶段必然是分裂的，它对辉格党和托利党一样都是开放的。尽管如我们在本书序言提到的那样，哈兹利特和马克思将马尔萨斯与"合法性""寡头政治"关联起来，但事实上，马尔萨斯的浪漫派批评者恰恰是最急于主张柏克遗产的人，因此也被视为柏克"保守主义"的真正继承人。[4]

浪漫派在多大程度上可以被视为柏克的继承人，而非仅仅是暂时的崇拜者在柏克后革命时代的著作中寻找策略性的支持，这不是个

226

3　1831年7月8日致本杰明·海顿（Benjamin Haydon）的信，见 *The Letters of William and Dorothy Wordsworth*, edited by E. de Selincourt, revised by M. Moorman, Oxford, 1969, V（II）, pp.407-8。
4　关于柏克和他的浪漫派追随者们的这种看法，经典的表述可参见 A. Cobban, *Edmund Burke and the Revolt against the Eighteenth Century*。

容易解决的问题，下文也不会给出答案。然而，可以明确的是，虽然"保守"一词在18世纪90年代充其量不过是影子般的存在——更不用说"保守主义"的影响，但到了19世纪30年代，该词已经被柯勒律治、骚塞和华兹华斯自豪地接受为他们自己政治学的写照了。[5] 他们越来越以"自由的"作为其贬义性的反义词，该词不再拥有其纯粹的形容词意义了。自由和保守二元论的意义已经远远超过了它们即将创造出的党派标签；由于"保守"一词继续描述着我们仍然存在的两种主要政治倾向之一，因此，在马尔萨斯挑起的这场争论中考察一下它的形成可能是有用的。

227

二

马尔萨斯最初的另一个目标是孔多塞。孔多塞的《人类精神进步史表纲要》（*Esquisse d'un tableau historique des progrès de l'esprit humain*）发表于1794年，正好在他成为自己参与领导的那场革命的牺牲品之后，这场对抗的片面性质意味着马尔萨斯的批评需要补充完整。没有直接证据表明孔多塞可能会如何回应，不过，孔多塞的吉伦特派伙伴即潘恩的观点在一些有争议的问题上可以发挥作用。尽管潘恩和孔多塞在完美性学说方面总体上是一致的，他们在能够轻易解决未来与人口压力相关问题的看法上也有类似之处，但马尔萨斯没有错误地把两位对手的思辨性观点视为可相互替换的。孔

---

5 关于"保守"作为政治技艺的一个术语的起源，可参见 E. Halévy, *Triumph of Reform, 1830–41*, London, 1950, pp.66–7n, 他将这个日期定在1819—1827年这个阶段，还可参见 James J. Sack, *From Jacobite to Conservative*, 其导言讨论了"雅各宾派的""托利的"和"保守的"这些形容词作为政治标签的用法，最后一个词语的时间大概在1830年前后。和自由主义者（*libéral*）的情况一样，保守主义者（*conservateur*）一词比较早的使用是在欧洲大陆。

多塞与马尔萨斯的一些共同之处是马尔萨斯与葛德文的关系中缺少的：他们都接受了斯密关于公共利益基于商业和自然自由体系的主要观点。

孔多塞毕竟是杜尔阁的拥趸和颂词撰写者，后者是哲人-立法者，他在法国大革命前进行了雄心勃勃的尝试，在法国国内进行生活必需品货物的自由贸易。孔多塞证明了他在革命期间尝试普及《国富论》观点时发挥的作用。尽管潘恩避免了孔多塞极其悲惨的命运，只是被他法国的雅各宾派对手投入了监狱，但除此之外，他和孔多塞的合作基础是斯密对商业作为一个经济发展部门的共同设想，而这一点也为马尔萨斯所分享。然而，在另一个将潘恩和孔多塞联合起来的事情——即对借助社会保障计划进行再分配的政治学的共同兴趣上，两人却有着深刻的分歧。事实上，马尔萨斯对葛德文和孔多塞的不同"平等制度"的抨击，需要他给现代商业社会中一些不可剥夺的特征下定义并为这些特征进行辩护，而这些特征可以用来批评所有那些承诺逃避市场要求的平等主义和共产主义的方案。在明确陈述这些辩护词时，马尔萨斯提出了某些关于从未彻底消失的私有财产、不平等以及自利动机的根本性议题，并为他招来了所有希望社会进步的人的仇恨；这些人希望社会进步取决于为这些制度和动机找到激进的替代方案，或后来被人们视为社会主义的替代方案。虽然下文不会谈到这些方案，但如果我们能充分探讨一下激进派最温和、最深入的反对者的论断，或许有助于更好地理解激进主义本身。

神学论证在马尔萨斯反对平等制度的情形中发挥着重要的作用，而孔多塞（还有葛德文和潘恩）可以被视为一位狂热的无神论者，这一事实或许足以形容他们的分歧。就马尔萨斯的神学立场来说，他当然对他的对手抛弃天启和自然宗教的立场感到遗憾，这让他想弄清楚，是否因为缺乏对灵魂不朽的信仰才导致他们把彼岸世界替换成尘世天堂的观念，在这个天堂里，只有少数几个人的肉体和灵魂才会不

228

朽。[6] 然而，同样重要的是，马尔萨斯和孔多塞接受的教育旨在把他们培养成自然哲学家和数学家，他们都致力于一种能让政治科学变成一门理性的社会技艺的道德牛顿主义。这一点明确指出了孔多塞的抱负，而马尔萨斯一直形容自己是以一种公认的牛顿式方法追求科学真理的探索者，他将所有理论都置于观察和实验的检验之下，在自然哲学和道德哲学中探索一些既有主题，因而，这种抱负同样也适用于他。

马尔萨斯认为他的牛顿主义和他的英国国教教义之间没有矛盾：他所接受的全部教育旨在将他培养成一名接受国教训令的剑桥大学的自然哲学家，其宗旨是确认两者的一致性，称颂两者的和谐。至于马尔萨斯最初的神义论声明提出的一些神学议题——他将部分邪恶的存在与神圣天启进行了调和——圣公会的朋友们发现了他的推理和策略上的错误，这导致他在《人口原理》第二版中坚持接受更正统的学229 说，即将这个世界视为被上帝审判或缓期行刑的状态。[7] 我们将会看到，在人口原理对自然神学的影响没有被基督教的良心和智慧充分接受之前，马尔萨斯的牧师信徒们感到有必要进行更深入的修订。这一切都不妨碍马尔萨斯被其他信仰更原教旨主义教条的基督徒们指控其亵渎神明；马尔萨斯一直否认这些指控，并以详细的论证表明，他作为一位牛顿式道德科学家所得出的结论完全符合启示学说和圣典。

事实上，马尔萨斯对葛德文和孔多塞最严肃的批评不是不信教，

6　参见 *FE*，pp.241-2。

7　马尔萨斯在第一版《人口原理》中的神义论和他后来改变立场的意义，已经产生了大量有趣的研究；参见 E. N. Santurri, "Theodicy and Social Policy in Malthus's Social Thought", *Journal of the History of Ideas*, 43（1982），315-20; J. M. Pullen, "Malthus's Theological Ideas and their Influence on his Principle of Population", *History of Political Economy*, 13（1983），39-54; and A. M. C. Waterman, 'Malthus as Theologian; The First Essay and the Relation between Political Economy and Christian Theology' in J. Dupacquier et al.（eds.），*Malthus: Past and Present*, London, 1983, pp.195-209. 沃特曼（Waterman）随后写了更详细的文章，将马尔萨斯置于逐渐形成的基督教政治经济学这一更广阔的语境中，in *Revolution, Economics and Religion*。

而是因为他们助长了一种人们无法实现的希望，因忽视牛顿准则而危及科学作为不断进步的事业的理念。他们以外推法为基础进而得出结论的过程，是从原因推理到可能的结果，而不是从观察到的结果推理到可能的原因。例如，孔多塞根据人们平均寿命期望的范围值趋向有机完美性的"不确定"进程来描述可能趋向有机完美性的进程，在目前各种限制条件处于未知状态的情况下，"仅仅因为某些已经发生的局部进步"就推断出无限的进步，这显然犯了一个错误。如果事实曾被扭曲以适应体系，而不是相反，那么，"牛顿宏大一致的理论就会被置于与笛卡尔任意的、离心假设一样的基础之上"。[8] 马尔萨斯批评孔多塞恢复笛卡尔方法或许比对葛德文的批评内容更重要，而且这一批评也是非常敏锐的。[9] 这样一来，他们共享的内容再次清晰地解释了其他差异。

如果我们继续解读这场生动丰富的争论，另一个好处便是，诸如柏克挑起的法国大革命争论这样的事件不再对关键问题产生太大的影响。马尔萨斯回应的孔多塞和葛德文的著作，其撰写时间是在法国大革命的一个特殊阶段，那时，柏克预言的暴力后果已经开始显现出来——尽管其原因不一定是柏克给出的那些因素。他们在面对挫折时试图通过对未来前景更冷静的哲学思考来维持革命体现的最初希望，而未来前景是通过心灵的平和发展来实现的。重要的是，正是葛德文著作的这一特征才吸引了那一时期正处于革命幻灭之中的骚塞、华兹华斯和柯勒律治的注意力。

葛德文的《政治正义论，及其对现代道德和幸福的影响》共有三版，分别发表于1793、1795、1798年。孔多塞的《人类精神进步史表纲要》于1794年出版，首次翻译成英语就广为人知。两部著作

230

8　*FE*，p.159.

9　参见 K. M. Baker，*Condorcet: From Natural Philosophy to Social Mathematics*，Chicago，1975，p.192，这里讨论了孔多塞牛顿主义中的笛卡尔因素。

都不涉及正在进行的政治事件或当时的政治人物。《政治正义论》与其他回应柏克的激进派文献也不相同，它采取了一种雄心勃勃的论著（treatice）形式，旨在代替或纠正孟德斯鸠的《论法的精神》。葛德文最初希望，这部著作"凭借其自身的力度和分量，应该压倒并彻底击败所有的对手，将政治原则建立在牢不可破的基础上"[10]。这一早期目标的力度与其行文风格并不匹配：葛德文以良善的合理性回应包括柏克在内的所有对手。[11] 就像他在 1797 年出版的《研究者》中解释的那样，"高卢革命原则"引发的早期情绪是"兴奋的、躁动的"，彼时，"革新之友的语气却有几分盛气凌人"。葛德文虽然对于柏克才华的扭曲——如他为贵族秩序辩护时所揭示的那样——感到遗憾，但他同样急切地谴责革命是获取政治机遇的手段，并让自己与潘恩和其他轻率浮躁的"革新之友"的狂热保持距离。[12]

231 　　在马尔萨斯时代的尾声，走向济贫法修正案的议事进程导致作者的意图与身后的名声之间形成了另一条鸿沟。马尔萨斯是作为一位长期废除论者而非一位行政改革者开始其职业生涯的。废除济贫法作为一种极端的补救措施或许可以解释，他为何一直建议英国政府在拿破仑战争后的短暂灾难时期应推迟废除济贫法；也可以解释，他为何在其晚年对于英国政府推行废除济贫法的政策明显犹豫不决，或许如我们将要看到的那样，其态度还不止于此。即便如此，像马尔萨斯这样致力于观察和实验的人，几乎不可能不根据济贫法实施三十年的经验修正自己的立场。尽管事实是这样，但他却一直被认为是个头脑简单的鼓吹者，鼓吹其早年著作中有关这一主题的游说方案。他在《人口

---

10 参见 *Autobiographical Fragments* in CNM，I，p.49.

11 "在所有最值得称赞的才华中，我认为［柏克］不逊于地球之表的任何人；在人类天赋的漫长历史中，我发现几乎没几个人能与之媲美"；参见 *Enquiry* in PPW，IV，p.355。

12 参见下书前言 *The Enquirer: Reflections on Education, Manners, and Literature*，in PPW，V，p.78，and the *Enquiry* in PPW，III，Book IV，Chapter 2，"Of Revolutions"．

原理》的每个版本中都有细微的修改和限定，但这些都被他的追随者忽略了，更不用说那些最笃定的反对者了。而且，在他生命的最后十年，他的观点可能反映在与其朋友的通信中，也可能体现在他参与的公开争论里。

即使《济贫法修正案》的条款非常忠实地体现了马尔萨斯近三十年来鼓吹的方案，但这一过于复杂的法案产生于广泛的公开研究——马尔萨斯本人并未参与其中，这些调查也不能归功于任何一位思想家。即便如此，我们还是会看到，马尔萨斯的一些朋友，以及他的一些敌人，都强调他是该法案的功臣或始作俑者。如果我们将故事至少追溯到1834年前二十年——在这个阶段，作为一个济贫法废除论的先驱者之一，马尔萨斯引起的争议虽不太多，但仍是极具话题性的，那么，他在其整个生涯中实际扮演的角色或许可以变得更清晰一些。即便如此，马尔萨斯主义的立场可能仍然需要评论者和追随者的干预，使其为更多人所接受，在这段时间里，这一立场获得了不同的强调。下文将会参考这些评论者的工作，与其说是为了确立其影响，或者相反，确认其毒害性，不如说为了表明，一些富有同情心的同时代人如何理解马尔萨斯在关注济贫法改革的最后阶段他本人主张的意义，而在那时，他正在回应、而非试图促成公众态度的变化。

232

三

我们这里讨论的这一阶段，在看待其开端时也需要长远的眼光。长远看来，无论法国大革命对马尔萨斯和葛德文的成年期有多么意义非凡，他们当然都是18世纪法国大革命前出生长大的孩子，并致力于与本书第一、二编讨论的众多作者和议题进行对话。这至少在一个方面可以得到某些人的认可——这些人采取一种便宜的、完全批评性的原则，即"真的"就不可能是"新的"，反之亦然；这些人认为马尔萨斯有抄袭之嫌，他抄袭了18世纪作家讨论人口稠密原因的观点。然而，看来似乎同样重要的是，一旦马尔萨斯把自己的名字和人口原理联系在一起，就允许追随者们去搜罗所有那些包含预示该原理最终形成的前马尔萨斯时期的著作。事实上，马尔萨斯一直明确承认他的思想归功于那些曾表达该原理基本观念的作者，即人口将会随着生存物资供给的改善而不断膨胀。休谟、华莱士、斯密、普莱斯都曾被提及，从这些作家那里，他初步"推断出该原理"，随着他的研究的拓展，先驱者的名单越来越多。[13]

尽管抄袭的指控不可能成立，但18世纪的讨论对于理解马尔萨斯抨击葛德文和孔多塞时设法转移随后讨论的焦点的方式仍然至为关键。我们在前文（第二章）已经看到，18世纪关于人口稠密以及实现这个值得向往的目标的最佳手段的观点，与奢侈是否危害公民的观点类似，这些观点大致可分为两类：一类采取卢梭式的态度，认为商业、奢侈和不平等是人口减少的根源；另一类以休谟和斯密最为著名，他们采取了更乐观的态度，认为商业繁荣与人口稠密是正相关的。斯密修改了这一讨论的言辞，他坚持认为，实行自然自由体系、确保资本积累与其在竞争性行业最优分配的最大比率，将会消除立法者责任清单中实现人口众多这一主要的直接忧虑。[14] 这些作家中，除华莱士之外，没有一个人对人口过多的前景感到非常棘手；他们主要关注的是实现人口的高增长率与现有制度和资源的匹配。这不仅反映出这场争论很大程度上有着亲人口增长论者的偏向，还反映出一个残酷的事实，即马尔萨斯所谓根据死亡率对人口增长采取的"积极"遏制不需要立法者采取任何积极措施，相反，可以采取一些保守性措施。饥荒、战争、瘟疫，大自然这位女主人已然为自己的宴会提供了

233

---

13 法国经济学家、孟德斯鸠、本杰明·富兰克林、詹姆斯·斯图亚特、亚瑟·杨以及约瑟夫·汤森德，这些名字在第二版《人口原理》中都被提及；参见 *EPP*, pp.1-2。

14 参见上文第80—81页。

补救措施。

华莱士之所以是一个例外，那是因为除了对人口稠密进行了历史考察和经验研究，他还写了一本完全不同的著作《人类、自然、神意的不同前景》（*Various Prospects of Mankind，Nature and Providence*）。该书预言人口过剩的状况是人类自觉实践的一部分，这种状况说明任何基于平等的完美的统治体系都"不符合自然现在的框架、不符合有限的地球资源"[15]。换言之，他以一种乌托邦式的推测来支持一种反乌托邦的立场，并指出人类"悲惨的境况"，同时表明这种境况如何符合神的设计——人有义务适应他的习性和制度。完美的政府会促进人口增长至顶点，因此从根本上造成了一个"灾难性的时期"，此时，人口将会超过养活这些人口所需的资源。

华莱士的论证过程听起来仿佛相当完整地预示了马尔萨斯用来反驳葛德文的乌托邦不切实际的反证法——就像马尔萨斯的批评者常常指责的那样，但马尔萨斯一直谨慎地指出这里有一个重要的差异。如果华莱士设想的那个问题局限于某一个将来的"灾难性时期"，那时，"整个地球像一座花园一样被完全开垦，其物产不能得到进一步增长"，那么，马尔萨斯将会赞同葛德文，认为这不是一个推迟追求完美的充分理由。然而，将马尔萨斯与华莱士区分开来的，是前者相信"如此看似遥远的难题，将是迫在眉睫、近在眼前的困境"。[16]人口增长将降低那些靠苦力维生的人的生活水平，这样的压力始终存在于现实之中，而非遥远的未来。这一压力一直存在，而且将会继续存在，有时，政府实施积极的遏制措施意味着可怕的后果，除非人们在可持续性的基础上对婚姻和生育实行审慎的限制。然而，即使人们对出生率进行"预防性的"遏制，在涉及卖淫、堕胎、杀婴之类的解决方案时，也会产生罪恶和痛苦。根据马尔萨斯的新解释，历史经验表

234

---

15 *Various Prospects*，Edinburgh，1761，p.114.
16 参见 *FE*，p.143。

明，"永恒的动荡"而非无限进步更有可能成为人类的命运。只有在第一版《人口原理》确立这一基本立场后——这种立场部分是通过他早期与葛德文的交流之后确立的，马尔萨斯才感到他能够扮演一个实践道德学家的角色，他建议政府采取更积极慎重的解决方案和体制改革，这些方案和改革与他关于如何最大限度地降低以罪恶和痛苦衡量的人类成本的看法一致。动荡，或者说进步与倒退的循环，仍然是人类的部分处境，但其目标应该是确保它们在稳步前进的背景下发生。

葛德文和孔多塞面对的是华莱士所说的"灾难性时期"带来的问题，他们认为这个"时期"的问题是未来非常遥远的可能性事件，因而不值得认真关注。孔多塞直言不讳地赞成下列观点，即"毫无疑问，人人都会认为这样的时代依然离我们非常遥远"，而这一点是马尔萨斯在《人口原理》中反对的。[17]葛德文指出，既然这个可居住的世界有四分之三的土地尚未开垦："千百年来，人口一直在增长，这样的时期可能会逝去，但地球仍然能找到足够的资源养活它的居民。"[18]葛德文和孔多塞并不认为人口过剩是人们需要马上关注的问题，因此，他们的观点更接近于18世纪思想中亲人口增长论者的设想。当然，如果事实不是这样，那么，马尔萨斯的抨击除了误解就没有任何理由。如果马尔萨斯只是重复现成的信条，那他也不会激起如此强烈的反抗。而且与其前辈相比，由于强调人口压力的紧迫性，马尔萨斯被引导着近距离思考积极遏制和预防性遏制人口增长措施之间的相互关系，如果打算阻止或适应人口超过生存资源的趋势，那么这些遏制措施必须一直起作用。他的判断也需要他回答葛德文关于未开垦土地评论背后持久而有力的常识性反驳：这个世界还有大量未被利用的资

17　参见 *Sketch for a Historical Picture of the Progress of the Human Mind*，translated by J. Barraclough，London，1955，p.188。

18　*Enquiry* in *PPW*，III，p.459.

源，尤其是在一些文明社会中，还存在着与奢侈和不平等相关的挥霍浪费的明显迹象，人口过剩的问题从何谈起呢？浪漫派与他们自己青年时期的激进主义决裂后，他们发现了让自己适应社会和经济不平等的方法，因为社会和经济不平等不仅仅是事实，而且是必然的事实。尽管如此，他们也不可能避开以下观点，即人口压力只有在这个世界与华莱士笔下完全开发的花园相似时才是一个问题。坚持这一信念，是他们寻求保护他们真正的道德社会的理念不受物质需求与经济匮乏可恶侵袭的方式之一。之前的作家在人口问题上没有以这种形式提出这些问题，而为这些问题提供答案则是马尔萨斯挑起话题能力的关键。更宽泛地说，这是他原创性的来源。

这些新问题的答案也没有停留在引发争议的指责与反驳的层面。正如马尔萨斯承认的，他甚至在其第一版《人口原理》中就已承认，理解人口压力如何对那些处于社会金字塔底端的人——那些在人口压力之下最脆弱的人、那些迄今为止在绝大多数局限于上层社会生活的历史中被忽视的人——的行为举止和生活水平产生持续的但不规则的、周期性的影响，需要"在漫长的一生中以敏锐的头脑持续不断的、细致入微的观察"[19]。这确实描述了马尔萨斯如何将自己余生大多数时间花费在搜集和解释一系列历史的、人类学的和经验性的证据上，这些证据就其比较的范围而言足以称得上是百科全书式的，而马尔萨斯如此做的目的是让他后来版本的《人口原理》可以与《国富论》相提并论，或与一些同样雄心勃勃的智力事业如孟德斯鸠的《论法的精神》、吉本的《罗马帝国衰亡史》比肩而立，后面这些著作与大写的**启蒙运动**的联系性可不是那么含糊的。

然而，与这些著作的作者相比，正如我们提到他的牛顿主义时已经指出的那样，马尔萨斯是从一种明确的基督教立场来完成其研究任

---

19 *FE*, p.32.

务的。在这方面，他致力于"重新赋予"斯密的科学以"道德意义"，
提出了斯密两部主要著作的基督教读者不可能不遗憾地注意到的一个
236 重要的疏忽或被遗漏的因素，尤其是在他对休谟的颂扬导致冒犯基督
教读者之后。这些读者追随斯密时不必像诺维奇主教和基督教福音协
会那样纠缠不休。他们也没有像都柏林大主教威廉·麦基（William
Magee）那样，思考斯密删掉《道德情感论》中关于赎罪学说的那段
话是否要归咎于"他与休谟交往的影响"。[20] 他们可能更像理查德·雷
克斯（Richard Raikes）牧师，后者在一篇文章中非常不合适地将斯密
与其同时代的牧师格洛斯特教长乔西亚·塔克进行比较，并提出了以
下温和的责备。

> 亚当·斯密博士，在其精彩的《国富论》中……证明，商业
> 在扩大乐善好施的宽宏慷慨原则上将一直会发挥最大的优势。我
> 们不得不遗憾地感到，一位如此重要的作家，却不愿意为人类
> 的这一更好部分找到其真正的成因；尽管他肯定知道，没有宗教
> （而且除了基督教，还能是什么宗教呢），仁慈，甚至正义，都不
> 可能在人类中间普及；而商业一旦被夺去她的神圣伙伴，肯定迟
> 早会沦为普遍堕落的根源。[21]

马尔萨斯本人没有表达这样的遗憾。作为东印度大学的政治经济
学教授，《国富论》是他整个教学生涯的基础，除此之外，他似乎还
赞成《道德情感论》的观点，并不想在道德准则和自然正义规则的形

---

20 关于诺维奇主教，参见上文第39页。参见 William Magee, *Discourses and Dissertations
on the Scriptural Doctrines of Atonement and Sacrifice*, 3rd edition, 1812, I, p.212; and
D. D. Raphael, 'Adam Smith and "The Infection of David Hume's Society"'。

21 *Considerations on The Alliance between Christianity and Commerce* (1806), 再版于
Two Essays, London, 1825, p.72。

成方面提出他自己的相应理论。[22] 或许最重要的是，尽管休谟的《自然宗教对话录》声名狼藉，但他的道德和政治论文集显然是马尔萨斯最喜欢的信条来源之一。虽然如此，他的宗教信仰确实要求他弥补雷克斯提到的缺陷。事实上，越来越明显的是，斯密的政治经济学以及与斯密同时代苏格兰作家相关的历史和人类学的洞见，在19世纪前三十年逐渐成为英国社会思想不可或缺的一部分，在这个过程中，马尔萨斯占据了中心地位。人们普遍同意——包括马尔萨斯本人也认同——在调和政治经济学与自然神学方面最成功的著作是约翰·伯德·萨姆纳（John Bird Sumner）的《论创世录》（*Treatise on the Records of Creation*），该书初版于1816年，是一部旨在表明"人口原理与神的智慧与善良具有一致性"的作品。[23] 马尔萨斯1803年采取更正统的神义论后，人口原理可以被解释为科学地证实了上帝创造一个有教育意义的世界的目的，在这个世界中，与资源匮乏作斗争教会了人们审慎克制激情的义务。灌输审慎的德性不仅成为这个世界上获得物质福利的最佳方式，也是一幅渐进地、逐步地呈现美好愿景的一部分，在这幅景象中，人类已经为其更高目标做好了准备。

237

马尔萨斯在《人口原理》的第二版和后面的版本明确概述了这一自然神学，但萨姆纳的《论创世录》刨除了马尔萨斯提出的人口原理神学含义的表述中残存的粗糙框架。正如马尔萨斯的另一位追随者爱德华·柯普勒斯通（Edward Copleston）所言，萨姆纳"驱散了那层阴霾，而在很多坦诚之人的眼中，那层阴霾仍然笼罩在人口

22 马尔萨斯在其已出版的著作中没有提到《道德情感论》，但他在1833年6月23日写给托马斯·查默斯的信中说道："我十分赞同你推崇巴特勒，尤其是他的布道辞。大体上，我认为，就我们所有形而上学学者的本质而言，他是最真实的，尽管我非常喜欢亚当·斯密的《道德情感论》。我觉得，他们之间的差异不像人们有时认为的那么大"：CHA. 7.2.28（Chalmers Papers, New College, Edinburgh）。
23 马尔萨斯对萨姆纳的赞同，参见 *EPP*, II, p.250。关于佩利、马尔萨斯和萨姆纳的思想及其他联系最全面的叙述，现在可参见 A. M. C. Waterman, *Revolution, Economics and Religion*。也可参见 R. A. Soloway, *Prelates and People*.

原理这一发现之上"[24]。萨姆纳区分了研究疾病的"分类病理学"和正常的社会生理学，并坚信"马尔萨斯先生的第一卷虽然没有一个事实能被反驳，但它不是对人性真实状态的描述，而是对人性可能陷入的混乱状态的描述"[25]。同样，马尔萨斯也不可能因提出罪恶和痛苦对于遏制人口过剩的必要性而感到内疚；他只是试图表明，在审慎克制的道德约束完全缺失的假想世界里会发生什么样的事情。[26]

238 马尔萨斯因试图删除或修改那些可能引起相反印象的表达而受到称赞。然而，《人口原理》反完美主义的根源，被引用来解释如下论断——这一点萨姆纳始终感到遗憾，尽管他的评价并不完全公正——即马尔萨斯大费周章地摧毁平等和普遍富裕的乌托邦理念，"却还是没有煞费苦心地证明人性被迫追求的航向也是它能够追求的最好方向"[27]。

如果斯密发现了隐藏在财富背后的法则，那么马尔萨斯则被他的牧师追随者们理解为，在一个资源匮乏并必然会有不平等的世界里，他增加了隐藏在人类幸福背后的至关重要的补充性法则。斯密对神意论断的运用——《道德情感论》比《国富论》更突出——或许有助于这一协调过程。这一点借助马尔萨斯的引文或许可以得到最好的

24 *A Second Letter to the Right Honourable Robert Peel on the Cause of the Increase in Pauperism, and on the Poor Laws*, Oxford, 1819, p.23.

25 *A Treatise on the Records of Creation; with Particular Reference to the Jewish History, and the Consistency of the Principle of Population with the Wisdom and Goodness of the Deity*, 2 Volumes, London, 1816, II, p.104n.

26 Ibid., II, pp.165-6.

27 参看萨姆纳为《评论季刊》[*Quarterly Review*, 17（1817）, pp.369-403] 对1817年版的《人口原理》所写的评论。还可参见 A. M. C. 沃特曼（A. M. C. Waterman）的概述性评论："马尔萨斯自己将人口原理视为产生了特别令人厌恶的问题，即邪恶与神圣的善相协调、同时可能还与神圣的善同在的问题，而萨姆纳则将神圣的善从冰冷的神义论领域提起，把它移植到佩利提出的目的论的温和土壤中，在那里作为神圣的智慧的典范蓬勃发展起来"参见*Revolution, Economics and Religion*, p.165。

说明：马尔萨斯提到"伟大的造物主"的智慧时说，它制造了"比仁慈的激情强烈得多的自爱的激情"，从而迫使"我们走到维持人类这个物种的生存必不可少的行动路线上来"。[28] 不过，斯密和马尔萨斯在这个问题上的主要差别是下列事实：后者认为，促成社会和谐的"看不见的手"只能是基督教神祇的手，他的目的在圣典中得到预示，在启示中得到证实。《道德情感论》的圣公会崇拜者们感到遗憾的一个主要原因在于，这部著作随后的版本没有提到神圣的正义。萨姆纳甚至在没有证据的情况下认为，斯密本人后来对这些遗憾很是"惋惜"。[29] 鉴于前文已经说到斯密的宗教信仰，这一点肯定要么归功于愿望的实现，要么归功于斯密成功地隐藏好自己秘密的技巧：斯密将政治经济学视为伦理学和自然法理学这些相当世俗化的科学的一个分支，其道德和法律的行为准则是作为以同情为基础的人类本能发展的意外结果出现的。斯密的道德哲学不仅更多归功于斯多葛主义而非基督教，而且还体现了一种直接的曼德维尔式思想灌输，表现出了一种无意图的结果的学说，该学说包含以下观点，即大自然通过"欺骗"实现其目标。就像前面指出的那样，这就让斯密可以自由地比较有益的社会结果和促成这些结果时个人的道德中立或甚至是不光彩的道德行为。

239

马尔萨斯的学说所欠缺的恰恰是这种额外的自由。因为，如果看不见的手正在执行基督教神祇的目的，那么它就不可能简单地被当作一个意味着有序宇宙的斯多葛或牛顿式形象，它的"有效原因"能够被一门世俗科学发现。观察和实验发挥了它们的作用，但它们只能通过启示和圣典得到证实，没有给"欺骗"留有余地。马尔萨斯对"规训或审判"学说的叙述也不可能回避邪恶这个词语。就像马尔萨斯说的，与人口原理运作相关的邪恶"不会因为它们被善过度平衡而失去

---

28 *EPP*，II，pp.213-15.关于斯密对应的说法可以参见上文第106—107页。
29 参见*Records of Creation*，II，p.242n。

它们的名字或本性：在这种情况下以不同的角度思考这些邪恶，不再称它们为邪恶，就像反对人们说那些不合常规的、放纵的激情是邪恶的激情、并断言它们导致痛苦一样不合理，因为我们的激情是人类美德和幸福的主要来源"。[30] 作为启示和信仰之事，而非仅仅是一门科学的结论——该结论符合对人性一定程度的怀疑论，甚至可能受到后者的鼓励，马尔萨斯不得不在同一架道德天平上权衡任何道德等式的两个方面，即个人道德和社会道德。而且如果一个自成一体的综合体的部分邪恶是道德世界和物理世界的设计不可避免的特征，那就没有不可知论或怀疑论的余地了：我们不得不为了它们的存在提供某种更宽泛的神学解释。

这些信念上的分歧导致的世界观差异，或许最能体现在斯密和马尔萨斯各自对待曼德维尔的态度上。斯密认为，曼德维尔的观点中包含了真理的基本要素，尽管是建立在蓄意混淆恶与善的基础上的。相反，马尔萨斯愤怒地否认他正复兴曼德维尔悖论的任何暗示："请允许我对《蜜蜂的寓言》反复灌输的道德体系不给予一丝一毫的认可，我认为该体系是绝对错误的，而且直接违背了美德的正确定义。"[31] 毫无疑问，马尔萨斯诚心诚意地否认这一点，而他的其他代表作不得不重复他的否认。这一事实表明，在公开赞扬自利的德性——无论这种德性相比人类的其他动机尤其是仁慈而言有多么低劣——的同时，要驱散曼德维尔的幽灵有多么困难。

马尔萨斯的牧师盟友对这些问题很敏感，这是有一些特殊原因的。或许我们还可以引用另一位早期读者托马斯·克拉布·罗宾逊（Thomas Crabb Robinson）的反应，来说明马尔萨斯并不总是被人们认为心怀不公正的阴郁的人类前景。鉴于罗宾逊对湖畔派诗人的同情和他们的终生联系，这份证词或许愈发显得重要。罗宾逊在读完第二

30　*EPP*, II, p.250.
31　参见*EPP*, II, p.241n。

版《人口原理》后立即写信给他的兄弟，明确承认那些将马尔萨斯与斯密、葛德文区分开来的积极学说：

> ［马尔萨斯］讨论了一些重要的政治经济学原理，我认为他在社会进步方面抛出了一些非常有用的观点，尽管他的理论没有哄骗我们期望人会成为永生的天使，但他也没有让人们对改善社会到一定程度的期望感到泄气……由于斯密这位才智过人的作家没有在政治经济学主题上显露身手，而马尔萨斯提出的计划不仅是增加国家的财富，还有共同体的幸福，尤其是穷人的幸福，故而在某个方面完善了斯密的学说。[32]

罗宾逊恰好称赞了马尔萨斯在政治经济学群体中某些世俗同侪感到困惑的事情：马尔萨斯强调幸福的道德维度和经济维度，这两个要素必须处于同一个框架之中。

四

　　马尔萨斯与斯密及其他世俗的道德学家之间的区别也不是单纯的解释问题。前者所说的补救措施不仅在世俗的意义上有效，还要符合自然神学的教义。马尔萨斯的思想如何体现这一点，可以通过我们所知道的马尔萨斯陷阱来说明。对于那些后来摆脱这一陷阱的国家来说，逃脱陷阱的手段是将提高（国内或国外的）农业生产力和控制结婚率、进行婚内节育等措施结合起来。在这些手段中，只有前两个被马尔萨斯接受，从一个基督徒的立场上看，前两个能够为协调社会大众的美德和幸福提供实际的解决方案。马尔萨　241

32　Letter to Henry Robinson，27 December 1803，Dr William's Library，London.

斯最先明确表达了政治经济学家对生产力持久增长的怀疑，因而其重点落到延迟结婚上，将其作为一种限制在个人道德决定范围内的方案。他一直对提高源于人们在土地上劳动生产的生活必需品供应很感兴趣，而这种提高要么通过改进技术，要么，更尝试性的是通过农业保护措施和诸如《谷物法》之类的立法激励来实现。即使如此，他认为，这样的提高可能有悖于、或明显不足以解决他选择的算术比例所暗示的收益递减趋势，他认为这一比例最能说明生存物资供应可能的增长率——当他成为这一主题的大师并提出地租理论以解释这种形式的收入的特殊性时，他对这一趋势给出了更精确的定义。然而，就节育而言，马尔萨斯坚决反对这些措施；这一措施与邪恶和苦难的净减少是不相容的，但是同时，邪恶和苦难也提供了一些激励因素，以刺激人们为了履行神的计划而充分开发这个世界的资源，促进人类才能和社会智慧，这些东西被统称为文明。

　　这样的思考在马尔萨斯的世俗派反对者和追随者的计算中都没有体现出来。例如，孔多塞对于农业技术带来的利益是相当乐观的，而且他认为婚内节育是一个可以接受的方案，以此解决他预言中仅被视为遥远的未来才可能产生的人口过剩问题。不过，从弗朗西斯·普拉斯（Francis Place）到约翰·斯图亚特·密尔以降，英国节育史的最初推动者们都完全相信马尔萨斯对人口原理相关威胁的表述基本上是正确的。因此，马尔萨斯在节育运动发起前后断然否认婚内生育控制是他的主张，并自觉地让自己与某些最积极的人口原理传播者保持距离。他如此表述时采取的立场是其整个道德科学和政治科学方法的一部分。因此，不能轻易将其视为神职人员在性欲问题上得体或怯懦的例子予以摒弃。马尔萨斯并不比那些以含蓄的方式鼓吹避孕的人更受这种抑制方法的影响，他在性道德上远不如他的基督教徒反对者那样苛刻：例如，一些人反对他推迟结婚的建议，其理由要么基于圣保罗在通奸或"火刑"主题上的原教旨主义，要么把他们对马尔萨斯的批

242

判建立在"多子多孙"的圣经箴言之上。[33] 马尔萨斯认为，后一条学说属于社会史中比较原始的阶段，"当战争成为人类的重要事务时，因战争而导致的人口损耗，不用比就知道古代比现代大得多"。[34] 相反，"由于人们可以令人满意地确认了基督教宗教的真理和神性，证实它适应人类社会更为进步的状态"，马尔萨斯坚持认为，与婚姻和生育有关的责任现在可以从新的视角来看待。如果将圣保罗关于婚姻的"主旨精神"而非说教之词运用到现在的社会状态，那么缔结婚姻只有在与基督教"更高责任"不冲突的时候才是正确的行动方针，如果人们想要判断这些责任是否得到了履行，那么只要看看一种行为是增加还是减少社会的普遍幸福就知道了。[35]

因此，对于马尔萨斯来说，道德意味着比单纯的性行为习俗范围更广的东西；他采取的基督教道德方案，尽管在性质上是功利主义的，但不能简化为一种所谓"或隐或显的世俗功利主义"，因为这样就不能把他与那些早期为新马尔萨斯主义提供支持的边沁主义者区别开来。[36] 在这些基本的道德问题上，马尔萨斯不是一个原创的思想家，

33　这种原教旨主义的典型例子，参见 *An Inquiry into the Constitution, Government, and Practices of the Church of Christ, planted by his apostles, containing strictures on Mr. Malthus on Population*，Edinburgh，1808。马尔萨斯的学说注定不符合新约关于所有可以结婚的人都应该那样做的祷告。即便是宣扬推迟结婚，也是马尔萨斯犯有"抵抗上帝的训令之过，当然同样也可能遭到天谴的责罚"；pp.208–11。有着"博大自由"声名的牧师可以加入这一攻击中：因而，理查德·沃特森，这位兰达夫的主教，呼吁人们谴责马尔萨斯的《人口原理》是"反对福音道德的道德法典"。他在没读过这本书的情况下就认定此书违背了"上帝最明确的指令——'多子多孙'"。参见 *Anecdotes of the Life of Richard Watson*，1817，pp.324–9。

34　*EPP*，II，p.101.

35　Ibid.

36　"隐隐约约的世俗功利主义"一词是 S. H.霍兰德（S. H. Hollander）用来描述马尔萨斯立场的；参见他的论文 "Malthus and Utilitarianism with Special Reference to the *Essay on Population*"，*Utilitas*，1（1989），pp.170–210。正确形容边沁是一位明确的世俗功利主义者，关于这方面的研究，可以参见 James E. Crimmins, *Secular Utilitarianism: Social Science and the Critique of Religion in the Thought of Jeremy Bentham*，Oxford，1990。

他的基本立场很大程度要归功于威廉·佩利。1785年，佩利的《道德和政治哲学原理》(*Principles of Moral and Political Philosophy*) 作为一本成功的剑桥大学教材开启了它的漫长出版史，而马尔萨斯可以被准确地——如果不是彻头彻尾的话——描述为一位道德上的佩利主义者，或者说神学功利主义者。如马尔萨斯所说，佩利的观点可以总结如下：

243

> 作为理性的存在……我们的德性显然在于，从造物主留给我们的普通材料中发掘人类的最大幸福；正如我们所有的自然冲动都被抽象地认为是善，而且只凭其结果才能区分开来，因此，严肃地关注这些后果、根据这些后果调整我们的行为，必然成为我们的主要责任。[37]

我们将会看到，这并没有让马尔萨斯接受佩利阐释英国宪政无与伦比的特性时明显的寂静主义观点，后者在《道德和政治哲学原理》随后又在《满足英国劳动大众的理由》(*Reasons for Contentment Addressed to the Labouring Part of British Public*) 一文中以更通俗的形式表达了这种寂静主义的观点。这也不需要马尔萨斯赞成佩利有关人口和奢侈的观点，而在这些主题上，他可以声称佩利是他最早的信徒之一。[38]他还成功地让那些感到没必要坚持萨姆纳《论创世录》宣扬的政治经济学和自然神学一致性的人相信他的学说，这项事实也说明了马尔萨斯可以轻松轻圈于世俗世界和神学世界之间，以及他的思想对这两个世界的重要意义——不过，这仍然不能证明这两个世界是可以相互替换的。

尽管作为一位神学功利主义者，马尔萨斯几乎对佩利没有什么补充，但其思想中此前被人们描述为牛顿主义的那个方面让他把辨析和

---

37 *EPP*, II, p.93.
38 参见 *EPP*, II, p.193。

权衡各种利益的功利主义标准运用到他所选择的领域：为大众贫困作出诊断并提出实用的补救措施。或许马尔萨斯思想中这一方面最好的独立陈述体现在他对牛顿微积分的引用。他说："道德和政治中很多问题的性质似乎与流数中的最大值和最小值一样；总有一个峰值，其特定效应是最大的，而在这个峰值两边，效应逐渐消失。"[39] 马尔萨斯运用基于弹道学、重力、弹力的机械类比，旨在强调以下基本信息，即实现幸福最大化、罪恶和苦难最小化的最佳解决方案总是涉及实现对抗力量的平衡，这种平衡需要一些微小的调整，而非全部调整或全不调整。在葛德文和孔多塞那里，马尔萨斯认为他发现了最常见的完美主义谬论的典型代表：这种信念就是，在某种程度上为"真"等于在无限范围内为"真"。这一主旨可以适用于其他社会改革，还可适用于他的朋友李嘉图以及更多运用演绎思维的政治经济学家的结论。从气质上说，这教会了身为科学家的马尔萨斯怀疑"操之过急的概括"，并极其尊重经验证据，同时不抛弃理论或一般原理。作为一位政策事务的顾问，他所提议的"倍数说"（doctrine of proportions）让他在所有事情上都持中庸之道，这种态度有时甚至显得懦弱，不禁让人怀疑他所提出的方案能否在谋求个人或群体的善与恶、幸福与痛苦的对立的、不断变化的力量之间提供最佳平衡。[40]

244

　　和马尔萨斯一样，葛德文同样毫不隐讳他对18世纪大量著作的依赖，包括卢梭、霍尔巴赫、爱尔维修，不过尤为特殊的是那场以理性的异端著称的运动中的人物，他们是英国启蒙运动的核心，也构成了他在霍克斯顿不信国教的中学里所受教育的基础：约翰·洛克、安

39　参见 *Observations on the Effects of the Corn Laws*，London，1814，再版于Malthus，*Works*，VII，p.102。

40　关于马尔萨斯这方面的思想，约翰·普伦（John Pullen）的文章影响了我自己的思考。参见John Pullen，"Malthus and the Doctrine of Proportions and the Concept of the Optimum"，*Australian Economic Papers*，21（1982），pp.270–86。同样深刻讨论马尔萨斯的风格和方法的文章，参见E. A. Wrigley，'Elegance and Experience'，in D. Coleman and R. Schofield（eds.），*The State of Population Theory*，pp.46–64。

德鲁·吉普斯、大卫·哈特利、理查德·普莱斯和约瑟夫·普里斯特利。[41] 和马尔萨斯一样，他的主要哲学著作在朋友们的全新解读和讨论中经历了相当大程度的修订。当他开始写作《政治正义论》时，与动机和精神构成相关的形而上学或心理学议题，至少在他看来和那些与政治相关的议题一样重要。这也解释了为何马尔萨斯发现，要在这些问题上挑战葛德文的观点，必然要提出他自己对基本道德和心理问题的答案，而这些基本问题包括人性以及有意识的理性与激情、家庭情感的关系中的自利和仁爱各自的角色等等。

245   对于这些贯穿马尔萨斯-葛德文争论的连续性要素，如果我们不强制性地追溯到所有可能的起源的话，则需要以孤立的、非连续性的方式记录下来——社会环境和思想背景的结合导致这个故事最初的主角修改了已有的主张。葛德文在三个版本的《政治正义论》以及同一时期发表的小说尤其是《凯莱布·威廉斯》（*Caleb Williams*）和《圣莱昂》（*St Leon*）中的观念演变，目前都已有详细的研究。[42] 现在，此事对马尔萨斯来说比较容易，因为他的主要著作的不同版本都已出版了。这些足以让我们重构1826年最后一版《人口原理》问世前那段时期他的思想演变；该版包含了他的《政治经济学原理》（1820年首版，1836年第二版是在他身后出版的）以及他的一生中其他一些即兴写作的政治文章。虽然这些为罗伯特·托伦斯（Robert Torrens）的刻薄评判——即，马尔萨斯的过错在于他提出了"一堆乱七八糟的原创却毫无关联的纲领"——提供了一些实质内容，但这也让我们能够反驳那种认为《人口原理》与《政治经济学原理》之间存在重大断裂的指

41 关于葛德文所受教育的叙述，可以参见 P. H. Marshall, *William Godwin*, New Haven, 1984, 第二、三章；对理性的异端来源的强调，参见 M. Philp, *Godwin's Political Justice*, London, 1986, 第一、二章。

42 除了上条注释提到的著作，还可参见 M. Butler, "Godwin, Burke, and *Caleb Williams*", *Essays in Criticism*, 32（1982），pp.237-57; M. 巴特勒（M. Butler）和 M. 费尔普（M. Philp）为《威廉·葛德文小说集和回忆录》所写的导言；以及 W. St Clair, *The Godwins and the Shelleys*, London, 1989, 第六、七章。

责，自1821年让-巴蒂斯特·萨伊半开玩笑地提出这一问题后，这种指责就一直尾随困扰着马尔萨斯。[43]

马尔萨斯因关心人口、生存资料与完美性学说的意义三者之间的关系而进入政治经济学领域。这是他最初直接的切入点，而且在他的职业生涯开始时，他踌躇不定地暗示想要修改斯密和法国经济学家留下的政治经济学这门科学和技艺。第一版《人口原理》有两章内容批评斯密的经济增长观，这两章在1817年和1826年的版本中扩充为一篇单独的比较研究和历史学论文，讨论的内容是作为国家财富基础的农业、制造业和商业。马尔萨斯提出的所有的修订、疑虑和限定条件的最后结果并不总是协调一致的。实际上，他获得的这种前后矛盾的名声源于托伦斯另一段冷酷无情的评论："马尔萨斯先生几乎很少坚持他后来没抛弃的原则。"[44]无论是否协调一致，马尔萨斯的立场当然是独特的，无疑也是有影响力的，而这种独特和影响力往往是以令他感到遗憾的方式带来的。所以，顺带提一句，他决定删掉本编开头引用的那段臭名昭著的话，并在1817年坦承，"在发现一张弓向一个方向弯折得太多后，为了让它变直，我被诱导着向另一个方向弯折了许多"[45]。 246

尽管马尔萨斯在很多方面比李嘉图更接近斯密经济著作的主旨精神和行文风格，但他的贡献也远不止提供了一个斯密思想的基督教版本。在拿破仑战争时期英国面临的紧急问题上，《国富论》很少甚至根本没有为斯密的后继者们提供任何指导。在与人口压力、国内农业投资的收入递减法则以及相关的地租理论等有关的所有问题上，恰恰是马尔萨

---

43 参见 R. Torren, *Essay on the Production of Wealth*, London, 1821, p.v.萨伊的评论（《人口原理》的作者和《政治经济学原理》的作者肯定不是同一个人），参见 *Letters to Mr. Malthus on Several Subjects of Political Economy*, London, 1821, p.30。对两部著作的观点基本一致的解释，参见《政治经济学原理》的编辑 J. M.普伦的评论，参见 *PPE*, I, p. xvii。本书这部分后面几篇文章中的大量内容讨论并确认了这种一致性。

44 *Essay on the External Corn Trade*, 1815, pp.viii-x.

45 参见 *EPP*, II, p.251。

斯为那些以斯密著作为出发点的政治经济学家创造了最初的议程。最著名的例子是，斯密与马尔萨斯的联合为李嘉图提出其独特的综合性学说奠定了基础，在其信徒约翰·拉姆齐·麦克库洛赫、詹姆斯·密尔和约翰·斯图亚特·密尔的帮助下，李嘉图的学说在19世纪20年代成了李嘉图主义思想。马尔萨斯不得不与这一"新政治经济学流派"竞争，以保护自己对后斯密时代政治经济学应该呈现的那种面貌的愿景——如果这种政治经济学打算抓住英国迅速崛起为一个制造业国家这一现实的话；我们将在第十二章讨论政治经济学这门学科的马尔萨斯版和李嘉图版之间的一些主要区别。斯密遗产的分歧在经济学说、经验证据的解释和宪政观点等方面呈现出纷繁复杂的光谱。上文强调的另一个持久的根本性差异也强化了这种复杂性：马尔萨斯支持18世纪政治经济学更宽泛的解释，这种解释强调道德和政治科学的联系。

由于道德部分与马尔萨斯的自然神学立场密不可分，因而，这就成为他区别于其他政治经济学爱好者的主要因素之一，后者以纯粹世俗的眼光看待这门科学的方法和研究范围，而且更急切地去评论那些让国家致富的实证性定理与那些研究对个人或国家来说追求财富是否正确的其他学说之间的区别。马尔萨斯的某些牧师追随者出于不同的原因得出了类似的结论：他们感到，为了保持任何价值标准上的基督教立场的自主性和优越性，这些区别是有必要的。我们将会看到，马尔萨斯在看到托马斯·查默斯将政治经济学与道德学从实质上合并起来时，他自己也极力主张这两门学科保持更多距离，至少在语言上要保持更慎重的可辨别性。不过，牛顿主义和自然神学的联合引导了马尔萨斯在其职业生涯开启时对葛德文和孔多塞的抨击，而在与其牧师崇拜者交锋直至其生命尽头时，这种联合仍然在起作用。事实证明，马尔萨斯抑制其崇拜者的狂热与他对其批评者的回应一样坚定。尽管经常有人指责其经济学说变化无常，也有证据表明他愿意根据不断变化的环境改变自己的政治和经济补救措施，但马尔萨斯立场的连续性比其非连续性更令人印象深刻。

第九章

新奇之光

一

既然马尔萨斯初版《人口原理》最初产生的诸多影响都源于此书发表在法国大革命后这一特殊时期，那么我们的论证就可以从回顾马尔萨斯评论法国事件的特点开始。这场革命显然就像"政治领域中的庞然大物……犹如一颗燃烧的炽热彗星，似乎注定要给地球上畏葸不前的居民注入新的生命和活力，又或者要炙烤并摧毁他们"。"这束投向政治问题上的新奇之光，令人们的理解力眼花缭乱，震惊不已"，并让"很多有识之士确信，我们正处于一个重要的时期，一些最重要的变化将在某种程度上决定人类未来的命运"。《人口原理》后面的章节则从天文学的比喻转到植物学的比喻，在这个领域中，马尔萨斯在绘制物理世界和道德世界的相似之处时同样得心应手。革命的"催熟堆肥""打碎了人道的花萼这一整个社会的约束性纽带；无论单独的一片花瓣长得多么巨大；无论其中几瓣花瓣多么强韧或多么美丽；现在整朵花是松散的、残缺的、支离破碎的一团糟，没有紧密的结构；没有对称的形状，也没有和谐的色彩"。马尔萨斯还不太巧妙地形容法国展现了"这个世界上一个最开明的国家堕落的奇葩景象，这些令人厌恶的激情，恐惧、残忍、恶意、复仇、野心、疯狂和愚蠢在一

285

起发酵，导致了它的堕落，这种堕落将令最野蛮时代的最野蛮国家
蒙羞"。[1]

《人口原理》的最终结论和对有机比喻的运用似乎证实了下列印
象，即马尔萨斯与柏克的《法国革命论》有共感，或许他也有意识地
支持18世纪最后几年英国正在兴起的反雅各宾派事业。然而，写给初
版《人口原理》的直接起因却比高谈阔论的语言更家庭化一些。故事
的起点是马尔萨斯父子围绕葛德文《研究者》（The Enquirer）中的一
篇文章展开的友好讨论，这次讨论促使作为儿子的马尔萨斯以书面形
式记录下来，以便清晰地表述自己的观点。作为父亲的丹尼尔·马尔
萨斯是卢梭的狂热信徒，1766年，当休谟这位苏格兰哲学家将卢梭带
到英格兰寻求庇护时，他招待过这两位思想家。尽管丹尼尔希望卢梭
在萨里郡能住在他附近的愿望落空了，但他还是到卢梭在德比郡的居
住地拜访了他，并且在他的偶像返回欧陆之前、在卢梭与休谟发生争
吵期间和之后，他都与之保持了良好的联系。[2] 将丹尼尔·马尔萨斯和
他的日内瓦英雄卢梭联系起来的一个爱好是他们对植物学的兴趣，当
他的儿子罗伯特·马尔萨斯在后革命时代用植物学的比喻来回应卢梭
的继承者鼓吹的有机完美性时，这一爱好再次变得重要起来。

尽管葛德文和孔多塞相信，具有无限的精神进步和社会进步的能
力是人类最重要的特征，而且在此意义上，他们都是完美主义者，但
他们都不是卢梭的信徒。他们声称人生而平等、自由、善良，并得出

---

1 这段典雅精妙的引文被后来的研究者们从初版《人口原理》的第1—2页、第144—
145页、第274页挑了出来。梅里琳·巴特勒（Marilyn Butler）［在其给K.汉雷
和R.塞尔登主编的《革命与英国浪漫主义》（Revolution and English Romanticism,
Brighton，1990，pp.12-14）一书撰写的章节中］提出了一个有趣的解释，她将这些
评论视为一种"诙谐的反乌托邦"，它源于"新的演化科学"基础之上的想象，其目
的是在完美主义和早期的科学联系之间插入一根乐观主义的楔子。读者或许可以得出
结论说马尔萨斯勾勒了一个"即将到来的大众时代的凄凉景象"，这一点将在下文讨
论。不过，我们将同样证明这不是马尔萨斯自己的立场。

2 凯恩斯论述马尔萨斯的文章中用了很长篇幅讲了这个故事，参见 Essays in
Biography in Keynes，CW，x，pp.74-7。

相同的普遍结论——一种卢梭式的结论，即人类堕落的迹象以及人类实现完美的机会，在于改变当时制约人类生存的政治和经济制度。孔多塞比葛德文更忠实于这一观点，葛德文相信卢梭进一步洞察到，"无论何种形式的政府，几乎都不能为人类提供切实可靠的利益"。葛德文还提醒他的读者注意目前流行的潘恩《常识》中的一个著名论断：文明社会优于政府；我们在讨论潘恩对柏克的回应时已经提到了这一点。[3] 没有政府，社会也可以存在，这一观点显然与葛德文提出的无政府主义立场一拍即合。[4]

250

葛德文对卢梭的推崇很大程度上限定在其教育学著作方面，尤其是《爱弥尔》，他认为此书比卢梭的政治学说更重要。[5] 葛德文拒绝了卢梭的下列观点，即任何希望建立新政治体制的立法者都将需要民事形式的宗教裁决，以克服"普通牧群"自私的短视眼光。[6] 这种否认与葛德文对柏克主张人民应该顺从现有政府的观点的抨击如出一辙。卢梭和柏克的这两种立场都是"政治欺骗"，而"政治欺骗"这个术语与孔多塞批评政治学中"马基雅维利主义"的目的是一样的；这种"马基雅维利主义"被定义为：政府是一种没有道德目的的权力实践，其依据是假设大多数人总是太无知、太自私、太无视理性，因而不能以其他方式进行统治。在葛德文和孔多塞看来，在运用理性解决人类事务的未来国家中，这些立法者的诡计将不再必要；在这种未来的国家中，或如葛德文强调的，透明、真诚、普遍的仁慈将决定社会关系，或如孔多塞强调的，一种新的应用型社会科学将会影响代议体

---

3 参见上文第130页。

4 葛德文对此观点的背书，参见 *Enquiry*，in *PPW*，III，p.48。

5 "尽管卢梭才华横溢，但他浑身上下也充满了弱点和偏见。他的《爱弥尔》或许可以被视为这个世界上仍然存在的哲学真理的主要来源之一；尽管此书永远混杂着荒谬和错误。在他明确表达政治观点的著作《社会契约论》和《关于波兰政体的思考》中，他的才华似乎抛弃了他。"参见 *Enquiry* in *PPW*，III，p.273n。

6 参见 *Enquiry* in *PPW*，III，pp.273-6，"普通人的羊群"引自卢梭《社会契约论》第二卷第七章《论立法者》。

制、共和国政府以及生活于其中的人民的经济福利等诸多问题。[7] 两者的区别在于，孔多塞的著作出版后，葛德文在自己的《政治正义论》中插入了一句不经意的评论。他说，一些作家"倾向于把希望寄托在技艺的不断完善上，寄托在不断提高的智力直接而且必然的应用上，而不是像这里所说的一样"，孔多塞就是这些作家中的一位。[8]

"野蛮状态是人类真正适宜的状况"[9]，这个观点通常与卢梭相关——尽管没什么依据证明这种相关性；葛德文对此观点的批评还有
251 另一个重要方面。他指出，卢梭对这种政府和法律确立之前的状态有保留的称赞是出于对"可能在政府和法律被废除之后的那个阶段"的考虑。在这一点上，葛德文与卢梭的分歧还体现在葛德文有条件的接受那些让曼德维尔声名狼藉的主张。葛德文（有更多正当理由）选择（在这段时间）忽视《蜜蜂的寓言》讽刺和放荡的一面，并称赞该书"值得每个想要深刻学习以哲学思考人类事务的人的高度关注。任何作者都不会以更强烈的措辞展现那些现有的扭曲变形的恶行，或更令人满意地证明这些恶行如何不可分割地联系在一起"。[10] 卢梭痛斥的、曼德维尔解剖的那种奢侈和不平等状态，是人类社会必要但暂时的阶段，经过这一阶段，社会走向更理性、真正文明开化的更平等状态。

马尔萨斯最初与葛德文和孔多塞商榷时，后面两位作家的身份正是平等制度的倡导者。在所有版本的《人口原理》中，葛德文、孔多塞和其他一些平等主义和共产主义方案的代言人一样，一直都是这个角色。这些人包括罗伯特·欧文、潘恩、托马斯·斯宾塞的追随者们，以及不太激进的福利社会方案——该方案似乎还包括强制性的成员资格规定——的提出者，诸如约瑟夫·汤森德等人。《人口原理》

7　孔多塞对马基雅维利主义的批评，参见 *Sketch*，pp.165，176；以及 Baker，*Condorcet*，pp.347–8。

8　*Enquiry*，in *PPW*，IV，p.48.

9　*Enquiry*，in *PPW*，III，p.276n.

10　*Enquiry*，in *PPW*，IV，p.328.

最初讨论葛德文的六章被压缩到两章，接着变成一章，这反映出葛德
文的名声在漫长的写作时间中衰落了，尽管马尔萨斯对这个主题的兴
趣不在于此。就像1817年马尔萨斯将欧文的《新社会观》加入平等主
义制度的清单上时解释的那样，这样的观念具有持久的吸引力，因为
在所有文明社会中，社会天平的一端是微不足道的奢侈，而另一端是
贫穷，"一个接着一个发明出来的机器"为所有人带来了富裕和闲暇，
结果，"社会大众的劳动"不知不觉地减少了。[11]

　　葛德文把自己描述为柏克和潘恩的仲裁者，这种描述也适合马尔
萨斯对以下两类人"并不友善的竞争"的调和：一类人是"现存秩序
的支持者"，他们"总体上谴责所有的政治思辨"，把哲学家视为"放
荡而疯狂的狂热者"，把个人的野心掩藏在所谓对公共仁慈的背后；
另一类人"沉溺于对每一项现有制度最尖酸刻薄的谩骂，却不将［他
们的］天赋用于思考如何最好、最妥当地消除谩骂，他们似乎也没意
识到巨大的障碍——即使在理论中，这些巨大的障碍也会迫使人类反
对走向完美社会的进程"。[12]换言之，马尔萨斯当然不认为自己是"现
存秩序"的代言人，也不认为自己仇视一切形式的政治理论：他在柏
克和葛德文之间寻找一条中间道路。

252

二

　　18世纪90年代，马尔萨斯在党派政治中开启的那种政治立场更
接近葛德文而非柏克。葛德文支持谢里丹（Richard Brinsley Sheridan）
和福克斯（Charles James Fox），希望在辉格党和国内政治改革的激进

11　对这种看起来截然相反的两种立场的洞察或宽容，与葛德文情愿将柏克《为自然社
　　会辩护》的类似观点视为真实的而非讽刺的做法不谋而合；参见上文第218页。

12　参见 FE, pp.3-6。

支持者之间建立联盟；他谴责英国政府对激进派出版物的压制措施；还反对与法国开战。[13] 这一时期，马尔萨斯的党派忠诚可以从他1796年希冀发表的一本匿名小册子的片段中得到确认；这本小册子便是《危机：一位宪法之友对不列颠当前状况的看法》(The Crisis: A hew of the Present State of Great Britain, by a Friend to the Constitution，以下简称《危机》)。以上这些内容告诉我们，马尔萨斯和他父亲可能的共同点是，他们都是某一类福克斯派辉格党，并批评波特兰公爵和柏克在英法开战伊始就转投小皮特的做法。马尔萨斯将复兴"真正的辉格原则"的希望集中在"恢复这个国家的绅士和社会中产阶级的理智和理性"上，"削弱反对英国宪政的意见的真实性，以消除这些反对声音的影响力"，从而将立法机构带回到"安全开明的政策上来"。[14]

马尔萨斯和那时另一位福克斯派辉格党人物约翰·米勒一样，不过，他的辉格派表现方式是一种更"乡村党式的"，他反对这场战争以及小皮特在战争过程中采取的压制政策。和米勒一样，马尔萨斯也担心，对行政专制权力的限制、渐进有序地改革英国政治制度不应该因为对法国事件的回应而无限期推迟。然而，和米勒不同的是，马尔萨斯对效用原则在广大民众中有利传播的信念是更加有所保留的，很大程度上是因为他对国内动荡根源的诊断所产生的影响。就像他在第二版《人口原理》中表达的那样："通常由过剩的人口增长而产生的大量暴民，他们被现实苦难激怒，却对这些困难的根源一无所知，他们是对自由最致命的威胁。"[15] 我们将会看到，应对这一判断的可能结果是马尔萨斯提出的一系列建议的基础，他建议将教育与公民自由和

253

13　关于葛德文在18世纪90年代的政治著作，参见 'Political Letters'，'Essay Against the War with France' and Considerations on Lord Grenville's and Mr. Pitt's Bills，再版于 PPW，II。

14　马尔萨斯的朋友威廉·奥特（William Otter）和威廉·爱普森（William Empson）所写的两份回忆录引用了这些片段。最方便的文献是 P. James, Population Malthus, London, 1979, pp.50-4。

15　参见 EPP，II，p.123。

政治自由扩展到广大民众中间。

马尔萨斯反复提到的一个"可能反对我们宪政"的问题是《宣誓与市政机关法案》，该法案限制非国教徒参与众多公共生活。他承认有必要废除这些法案，后来又主张将类似的自由扩展到罗马天主教信徒。[16] 1796年，他对非国教徒的权利采取了宗教信仰自由至上（latitudinarian）的立场，尤其对于一名以国教教会的副牧师开启其职业生涯的人来说，这种态度可能更为明显。[17] 或许是出于这个原因，他的父亲建议说，发表《危机》一文"不会让你名誉扫地，但我没法回答这是否可以让你得到一个总铎区"[18]。马尔萨斯在这些问题上的宗教宽容立场最可能的原因在于他从著名的非国教徒那里获得的不太正统的教育。在1784年进入剑桥大学的耶稣学院之前，马尔萨斯在沃灵顿的非国教中学接受教育。他在这里接受吉尔伯特·韦克菲尔德（Gilbert Wakefield）的私人辅导，这位老师是柏克的另一位批评者，也是一位论运动的领军人物，后来因为煽动叛乱而被投入监狱，原因是他积极反对英国与法国开战；他后来在监狱里去世。马尔萨斯在剑桥大学也没有逃脱非国教宗教和政治的影响：耶稣学院也是韦克菲尔德待过的学院，在18世纪80年代是剑桥大学自由主义和共和主义思想的中心。马尔萨斯的导师，一位论者，政治激进派，威廉·弗伦德（William Frend），反对宣誓法案，反对与法国作战，后来因其观点而被大学驱逐了。虽然马尔萨斯没有分享弗伦德激进的政治和经济观点，但在初版《人口原理》出版后，他一直与其保持着良好的

254

---

16 马尔萨斯支持天主教解放法案，可以参见下文第341—342页。

17 "……或许，如果一个有普遍的善推动的母教会将她的界限延伸并包容一群因宗教信条有细微差别而被区隔开来的人，这样的行为远远不会威胁到该教会的神圣建筑。我肯定认为这会增强这个教会和国家的力量和安全。承认他们拥有同样的优势，没有明显的利益隔阂，他们自己可能也没有不喜欢政府的特殊动机。"See James, *Population Malthus*, p.51.

18 Letter to T. R. Malthus, 14 April 1796, 再版于 *Selected Papers of T. R. Malthus*, edited by T. Satoh, J. Pullen and T. Hughes Parry, Cambridge, 即将出版。

联系，而且在伦敦还混入了弗伦德和葛德文经常参与的非国教徒的圈子。

马尔萨斯《人口原理》的出版商约瑟夫·约翰逊（Joseph Johnson），是另一位重要的一位论者，他是这些圈子的核心人物。[19] 约翰逊是潘恩的朋友，出版了孔多塞著作的英译版，还有韦克菲尔德的反战册子，而出版反战小册子这一行为把作者和出版商都送进了监狱。他还在18世纪90年代出版了柯勒律治和华兹华斯的一些诗歌；这个事实是本书后面两篇文章着力讨论的内容。正是通过约翰逊，马尔萨斯在初版《人口原理》出版后结识了葛德文，并与他通信往来。而且，纵观其一生，马尔萨斯与另一个重要的、有着强大出版关系的非国教家族保持着紧密联系，这个家族是沃灵顿中学校长的儿子和女儿，约翰·艾金（John Aikin）和安娜·利蒂西娅·巴鲍德（Anna Letitia Barbauld）。[20] 因此，尽管他在国教教会中有一份牧师的神职，但似乎也可以合情合理地得出结论说，马尔萨斯也很熟悉非国教徒的政治和宗教观念。实际上，初版《人口原理》最早的一位读者，弗朗西斯·霍纳（Francis Horner），后来成了马尔萨斯的密友。霍纳在其杂志中写了下面的话："这位作者极其坦诚、温和地讨论了葛德文和孔多塞；实际上，他的语言和他的思想转向似乎

---

19 关于约翰逊和他的圈子，参见 G. P. Tyson, *Joseph Johnson: A Liberal Publisher*, Iowa City, 1979。

20 参见詹姆斯《人口论者马尔萨斯》（James, *Population Malthus*）索引中的 John Aikin, MD, Lucy Aikin（他的女儿）和 Anna Letitia Barbauld（他的姐姐）。艾金家族运营着《评论年鉴》（*Annual Review*）这本杂志，阿瑟、约翰、露西，以及他们的姨母巴鲍德夫人是经常撰稿的作者。约翰·艾金还是另一份重要的一位论出版物《每月杂志》（*Monthly Magazine*）的文学编辑，也是《评论月刊》（*Monthly Review*）的定期撰稿人。详情可以参见 J. O. Hayden, *The Romantic Reviewers*, London, 1969, pp.52-4, 57-8, 以及 J. E. Cookson, *The Friends of Peace: Anti-War Liberalism in England, 1793-1815*, Cambridge, 1982, 第四章《论自由的出版》（"The Liberal Press"）。

在他们的学派中就已露出很多苗头。"[21]

上述内容的确有助于解释，在初版《人口原理》出版后以及将此书从一本具有争议性的匿名小册子转变为一本更学术化的著作这段时间，马尔萨斯为何能尊重葛德文的立场并保持友好的交流。在选择葛德文的《政治正义论》作为批判对象时，马尔萨斯说话的语气就像一个"热切地希望"相信此书赞成的那种愿景的人，一个因此书描画的人类前景而感到"温暖而开心"的人。马尔萨斯最推崇的葛德文无政府主义理想国的一个特征是，这个理想国依赖个人的"理性和信念"，尽管后来他发现葛德文在原本不是他自己的观点上设了限制条件。1798年，马尔萨斯说："不受限制地行使个人的判断，是一个难以言表的恢宏迷人的学说，与每个个体在某种程度上都是公众的奴隶那种制度相比，这个学说有着巨大的优越性。"[22] 这里委婉地提到葛德文抛弃了卢梭对公民宗教法律手段的运用，不过，从个人判断具有的重要意义上说，马尔萨斯对葛德文的赞同比这里表现得更深一层。两人都同意，人类的尊严和幸福与没有家长制依附关系、与处理私人事务时的自我努力、行使自由裁夺的远见谋略紧密相关。虽然这并没有让马尔萨斯变成一位无政府主义者，但这确实有助于解释他为何坚信，在现存的济贫法制度下，"英格兰的整个平民阶层都臣服于一套苛刻、不便、暴虐的法律之下，这完全有悖于宪法的真正精神"。[23] 它还与个人主义的道德德性关系密切，在第二版和后来版本的《人口原理》中，这些道德德性构成了马尔萨斯解决人口问题的理想良方，即道德约束的基础。我们将在后文中讨论更详细的内容。

另一方面，马尔萨斯最不赞成的是葛德文对未来社会的各种设

21 参见 *The Horner Papers; Selections from the Letters and Miscellaneous Writings of Francis Horner, MP*, edited by Kenneth Bourne and William Banks Taylor, Edinburgh, 1994, p.101。

22 *FE*, p.174.

23 *FE*, p.92.

想。和潘恩等激进派一样，葛德文认为，社会制度和政治制度是所有
社会罪恶的主要根源。就像马尔萨斯在初版《人口原理》中所说，并
在随后的版本中以相当显眼的修饰强调了他的观点："虽然人类的制度
似乎是人类众多不幸的明显而刺眼的原因；但实际上，它们轻微而肤
浅，只是浮在表面的羽毛而已。[24]"因而，原因不在于现在的社会——
现在的社会形式只是临时的脚手架，上升到更高时就可以拆除，现在
的所有权和婚姻法是人类生存状况不可或缺的一部分。马尔萨斯继
续抨击：他坚持认为，任何摒弃这些制度的尝试不仅会被证明是暂
时的，还会妨碍社会采取葛德文建议的路线，不能遏止那些与自利相
关的力量，而唯有自利才能解决基本的生存问题，推动文明前进的
步伐。

256

> 对于人类天赋一切最高尚的发挥，灵魂中一切优雅敏锐的情
> 感，真正区分野蛮状态与文明状态的一切事物，我们都要归功于
> 现存财产权的执行，以及明显狭隘的自爱原则；文明人的天性中
> 并没有发生足够大的变化，以至于让我们能说，他要么现在，要
> 么将来会处于这样一种状态，那时，他能够安全地扔掉那架帮他
> 爬到这个高度的梯子。[25]

这一论断在第二版《人口原理》中被马尔萨斯给予了稍弱一些的
解释，它承认人可以"通过相同的方式爬到更高处"，但是葛德文-马
尔萨斯争论会从各条路径回到这一核心议题。在为自爱的作用进行辩
护、将自爱区别于单纯的自私时，马尔萨斯延续了18世纪的思想路
线——自《国富论》出版后，这条路线就与斯密的名字联系在一起。
在初版《人口原理》中，马尔萨斯称赞"慷慨的完全自由体系"是

---

24 *FE*，p.177.
25 *FE*，pp.286-7.

唯一无须政府直接干预或无须不可接受的依附就能公平分配劳动和
社会收入的可行方式。[26] 在这方面，他只是恢复了葛德文抛弃过的观
点，葛德文把斯密（还有休谟）视为一种"乐观主义体系"的错误
支持者，根据这一体系，"混乱、自私、垄断和不幸，所有这些貌似
不和谐的东西，都有助于整个社会令人赞美的和谐和恢宏"。葛德文
在回应下列论断——只有由市场交易调节经济关系的社会才能获得
与专业化和劳动分工相关的好处——时，更是专门提到了斯密。在
葛德文看来，这种对"互惠自利"的吁求只能以"仁慈的命令"为
代价，这标志着"政治正义和我们设想的纯粹社会的终结"。因此，
在葛德文眼中，斯密只是诸多"重商主义作家"中的一员，这些作
家提出社会的劳动分工是"贪婪的产物"，而在这种社会中，"优雅
是垄断发展的产物"。

　　在葛德文的词汇中，"垄断"是一个表示责难的综合性术语，它
参考的是卢梭的启发性观点：不平等的收入和财产所有权缔造了社
会，在这种社会中，靠劳动生活的大众被只有少数人享有的奢侈奴役
着。它还包括婚姻制度和产生专业化角色的社会分工，而这些专业化
角色在局部范围垄断了技能和知识。[27] 更彻底地逆转休谟和斯密所坚
持的主张几乎是不可想象的：通过资本积累、市场扩大、劳动分工获
得的劳动生产率的任何提高，仅仅只是让那些已是穷人的人变得一无
所有。财产安全，包括劳动中的财产安全，这些被斯密视为财富增长
的前提条件，却成为商业社会分配不公的主要根源。

　　显然，葛德文是所谓后经济乌托邦的鼓吹者——只有让现有商

257

26　*FE*, pp.287-8n.

27　*Enquiry*, in *PPW*, III, p.458.葛德文对劳动分工的最广泛讨论可以参见其《研究
者》一书中的《论行业和职业》一文，此文再版于《威廉·葛德文政治和哲学著作
集》（*PPW*, V, pp.171-83）。在大商人（merchants）和小商人（tradesmen）这个
问题上，葛德文坚称，成本和价格的区别允许他们拥有"很大的自由裁夺权力"，
但他还认为，"最令人惊讶的莫过于商人试图取代彼此的急切之心。"参见 ibid.,
pp.174-5。

业社会的不公正制度在它们自身缺陷的影响下沉沦，这种乌托邦才有可能实现。财产权产生了依附性和奴性；它让人类的努力偏离道德和智力的进步，走向肮脏的物质追求。解决问题的方案，莫过于彻底放弃私人财产权（包括配偶的所有权）、平等地共担劳动，社会变革无须受高压政治的影响，通过公共争论和揭示谬误来实现道德和智力的普遍进步。葛德文的理想是丰裕经济，不是从物质产品和服务来评判——在基本需求的一致性得到承认的世界中，对物质产品和服务的需要可以减少——不必要的劳动可以降到最少，闲暇的时间可以达到最大。[28]

　　尽管在这些核心议题上，马尔萨斯和葛德文之间看似存在明显的冲突，马尔萨斯也不打算为现有社会的那些特征进行辩护，但指出那些特征仍然是有意义的。初版《人口原理》出版后，马尔萨斯在致葛德文的信中欣然承认，废除不必要的劳动，"在社会所有成员中进行必要劳动的平等分工""极为可行"。[29]尽管富人不能阻止"社会大部分人身上几乎是连续不断的悲惨遭遇"，但他也承认，富人有时也因"不义的勾结"起来对付劳动贫民而心生愧疚。[30]他还承认，"目前财产的最大不平等"不可能是合理的；这是"一项罪恶，而造成这种罪恶的每种制度从根本上说都是糟糕的、不明智的"。尽管如此，由于政府积极干预"抑制财富的不平等"带来的好处是可疑的——在这一点上马尔萨斯与葛德文再次不谋而合（但如我们将要看到的，马尔萨斯的观点与孔多塞和潘恩并不一致），因此只能在现有的社会结构中寻求替代方案。它还必须基于对动机的假设，这些假设可以通过观察和实验被人们证明是合理的，而且不包括"浪漫的"牺牲；这是马尔

28　关于这一点，参见 F. Rosen, *Progress and Democracy: William Godwin's Contribution to Political Philosophy*，London，1987，Chapter 6。

29　参见马尔萨斯1798年8月20日致葛德文的信，再版于初版《人口原理》影印版的尾注，第4页。

30　*FE*, p.36.

萨斯与葛德文在道德科学上商榷的另一个主题。在马尔萨斯看来，现有社会秩序唯一不可避免的一点是社会被分成"有产者阶级"和"劳动者阶级"，并且是一个依赖"自爱的普遍运动规律"的"交易和交换的体系"。[31]

在这个问题上，马尔萨斯有别于葛德文的后经济愿景（post-economic vision），也不同于孔多塞对一个以商业和私有财产为基础的社会内部的政策和制度平等化的鼓吹。在孔多塞勾勒的未来社会发展前景的最后阶段即第十阶段中，平等这一主题是非常突出的；最后阶段的最终目标被定义为"唯一继续存在的不平等将是所有人的兴趣不平等，这些不平等将有助于文明、教育、勤勉的进步，不会导致贫穷、耻辱或依附"[32]。他认为，财富的不平等，以及那些靠劳动获得收入的人和靠继承遗产或资本积累获得收入的人之间的不平等，将会随着社会的发展而减少，只留下那些因"自然的、必要的原因造成的不平等，希望根除这些不平等将是愚蠢而危险的"[33]。虽然这些不平等的减少只是因为取消了人为的"传承和聚敛财富"的限制性做法和财政特权，但在年老体弱、孤儿寡妇的抚恤金以及应对"间歇性灾难"的保险金的助力下，不平等也可以进一步减少。基于寿命统计的概率微积分将使一项保险基金能够为这些目的而设，该方案以复合基金为基础，以个人定期缴费为主，辅以唐提式基金（tontine），后者源于那些受益前去世的人的强制缴费。孔多塞认为这些方案覆盖了整个社会，无论这个社会是否由个人联合形成。除此之外，他还希望改善信贷措施的渠道，使其"不再是巨额财富的专属特权"。一旦实现更大程度的财富平等，才会导致更大程度的教育平等和社会地位的平等。

马尔萨斯认为孔多塞通过社会保障进行再分配的方案存在明显的

259

---

31 *FE*，pp.207，287-8，以及马尔萨斯1798年8月20日致葛德文的信，再版于初版《人口原理》影印版的尾注，第3—8页。

32 *Sketch*，p.174.

33 *Sketch*，p.179.

矛盾："马奎斯·孔多塞承认一个完全靠勤劳养活自己的人民阶级是每个国家所必需的。为何他承认这一点？原因无他，只是因为他相信，如果没有必要的刺激因素，为增长的人口提供生存所需的必要劳动就不会产生。"[34] 因此，孔多塞如何能没有看到他的保险基金消除了商业社会的一个基本要素呢？这一要素便是：需要惩罚，也需要报偿。懒惰、挥霍之人将会与那些积极、慎重、勤劳之人一样处于相同的地位。若是如此，那么还有什么动机普及自主自立的习性呢？执行这一方案将需要区分"值得"和"不值得"的"诘问"。它将在更大程度上导致某种类似于英国济贫法的东西，并"彻底摧毁真正的自由和平等原则"。

以上主张是坚定有力的，而且它们也表明为何马尔萨斯的说法是有道理的：斯密假设个人无止境的改善欲望是维持商业社会所必需的动机的一部分，马尔萨斯则在此基础上增加了对社会人口规模下降的恐惧。这其中的原因在于，马尔萨斯执着于人口问题，而斯密没有意识到这个问题，孔多塞则认为这个问题不是当前社会的关切所在。另一个原因是佩利式功利主义或神学功利主义，马尔萨斯视之为其牛顿主义的一部分。在这种神学看来，一个急于将幸福最大化、将邪恶最小化的仁慈的神，把那些有利于人类幸福的活动视为快乐，把那些邪恶的行径视为痛苦。这就构成了一个稳固的自然法体系，该体系旨在将人置于需求和资源的充分张力之间，以确保人不会跌落到文明程度之下。因此，马尔萨斯神义论的结论是，"恶在这个世界上存在，它不是要制造绝望，而是激起积极的活动"[35]。必需之物的刺激就像创造的刺鞭，没有它，上帝希望这个世界的资源得到最佳开发的初始目标就无法实现。

孔多塞没有这种神义论或倒退观，事实上，他相信一切事物都是

34 *FE*，p.149.
35 *FE*，p.395.

为了无止境的进步，因而他只接受市场刺激的积极作用。他试图将对分配正义的思考补充到以下立场中，该立场基本关注的是那些得到人们普遍同意的交换正义法则。市场可能会减少绝对的不平等，但不足以减少财产和收入的相对不平等。它甚至可能让很大一部分人需要那种不能依靠慈善机构和私人保险提供的援助。孔多塞采取这种立场时拓展了一种斯密式的论断，背离了他自己的老师杜尔阁。因为杜尔阁谴责管理糟糕的慈善事业，并为伴随经济自由出现的不平等的"有用性和必要性"辩护，这一思路与马尔萨斯在这些问题上的论断几乎一致。[36] 孔多塞（如我们将要看到的，还有潘恩）在现有对弈中的新动向同样激起了马尔萨斯的新回应，后者为商业社会不平等的辩护要比斯密的辩护更重要，而斯密谨慎的论断仅仅表明：财富增长的进程可能产生相同的趋势。而且，与初版《人口原理》中提出的其他一些观点不同，从本质上讲，这是马尔萨斯一生中对各种各样的平等体系、共产主义方案，包括某些只需向公共基金强制缴款的计划的回应。

三

葛德文希望将"政治原理"安置在"牢靠坚实的基石"上，这一基石是由他对人类心灵及其能力的形而上的或心理学论述提供的。因此，任何对葛德文体系的反驳都必须提供另一套解释人类动机和人格形成的说辞。葛德文采取了一种必然论立场，这种立场将由环境造成的心灵和人格的形成、仅能控制纯粹的肉欲激情的理性心灵能力作

261

36　参见 *Réflexions sur la formation et la distribution des richesses* in *Oeuvres de Turgot*，edited by G. Schelle，Paris，1919，II，p.540；and *Lettre à Mme Graffigny*，ibid.，I，p.241. 也可参见 P. Surault，"Turgot et le populationisme" and J. Morange，"L' Etat et le droit dans la pensée de Turgot" in C. Bordes and J. Morange（eds.），Turgot，*économist et administrateur*，Paris，1981m pp.68-71，137-8。

为重要议题。马尔萨斯尊重经验，这导致他怀疑葛德文的以下主张是否正确：后者声称，智力追求最终会确立起人们对"纯粹的动物本能"的支配权，尤其是对那些从不知道这些对智力追求的人的"动物本能"的支配权。葛德文认为，只有野蛮人才会"臣服于懒惰这一弱点"。在文明开化的社会中，"思考、敏锐的研究、热烈的追求……都会让身体机能发挥作用"。[37] 马尔萨斯以心源于物（mind-out-of-matter）的论断反驳以心外于物（mind-over-matter）为基础的观点，以此向他剑桥大学的某些朋友暗示，他允许自己为了心灵的慰藉而过于接近唯物主义。[38] 这些朋友和弗朗西斯·霍纳一样，几乎不关心这种神学玄思，他们甚至没什么同情心；霍纳发现，"神秘的形而上的演化论或心源于物的存在"体现在《人口原理》的结论章节，这是该书最糟糕的部分。[39] 马尔萨斯的神义论还挑逗了"灵魂毁灭说"，因此背离了正统的圣公会教义，后一种学说认为这个世界处于一种待审判或缓刑的状态。根据教会朋友提出的建议，这一观点在后来的版本中被删掉了，多少给圣公会留了点颜面。[40]

然而，在初版《人口原理》中，急于颠覆葛德文逻辑的这场争辩促使马尔萨斯做出以上论断。懒惰被视为是对思想的抑制，这一点并不囿于野蛮状态：它是一种人类的固有倾向，一直威胁着要遏制智力和身体的积极活动。若没有必要之物和新需求产生的压力，那人类总是面临精神倦怠压倒进步的风险。葛德文夸大了人性中的智力因素，

---

37 *Enquiry* in *PPW*, III, p.348.

38 参见1798年8月20日马尔萨斯从爱德华·克拉克那里收到的信件，该信写到他为初版《人口原理》辩护以免遭以下控诉："一个粗心的读者会赌咒说他是一个唯物主义者……他说智力是由外在于心灵的物质的运行产生的；却不考虑他和其他任何人都知道的一件事，即我们的一切知识，我们拥有的或我们将要获得的一切观念，都是感知（sensation）创造的"；参见 *Selected Papers*, edited by Satoh et al。

39 *Horner Papers*, edited by Bourne and Taylor, p.102.

40 对这一根本问题的最全面讨论，参见 Waterman, *Revolutions, Economics and Religions*, Chapter 3。

其代价是牺牲物质因素。两种类型的活动都是收益递减的，智力愉悦的优越性仅仅体现在，"它们占据了更多时间，拥有更广的范围，更不容易满足，而非它们更真实、更重要"[41]。心灵和肉体的愉悦不可能被分开：全身心专注于前者往往提供了一个克服肉体疲乏的动机，但它不可能永无止境地做到这一点。葛德文区分并贬低肉体的愉悦，把那张弓拉得太弯了："剥夺身体所有零件的肉体愉悦，以证明它们的低级，就像消除磁铁吸引力中某些最重要的原因，然后再说磁力微弱无效一样。"[42]

肉体的嗜欲总是能影响理性和道德考量，这一信念让马尔萨斯抛弃了葛德文有关犯罪与惩罚方面的观点。他承认，惩罚若与罪行不能确切地相称，那就是不正义的，不过，他从人类动机的"复杂性"推导出来的却是威慑和约束政治体制令人遗憾的必要性，最终的结果是脱离经验的理性，从来都无法保证哪种罪行能够被定罪。这也为马尔萨斯对葛德文（以及他后来隐约提到的欧文）的必然论提供了答案，据此答案，邪恶和道德缺陷可以在一个人们不能获得罪恶经验的世界中消除。源于需求和其他激情的诱惑无论在什么政治制度下都存在，而且根据葛德文自己的人口形成论来看，这些诱惑会产生各种各样的倾向，不可能"所有人都是道德高尚的，就像扔一百次骰子后，六个面都会出现一样"[43]。人有进步的能力，而能力的局限性不可能提前知晓；但这并不能说明人有无限进步的能力这一结论是妥当的——马尔萨斯以此反驳孔多塞和葛德文关于人类寿命无限延长的推测，并以物理学和植物学的类比来论证这一点。

因此，在与葛德文的争论中，马尔萨斯才是为直接感官和直接情感、为复杂动机而非纯粹的思想动机做辩护的人。抽象地思考一下，

41　*FE*，p.212.

42　*FE*，p.215.

43　*FE*，pp.267-8.

263　上帝赋予人的一切激情、冲动、需求都是自然的：满足这些需求带来了幸福，因而在仁慈的设计中发挥着重要的作用。满足物质需求的欲望是推动文明进程本身的动力，两性之间的激情是与婚姻情感相关联的愉悦的基础。幸福的危险之处不在于这些冲动本身，而在于它们偶尔激起的"毁灭性的奢侈挥霍"。由于不可能在不损害幸福的情况下削弱基本冲动的力量，那么，正确的反应应该是调整、重新引导这些冲动，而非压制它们。

威廉·哈兹利特后来在他创作的马尔萨斯和葛德文的漫画中概括了两人的差异。马尔萨斯被描述为一个含情脉脉的感官主义者，想象不出人有控制其性欲的能力。他的对手则处于另一个极端："葛德文先生为道德科学提供了一种必要的服务，他试图（徒劳地）穿越北极圈和冰冻地带，在那里，理解力不再因情感而变得温暖，也不会被想象的微风吹拂。"不过，这些都是漫画手法；这样的形象为读者继续相信两位作者说了什么、而不是作者本人所说的内容提供了便利——正如哈兹利特也很清楚他是在夸张一样。[44] 1803 年后，马尔萨斯赞成将道德抑制作为解决人口问题的理想方案和实际方案，他认为，控制性欲不仅仅是可以接受的，而且也是可能的，即使他不希望这种措施被普遍采用。葛德文在初版《政治正义论》发表后也曾改变主意。他后来坦承该书有三个主要的缺陷：斯多葛主义（"即忽视'苦乐是道德依存的唯一基础'这一原理"）、桑德曼主义（Sandemanianism）（"即忽视'情感而非判断才是人类行动的源泉'这一原理"），最后是"对个人情感的绝对谴责"。[45] 因此，在所有这些方面，葛德文进行了一些修改，以使他的观点更接近马尔萨斯的立场，而马尔萨斯则在与葛德文的通信和联系中深受后者的影响，以致后来几版《人口原理》对道

44　关于马尔萨斯和葛德文，可参见 Spirit of the Times, in CW, XI, pp.23, 108–9。关于哈兹利特戏谑地运用这一知识的更多内容，参见下文第294—295、第303页。

45　参见 "The Principal Revolution of Opinion" in CNM, I, p.53。

德抑制给予了更多强调。两者之间的基本差异并没有解决，但双方被引导着对自己的立场作出更多限定性的声明——尽管彼此未必都会这么做。如我们很快将会看到的，如果说两人有什么不同的话，那便是葛德文若不放弃其立场中的基本原理，他在早期回应马尔萨斯时对后者的让步比他可能退让的余地会更大一些。

四

马尔萨斯在初版《人口原理》中对葛德文的最后一击是讨论《研究者》中有关贪婪和挥霍的论断，这是葛德文关于积累、奢侈与建立一个消除不平等和非必要劳动的社会的可能性的最新立场声明。挥霍财富的富人，囤积财富的守财奴，这两类人中，哪一类对理想的社会状态贡献更多？不同于自《国富论》出版以来关于资本积累和进步的公众意见，葛德文追随卢梭，他坚持认为，推动人们发明新制造业的奢侈品只是增加了穷人的负担；他们的劳动增加了，但通过工资掌控的必需品却没有改变。因而，一个克己的守财奴，把自己的欲望限制在所有人共同拥有的最低限度的需求内，这个人无意中就成了公众更大的恩人。作为回应，马尔萨斯援引了斯密赞成悭吝（parsimony）的论断，在斯密的论述中，悭吝并不意味着没有效益的抠门，反而增加了维持生产性劳动的资本。穷人几乎不可能从仅仅降低对其唯一适销商品的需求的行为中获益。马尔萨斯同样相信，将同样的需求强加在人类头上既不可能也不可取。这场争论再次回到其核心观点：在马尔萨斯看来，一个以私有财产为基础、以自爱作为自愿交换体系最强烈动机的社会是难以废除的。

葛德文相信普遍的仁慈将会取代自爱，与此相反，马尔萨斯坚信，仁慈这一人类的品质最好不被当作自爱的替代品，而是作为自爱的孩子，"仁慈最好的职能应该是软化偏狭的缺陷，纠正粗暴严厉的

303

行径，抚平其父母的皱纹"[46]。需要"狭隘的动机"来激励人类采取普遍的行动。如果在过去的三四百年里，经济生活没有商业化，那英国不可能获得它现在的公民自由。相对人口规模而言，劳动越来越少，却越来越有依附性——这是葛德文声称要消灭的状态。斯密对商业和制造业与公民自由之间的联系的描述仍然有效。即便如此，在寻求斯密和葛德文在农业必需品和制造业奢侈品观点上的折中时，马尔萨斯仍然与葛德文更接近（顺便提一下，也更接近于涉足人口密度争论的早期作者们）。在论述葛德文观点最后一章的结尾中，马尔萨斯以一段声明作为《人口原理》下一章讨论斯密以资本积累实现进步模式的论断的序曲，该声明很大程度上认同葛德文对"伟大的体系"的敌意，以及对一个众多劳动者为少数财产拥有者提供制造业奢侈品的体系的敌意：

> 奢侈品所创造的劳动，虽然在分配农村产品时有用，没有以权力损害所有者，也没因依附性降低劳动者的地位，但它实际上对穷人的状况没有产生同样有益的效果。制造业带来了大量工作机会，虽然可能会提升劳动价格，甚至远超对农业劳动不断增长的需求；但是，在这种情况下，农村生产的食物数量可能不会相应地增长，穷人得到的好处将只是暂时性的，因为食物价格肯定必然会与劳动价格的上涨成正比。[47]

尽管初版《人口原理》专门讨论斯密和法国经济学家笔下的财富来源的两章不过是离题论述，但这两章为此后二十年间马尔萨斯式的政治经济学观念的渐进演化奠定了基础，给他的思想带来了持久的甚至多种形式的偏好农业的特征，并让马尔萨斯有别于斯密，至少在

---

46 *FE*，p.294.

47 *FE*，pp.301-2.

一段时间内让他更接近法国经济学家。最初，人们怀疑劳动贫民能否从英国商业和制造业的崛起带来的经济增长中获益良多。马尔萨斯相信，理查德·普莱斯对人口下降的悲观估计是以真正的专业知识为基础的，尽管他不完全赞成这些估计，或接受它们隐含的亲人口增长论学者的假设。他也没有和斯密一样乐观地认为自1688年以来英国的生活水准一直在提高。在能够利用1801年的人口普查提供的证据之前，马尔萨斯倾向于认为，英国人口是缓慢增长的，这一点也反映了人们可获得的国内生活物资同样缓慢的改善速度。与资本积累相关的货币工资的上涨先于食物价格上涨，从而使得成本高于收入，削弱了农业应对价格上涨的能力。圈地和农业技术的其他改进主要集中在畜牧业，而非小麦可耕地出产，现在受雇于地主的人数更少了。简而言之，如果资本积累没有如此集中于制造业和商业，而是集中在农业上，那么人口会增长得更快——这一命题对英国发展状况的马尔萨斯式诊断至关重要。

266

通过这些论断，马尔萨斯试图强调经济发展与"社会下层阶级的幸福和舒适"之间可能存在的矛盾。实际工资没有增加，很多工资收入者在以稳定健康的农村生活方式换取城镇制造业工作的过程中遭受了痛苦，在城镇中，他们面临着邪恶、疾病以及更大的不稳定的威胁，而这些不稳定是由"人的反复无常的趣味、偶发的战争等原因引起的"。[48] 就像马尔萨斯在初版《人口原理》中提到制造业工作时所说的那样："我不认为自己是它们非常坚定的朋友。"[49] 这种敌意在他对制造业的态度中得到证实：他认为制造业只是服务于"满足少数有钱人的虚荣"（这和葛德文的思考方式非常相似）；他决定将它们形容为"装饰性的奢侈品"，并以"丝绸、蕾丝花边、小首饰和昂贵的家具"

48　*FE*，p.310.
49　*FE*，p.293.

作为例证。[50]

　　因此，马尔萨斯承认，斯密的自然自由体系能够带来物质生产的优势以及由此而来的有利于政治多样性的其他优势，但该体系无法保证资本积累会一直提高社会大众的生活标准。确实有一种可能，当经济发展以牺牲农业和劳动者必须在城市生活并从事"有损健康的制造业"为代价时，从国家安全、不健康、不稳定、罪恶和不幸这一角度来说，人们购买这份物质收益的价格可能太高了。这是马尔萨斯试图为政治经济学增加的道德维度的核心。从自然自由体系主导的视角来看，该体系至少潜在地包含了一套干预主义的方案，其基础是明智的立法者能够采取措施纠正农业和制造业之间的失衡。弗朗西斯·霍纳后来敏锐地评论道："那些仔细研究过［马尔萨斯］哲学的人将会承认，人们总是倾向于赞成法律的效力。"[51] 还有一点重要的是，为了表达这一观点，马尔萨斯重提法国经济学家和詹姆斯·斯图亚特，以说明"受雇于贸易和制造业的劳动对个人来说是有足够成效的；但它的确没有对国家产生同等程度的效益"[52]。

　　至少在这方面，人们禁不住会得出结论说，对于斯密绕过的那些问题，或者一旦增长的潜在原因被搞清楚之后就不再重要的那些问题，马尔萨斯给出了一种前斯密式的答案。[53] 然而，另一个重要的方面是，马尔萨斯坚信，欧洲财富增长的自然进程对人口增长压力的失衡反应所产生的颠倒正在延续下去，而这种颠倒遭到斯密的谴责，也

50　*FE*，pp.332，335-6.马尔萨斯在1798年8月20日写给葛德文的信件中设想了未来的情景，"那时，现在吸引上层阶级的那些小玩意儿可能会被鄙视"，尽管他相信"中等的"需求"一直都是大多数人理性欲望的对象"；参见 *FE*，尾注，p.v。在这封没有被收入该版《人口原理》的信件脚注中，马尔萨斯表达了以下观点："农耕应该得到最大的鼓励，而以非畜牧或制造业优先"；参见 Abinger Papers, Bodleian Library catalogue, Dep. C.525/ I。

51　参见 *Horner Papers*，edited by Bourne and Taylor，p. 815。

52　*FE*，pp.334-5.

53　实际上，在波纳尔总督将类似的问题摆在斯密面前时，后者明确抛弃了马尔萨斯展望的那种结果；参见上文第205页相关内容。

是他批评重商主义政策的一部分。这种颠倒所导致的后果被马尔萨斯贴上了一个有趣的标签——"未老先衰"，以便于与美国的"永葆青春"形成对比。[54] 马尔萨斯不相信美国能永远维持这种状况，就像人们不可能"合理地期望妻子或情人为了防止变老不让自己曝露于阳光或空气"一样。[55] 然而，出于相同的理由，他明显感到，欧洲可以延缓这种衰老，其方式是将农业恢复到最重要的地位，但如我们将要看到的，这一目标意味着什么，以及如何实现它，则是根据他对拿破仑战争期间和之后英国经济正在发生之事的解释而改变看法的。

初版《人口原理》对于实现这一目标的大胆建议是质疑长子继承制法律，该法给予土地以"垄断价格"，并让土地开发很少有利于个人——一个消除障碍、促成"财产平等化"（而不是"财富"或收入平等）的激进解决方案，斯密非常谨慎或者说非常怀疑该方案，因而没有公开倡导。[56] 马尔萨斯对农业的偏爱还体现在对开垦"新土地"进行补贴，立法"削弱并摧毁那些与大公司、学徒制等相关的机构，因为它们导致农业劳动的收入低于商业和制造业劳动的收入"。[57] 土地所有者数量的增长和无地劳动力数量的减少将会从整体上造福社会。马尔萨斯后来还打算为长子继承制辩护——这反映出他作为一名"乡村"辉格党对一个独立的地主阶层制衡专制权力的重视。[58] 但是，1798年，他甚至可能会提出废除长子继承制，在某种程度上，这应该被人们视为他打算合理听取葛德文等批评者关于可能存在的现有财产不平等意见的另一个迹象。

马尔萨斯担忧英国经济发展进程的另一个重要议题是济贫法；在

268

54　*FE*，p.344.

55　*FE*，p.343.这个表达得不太显眼的见解，正如上文第164页中提到的那样，在詹姆斯·麦迪逊对美国未来的思想中得到了很好的回应。

56　*FE*，p.344.

57　*FE*，p.96。还可参见*FE*，p.337。

58　参见下文第356—358页。

此问题上，他同意或不同意斯密的余地是很少的。在1795—1796年歉收期间，马尔萨斯与小皮特等考虑过改变这些法律的人倒是有共同之处，他完全赞成斯密谴责控制居住地的各项法规——这是他后来打算改变其立场的另一个议题，那时候他已承认地方行政管理和地方责任制具有的优势。除此之外，如我们已经看到的，斯密对物资极度匮乏的情况下济贫法应如何运作几乎没有提供任何指导。马尔萨斯在初版《人口原理》中注意到急剧上涨的济贫开支，以此证明他的人口原理在英国得到了充分运用，发展带来的各种好处没有向下层渗透。从短期来看，通过济贫法实现从富到穷的收入再分配只是增加了人们对可获得供给物的竞争。从更长远的眼光来看，被救济权利的可获得性还有更严重的后果：工资降低，鼓励那些无法指望通过自己努力和收入养活孩子的人早婚。因而，其结论是济贫法"在某种程度上创造了它养活的穷人"，以及由此而来的推论，即"依附性的贫穷应该被当作耻辱"，因为，"一个没有能力养活一个家庭却结婚的劳动者，在某些方面可以被视作他的所有劳动者同胞的敌人"。[59] 尽管马尔萨斯后来从人口普查报告中推断出济贫法没有降低英国的结婚年龄，但这是他支持长期废除济贫法运动的起点。

马尔萨斯在准备写作第二版《人口原理》的同时，趁1799—1800年再次出现粮食歉收之机出版了《对当前粮食价格高昂原因的调查》(*An Investigation of the Causes of the Present High Price of Provisions*)。此文让他完成了好几件事，其中最重要的是赞成斯密为中间商辩护，使其免遭常见的攻击，即批评中间商通过垄断权密谋哄抬物价。此文还让他强调粮荒与人口原理之间的关系，他指出，以津贴制度补贴那些获得济贫法援助的人的家庭收入会有怎样的后果。在初版《人口原理》中，他谴责济贫法是以扩散济贫范围的代价去救济个人。现在可以证明，在粮食极度匮乏的条件下，津贴制度的后果是把食物价格提

---

59 *FE*, p.86.

升到一般供求力量所形成的水平之上。马尔萨斯没有抱怨歉收的负担扩散的结果。事实上，尽管他一直批评济贫法规定刺激了人口增长，但他也承认，"在当前歉收的状况下，它们的作用是有利于国家的"。[60]由于导致消费减少的高物价在极度匮乏期间是唯一的缓解剂，因此，抱怨或冤枉中间商的行为是毫无意义的。根本问题是英国成为一个食品净进口国，这就意味着人口压力将大部分人置于国内谷物歉收或粮食不足的风险之中。换言之，1790—1800年间的事件为马尔萨斯宣传其新作提供了理想的机会，并进一步表达了他对英国经济长期发展的担忧，而这些内容在《国富论》中是没有的。

　　1803年新版《人口原理》出版时包含了一篇对济贫法的扩展评论，并首次讨论了"渐进地、十分缓慢地"废除济贫法所逐渐增加的好处。贫困率上升、现役劳动力申请救济的比例上升，促使人们提议为这笔可利用的基金总额设定限制。马尔萨斯不可能接受这样的主张，因为对于那些将被济贫法排除在外或缺少支持的人来说，这些主张是不可行、不公正的。济贫法产生的"广泛的专制、依附、懒惰和不幸"才是他主要关切的问题。济贫法造成的状况是穷人养成了"一直从这些资源中找寻他们享有的好处或遭遇坏事的原因"，其进一步的影响是，"一旦他们对环境压力感到痛苦沮丧，他们的心灵几乎必然会对社会的更上层产生持续的怒火"。[61]尽管这些考虑——归根结底还是对公共秩序的考虑——对马尔萨斯非常重要，但同样重要的是，这一论断的结论处提到"人的毅力和基督徒的顺从"必须承受的不可避免的不幸，此段是后来1803年版《人口原理》删掉的几段话之一。然而，在反驳贫穷的孩子不应该因为失去父母而被惩罚这一观点时，他为圣经中关于父亲的原罪这一教义辩护，并坚称，这只是一枚硬币

270

60　参见 An Investigation of the Causes of Present High Price of Provisions as reprinted in Works，VII，p.13。

61　EPP，II，p.139.

的一面，在这枚硬币上，父母对孩子的祝祷和责任刻在另一面。主张合法救济权利的欺诈和失策把这个问题带回到更广泛的政治思考中。英国无须冒着"彻底毁灭"的风险就有能力担负起其他任何国家都无法承担的重任，这是对她的宪政体制的颂扬。

马尔萨斯还再次批评了斯密对经济增长的叙述，强化了他对城市制造业活动有损健康的信念，并援引约翰·艾金对曼彻斯特状况的描述来证明这一点。[62] 他还强调了农业在应对更大需求量、更高价格的食物方面的具体困难。英国的状况被描述为"就其疆域和人口规模而言"，它注定要依靠国内农业养活大部分人口，但却日益依赖从国外进口粮食以满足其需求的平衡："一个拥有辽阔疆域的国家，当其商业人口要么等于、要么增长到超过其农业产品剩余量时，其生存方式不可避免会受这种不确定的粮食供应的影响。"周期性的歉收成为一个持续的威胁，它现在应该成为立法者议程中的长期议题。马尔萨斯开始长期关注《谷物法》，将其视为解决歉收问题的一个方法，他还批评斯密的立场，因为后者反对将谷物生产奖金作为鼓励和保障国内生产手段。[63]

这促使马尔萨斯广泛进入法国经济学家绘制的乡村图景中。马尔萨斯抗议"商业和制造业的流光溢彩"日益蒙蔽人们的双眼，让人们相信它们才是财富、权力和繁荣的唯一根源。它们是财富增长的结果而非原因。如法国经济学家主张的那样，农业的盈余产品仍然是经济繁荣的真正标志，即使他们错误地将独有的生产力归功于农业。马尔萨斯又重新回到对潜在的"毁灭"根源和"衰败的源头"的关注，而斯密对那些预言经济衰落的悲观主义者的抨击让这些关注显得不合时宜。商业和制造业的过度发展以牺牲农业为代价，这对未来的繁荣构

---

62 参见 *A Description of the Country from thirty to forty Miles around Manchester*，1795，as cited in the *EPP*，I，pp.382-4。

63 参见 *EPP*，II，chapter D。

成了威胁——这种威胁在马尔萨斯看来是迫在眉睫的，因为，首先，他发现英国的人口增长速度比他之前设想的更快，其次，整个事件是在英法战争和拿破仑企图封锁英国的背景下发生的。马尔萨斯在1803年指出，"政治体处于一种人为的状态，若一类主要成员与剩下的其他成员不成比例，那它在某种程度上就是一种病态"[64]。如何缓解这种疾病成为马尔萨斯的主要关切之一。围绕这一议题的有关章节源于马尔萨斯在拿破仑战争期间所做的修订，不留心这些章节的读者可能会惊讶于他对谷物奖金的谨慎支持，以及在1815年恢复谷物法之前的公共争论中采取农业保护政策的立场。[65]

然而，1803年，马尔萨斯在一个重要的方面开始友善地看待制造业了：尽管他还是认为以制造业为生的生活方式不如农业劳动，并受消费者反复无常的趣味和投身制造业的后来者竞争的影响，但他不再认为制造业仅仅提供了满足有钱人虚荣心的装饰性奢侈品。[66] 为了表明观点的转变，马尔萨斯对佩利的观点提出了异议，后者认为，人口众多以及由此而来的总体幸福最好由以下社会实现，在这个社会中，"一群勤劳节俭的人民照管一个富裕奢侈国家的需求"[67]。这种社会对马尔萨斯没有"吸引力"。佩利的立场相当接近于公开承认"奴隶制"，这容易让人想到曼德维尔；就像卢梭和葛德文指出的那样，奢侈让社会大众陷入困境。由于马尔萨斯不可能接受佩利或葛德文在奢侈问题上的立场，因此，他不得不在此问题上制定自己的中间路线，就像在其他问题一样。作为摧毁佩利立场背后亲人口增长论思想运动的一部分，马尔萨斯提出："奢侈在人民大众中的广泛传播，而非少数人的

272

64　*EPP*，I，p.408.

65　参见下文第332—334页。

66　马尔萨斯对制造业的态度逐渐改变，可参见G. Gilbert，"Economic Growth and the Poor in Mathus's *Essay on Population*"，*History of Political Economy*，12（1980），83-96。

67　马尔萨斯引用了佩利的《道德与政治哲学原理》，见*EPP*，II，p.103。

过度享受，无论是就国家财富还是就国民幸福来说，似乎都是最有利的。"马尔萨斯承认，渴望获得非农业必需品的欲望可能强化人民的道德约束和审慎节俭。这就让他对奢侈有了一种复杂的双重观点。奢侈扩散的有利之处在于，以一种可行的更高的生活水平取代生儿育女的吸引力，从而阻止了早婚；不过，从事生产奢侈品的人与致力于提供生活必需品的人，这两者之间的总体平衡，仍然是立法者在国家层面上需要关注的问题。[68] 如果马尔萨斯是一个悲观主义者，那他也不只是重复18世纪的观点。

五

我们不知道葛德文在1798年首次见到马尔萨斯并与之通信时的反应如何，但从马尔萨斯那时写给葛德文的一封信来看，两人都坚持自己原来的立场。这段交往恰好处于葛德文生命中非常痛苦低落的一个阶段：前一年即1797年，他的妻子玛丽·沃斯通克拉夫特（Mary Wollstonecraft）去世，他还遭到反雅各宾派报刊的恶意谩骂和肆意攻击，还有两个以前的朋友詹姆斯·麦金托什（James Mackintosh）和塞缪尔·帕尔（Samuel Parr）博士的公开诋毁。麦金托什在其1791年出版的《为高卢人申辩》（Vindiciae Gallicae）反对柏克的《法国革命论》，不过，到了1796年，他对这些见解表示反悔，开始与柏克本人和解，接着，1799年，他在关于自然法和国际法的一系列讲座中宣称改变了立场。麦金托什这些讲座没有提及葛德文的大名，但抨击了他的完美主义玄思，并视之为法国大革命以来与"新哲学"传播有关

273

---

68 马尔萨斯意识到这里有可能混淆视听，但他主张两种观点包含了不同的思考："我已经提到过这一点，即，单独看来，奢侈可能真的对国家有害无益。不过这一点并不取决于奢侈的散播……而是取决于那些准备或获得奢侈品的人与维持他们生活的基金之间的比例。"参见 EPP, II, p.194n。

的危险病症的一部分。帕尔1801年发表的《斯皮塔尔布道辞》(*Spital Sermon*)紧随其后，对葛德文的普遍仁慈哲学进行了广泛的批评：这篇布道辞敌视那些作为爱国公民、宗教纽带和家庭情感基础的自然本能。然而，帕尔和葛德文在随后的通信中澄清了彼此的观点，但《研究者》中一篇文章对宗教的不虔诚语气以及葛德文对其妻子生平的回忆录披露的性放荡却成为其罪行的主要根源。[69]

　　葛德文完全有理由认为自己遭到他以前朋友同仇敌忾的冒犯，尤其是考虑到《研究者》最后一版的修订内容以及他发表的小说《圣莱昂》(*St Leon*)中的观点，在这些著作中，他不厌其烦地强调他现在赋予家庭情感的重要意义。另一方面，马尔萨斯持续不断地对葛德文的论断和动机提出最好的解释，从而成功地将这场"不友好的争论"变得更加友善。比如他没有谴责葛德文提议废除婚姻的不道德性，而是像葛德文在最后一版《政治正义论》主张的那样，推断出对伴侣的忠诚将会主导葛德文的理想社会。[70] 因此，1802年，在其《细读帕尔博士的〈斯皮塔尔布道辞〉之后的思考》(以下简称为《思考》)中，葛德文回应了马尔萨斯，还有帕尔和麦金托什，不过他对待马尔萨斯更为宽厚。作为对手，马尔萨斯"既没有不遗余力地激起仇恨，也没有鄙视我个人或我的信条"，因而配得上这份宽厚。[71]

　　实际上，葛德文引以为豪的成就是他创作了一部著作，这部著作说明其作者"像过去一个世纪的任何作家一样，毋庸置疑地为政治经济学理论添砖加瓦"。他接着解释马尔萨斯的理论，并得出结论说，　274
他承认"这位作者提出的比例最全面，我一点也不想破坏他理论的伟

---

69 帕尔和葛德文这场争吵的细节可以参见 W. Derry, *Dr Parr: A Portrait of the Whig Dr Johnson*, Oxford, 1966, pp.211-13。关于这些插曲的完整内容，参见 Marshall, *William Godwin*, pp.222-7。

70 *FE*, p.183.

71 Thoughts Occasioned by the Perusal of Dr. Parr's Sermon in *PPW*, II, p.195.

大根基"[72]。他还承认，"在所有古老的定居国家中"，马尔萨斯推翻了"庸俗的道德准则"，这让立法者有责任鼓励人口增长，立法者应该意识到邪恶和苦难是目前遏制人口增长的主要力量，因此有必要研究"替代性的学说"。在这一点上，葛德文引入了普遍仁慈原理的另一个例证，至少在他的对手看来，这个例子糅合了他在《政治正义论》中的粗俗言语。他在此书中称赞了下列观点：费纳隆的一生应该在烈火中获得拯救，而非从一个不太可能对整个人类做出巨大贡献的亲戚或仆人那里获救。葛德文说，他认为"一个新生的孩子不可能会有迷信的崇敬之心"。

> 如果有一个选择是完美的，我宁愿这个孩子一出生就死掉，也不愿他在苦难和邪恶中度过七十年。我知道，整个地球的空间只留给一定数量的受过某种程度的完美训练的人；我宁愿看到一千个这样的人活着，也不愿数以百万的动物挤在一起，它们不仅是自己的负担，还彼此鄙视。[73]

葛德文如此关注马尔萨斯困境，以至于他开始寻求其他补救办法，诸如允许社区控制一对夫妇可以生育的孩子数量，他似乎也支持某种形式的避孕措施。[74] 通过支持这些措施——如果不是鼓吹的话，葛德文总结说："邪恶并非如此迫在眉睫，限制也没有如此狭隘，一如恐怖的想象引导我们得出的结论那样。"无论如何，就英格兰而言，他接受了他所认为的多数人的看法，即"人口增长长期处于停滞状态"。邪恶和苦难在这里发挥了它们的作用，但另一个制约因素是推迟结

---

72 Thoughts Occasioned by the Perusal of Dr. Parr's Sermon in *PPW*, II, p.198.
73 Ibid., pp.199–200.
74 "如果进一步研究这个问题，就会形成很多研究资料和细节，就其自身的性质而言，这些资料和细节是稀奇古怪且重要的，但事实证明，这将会令一般读者心生反感，而它们更恰当的位置是医学或动物经济学论文": *PPW*., p.202。

婚:"任何人,只要有点最正常的先见之明,就会在婚姻这项如此重要的交易之前深思熟虑。"如此谨慎的克制目前在上层和中层阶级中更为常见,他们没有太大压力,因此在维持体面的需求上更为敏感。这就为马尔萨斯的焦虑提供了一个重要答案:"越多人摆脱贫穷和苟且偷生的生活,人们的行为就越体面、情感就会越自制。当人人都有一种品格时,没人愿意因刚愎自用的轻率行为引起人们的注意。"出于这些原因,葛德文感到,马尔萨斯所提出的阻碍未来进步的障碍,虽然人们不能毫不在意,但它既不是迫在眉睫的,也不是无法通过审慎的行为解决,以至于"我们应该一直坐着,满足于所有的压迫、虐待和不平等,我们现在感到所有这些压迫、虐待和不平等正在扼住我们这个物种中大部分人的脖子、摧毁他们的心灵"[75]。

275

　　马尔萨斯在葛德文阵营的反对者后来指责说,他在第二版《人口原理》强调道德抑制时已对葛德文的立场做了让步,从而消除了初版《人口原理》强调邪恶和苦难是唯一制衡人口增长因素的全部矛盾。马尔萨斯没有承认葛德文在此问题上的影响,或许是因为他感到没有必要这么做。在较早的研究中,中等和上层阶级的审慎克制作为一种有效的制衡人口过剩的因素得到了充分认可,但由于这种克制采取了马尔萨斯认为属于邪恶的一种行动,因而,第二版《人口原理》的主要变化在于强调其道德的一面,即推迟结婚的同时也伴随着空窗期的性节制。马尔萨斯在做出这一改变时,很可能只是因为他不再被迫保持争辩的姿态,而在回应葛德文和孔多塞时,他常常保持着这种争辩的姿态。葛德文和孔多塞称赞一切审慎的克制,无论这种克制是否邪恶,这种方式本身就促使马尔萨斯去强调他自己解决方案的基督教特性。事实上,初版《人口原理》明确拒绝孔多塞对节育的建议,这就让马尔萨斯后来特别贴切地宣称他一直都反对这种方案。

---

[75] 参见 *PPW*, II, p.202。

[孔多塞] 要么影射淫乱不堪的纳妾制度，因为这会妨碍养育子女，要么暗示其他不自然的措施。在大多数人看来，以这种方式解决问题，肯定会破坏美德和纯洁的风俗，而鼓吹平等、鼓吹人的完美性的人却妄称美德和纯洁的风俗是他们主张的动机和目标。[76]

276

即便如此，早期与葛德文的交流或许让马尔萨斯初次尝到人口原理在那些从政治立场出发的人眼中是怎样的，至少在某些方面，那些人的立场与自己的观点接近。例如，葛德文在《思考》中说："旧体制和旧陋习的支持者们不可能找到一个教条，这个教条越合他们的心意，就越能一直有效地排斥所有改革和改进。"这很有可能促使马尔萨斯在第二版《人口原理》中增加了《有关贫困主要原因的知识对公民自由的影响》这一章。《危机》一书的作者或许不希望"一种将社会下层阶级的最大苦难只归咎于他们本人的学说"成为鼓励政府侵犯自由的借口。同时，他也不可能否认他诊断的结论，即过剩的人口让乌合之众轻易成为"中等阶级中间骚动不满者"的猎物——潘恩及其《人的权利》首次成为马尔萨斯著作的原型。

在马尔萨斯看来，潘恩的错误不是提出权利的问题，而在于"完全不了解社会结构，以及这个国家和美洲的物质差异形成的不同道德影响"[77]。正如马尔萨斯在初版《人口原理》中承认的那样，美国社会的独特性在于没有过剩人口：正是这一例外证实了他的原理背后的规律，即便美洲社会目前貌似永远年轻的样子不可能真的无限期地维持下去。北美这块前殖民地还享受着更有利的财产分配体系，马尔萨斯由此得出结论说，那里的民政权力不需要与欧洲一样强。欧洲有地产者阶级和无地产者阶级之间的巨大鸿沟也意味着，潘恩提议的通过税

76 *FE*, p.154.
77 *EPP*, II, p.126.

收进行再分配将没有任何限制。人们所需要的是传播关于人的实际权利的知识，包括生存权不是一项能够得到保障的权利这一信息。这是柏克顺从神圣分配政策的积极的马尔萨斯版本；这种版本的观点源于以下认识，即劳动贫民状况的真实原因不在于政府，而是某些通过他们自己的行为可以补救的东西。如我们已经提到的，这种状况下基督徒顺从上帝旨意的提法在后来的版本中被作者谨慎地删除了。

277

　　从这种境况得出的政治推论是：如果人们对暴乱的恐惧消除了，英国自由的守护者可以回到他们传统的角色中，即改革积弊，控制行政权的入侵："消除对暴政和人民愚昧的所有忧虑，政府的暴政也就不可能再多存留片刻了。"一旦大众对人口过剩带来的危险有了正确认识，马尔萨斯就自认为这一宪政的种种缺陷已在所有人面前暴露无遗："没有一个为滥用权力的利益辩护的人能在开明的公共舆论的监督下存活下来"——这一结论体现了他对政治透明度的信心，这种信心与葛德文有着惊人的相似。随着错误诊断的消除："人民的事业会立即得到十倍的重视，每个有原则的人都将加入进来，维护并行使——如果有必要的话——他们的权利。"[78]

　　对乌合之众的恐惧让行政专制更容易维护；正是这种专制和乌合之众之间的古代跷跷板关系的两极分化，让马尔萨斯这些辉格党温和派的立场需要更迫切的维护，却更加难以维持。这恰是马尔萨斯整个职业生涯中面对"现存秩序的支持者"与激进批评者时要走的路。就像第二版《人口原理》讨论公民自由的章节所清楚表明的那样，政治制度不再只是漂浮在人类事务之上的羽毛。该书副标题的变化反映了马尔萨斯更关心"消除或缓解"人口原理造成的后果。由于与斯密给出的相同理由，以公共开支支付广大民众的教育成为一项主要的公共责任，政治经济学基本原理的知识应该添加到学校的教学课程中，旨在提高学生的读写能力和计算能力。除了教育，公民自由和政治自由

---

78 *EPP*, II, p.130.

现在也被公认对人类进步作出了"令人瞩目、不可否认的"贡献。尽管马尔萨斯相信，宪政自由可能产生的效果只是"间接的、缓慢的"，但它们是赋予更下层阶级一定的体面、增加人民群众更广泛采取道德抑制的机会这一过程的重要组成部分。

278

人们可能会说，在这些主题上，葛德文和马尔萨斯彼此在讨论一些重要问题上时的见解越发接近，但是这种趋同可能要归因于个人的反思和相互的劝说。然而，与此同时，葛德文的回应为马尔萨斯提供了另一次机会，让他回到他们有着本质差异的意见。葛德文试图歪曲马尔萨斯的某些论断（"《人口原理》的推理几乎没有特别强调我的前提假设"），这一点当然被否认了。马尔萨斯相信他的推理适用于葛德文关于政治正义以及将人类制度作为邪恶的唯一根源的整体思考——如果他的推理有效的话。解决痛苦和苦难问题的方案能否不诉诸"个人利益的粗糙运用"，这一主要问题是马尔萨斯无法回避的。义务感和"高贵无私精神"的浪漫践行，并不是一个合适的选择，尽管马尔萨斯承认它可能"被附加在利益感上，而且绝非没有效果"。[79]

马尔萨斯还对葛德文从他所说的邪恶和苦难之辞得出的推论感到"羞愧"；这一推论是："一个共同体的政治管理者必然会对维护人类的利益和安全的这两个伟大的手段保持父亲般的警惕和关心；最可怕的恶，莫过于我们这个地球上的邪恶和苦难太少，以至于不能将人口原理的后果限制在适当的范围内"[80]。马尔萨斯可能第一次觉察到，他所称赞的葛德文笔下的未来愿景——依赖个人良心——能够与道德依附的积极概念结合起来。他似乎的确忽略了《政治正义论》的那些内容，葛德文在此书中称赞共同体施加的压力在使个人行为符合社会共识方面的效用。[81]葛德文在其《思考》中打算考虑共同体对家庭规模

---

79 *EPP*，I，p.331.

80 *EPP*，I，p.328，这里引用了葛德文的话。

81 例如："没有一个人会在邪恶的事业中足够强硬到违抗他周围普遍一致的严厉评判……他将被迫以一种不亚于鞭子和铁链的力量去改变自己的行为"；（转下页）

的限制，而没有具体说明这一点如何通过不违背个人良心的方法来实现，就像马尔萨斯指出的那样。马尔萨斯没有加入那些急于抹黑葛德文名声的作者队伍，这群人谴责葛德文认可堕胎和杀婴作为控制人口的手段。马尔萨斯也没有间接提到婚内节育措施。在讨论孔多塞围绕相关主题的种种暗示时，马尔萨斯已经批评了这一措施，他只是重复自己的说法，"通过道德约束，我的意思是出于谨慎的动机约束婚姻，这不会带来不正常的满足感"[82]。

279

六

　　马尔萨斯与葛德文的友好关系没有维持到最后。到了1820年，两人之间产生了公开的敌对。随着马尔萨斯名声大涨——某种程度上以葛德文的名声跌落为代价，他感到可以从1817年版的《人口原理》中删除回应葛德文《思考》的那一章。取而代之的是对最新版的平等学说的思考——罗伯特·欧文在一项计划中倡导创建自给自足的济贫村庄，这些村庄的劳动者将集中劳动，共同分享劳动成果。欧文在新拉纳克以互助合作组织的工业社区获得的实际成就，以及他努力限制棉纺厂童工的工作时间，这些都赢得了马尔萨斯"非常诚恳的尊重"。欧文在1813年见到了葛德文，他可以作为葛德文众多学说尤其是必然主义的追随者。[83] 这一事实，加上马尔萨斯对其效果的评论——欧文的理论基于经验，"比壁橱中形成的理论更值得思考"，这两点或许激怒了葛德文。这无疑凸显了他不再具有为一种可能的社会愿景代言

（接上页）参见 *Enquiry* in *PPW*, III, p.304. 葛德文思想的这个特点可参见 G. Claeys, "William Godwin's Critique of Democracy and Republicanism and its Source", *History of European Ideas*, 7（1986），262–5.

82 *EPP*, I, p.330n.

83 欧文与葛德文的关系，参见 Marshall, *William Godwin*, pp.310–11.

的卓越地位。葛德文决定为挽回自己的名声所做的最后一次努力，是以三年时间完成一部600页的著作来批评马尔萨斯。这部著作便是《论人口：关于人类数量增长的影响研究，作为对马尔萨斯在此议题上的论文的回答》（*Of Population; An Enquiry concerning the Power of Increase in the Numbers of Mankind, being an answer to Mr. Malthus's Essay on that Subject*, 1820）。在此书中，葛德文抛弃了以前政治科学中所有完美主义的思考，目的是抨击马尔萨斯基于几何学和算术学的统计数据证据。[84] 葛德文现在坦言对该原理得出的结论的"憎恶之情难以言表"，他收回之前的所有让步，并对马尔萨斯加以敌对批评家惯用的指控，而那时后者已经习惯了这些控诉。这些指控包括奉承"有钱人和大人物的恶行和腐败"，鼓吹邪恶和苦难是补救措施、反对任何人口增长、支持低工资，考虑到葛德文先前的无神论思想，因而更令人惊讶的观点或许是他指责马尔萨斯亵渎神明。

280

马尔萨斯自己显然对葛德文的曲解感到震惊，这位人士先前以模范的坦率对待他的研究，仅仅在两年前还写信咨询他主张美洲人口近二十五年来人口翻一番的依据为何。[85] 马尔萨斯在《爱丁堡评论》上就葛德文的著作发表了一篇匿名评论以作回应，该评论的语气或许是他对批评者的答复中最愤怒的，随后，他在1826年版的《人口原理》中针对葛德文的著作插入了一篇简短无礼的反驳。

---

[84] 葛德文与那些支持马尔萨斯立场的人通信，继续为他的名声而战。在反对约翰·辛克莱尔爵士（John Sinclair）运用人口原理的两封信中，葛德文提出了自己的统计结论，"我认为，根据我能获得的所有令人满意的文献判断，英国人口在一百多年的时间里会翻一倍，但在这个翻倍的过程中时不时地会出现增长中断，总体来说，我们没有理由认为现在的世界比三千年前的世界人口更稠密"；参见1821年7月16日、21日葛德文致辛克莱尔的信，重印于 *The Correspondence of the Rt Hon. Sir John Sinclair*, I, p.395。还可参见1821年9月6日麦金托什对葛德文一封类似来信的答复，参见 C. Kegan Paul, *William Godwin: His Friends and Contemporaries*, 2 volumes, London, 1876, II, p.274。

[85] 参见葛德文和马尔萨斯的信件往来，日期是1818年10月24、25日，参见 *Abinger Papers*, Bodleian Library catalogue, Dep. c.525/file 12。

　　如果葛德文能找到一个出版商，那他"对经济学家们的答复"可能会引起另一场笔墨之战；葛德文在这篇"答复"中回到他在《政治正义论》和《研究者》提出的那些观念，他在这两部著作中的思考对政治经济学的任何观念都是颠覆性的。[86] 尽管葛德文宁愿只关注人口增长率，而非政治经济学的更大议题，但他将《爱丁堡评论》推迟发表对自己著作的评论一事归咎于代表"北方智者"无声的阴谋的影响，换句话说，是政治经济学这门新生科学的"傲慢自负"。这是一门将其起源归因于"人类社会最卑鄙、最不自然的腐败的"科学。它在"人类的初始状态"没有一席之地，但被资本和国债这些"财产不平等分配"的产物带到了世上。至少在这方面，葛德文忠实地支持那些让他在其早期著作抛弃诸如斯密和休谟之流的"商业作家"的观念。面对政治经济学在资本议题上的复杂性，或者那些受自然法影响的人所谓的"后天的"财产权利，葛德文忽视苏格兰作家的文明社会推测史与自然状态思想的断然决裂，他的直觉是相信正义这个主题需要以卢梭的方式回到"人的初始状态"。如我们将要看到的，否认政治经济学是葛德文先前的浪漫派追随者的一致回应，很长时间以后，这些浪漫派又都抛弃了葛德文在其他问题上的见解。

281

　　弗朗西斯·普拉斯在其《关于人口原理的说明和证据》（*Illustrations and Proofs of the Principle of Population*，1822）（以下简写为《说明和证据》）利用了葛德文对马尔萨斯著作的最初回应和后来对两者之间矛盾的回应，以此圆满结束了这一阶段的马尔萨斯争论。普拉斯的著作让人们感兴趣的原因主要有以下几点：他是葛德文《政治正义论》的激进推崇者，后来成为杰里米·边沁的商业顾问，由于与詹姆斯·密尔和李嘉图的交往，他又沉浸于哲学激进主义和政

---

86 以此为标题的著作的广告刊登在1821年1月的《晨报纪事》（*Morning Chronicle*）；参见 Marshall，*William Godwin*，pp.345-50，这几页对这段完整插曲有很好的叙述。下文的引文来自未发表的小册子，可见于 *Abinger Papers*，Bodleian Library catalogue，Dep. b.226/13。

治经济学的魅力中。[87]他还帮助欧文为出版界准备了《新社会观》，这两人可能还是力求推广以海绵避孕这一实用方法的盟友。[88]由于詹姆斯·密尔和李嘉图都坚定地支持马尔萨斯式的原则，包括其在济贫法上的实践结论，因此，普拉斯的理想立场是调和新旧马尔萨斯主义。他不顾工人阶级朋友的反对，公开支持节育以表达自己的立场——这一立场比边沁、詹姆斯·密尔、当然还有李嘉图打算表明的立场更明确——而工人阶级朋友反驳说，他这样做就是表明自己支持人们将贫困责任归咎于受害者的评判。

普拉斯的《说明和证据》可以被简要描述为试图在马尔萨斯和葛德文的观点之间进行仲裁，它支持人口原理，同时将马尔萨斯推迟结婚和废除济贫法的解决方案置于普拉斯主张的一个更有效、且更能促进良好健康状况和道德方案即婚内避孕之中。普拉斯的著作在当时和后来的年代变得声名远播，主要是作为节育运动的公开宣言。从另一个角度看，这部著作还可以理解为对工人阶级更具同情心的辩护，说明工人阶级在遵循马尔萨斯推迟结婚的建议下为何面临困境的原因。普拉斯十九岁结婚，养育了十五个孩子，人们几乎很难指责他在这些问题上缺乏经验。

普拉斯《说明和证据》还顺便标记了马尔萨斯和新马尔萨斯主义政治经济学的世俗派信徒之间的界限。普拉斯的著作还是约翰·斯图亚特·密尔的总体指南——密尔是普拉斯节育运动中一位年轻的积极分子，他在描述19世纪20年代青年哲学激进派的信念时以普拉斯的《说明和证据》作为阐释马尔萨斯观点的指导手册："这一伟大的学说，最初被提出来是为了反对人类事务的无限进步，但我们现在却从相反的意义上热忱地相信，它表明实现那种人类社会可改善的状态的唯一

---

87 参见 G. Wallas, *The Life of Francis Place*, London, 4th edn., 1925, pp.157-75。

88 欧文这位公开的反马尔萨斯主义者和普拉斯这位新马尔萨斯主义者之间合作的曲折故事，可参见 D. Miles, *Francis Place: The Life of a Remarkable Radical*, Brighton, 1988, Chapter 9.

方式，是确保整个劳动人口自愿限制他们人数的增长，实现充分就业并获得高工资。"[89] 人口原理可以在边沁的假设而非在马尔萨斯或佩利的假设基础上与无限的可改善状态保持一致，而节育措施后来有望成为实验性的社会主义社区生死存亡的关键因素。尽管新马尔萨斯主义和社会主义的这种联合直到19世纪后期才充分表露出来，但约翰·斯图亚特·密尔早期撰写的一些最犀利的新闻报导致力于说服信奉社群主义的激进派，让他们相信节育不是"富人压迫穷人的手段"，而是让工资收入者能够蒙骗全体雇主和贵族进而从低工资的状态中获得利益的方式；节育是更激进的政治变革的前提，而非替代品。[90]

尽管马尔萨斯会承认约翰·斯图亚特·密尔提出的立场背后的经济判断，但他可能不会支持与之交织在一起的激进政治言论。对马尔萨斯这一代辉格派而言，这里的激进意味着某些新事物：它是由詹姆斯·密尔阐释的新兴的边沁式激进主义或哲学激进主义，而非与潘恩或托马斯·斯宾塞相关的那种大众的或"自然权利"的激进主义。它还有别于马尔萨斯在葛德文和欧文那里看到的更具社群主义色彩的各种父权家长制激进主义或原始社会主义。李嘉图皈依了詹姆斯·密尔版的边沁政府科学，1819年，他还以密尔为哲学激进派拟订的议会改革计划代言人的身份进入议会。因此，通过与李嘉图的往来，马尔萨斯不可能没有意识到将包含人口原理的政治经济学与代议民主制结合起来的可能性，但代议民主制拒绝了像他这样相信英国的"混合"政府体系有诸多优点的信奉者所坚持的绝大多数事情。下篇文章讨论马尔萨斯在宪政问题上的观点时，我们不得不考虑他对哲学激进主义的否定态度。现在我们还可以忽略这种否定的态度，因为普拉斯和密尔构筑的战线仍然在马尔萨斯主义（无论"马尔萨斯主义"这个词前是否有前缀）与更流行的、乌托邦式的激进主义之间。

283

89　J. S. Mill, *Autobiography* in *Works*, I, p.107.

90　密尔的新闻文章，参见1823—1824年所写的 *Black Dwarf*, in *CW*, XXII, pp.80-100。

　　把马尔萨斯主义和废除济贫法联系起来，意味着在那些声称代表工人阶级的人眼中，推迟结婚和节育是可疑的。它似乎像是背叛了激进派极力主张的摧毁现有政治经济制度的更高期望。在这方面，像欧文这样的激进运动领导人，尽管他们与马尔萨斯本人关系融洽，但认为马尔萨斯式的判断是正统政治经济学家诋毁其社群主义议案的"阴谋"核心，这一点并不完全错误。[91] 是不是阴谋，无疑与马尔萨斯反平等主义的立场是否前后一致有关。就像马尔萨斯在回应欧文时说的："各种条件的不平等为良好的行为提供了自然的回报，广泛而普遍地激起了人们对社会进步的希望和对社会衰退的恐惧，这样的状态最能发挥人类的才干和能力，最适合践行和提高人类的德性。"[92] 如果关于不平等的这种论断不奏效，马尔萨斯可以转而诉诸人口原理，并表明平等状态与葛德文和欧文等改革者宣称的自由观念并不兼容。根据他们自己的前提假设，粮荒迟早会造成一种只能由"不自然、不道德
284 或残忍的规章制度"来解决粮食供应问题的状况。[93]

　　普拉斯在写《说明和证据》时，马尔萨斯借给了他手中唯一一本初版《人口原理》，不过，他并没有对普拉斯的著作及其建议发表评论。这就给我们留下一片知识的空白，要填补这片空白，只能回顾一下他在此问题上以最明确的声明谴责节育的确切理由。

　　我一直特别谴责任何人为的、非自然的控制人口的手段，不仅因为这些手段不道德，而且它们还倾向于消除对人们的勤勉精神的必要激励。如果每一对已婚夫妇都受到社会对他们生几个孩子的愿望的限制，如果这一点成为可能，那么肯定有理由担心，人类这个物种的懒惰会大幅度增长；无论是个别国家的人口，还

91 欧文怀疑马尔萨斯主义是反对他计划的关键，对此可参见 *The Life of Robert Owen Written by Himself*, London, 1857-8, I, pp.122, 155, and 1A, p.106。
92 *EPP*, II, p.335.
93 *EPP*, II, p.339.

是整个地球的人口，都将不会达到其自然而适当的规模。但我推荐的限制人口增长的方式性质完全不同。它们不仅由理性指明，得到宗教的认可，而且还以最显著的方式激发了人们的勤勉精神。[94]

普拉斯忽视了这一声明，他认为马尔萨斯"似乎不愿讨论避孕的适当性，与其说是因为他或任何理智的人对避孕的憎恶，不如说是因为他可能害怕面对别人的偏见"[95]。普拉斯这么说，有为自己的世俗观念开脱之嫌，即"一个理智的人"可能坚持怎样的观点来克服他对马尔萨斯立场的理解。在草拟一份根据世俗功利主义思路构建的功利主义决算表时，马尔萨斯可能会认同普拉斯：在债务一方，再婚和"非自然的"避孕在减少滥交和庞大家庭带来的邪恶和苦难方面可能会产生有益的结果。但在马尔萨斯看来，这张决算表还必须为一项神圣计划受挫而导致更大的债务种类做准备，在该计划中，"必需品的刺激"对于土地开垦和人的智力才能至关重要。尽管马尔萨斯抛弃了他最初的神义论，但他仍然坚持他自己的否定态度，因为根据经验来看，他不承认一个人类的心灵能无限控制情感和感受之事的世界，这是他与葛德文争执的核心议题。

李嘉图对人口压力的强调不比马尔萨斯对低工资的解释少；1817年，他出版《政治经济学原理》时也坚定地主张废除济贫法。[96] 面对普拉斯1821年在此问题上对马尔萨斯的批评，李嘉图滔滔不绝地为他的朋友辩护。他指出："请不妨想一想，马尔萨斯先生没有提议废除济贫法是宽慰富人的措施，而是救济穷人本身的措施。"李嘉图还支持马尔萨斯的结论，他告诉普拉斯，废除济贫法的预期结果

285

---

94 *EPP*, II, p.235.

95 *Illustrations and Proofs of the Principle of Population*, edited by Norman E. Himes, London, 1930, p.173.

96 参见 *Works*, I, pp.105-6。

将是工资上涨，而非仅仅降低救济人口的比例。更进一步说，尽管李嘉图与普拉斯一样都偏好边沁版而非佩利版的功利主义，但他毫不费力地承认马尔萨斯笔下的道德信念和宗教信仰的重要意义。[97]他不仅承认这些信念，而且还抱怨这些信念所产生的误导性影响——在他看来，这些信念误导性地把道德思考和那些属于更狭义范围内的政治经济学思考混杂在一起了。这就促使他提醒马尔萨斯：经济学家的责任是"告诉你怎么致富，而不是建议你是选择财富还是选择懒惰，抑或选择懒惰还是选择财富"[98]。

这并不是说李嘉图不接受神学论断。和马尔萨斯一样，他也称赞约翰·伯德·萨姆纳在《论创世录》中对人口原理与自然神学的调和；而且，当詹姆斯·密尔接受萨姆纳在这门分支学科的教育时，他还教出了一个非常聪明的学生。[99]老密尔愿意相信，马尔萨斯在叙述邪恶时陷入了摩尼教，并以一个牧师的经历作为补充——此人作为苏格兰的宗教牧师，却抛弃其最初的天职："多么不幸，多么残忍的不幸，一个人有义务相信一套观念，无论这套观念是否适于被相信！"[100]或许出于这个原因，密尔和普拉斯一样很难相信马尔萨斯信仰的真诚性。李嘉图更老练圆融一些，他只是觉得马尔萨斯混淆了他的范畴，并在政治经济学论证中夹带了一些多余的道德包袱。马尔萨斯不承认政治经济学是"一门像数学一样的严格科学"[101]。

虽然葛德文、欧文和其他政治经济学的拥趸看来几乎都不承认政治经济学的热忱信徒之间的区别，但一些人希望保持基督教政治经济

---

97 就像他给普拉斯写的信，虽然马尔萨斯对"权利""自然法"诸如此类术语的运用比不上边沁功利主义的字眼，但"他的意思不可能搞错"；参见 *Works*，IX，pp.52-3。

98 参见 'Notes on Malthus' in *Works*，II，pp.337-8。

99 参见 *Works*，VII，pp.247-8。

100 Letter to Ricardo，1817年12月1日詹姆斯·密尔致李嘉图的信，in *Works*，VII，pp.212-3。

101 *Works*，VIII，p.331.

学的选项，而非那门与李嘉图及其边沁信徒相关的科学，他们觉得有
必要在二者间做出区分。保留马尔萨斯赋予这一主题的道德维度，成
为19世纪二三十年代他们鼓吹的基督教政治经济学的目标。这里预告
一下稍后将更充分讨论的一个主题，一个关键的标识可以在威廉·休
厄尔（William Whewell）与理查德·琼斯（Richard Jones）的通信中
找到，彼时，这两人试图拉拢马尔萨斯为一种培根式科学造势，以代
替李嘉图的演绎政治经济学。马尔萨斯和琼斯在归纳法的运用上存在
广泛的相似性，但当休厄尔告知琼斯"你和马尔萨斯不属于形而上学
派的政治经济学，而是伦理学派的政治经济学"时，他最接近于意识
到将马尔萨斯和琼斯的抱负联合起来的会是什么。[102] 马尔萨斯的风格
并没有宣称要为他的学说贴一个隐含着伦理优越性的标签：他自己对
道德维度的强调，与其说事关我们如何认识这个世界，不如说从规范
的视角看，我们应该如何评判这个世界的制度。但如果本文的观点是
正确的，那我们将会表明，他为何坚持反对李嘉图，并坚持自己的主
张，"政治经济学这门科学更类似于道德和政治科学，而非数学"。　287

102　1822年8月16日致琼斯的信，参见I. Todhunter, *William Whewell: An Account of his Writings with Selections from his Literary and Scientific Correspondence*, London, 1876, II, p.48。

第十章

事关情感，而非立场

一

罗伯特·骚塞打算直接向马尔萨斯的《人口原理》开第一炮，由此拉开了一场漫长的谩骂运动。在此期间，他向其终生好友、英国第一次人口普查的组织者约翰·里克曼（John Rickman）寻求支持："别忘了马尔萨斯无耻的形而上学。他应该被车裂。我乐意记住这场判决。你应该把这类害虫踩在脚下，碾碎它。我真心希望你草拟一篇完整的文章，好好把他解剖一番。"[1] 事实证明，多年来，里克曼一直都是一位亲密的盟友，他向骚塞提供了他三十年组织人口普查过程中所获得的官方信息，这也是他履行下议院议长和各种调查委员会秘书职责的副产品。他后来也的确为骚塞撰写了完整的文章，但他的帮助来得太晚，在这场谩骂开始时，他的文章没能强化对马尔萨斯的抨击。骚塞只能满足于柯勒律治为第二版《人口原理》所

1　1803年9月12日致里克曼的信，参见 *NL*，I，p.327。这是对先前一个请求的重复："祈祷吧，祈祷我们的攻击击中马尔萨斯。在我的投石器里放些石头，把今日那个笨蛋歌利亚的伪哲学（philosophistuli）打倒。告诉我你打算怎么做。我不会顾及俗语白话。我衷心希望把他的无耻之书判处死刑、让人唾弃"；参见 *Selections from the Letters of Robert Southey*，edited by J. W. Warton，London，1856，I，pp.224-5。

写的批注笔记带给他的帮助，这些笔记经过适当地整合、润色，融入1804年发表在《评论年鉴》（*Annual Review*）的那篇文章中了。骚塞在给里克曼的下一封信中汇报了这个战果，并以一条言辞激烈的暗语作为结尾。

> 我已经表明……［马尔萨斯］计划的完美体系将会培养奴隶，用阉猪刀调节人口。如果他作出任何回应，我都将在一本小册子中把他送上绞刑架，把他捆住再大卸四块，因为提到这条狗时，我心中就像弥尔顿把萨尔马修斯（Salmasius）剁成碎肉时一样充满了力量感。[2]

288

尽管骚塞的语言丰富多彩，却并非不典型。马尔萨斯正在成为我们现在所谓的第一代浪漫派即湖畔派诗人及其崇拜者最热衷于憎恨的粗俗之流。[3] 看来马尔萨斯几乎是他们在政治和道德议题上反对的一切事物的集中体现；自骚塞的第一篇文章开始，这场反抗他们认为的马尔萨斯对公众思想恶劣影响的运动一直贯穿他们一生。从马尔萨斯的初版《人口原理》发表以来，这种敌意一直持续着，即使他们彼此的私人关系一波三折，即使他们的立场从年轻时期的共和主义激进派转变为一些同时代人和曾经的朋友眼中的极端托利派，这种敌意也依然存在。如我们将要看到的，马尔萨斯坚持他年轻时信奉的"真正的辉格原则"。事实上，直到他写作生涯的尾声，他所代表的，如果不是一类即将消亡的人，就是被19世纪30年代初政治发展抛弃的一类人。

在追溯本章这场争论的根源，探索这场争论在其继承者中间的进一步影响时，政治维度肯定是必须考虑的。但马尔萨斯的人口观

2　1804年2月8日致里克曼的信，参见*NL*，I，pp.350-1。

3　这是研究该群体政治学文献的标准结论；参见 C. Woodring, *Politics in English Romantic Poetry*，Cambridge，1970，p.27。"对《人口原理》的憎恶之情几乎是主要诗人牢牢联系在一起的唯一之事。"

点，他对解决济贫法实施过程中出现的危机的建议，以及他的著作越来越被人们认为是政治经济学这门科学整个理念的代表，所有这些带来的思想和道德挑战为我们提供了一个更广泛的视野；因此，上述问题也必须置于这一广泛的视野之中。1834年，柯勒律治去世，五花八门的讣告集子发表，此时，马尔萨斯早已成为柯勒律治通常歧视性地称为"马尔萨斯式"或"现代"政治经济学这一更大目标的一部分；这里的"马尔萨斯式"政治经济学或"现代"政治经济学是一个概括性术语，旨在涵盖一种贫乏的思考社会的方式，它是唯物主义的、功利主义的、不爱国的，是一个已然处于危险分裂状态的国家中各个阶级之间纷争不和的重要原因。

> 正是这种可恶的做法，永远只思考看似是某个场合下的权宜之计，脱离一切原则或更广泛的行为体系，永远不提源于我们更好本性的真实的、万无一失的冲动，这就导致那些冷酷无情的人在研究政治经济学，结果是把我们的议会变成一个真正的公共安全委员会。一切权力都被赋予它；几年之内，我们要么被贵族统治，要么更有可能的是，被一群油腔滑调的经济学家组成的卑鄙的民主寡头集团统治，相比之下，最糟的贵族制反倒是一种福分。[4]

当然，对政治经济学的这些批评，被后来维多利亚时代的圣徒和社会评论家——尤其是被托马斯·卡莱尔和约翰·罗斯金等提出"阴郁科学"的文学批评家们——出于自己的目的延续下去了。再加上基督教和/或马克思主义的输入——这种输入常常带有它们自己的浪漫色彩，从本质上讲，对政治经济学的文学批评正是以这种形式被传承

4　这段话最初出现在 Allsop, *Letters, Conversations and Recollections of Samuel Taylor Coleridge*, pp.136–7；随后出现在 *Table Talk*, edited by H. N. Coleridge, p.318。

到20世纪，继续萦绕在工业革命对英国社会影响的历史编纂和文化讨论中。因此，考察这种批评之词如何由最早一代浪漫派批评家们开创——他们在年龄上与马尔萨斯相仿，而且与他共享同一时代的政治和经济观察的方法——不仅有助于解释这个重要分裂的成因，还有助于说明其后来的发展。

英国的宪政和行政实践历史中的某些重要转折点为这一场马尔萨斯争论提供了背景，济贫法修正案便是本章讨论的这场争论的一个巅峰时刻；该修正案一直被认为受到马尔萨斯的恶劣影响。在下一篇文章中，另外一些公共措施——《谷物法》、天主教解放法案以及第一次议会改革法案，都是这场争论发生的语境。不过，我们必须首先回顾一下争论双方彼此扮演的角色以及他们相对其攻击目标所发挥的作用。

二

骚塞和柯勒律治在整个论战期间都在从事正儿八经的新闻工作，其中很多文章都涉及重要的政治和经济发展。骚塞的《托马斯·摩尔爵士：社会进程与社会前景谈话录》是他与里克曼通力合作的另一部著作，这部著作扩充了柯勒律治提出的教会主题，它和柯勒律治的《论教会与国家的建制》（以下简称为《教会与国家》）一起概括了
290　人们对发展的进一步批评，这种发展仍然可以被方便地——如果不太严格的话——称为马尔萨斯式的。自1798年起，华兹华斯就从积极的政治热情中退回去撰写其漫长的自传体诗歌了，他在1809年撰写《论辛特拉协定》（Convention of Cintra）时实际上已经完成了这首诗。然而，就像约翰·斯图亚特·密尔在1831年前往湖区的朝圣之旅中与他见面后发现的那样，尽管"人们试图从他诗歌的特殊性中推断，人类的真实生活和积极追求（农民等乡下人除外）不是他的兴趣所在"，

但这些主题恰恰"占据了他的大部分思想，他讨论的最具借鉴意义的主题莫过于社会状况和政府形式"。[5] 1818年，华兹华斯做了一件不太光彩的事，他在为威斯特摩兰郡的自由民选区竞选打磨演说辞时，为了支持劳瑟家族的托利党利益、反对亨利·布鲁厄姆（Henry Peter Brougham）的辉格党候选资格，简单粗暴地将布鲁厄姆形容为"议会里那个经济学家阶级中最胡搅蛮缠的那个人"，进而对其予以谴责。[6] 或许他还可以加上一条"罪状"：布鲁厄姆是马尔萨斯和议会济贫法修正案特别热情的支持者。到19世纪30年代，华兹华斯还可以利用他作为诗人赢取的公众声誉，对济贫法修正案以及辉格党的宪政改革和教会改革表达其咒骂式的批评。

在骚塞、柯勒律治和华兹华斯三人组之外，还可以加上后两位诗歌的早期崇拜者：威廉·哈兹利特和托马斯·德·昆西（Thomas de Quincey）——虽然后者也参与了这场马尔萨斯争论，但他绝对是一位反浪漫派的人物，仅在19世纪20年代出现过，而这已是他与湖畔派断交之后的事了。哈兹利特和柯勒律治最初相遇时都是一位论者，都痴迷于形而上学。哈兹利特的第一本著作《论人类行动的原理》为想象力辩护，将想象视为自利行动和无私行动的基础；人们或许可以说，此著是柯勒律治18世纪90年代经常承诺要写、却一直没写出来的一本形而上学著作。紧跟着这本书出版的是哈兹利特最初一系列有关自利和仁爱主题的作品，而这些主题源于马尔萨斯-葛德文的相关思想交流。柯勒律治声称哈兹利特这些文章的灵感来自与他的交谈，就像哈兹利特后来指责葛德文和德·昆西剽窃了他的反马尔萨斯的观点一样。在这场论战的最初阶段，谁扮演了怎样的角色，显然成了某种令人自豪之事。

291

5　Letter to J. Sterling, 20–2 October 1831, *Earlier Letters* in Mill, *CW*, XII, p.81.

6　*Prose Works of William Wordsworth*, edited by W. J. B. Owen et al., 3 volumes, Oxford, 1972, III, p.169.

哈兹利特首次亮相是在1807年塞缪尔·惠特布雷特议案挑起的济贫法重新讨论中，这是下议院的一位议员凭个人尝试推进这些法律的根本性改革而做的最后一次重要努力。[7] 威廉·科贝特（William Cobbet）的《政治纪要周刊》（*Weekly Political Register*）为哈兹利特提供了抨击惠特布雷特的阵地，这位思想家的著作似乎为济贫法讨论设定了基调——尽管在此事前不久，科贝特还盛赞马尔萨斯是道德科学领域的牛顿，是斩杀葛德文这条亲法派恶龙的正直英国人。[8] 哈兹利特的三封长信最终扩充为三百页东拉西扯的冗长文章，即《对〈人口原理〉的回复》，该书为他此后二十年的新闻采写提供了频繁重复使用的素材，尤其在《时代精神》（*The Spirit of the Age*）中对马尔萨斯，还有柯勒律治、骚塞、华兹华斯和葛德文的肖像描述中臻至巅峰。[9] 最后，一直在幕后工作的还有这个群体中一位不太知名的成员——里克曼，哈兹利特在查尔斯·兰姆（Charles Lamb）组织的晚宴聚会上认识了他，并形容其是"政治学和实践哲学的吹牛男爵"。[10]

骚塞和里克曼联合起来，对"民族的伟大体系"做出了坚定的亲人口增长论的解释。爱国主义是里克曼1796年发起官方人口普查的基础。他主张，当"民族知识分子很少致力于爱国主义思考时"，人口普查将使"一个渴望为臣民谋福利的政府"能够创造出"一个光荣的上层建筑"。[11] 对英国军事实力的关切、对无力继续反法战争的愤怒，进一步强化了亲人口增长论的学说。《亚眠和约》破裂后，对打败拿破仑的信心助长了他们对马尔萨斯的敌意，因为后者提出，贫穷

---

7 参见 Poynter, *Society and Pauperism*, pp.207–22.

8 参见 H. Ausubel, "William Cobbett and Malthusianism", *Journal of the History of Ideas*, 13（1952），pp.250–6.

9 参见 William P. Albrecht, *William Hazlitt and the Malthusian Controversy*, Port Washington, 1949.

10 "On the Conversation of Authors" in *CW*, XII, p.34.

11 参见 *Thoughts on the Utility and Facility of Ascertaining the Population of England* reprinted in D. V. Glass, *Numbering the People*, Farnborough, 1973, pp.106–9.

和苦难是招募士兵最好的盟友，并让进攻性的战争变得更有可能，以此宣传他对和平的同情。[12] 1808年，骚塞向《评论季刊》(*Quarterly Review*) 的编辑推荐里克曼，说他作为一个政治经济学学者的才能远高于马尔萨斯；而且就像骚塞意识到的那样，他认为"里克曼是这场战争的十字军战士，而马尔萨斯是一个和平贩子"——这种看法是十分正确的，还有助于解决争端。马尔萨斯人口论所蕴含的和平内涵的意识同样也体现在骚塞的告诫之中："仿佛我们现在不需要有人来为我们打仗！"[13]

292

因此，在看到马尔萨斯越来越受欢迎的趋势时，骚塞非常不耐烦地称之为"月经污物排泄带"，还发誓要在里克曼的帮助下对"这个可恶的笨蛋"发起"坚持不懈的攻击"。[14] 1810年，他仍在考虑"给马尔萨斯这个我鄙视和憎恶的对象以致命一击"，其结果发表在1812年的《评论季刊》上，紧跟在几篇深入讨论穷人状况的文章之后，这些文章中至少有一篇完全出自里克曼的手笔。[15] 骚塞1812年撰写的文章收录在《道德和政治论文集》(*Essays, Moral and Political*) 一书时，他所取的题目是"论穷人的状况、马尔萨斯人口论的原理以及制造业体系"——他与柯勒律治看法一致，并致力于让马尔萨斯成为现代社会一切残忍的、令人厌恶之事的象征。

---

12 参见 *EPP*, II, pp.100-2.在《亚眠和约》说服柯勒律治相信这是一场正义之战前，这一直都是他的立场：参见他的笔记本条目，他记录了与战争相关的野蛮残忍的例子，比如征兵处门外悬挂的肉；参见 J. Colmar, *Coleridge, Critic of Society*, Oxford, 1959, p.17n。

13 参见 Orlo Williams, *Lamb's Friend the Census-Taker: Life and Letters of John Rickman*, London, 1901, p.148（此后谈到里克曼）。骚塞使用了里克曼1801年的人口普查数据，并对以下事实感到安慰：在不到1 100万的人口中，有将近三百万人"能够保卫他们的国家"，"显然，我们能够用武力对抗这个世界"。参见"On the State of the Poor", in *Essays, Moral and Political*, London, 1832, 2 volumes, I, p.75。

14 1804年3月9日骚塞致里克曼的信，见*NL*, I, p.357。

15 1810年12月17日致沃尔特·萨维奇·兰多尔（Walter Savage Landor）的信，见*NL*, I, p.546。其他提到马尔萨斯的可参见第363、459、501、551页。

同样的心灵秉性，旧时代被耗费在经院哲学问题上，稍后又被花费在经文的评注上，当下则转向形而上学或统计哲学。让政治经济学见证吧！让金块、银块和谷物法见证吧！让新的人口科学见证吧！还有所有这些幸福主题产生的一堆产物……疾病的类型随着时代而变，而病都是一样的——旺盛的食欲和不良的消化能力，结果导致了拉稀的智力。[16]

293

马尔萨斯对这篇通力合作的抨击性文章的回应令人惊讶，因为他没有回应。然而，就像李嘉图指出的那样，虽然"厌恶这场争论"，马尔萨斯还是在1806年、1817年两版《人口原理》中增加了两篇很长的附录，并指名道姓地回应各种各样的批评。他还孜孜不倦地删除那些冒犯他人的段落，或让那些段落的语气更缓和；并根据新的人口统计证据和他对济贫法和《谷物法》的公共舆论状况的评估来不断调整自己的立场。因此，值得强调的是尽管骚塞和哈兹利特试图激起马尔萨斯的反击，但后者从不回应前者早期的抨击。

考虑到这四分之一世纪私人谩骂的水平，再加上只能被描述为蓄意曲解的说辞，或许不难看出马尔萨斯为何居高临下地将他们的抨击视为"不开明的激辩"。这些批评家"显然不值一提"。[17]这一攻击所夹带的人身攻击性，当然也是那些发起攻击的人承认的。比如，即使是骚塞，至少出于战术的目的，也感到有必要就他的某些不公正评论辩解一下。[18]他恶毒攻击的受害者马尔萨斯平和的性格这一信息或许此时已被他们共同所处的圈子过滤掉了。

---

16 参见 *Essays, Moral and Political*, I, pp.245-6。

17 参见 *EPP*, II, p.204。

18 这可能是柯勒律治建议的结果，他建议在马尔萨斯的问题上"语言要特别克制、谦恭、谨慎"；参见1804年1月25日致骚塞的信，见*CL*, II, p.1039。

　　这本又蠢又不道德的书激起了我们的鄙视和愤怒；把这些词语用在这本书时，不要以为这意味着对作者的任何普遍的谴责，实在是他在此书中犯了严重的错误。据说马尔萨斯先生是个态度温和、不惹人厌的人，他耐心研究，品行堪称模范。他可能仍然保持着这种品格；但是作为一个政治哲学家，他的名气的那点烛火肯定臭味难当，也终将熄灭。[19]

　　哈兹利特在其《对〈人口原理〉的回复》的广告宣传中也打算作出类似嘲讽性的辩解，在这本书中，他承认自己曾试图让自己的著作"在我有限的才能允许的范围内尽可能地有趣"。他承认"一些评论可能被认为过于苛刻和个人化"，但他的辩护在诉诸作者的许可方面完全是自相矛盾的。首先，辱骂是理所应当的，其次，尽管他选择抨击《人口原理》而非该书的作者，但批评该书时不夹带着咒骂该书作者是不可能的，因为没人"会为抽象的推理，或者冷静且不带偏见的追求真理的研究而自寻烦恼"。因此，"公众不应该因为我参照了他们的品位而责怪我"。[20]

294

　　马尔萨斯有可能被激怒，就像我们讨论葛德文的最后抨击时指出的那样，他在1806年的附录中隐晦地答复了骚塞——或者说，柯勒律治认为他答复了骚塞。[21]然而，这个附录之所以更引人关注是因为该附录对这里考虑的第一个问题提出了有趣的见解：是什么促使马尔萨斯的《人口原理》成为这个群体如此强烈的厌恶之情的最初焦点？因为，在反复指责已经成为一种例行公事的背后，有一个一直存在的主题，该主题很早就在这场争论中出现了。在某些对手不愿正视人口原理的重要意义时，马尔萨斯曾说此事"与其说关乎立场，不如说关乎

19　参见 *Annual Review*, 2（1804），p.301。
20　*Reply* in *CW*, I, p.179.
21　参见1806年10月9日致萨拉·柯勒律治的信，见 *CL*, II, p.1191。

情感"，那时，他就意识到这个问题了。

很多人的理解力并非像以下描述的情况这样：他们能够根据好恶来调整自己的信与不信；他们声称完全相信《人口原理》所包含的一般原则的真理；但与此同时，他们又对这种信念感到惋惜，因为它在我们的人性观念上投下了更暗的阴影，尤其是让我们关于未来进步的前景变得狭窄。在这些情感上，我不可能与他们达成一致。如果回顾过去，我不仅相信人类社会有可能会产生根本的、非常显著的进步，而且我对将要形成的进步抱有坚定的信心，那么我将无疑会悲哀地发现，我忽视了某个因素，它的影响将立刻摧毁我的希望。但是如果对人类过去历史的思考——仅仅凭这些思考我们就能够预见未来——让人几乎不可能感到这样的信心，那我承认，我宁愿相信存在一些真实的、年深日久的困难，与这些困难的持久斗争适合惊醒人的自然惰性，去召唤人的才能，振奋人的精神，改进人的心灵；必须允许存在的这种困难显然适合一种缓刑的状态，而且它也特别适合这种状态；生命中几乎所有的邪恶或许都被极其完美的能力消除了，除了那些影响人类制度的人的堕落和丑恶。

坚持后一种观点的人必然生活在一种持久的恼怒和失望之中。他开启生活的热切期望将很快遭到最残忍的遏制。最有利环境下的常规社会进程，对他而言显得缓慢而令人不满；但即使不是这种常规的进程，他眼中看到的景象也常常是倒行逆施和最令人沮丧的倒退。他满心欢喜地期待的变革将会被发现是新的、意料之外的大恶，他寄予厚望的人物将会经常出于经验的教训或权力的诱惑而背离他最爱的事业。在这种不断失望的状态中，他很容易将所有一切都归咎于最坏的动机；他想要在绝望中放弃进步事业；以此类推，唯有特别善良的心灵、特别和蔼可亲的性情，才能使他免于那种令人厌恶、令人气愤的厌弃世界、憎恨世界，而这些厌弃世界、憎恨世界却往往是这些人物的最终结局。[22]

这种诉诸"持久斗争"的冷静说教，其基础是取代初版《人口原理》神义论的更正统的缓刑学说；这种说教能否取悦那些极力主张变革的圣公会圈子外人士是值得怀疑的。不过，第二段确实说出了这场争论的关键特征，即对社会弊病的"自然"解释和"道德"解释与人们在道德方面保持真诚希望的政治的、甚至是心理的吸引力之间的矛盾。马尔萨斯在1803年版的《人口原理》中调和了比较尖锐的争议性结论，赋予人类能动性和制度变革以更大的可行范围，让整个著作具有更积极的方向，他拒绝以悲观主义来描述自己的立场，而是选择"根据经验来看"之类的说法。柯勒律治稍后将以轻蔑的"政治经验论"来代替这个说法，该词总体上反映了现存思考社会方式的基础，而非思考社会需要怎样的方式——后者是对救治社会更深刻的哲学洞见和预言性的见解。[23]尽管如此，马尔萨斯对其浪漫派批评家青年时期的"热切期望"转变为一种背叛感和厌世感的描述抓住了他们生活的一个重要特征：他们曾经信仰法国大革命承诺兑现的那些美好，现在只能逐渐适应丧失信念的凄凉景象。如果马尔萨斯知悉骚塞和柯勒律治之间的通信，或者能活着看到柯勒律治《燕谈录》（*Table Talk*）之类的著作中的不满语气，那他或许会感到，他们相当符合他对这种心灵状态的评判。我们将会看到，这是马尔萨斯和柯勒律治的朋友们在这些对手去世后得出类似结论的主题之一。[24]

296

22　参见 *EPP*，II，p.230。

23　柯勒律治用"政治经验论（political empiric）"作为一个辱骂的词语，参见 *Lay Sermons* in *CW*，VI，pp.143，150-5。

24　参见下文第395—397页。

三

　　然而，就像马尔萨斯-葛德文的争论一样，浪漫派的成熟立场需要被放回到这场争论起源的背景中重新加以审视。由于最近的调查研究，我们确实掌握了关于湖畔派诗人的活动和著作足够多的信息，可以清晰地描画出1792年法国大革命发生第一次暴力转折后那段时期他们的政治和宗教观点的转变。[25] 作为这一时期非雅各宾派的激进派良心的思想源泉，葛德文的影响——即便只是暂时的影响——对他们所有人都至关重要。[26] 骚塞短暂迷恋过葛德文及其亲密圈子中的那些人，这个事实将很难从他后来对葛德文学说的描述中得到证实，因为他后来将葛德文的学说描述为"野蛮的唯物主义、盲目的必然论、彻底的无神论"的联合，再融入一个伦理学体系，该体系"尝试将斯多葛主义和感官欲望进行一次不可能实现的结合"，迄今为止在"败坏道德、硬下心肠"方面是成功的。[27] 华兹华斯的共和主义体现在他1793年未出版的"致兰达夫主教的信"，并随着他与葛德文的熟识以及对1795

25　对于这段时期的研究，参见 N. Roe, *Wordsworth and Coleridge: The Radical Years*, Oxford, 1988, 该作者在另一本书中进行了补充, 参见 *The Politics of Nature*, London, 1992。比较老旧的代表性文献中，讨论骚塞早期激进主义的有 G. Carnall, *Southey and his age*, Oxford, 1960。还可参见卡尔·伍德林的研究: Carl Woodring, *Politics in the Poetry of Coleridge*, Madison, 1961; 以及 *Politics in English Romantic Poetry*; James Chandler, *Wordsworth's Second Nature: A Study of the Poetry and Politics*, London, 1984. E. P. 汤普森的思考可见 E. P. Thompson, "Disenchantment or Default? A Lay Sermon", in C. C. O'Brien and W. D. Vanech (eds.), *Power and Consciousness*, London, 1969, pp.149-81, 以及罗伊（Roe）第一本著作的评论, "Wordsworth's Crisis", *London Review of Books*, 8 December (1988), pp.3-6。

26　从葛德文的视角看待这个问题，对上一条注释作补充研究的人是马歇尔，见 Marshall, *William Godwin*, Chapter 8。

27　*Essay, Moral and Political*, I, p.80.

年版《政治正义论》的阅读而加深——尽管他随后决定不提葛德文的名讳，彼时他在《序言》（*The Prelude*）的第十卷平静地回顾了他这一时期生活的感受。

柯勒律治的情形复杂一些：他从葛德文的著作中挪用了哪些内容，又反对哪些内容，人们对此意见不一。尽管他回应了自己1794年为葛德文写十四行诗的请求，但他们的关系始终存在着私人竞争的因素。在柯勒律治18世纪90年代的通信和讲义中，葛德文看起来仿佛对柯勒律治在形而上学和宗教问题上的观点构成了威胁。然而，在财产权、不平等和"人为的需求"方面，柯勒律治看上去往往像是一个基督徒版的葛德文，他以圣经论据支持有关财产权的相同结论，而这些证据来自耶稣基督更具共产主义色彩的信条。1796年，柯勒律治正谋划一个全面的替代方案，以代替葛德文的普遍仁慈体系，将家庭情感恢复到情感等级的地位上。这种情感等级是由大卫·哈特利（David Hartley）基督教的、联想主义的和必然论的心理学确立的。柯勒律治在某些方面借鉴了非国教思想中的既有主题，尤其是普利斯特利的非国教思想；在另一些方面再次强调启示宗教是灵感的一个来源。他也探查到葛德文的无神论与性解放之间的联系——"这位沉溺风月的无神论者"是柯勒律治对这一时期葛德文的描述，无论这能否归因于柯勒律治的性欲，当考虑他们对夫妻情爱和性欲本能——而这是葛德文-马尔萨斯争论的核心——的态度时，这个议题可能还是重要的。[28]

柯勒律治对马尔萨斯《人口原理》第一次有据可查的回应，是他

28　参见 *Lectures 1795: On Politics and Religion* in *CW*, I.后一卷的编辑导言中谈到了柯勒律治对葛德文的看法，pp.lxvii-lxxx，他的通信集中也有丰富的文献。对柯勒律治在颠覆葛德文的《政治正义论》、让骚塞和华兹华斯皈依其上帝一位论的影响程度的阐释，可以参见 N. Trott, 'The Coleridge Circle and the "Answer to Godwin"', *Review of English Studies*, 41（1990），pp.212-29，该文将华兹华斯的《隐士》（*The Recluse*）视为柯勒律治观点的创见性表现。

1799年写给其密友乔舒亚·韦奇伍德（Josiah Wedgwood）的一封信，通过这位朋友，他后来成了韦奇伍德基金的定期受益人。这封信的语气是超然物外的优越感："我必须坦白，这在我看来极其不合逻辑。葛德文和孔多塞的铺陈渲染、添油加醋不值得反驳；而且我觉得，《人口原理》没有驳倒他们。"几何级的比例和算术级的比例以及邪恶和苦难受到"作为平衡砝码的神意"制衡这样的观点，在诸如华莱士和约翰·苏斯米尔奇（Johan Süssmilch）之类的早期作家那里都可以找到，这种看法就成为后来骚塞、哈兹利特——顺便提一句，还有马克思——指责马尔萨斯剽窃的理由。柯勒律治声称，他在和华兹华斯离开德国之前，就已经提到他对马尔萨斯的反对意见，但他不希望韦奇伍德得出错误的结论。

298

> 不要，我亲爱的先生！因为这篇文章没有说服力，所以我就相信它的反面。不！上帝知道，我充分怀疑——事实上比怀疑还甚——有没有可能形成普遍的丰饶和智慧，不过，我的**怀疑**有其他理由。在我离开英国之前，我和你在这个问题上有过一些交谈；从那时候起，我自己就打算尽可能全面地研究这个重要问题——人类这个物种的步伐是前进的，还是循环的？[29]

这种反思，可能是因为他自己的思考与马尔萨斯对"持续波动"讨论之间的某种联系促成的；马尔萨斯认为"持续波动"是人口对工资和食物价格的周期性压力所产生的典型后果，这也是他后来与李嘉图争论如何正确诊断战后经济萧条时提出的问题。[30] 循环也是柯勒律治讨论经济主题的文章的一大特征，尤其是第二次《平信徒布道辞》

---

29 Letter to J. Wedgwood, 21 May 1799 in *CL*, I, p.518.
30 有关拿破仑战争结束后英国经济萧条的更多讨论参见下文第337、359—365页。（这里的"战后"是指拿破仑战争之后，下文如果没有特别说明，"战后"均为这个意思。——译者注）

（*Lay Sermon*），但这一早期提法可能具有更广阔的道德和政治含义，因为它与国家兴衰有关，马尔萨斯在第二版《人口原理》讨论与商业和制造业相关的"腐败根源"等观念时也持这种主张。但在柯勒律治随后对马尔萨斯的评论中，选择循环还是选择进步作为辩论的依据没有再次出现，这部分是因为柯勒律治不再阅读马尔萨斯的著作了，部分是因为循环论越来越意味着更理想主义的东西，或许这还有悖于《教会与国家》阐释的永恒和进步原则，也与一位受过教育的精英或"知识分子"在解决他们之间的冲突时所扮演的角色有关。

大约在柯勒律治第一次言之凿凿地评论马尔萨斯一年以后，葛德文-马尔萨斯争论的环境因为帕尔和麦金托什的抨击而发生了改变；这一点我们在上一章中已经提到。葛德文温文尔雅的回复缓解了激进派面临的日益增长的敌意，这种方式让柯勒律治很后悔他早期对同一事业中备受辱骂的某位先生采取的敌视态度。尽管帕尔的批评呼应了柯勒律治自己反对葛德文的很多观点——关于他的无神论，他没有考虑到家庭情感以及他对年轻追随者们道德败坏的影响，但柯勒律治在人格上——如果不是思想上的话——更接近葛德文。他在自己手中那本葛德文的《细读帕尔博士的〈斯皮塔尔布道辞〉之后的思考》的空白处写道："虽然我只是在他赫赫有名时说了那些话，但我还是后悔我曾经对这样的一个人说了那样不客气的话。"[31]

299

如我们已经看到的，葛德文承认马尔萨斯没有说过不客气的话；因此，他也非常愿意承认人口原理是一个重大发现，即使他根据该原理无法得出相同的结论。[32] 因此，尽管人们可以说，葛德文的大度宽容对浪漫派批评者触手可及，但这不是他们选择给予的回应。事实上，葛德文对马尔萨斯的让步为柯勒律治对马尔萨斯不断演变的态度提供了下列证据：他在空白处写了一条单独的评论，在这条评论中，

31 参见 *Marginalia* in *CW*, XII（II），p.847。
32 参见上文第273—276页。

他对葛德文竟然承认马尔萨斯提出的原理这一点感到惊讶：

> 太奇怪了，葛德文如此草率地承认了本身如此可疑的原理，其后果无疑如此可怕。没有证据表明，而且马尔萨斯也表明没有这种可能：肉体之必需导致的人口发展带来了不道德，或者说，道德自身将不包括真实的、方便的、有效的限制。这整个问题就是何为因何为果的事。老天啊！事实证明，迄今为止还没有一个国家，在一个道德政府下不能养活比它［目前］更多的居民——即使是中国也不可能，中国的人口还受到阻止移民的又坏又蠢的法律的影响。[33]

这条评论颇为重要，因为它揭示出人们早期拒绝认同任何对人口过剩可能性的判断。这一评论还坚称，邪恶与苦难不是"肉体"之必然产物，而是没有建立"道德政府"的结果，进一步聚焦于这场争论的核心主题。这一评论反映了柯勒律治这段时间与葛德文共同分享的必然论观点，不过还是保留了将浪漫派联合在一起的立场。虽然实现"道德政府"所需的政治制度——或者更通常地说，就上层阶级和下层阶级而言的道德复兴的形式——或许会随着他们观点的发展而变化，但它与自然因或"物质因"的根本对立仍然存在。马尔萨斯在初版《人口原理》强调的反完美主义的悖论给人们留下了不可磨灭的印象，虽然他自己的立场多次更改，他的浪漫派批评者的拥戴对象也几易其主，但这种强调一直都存在。

从1803年马尔萨斯第二版《人口原理》的出版，到1806年、1807年随后版本的出版这几年时间里，另外一些进展也有助于解释柯勒律治、骚塞和哈兹利特为何决定聚焦于马尔萨斯。第二版《人口原理》从1798年匿名发表的八开本转变为大四开本，这本身就说明马尔

300

---

33 *Marginalia* in *CW*, XII（II），pp.848-9.

萨斯的贡献已经超越了完美主义在何种条件可能实现或不可能实现的哲学性争论。马尔萨斯正在努力成为一个严肃的政治科学和道德科学作家，而且正在成为一个受欢迎的作家。19世纪的最初几年，尤其是严重的粮食短缺的经历，济贫支出的急剧增长，凸显了马尔萨斯提出的实际问题。柯勒律治在读到1803年版的《人口原理》时就把目标对准了这个不断扩大的靶子，以帮助骚塞痛斥该书的作者。不同于当时的葛德文，柯勒律治和骚塞看起来已经认定马尔萨斯是在后革命时期的迫害氛围中声名鹊起、影响力大增的某个人，然而，他们采取的立场却是退缩和混乱。初版《人口原理》问世的时候，柯勒律治恰好在其《法国颂》（France：An Ode）中宣布他不再抱有幻想了；该诗最初的题目就是"幻灭（A Recantation）"。尽管他们不再接受葛德文的世俗主义和理性主义版的完美主义，放弃按照葛德文的思想在萨斯奎哈纳（Susquehanna）沿岸建立一个理想的大同世界（Pantisocratic）共同体的希望，但柯勒律治和骚塞还是憎恨马尔萨斯似乎从激进希望的反面获得好处。他们抛弃了葛德文的立场，而马尔萨斯在和葛德文争论的轻松取胜显然让他获得了好处，这个事实为他们的敌意增加了另一个维度。对马尔萨斯的回应也是出于让他们与葛德文保持距离的目的。

马尔萨斯现在被视为新兴的公共哲学的典型代表，柯勒律治1799年为华兹华斯布置《隐士》（The Recluse）的写作任务时，他希望后者与这种公共哲学辩论；而《隐士》是"一首无韵诗，献给下面这些人，他们因法国大革命的彻底失败而放弃了改善人类的一切希望，他们沉沦到一种近乎享乐主义的自私中，并以家庭亲情的温情细语和对空想哲学的鄙视来掩饰这种自私"[34]。骚塞对马尔萨斯的首次抨击很可能也是一篇与此相似的散文，该文针对的一个突出例子是享乐主义的自私。哈兹利特 301

---

34 1799年9月10日致华兹华斯的信，参见CL，I，p.527。柯勒律治在1802年将享乐主义（epicureanism）定义为"一种哲学，这种哲学将人视为单纯的机器，一类活着的自动机械装置，它教导人们快乐是唯一的善，谨慎的计划是唯一的美德"。参见Essay on His Times in CW，III（I），p.513.

也是从一个更持久的激进立场来讨论这个主题的，他指责马尔萨斯恢复了一种曼德维尔式悖论，因为后者表明"我们的义务和我们的邪恶以同样的方式相互依存，公共德性和仁爱的目的最好由个人的卑鄙、傲慢、铺张和麻木不仁来实现"。[35] 正如我们已经指出的那样，这是马尔萨斯明确表示他意识到来自这群人的批评的少数几个观点之一。[36]

遗憾的是柯勒律治为骚塞所写的批注笔记中，几乎没有多少内容表明他回应了马尔萨斯立场的哲学和神学基础——柯勒律治自己对这些主题的思考绝非在这段时间发生。有一条评论批评马尔萨斯没有为他对恶与善的道德评判基础下定义。考虑到柯勒律治后来反对功利主义的论断（以及反对类似的功利主义；碰巧马尔萨斯在《人口原理》中提到佩利时确实为功利主义下了定义），所以有意思的是，1804年，柯勒律治仍然打算以葛德文和马尔萨斯的方式来运用结果主义的标准："恶与德存在于一个有理性、有良心的人的习惯性认同中，这些认同只有一个道德指南，即效用，或者理性存在者的美德和幸福"。关于马尔萨斯对欧洲移民的一句评论，大意是欧洲移民导致地广人稀的国家的土著民族的灭绝，其结果可能会从"一种道德视角"遭到质疑，柯勒律治或许想到了大同计划中的个人梦想，他以单纯的功利主义算术反驳说："如果为了占有一片能够养活一千倍开明幸福的人的土地而杀死少数野蛮人是不道德的，那么，人群拥挤的城市中，饥饿、天花造成千百万的婴儿和成人死亡，难道就是道德的吗？"[37] 因为马尔萨斯1798年和1803年版本的《人口原理》特别强调城市和制造业活动的发展与邪恶和苦难的关联，所以他几乎不需要柯勒律治提醒他拥挤的城市的道德危害。不过，虽然柯勒律治认为这是"道德政府"的又一次失败，但马尔萨斯最初认为这是人口压力的副产品，后来又

---

35 参见他的《对〈人口原理〉的回复》，in *CW*，I，p.182。
36 马尔萨斯否认上文第240页引用的曼德维尔主义。
37 参见 *Marginalia* in *CW*，XII（III），p.806。

将战争的影响补充为一个附带性原因。于是，这就成为他们共同关注的主题，而且在原因和结果的方向上存在尖锐的意见分歧。

　　在柯勒律治的笔记中，没有迹象说明他对马尔萨斯反驳葛德文的神学维度感兴趣。然而，柯勒律治18世纪90年代关于启示宗教的讲义有一点似乎是明确的，他的神学观点更强调基督教福音，而马尔萨斯在布道之余并不怎么强调福音。1803年，马尔萨斯为了让关于缓刑状态的想法符合圣公会正统学说而做的各种改变，本身并没有赢得柯勒律治的称赞，即使后者不安地注意到这些改变。马尔萨斯的神学思想太过接近佩利的自然宗教——在自然宗教中，通过参照被观察到的秩序和设计，上帝的仁慈被证明是牛顿式的——因而，这种神学无法让后来从功利主义或信仰"外部证据"退缩的柯勒律治感到满意。[38]然而，柯勒律治确实参照了圣经"增长与繁衍"的指令，这一评论被骚塞不断扩充，最后成为对渎神的指责，而这种指责一直是马尔萨斯极力否认的。如果说神学在更恶毒地攻击马尔萨斯中发挥了什么作用，那么神学的贡献也是间接的，而且因马尔萨斯国教会成员的身份带来了出乎意料的扭曲。这源于柯勒律治18世纪90年代末从一位论向圣公会的转变——1806年，他彻底完成了这一转变，一个附带的原因是"他看到〔一位论者〕欣然接受并采取马尔萨斯和所谓经济学家们那些残暴的、从任何意义上说都是仇恨的意见和看法"[39]。就像我们在葛德文最后计划写作的"对经济学家的回复"中提到的那样，马尔萨斯现在已经被确立为经济学家看待人类事务的标志。[40]

38　柯勒律治后来对佩利的评论，参见 *Lay Sermons* in *CW*，VI，pp.186–7，他在这里还称赞哈兹利特揭露了佩利的诡辩。这是柯勒律治彻底改变其意见的另一个主题：1793年，他遵循弗伦德对其前导师的赞扬，一起称赞佩利的《满意的理由》（*Reasons for Contentment*）；参见 *CL*，I，p.48。1808年的《友人》开始反对佩利关于"自私的审慎"体系。参见 J. Morrow, *Coleridge's Political Thought*，New York，1990，pp.75–8。

39　参见 T. Allsop, *Letters, Conversations and Recollections*，I，p.61。

40　参见上文第280—282页。

葛德文在《思考》中不太得体的陈述表明，他赞成某种形式的堕胎或杀婴（尽管葛德文明确否认，但骚塞和哈兹利特为了修辞效果一再指责这一点），这一声明引出了柯勒律治的两段评论，而这两段评论对骚塞和后来的哈兹利特来说至关重要。[41] 第一段评论出现在《人口原理》的旁注中：

303

> 整个问题是这样的：**性欲**和**饥饿**都是和肉体之**必需**的激情一样吗，一种欲望和另一种欲望一样都独立于**理性**和**意志**吗？为我们的**种族**感到羞耻，世上竟有**一个人**敢问出这样的**问题**！[42]

第二段评论出现在柯勒律治写给骚塞的信中：

> 我恳请您为那该死的诡辩而鞭打［马尔萨斯］。我指的是那个奚落讽刺葛德文之辈的人，他甚至暗示了抛弃婴儿和堕胎的可能，还在他的读者面前伪装起来，（在他为反对人类稳步改进的希望方面）他不仅为这些**罪行**的真实存在辩护，而且还为成千上万的其他罪行、为那些**痛苦**和野蛮的无知申辩，而这些罪恶的唯一结果就能让这些**行为**变成犯罪。如果马尔萨斯不反对有可能的稳步**改进**，那么，他就显然服膺葛德文的**学说**——因为，以上帝的名义，它们的区别到底在哪儿？如果人们能够以一种可信的知识状态和良好的**教养**来约束自己的激情，什么还能阻止他的**改进**？或者说，妨碍这种**幸福**？他是不是因为变好一丁点就成了一

---

41 关于葛德文的否认参见 *PPW*, II, p.211-13。哈兹利特因为自己开了杀婴的"玩笑"而向葛德文道歉一事，可参见1807年8月6日的一封信，*The Letters of William Hazlitt*, edited by H. M. Sikes, New York, 1978, p.93："您有点挡我的路，但我决定不输给［马尔萨斯］。"

42 参见 *Marginalia* in *CW*, XII（III），p.806。

个堕落的人，换言之，他是不是就没有变得更好的希望？[43]

　　尽管这是一条私下的评论，但它标志着这场争端的真正开始——尤其是因为骚塞打算把最后一句话中不合逻辑的指控变为他第一次公开抨击的核心内容："我采取的立场是这样的——［马尔萨斯］在反对葛德文时认为性欲和饥饿一样，是肉体之必需的嗜欲，当他提出自己那该死的计划时，他发现性欲取决于可能的道德约束和贞洁这一实用美德——因此，这只蝎子用自己的尾巴刺到了自己的头——他的大作的结尾反驳了它的开头。"[44] 柯勒律治为未来第一代浪漫派打算对马尔萨斯发起的所有批评设定了基调。他为初版《人口原理》设定了一个特殊的角色，即某位觉得无法控制性欲本能的人士。[45] 由于如此怀疑人类是否有改进的机会，说好听点，他成了一个事实上为邪恶和苦难辩护的人，说难听点，他就是在鼓吹邪恶和苦难是必要的遏制手段。对人口过剩结果的诊断，现在被视为首要的改进措施。鉴于马尔萨斯在回复葛德文的《思考》以及1806年、1817年版《人口原理》的附录中明确否认某些读者对他著作的这种理解，不难看出这是某些读者故意误读的另一个例子。[46] 马尔萨斯还强调，他的理论表明，不断提

304

43　1804年1月11日，in *CL*，II，p.1026。

44　1804年致里克曼的信，in *NL*，I，p.350。

45　这个传统在我们现在复兴了。因此，对这场争论的性维度的一种现代解读认为，柯勒律治和哈兹利特将马尔萨斯视为某个认为性欲是一种成瘾性事物的人，"聚焦于女性却又否定女性，否定男人却又为男性定价"；参见 C. Siskin，*The History of Romantic Discourse*，New York，1988，p.170。

46　参见 *EPP*，I，p.328. 1806年，他重复道："说我痛恨人口增长，这完全是对我观点的误解。我只是痛恨邪恶和苦难，因此也痛恨造成这些罪恶的人口与食物的有害比例"；*EPP*，II，p.205。1817年，他又写道："我不认为源于过剩人口的邪恶和苦难的罪恶是不可避免的、不能消除的。相反，我已经指出可以消除或减轻这些罪恶的方式，比如通过消除或减轻它们的原因"；*EPP*，II，p.234。然而，一旦这些解读变得流行，马尔萨斯的教会信徒们就会竭力说明这种解读为何是一种误读，这种误读可能是怎样产生的；参见下文第315—317页萨姆纳和柯普勒斯通的评论。

高的生活水平不只是可能的，而且完全符合不断增长的人口。[47] 这并没有阻止他成为骚塞一些下流笑话的笑柄。骚塞开玩笑说，阉过的公牛比没阉过的公牛更容易管理，需要"按照意大利的品味来培养我们自己的歌剧歌手，改革我们的教会音乐"——这些评论暗示马尔萨斯反对纯粹的婚姻和任何人口增长。[48] 柯勒律治、骚塞和哈兹利特坚持最初的葛德文式立场，否认人口可能过剩，而世界上的每个角落都还没有得到开垦。因此，看似是人口过剩的结果——作为事关原则的问题——应该始终被归咎于人类还没找到合适的解决办法，从而推动在社会制度和道德态度上产生积极变化。1803年后，他们在某些具体主题上尚有与马尔萨斯达成一致的余地，但马尔萨斯的基本假设，包括无论未开垦的土地是否存在，当下社会都存在人口压力等等，这些假设都被否认了。

　　1803年，马尔萨斯在道德约束方面的新重点，是试图将其作为对更早时候自己强调自然原因的一个限制条件。它为更充分地思考教育水平和生活水平的提高、公民自由和政治自由的扩散如何对贫困发生率产生积极的、虽然是间接的影响打开一扇大门。相似的情况是马尔萨斯在第二版《人口原理》中对历史和人类学论据的巧妙运用，旨在表明相同的自然倾向如何在不同时代不同国家导致了不同的结果，这取决于生存方式、文化实践和政治制度。哈兹利特歪曲是非，把马尔萨斯说成是一个偏执狂，还说他认为无论什么条件下一切邪恶和苦难都是人口的错。[49] 马尔萨斯在道德约束上的"让步"，只是被解释为这种让步不合逻辑或没有诚意。在自然与文化的二元选择中只有一个选择，而且在马尔萨斯的浪漫派批评者眼中，他在颠倒正确的因果顺序方面仍有过错。完成这张指控清单所需的一切，只是为了表明：算术

305

47　参见 *EPP*，I，pp.439-40；以及 II，pp.70，81，93-4，108-9，205-6，210，234-5。

48　这个笑话出现在骚塞对马尔萨斯的第一次评论中，见 *Annual Review*，2（1804），301。

49　参见哈兹利特《答复》中的第五封信，in *CW*，I，pp.232-84。

比例和几何比例要么是精心设计的同义反复，要么是妄言诳语，无论《人口原理》有多少原创内容，它们都是抄来的。

四

浪漫派对基本理论做出上述解释之后，除了批评马尔萨斯关于废除济贫法中救济权利这些有争议的提议以外，唯一增加的新内容在很大程度上得益于"大自然的盛宴"这个臭名昭著的比喻。在此比喻的基础上，骚塞指责马尔萨斯要么希望让无辜的穷人忍饥挨饿，孤立无援，要么要求他们审慎地考虑将来，而只能在那些已经得到启蒙的、有德性的人那里才有望做出如此思考。因此，作为一位作家，他受到的欢迎归功于他的改良措施给那些在宴席上已经安稳就座的人的钱袋和良心带来的经济收益和精神的安慰。[50] 从1817年到1826年这九年的时间里，《人口原理》的另外两个版本也出版了，骚塞却依然重复着这一指责，尽管他删掉了一段让人不适的话——这或许证明，要么骚塞为了人身攻击使用了手边最好的素材，要么更可能的是，他从未费心去读一读后来任何版本的《人口原理》。

虽然在面对需要救济的穷人的困窘境况时，骚塞极力主张至高无上的人道精神——就像后来很多评论者声称的一样，但很难看出这些主张是基于何种理由。回避勤劳的穷人被拒绝进入大自然的宴席这种思想（但在柯勒律治随后的经济学文章中，这场宴席是一张拥挤不堪的餐桌的形象）是一回事，否认马尔萨斯的信念——即济贫津贴制度已成为问题的一部分而非解决办法的一部分——没有让那些如此行事

---

50 *Annual Review*, 2（1804），299.

306　的人从事实上变得更人道，[51] 这是另一回事。如我们将要看到的，有大量的证据表明，马尔萨斯的对手逐渐分享他的这种信念时，上述主张尤其难以成立。

不用说，当那些对"无知或恶意"无动于衷的人指责马尔萨斯铁石心肠时，后者总是极力否认——另一条评论或许表露了马尔萨斯对浪漫派批评的认识。当惠特布雷德暗示这一点时，马尔萨斯作出了回应，他说：

> 对于那些了解我人品的人，我觉得我没有理由为我的性格辩护，让我免遭铁石心肠的诽谤；对于那些不了解我的人，我只能自信地说，当他们像我一样深入研究这一主题时，他们将确信，我不认可任何一个看似有损于穷人的目前的舒适和满足的提议，也无须充分的理由就会相信普遍持久地改善他们的状况不只是对他们的补偿。[52]

他同样充分意识到自己希望保护地方纳税人的财产权利而遭到的指责，因而极力否认以下观点："如果一切苦难都可以彻底缓解，贫穷从这个国家中消失，即使其代价是富人四分之三的财富也在所不惜，我也将是最后一个反对救济所有人，仅以痛苦程度衡量我们慷慨之举

51　不过可以举个例子，我们可以看看卡纳尔（Carnall）洞察世故的比较性叙述："说马尔萨斯不关心这个世界的痛苦或许对他来说是不公平的，不过没人会认为这些痛苦让他夜不能寐。他确信自己在大自然的宴席中有一席之位，以这样一个男人的情感来看待这个世界，骚塞对于那些没有一席之位的人的状况的理解不同于马尔萨斯"；*Southey and his Age*, p.66。

52　参见 A Letter to Samuel Whitbread, 1807, in Malthus, *Works*, IV, pp.8-9.惠特布雷德回应说，马尔萨斯"完全误解了"。他的意思是："我已经注意到该著在某些肤浅地看待它的人身上的影响，因此，我必须得说，读者的心应该受到严格的保护，以免它在研究中变得冷酷无情：不过我远没有意识到，我的意思会被如此误解，以至于让人们误以为我将这颗冷酷无情的心归咎于那位作者。"参见1807年4月5日致马尔萨斯的信，in *Selected Papers*, edited by Satoh et al。

的人。"[53] 1800 年，马尔萨斯已经关注到济贫津贴制度意料之外的副作用，但他仍然称赞"社会的上层阶级和中层阶级"在应对危机时的"诚实、人道和慷慨"，并坦言在这种环境下没有其他选择。[54] 本质上说，这也是他对战后紧急的粮荒现象的态度，他从人道主义立场上为济贫法的短期结果辩护，但也鼓吹废除济贫法是最好的长期解决方案。[55] 在《致惠特布雷德的信》中，他明确表示，公共舆论对于任何改革或废除济贫法的尝试能否成功至关重要：他将"非常遗憾地看到任何法规建立在我曾提议的计划的基础上，直到社会的上层阶级和中层阶级普遍确信其有必要，直到穷人自己能搞明白，他们牺牲掉自己巨大的、广泛的自由和幸福才换来一条法规的权利为止"[56]。他批评惠特布雷德方案各种细节的主要着力点，是指出它们在降低平均工资方面可能产生的后果。因为马尔萨斯将更高的生活水平、稳步的改革、更不用说"穷人的幸福和美德"作为他《人口原理》中判断进步的主要标准，因而，当哈兹利特等人将马尔萨斯与包括"削减"工资在内的补救措施联系起来时，后者完全有理由感到气愤。[57]

307

在这场争论的漩涡中心，马尔萨斯的免责声明和限定条件不可能得到公正的聆听。事实上，哈兹利特打算重复骚塞 1807 年提出的每一条指责。哈兹利特抨击的是传闻中的马尔萨斯的著作促成的公众态度，而非马尔萨斯真正说了些什么，所以，他无需为他觉得有着重要意义的主题争论做出任何建设性贡献，就获得了论战上的优势。哈兹利特当时的一位朋友亨利·克拉布·罗宾森（Henry Crabb Robinson）在读了他的《对〈人口原理〉的回复》后写道："此文内容丰富，但

53 参见 *EPP*，II，p.161。

54 参见 *An Investigation of the High Price of Provisions* in *Works*，VII，p.9。

55 参见 A. Digby，"Malthus and Reform of the English Poor Law" in M. Turner（ed.），*Malthus and his Time*，New York，1986，pp.157-69。

56 参见 *Works*，IV，p.7。

57 参见 Hazlitt's *Reply* in *CW*，I，p.189。

文章本身没有实质性内容。它敏锐又草率；它是论辩性的，但其论断更多针对的是他批驳的那本著作的无关部分，却不是那本书的体系本身。"[58]

　　尽管哈兹利特的很多抨击瞄准的是传闻中的马尔萨斯对穷人缺乏同情心，但《对〈人口原理〉的回复》几乎从任何角度都没提到惠特布雷德议案的任何细节，其表面理由是要回到马尔萨斯1807年的观点上。惠特布雷德的方案特别强调对穷人的教育，这一点得到了马尔萨斯的强烈支持。哈兹利特认为这一观点有些轻率：教会穷人阅读或许只会导致他们阅读坏书。哈兹利特指责道，惠特布雷德不是"穷人的孩子"，他缺乏以"数百万同胞善恶的评判者"身份自居的基本资质。[59]然而，在提到耶稣基督作为一个相对的比较标准时，很难看到惠特布雷德是如何满足哈兹利特所要求的资质的。哈兹利特说，如果穷人只有惠特布雷德和马尔萨斯这样的声援者，那他们就应该被置之不理，尤其是当他一直指责马尔萨斯的观点鼓励富人漠视穷人时，这样的态度简直令人震惊。哈兹利特对令人恼怒地压制穷人自由的评论呼应了马尔萨斯对济贫法当时实施情况的不满。事实上，在《对〈人口原理〉的回复》的结尾，哈兹利特公开承认了马尔萨斯真正提倡的内容，即他认为，"济贫法是坏事儿；如果废除济贫法，符合人道与正义，那将会是好事儿"[60]。然而，他抨击马尔萨斯的重点是后者的关注偏离了哈兹利特所认为的恶的主要根源——"日益增长的专制、依附、懒惰以及其他原因造成的不幸"，这里的其他原因只是暗示性的。乌托邦的高地被夺走——一个更好的未来本有可能在这块高地上看到——却不关注马尔萨斯和惠特布雷德思考的那类实际的补救措施。

　　骚塞的著作在贫困救济主题上更为明确；它们还包含着一种诊

---

58 参见 Edith J. Morley, *Henry Crabb Robinson on Books and Their Writers*, London, 1938, 3 volumes, III, p.844。

59 参见 *Reply* in *CW*, I, p.186。

60 Ibid., I, p.355.

断——其中大部分内容和柯勒律治的看法一致，这种诊断是浪漫派在社会和经济问题上的独特立场，而且也确定了他们的立场。这种立场不允许浪漫派对马尔萨斯的观点做出任何妥协：这一点早有定论。1812年，骚塞继续沿着他第一次批评马尔萨斯时确立的路线，仍然主张马尔萨斯对葛德文的胜利是建立在诡辩基础上的，他的理论只有在"这整个地球住满了人、土地都被开垦完"才会成为事实。亲人口增长论的趋势有增无减，贝克莱主教因其睿智而被引用，因为他指出："王国的实力主要在于其居民的数量，政府的真正政策不是妨碍臣民的繁衍，而是紧跟他们繁衍的速度，为他们提供便利措施和就业机会。"[61] 人口过剩只能归咎于政策缺陷。有鉴于此，必须找到被视为是灾难性的局势恶化的其他原因。

骚塞拓宽了他对英国问题的诊断。他认为，自英国宗教改革取消修道院保护穷人以来的历史进程中，穷人的贫困化只是最近的灾难。这就提供了一个历史背景，在此背景下，可以引入两个新的要素：第一，更加强调制造业体系是贫困和道德堕落的原因；第二，对"恐怖的奴隶战争"日益增长的焦虑，马尔萨斯主张废除济贫法的政策以及拿破仑战争期间和战后时期发生的潜在的群众叛乱，任何其他事情都几乎有可能触发这些叛乱。[62] 废除封建附庸制度、取消修道院慈善、城市穷人能从国家教会的牧师那里获得的宗教教育的水平不断下滑，这些事件都在当代道德的一片衰败景象中发挥了作用——如我们将要在下一章中看到的那样，骚塞和柯勒律治一样将其诊断为"商业精神的失衡"。制造业体系将下层阶级从农村吸纳到城市中，而城市中没有一个"有着温和亲切的影响力"的人会与他们的乡村出生地发生联系。"长期的联络，行善、忠诚履行服务带来的回忆"所产生的依恋之情被"毒害身心健康的"职业代替了。孩子们被四轮货运马车

309

61　*Essays, Moral and Political*, I, pp.94-5.
62　参见 *Essays, Moral and Political*, I, p.94。

拉到了工厂，但其道德和宗教教育被忽视了，由此造成了居无定所的城市暴民的暴力行为，卢德主义、首相斯宾塞·珀西瓦尔（Spencer Perceval）遇刺身亡以及对王室家族的攻击。骚塞最关心的城市制造业问题是不断增长的城市人口消除了乡村生活的家长制习俗，他们更倾向于宗教异端思想——如果不是不信教的话，而且越来越显示出有效联合的能力，就像1819年彼得卢事件展现出来的那样。

因此，控制煽动性的出版行为、起诉激进的蛊惑分子，从而恢复公共秩序，这些措施成为骚塞方案清单上的首选项。他支持的社会和经济解决方案也需要一个强大的政府，能够在"公共工程上承担慷慨的支出，以便把人们送到国内的荒地上进行殖民，并定期地把我们的大量人口送往海外"。[63] 战后节省公共开支是政府最不需要做的事。这场战争本身已经表明，当这个国家决定用它的税收和特有的能力为真正的公共目标创造公共信用时可以取得怎样的成就，现在这些成就包括纳尔逊和威灵顿的纪念碑，还有道路、港口、教堂、大学和土地开垦。一个国民教育计划也被提了出来，尽管该计划将在英格兰国教会的赞助下统筹安排。这就是安德鲁·贝尔（Andrew Bell）计划，而非由辉格党和非国教徒们支持的约瑟夫·兰开斯特（Joseph Lancaster）计划。储蓄银行、赞助移民迁往加拿大、开普殖民地和美洲将成为其他实际的解决措施，骚塞还概括了他朋友里克曼的一个好点子——为平信徒妇女建造女修道院、女修会学校——的好处，并对其致以谢意。这是骚塞的《对话录》（Colloquies）采取的基本方案，这些方案在那时已经成为反对那些"可悲政客"的惯用语；而可悲的政客却"误把财富当作评价他们民族繁荣的福利"，把政治经济学视为唯物主义信念的根源。[64]

---

63 *Essays, Moral and Political*, II, p.26.

64 参见 Sir Thomas Moor: *Colloquies on the Progress and Prospects of Society*, London, 1829, 2 Volumes, I, pp.158–9, II, pp.172–3。

五

然而，在这幅景象的背后，骚塞与里克曼在这些主题上的冲突也是有迹可循的。里克曼完全认同骚塞对可能发生的暴力革命的焦虑感，与此同时，他也担心教育方案只会增加煽动叛乱的危险："从情感上说，我反对现代人狂热地寄希望于教育，因为它充满了虚伪的慈善和滥用的慷慨，在我们这个年代，这些弊病已经成为对欧洲的诅咒。"[65] 而且，他也了解相关数据，因此无法接受骚塞试图将制造业的崛起与贫困加剧联系起来的做法。他指出，兰开斯特这样的制造业郡中接受救济的人数少于苏塞克斯这样的农业郡，穷人的预期寿命实际上是上升的。更重要的是他相信这些差异是政府给予农业郡济贫法救济的资金补贴制度造成的。[66] 虽然里克曼几乎不可能矫正骚塞对制造业体系的看法，但就济贫法而言，他在修改（甚至代为撰写）骚塞在《评论季刊》上发表的文章所采取的立场方面却越来越有影响。虽然这些文章继续坚持公共救济的原则，但也强调目前实施的措施在助长人口过剩、导致道德败坏方面的有害性质。1817年，骚塞支持斯特奇斯·波恩特别委员会（Sturges Bourne Select Committee）的济贫法报告中提倡的立场，在他向往的未来景象中，"这些法律逐渐消亡，下层阶级的英国品质再度回归——近年来，这些法律已经迅速摧毁了这些品质"[67]。提供公共工程的就业机会，这样的解决方案是可以接受的，

311

---

65 参见 Williams, *Rickman*, p.176。

66 "对这种愿望的解释或许导致你对济贫机构的贫困率计划有不同的看法，该计划在农业郡的实施方式是根据家庭人口数量来平衡工资，我不赞成这种做法，也完全不赞成济贫法"；参见1813年3月12日致骚塞的信，参见 Williams, *Rickman*, pp.167-8, 182。

67 1817年9月17日致沃尔特·萨维奇·兰多尔的信，参见 *NL*, II, p.174。

参军入伍、资助移民等方法也可接受，不过，降低贫困率、批评济贫法实施过程中的滥用慷慨则成为这组文章的突出特征。[68]

尽管这些改变只能以马尔萨斯式的倾向加以描述，但骚塞和里克曼仍继续宣称他们对人口过剩的诊断与马尔萨斯的诊断有如下不同：

> 然而，别以为我们对马尔萨斯的哲学有一丁点认同，他将这种人口过剩归咎于大自然体系某种必然的恶。人口过剩完全是我们的社会体系造成的。人们几乎不会认为我们同意马尔萨斯先生对济贫法的摒弃……济贫法造成的苦难完全源于错误的执行或者说颠倒是非；该体系本身是人道的、公正的、必要的，契合一个基督教国家的精神，而且对于英国这个民族来说也是值得钦佩的。[69]

我们在柯勒律治那里看到了同样的混合观点。针对马尔萨斯迸发的愤怒（"谁阻止穷人在疾病、苦难和罪恶中腐烂，谁就是他的国家的敌人"）与谴责济贫法的声明（"我认为不可能夸大它们的有害倾向和有害结果"）结合在了一起。[70]

里克曼写给骚塞的信件更有力地证明：在反对马尔萨斯的阵营中，这些人对济贫法的评价发生了改变；而这些人早期对马尔萨斯的攻击迫使他们维护这一阵营。[71] 作为贫困率上升和济贫法显露出管理不善的主要结果，里克曼一直试图通过抑制骚塞任何多愁善感的倾向，坚定他的信心：

312

68　参见 *Quarterly Review*，12（1815），261，269，306; and *ibid.*，18（1818），259–61。

69　*Essays, Moral and Political*，II，pp.210-11.

70　参见 *The Friend* in *CW*，IV（I），p.240，以及 *Lay Sermons* in *CW*，VI，p.221。

71　这里的论断的充分论述，参见 Poynter，*Society and Pauperism*，pp.250-4，这是唯一一部公正对待里克曼影响的现代研究。

　　就贫困率问题而言，请准备好一个良好的公共空间以称赞自私，这是广泛有益行动的唯一推动因素，因为普遍说来……一条合理的胁迫性规则必须是普遍的，仅仅提供最便宜的食物，且不能比法律规定的标准更好的食物，于是，穷人的勤劳、谨慎和节俭散播开来；真正的人道——明智谨慎地赠送救济物资，给被富人垂青的依附者群体——才是富人主动的和被动的幸福。穷人必须获得良好的品质，要不然就沦落到吃法律规定的食物，这样很快就没人沦落至此了，因为那些没有朋友的人……将在非亲非故的人的援助下建立自己的生活，而那些品行良好的人将会交到朋友。这个世界将会因良好品质之间的纽带维系在一起，我们英格兰人的时代将确保这份纯洁，我们的文明程度将是衡量、体现这份纯洁，而非与这份纯洁相对抗。不过，为了未来的善，你必须在短时期内锤炼你的灵魂。面包、水和干草，对于一切没有良好品质、或不够勤劳从而获得更好食物的人来说足够了。每个人都应该做好他自己的具体事情，没有人会在不挨饿的文明礼节之外还有权利要求分享别人的财产，这些肯定是未来的善的开端……如果我可以为了最终的良好目标而暂时有些苛刻地对待你，那么我们将会通过降低贫困率来培养普遍的好品质，进而彻底铲除人类社会的一切邪恶。广义的慈善，在那时将至少像英格兰的疆域一样辽阔。[72]

　　里克曼的主要关切集中在降低贫困率的计划对侵犯"神圣的私有财产"的如下影响。

　　事实上，如果法律允许穷人抢劫富人，那么最终所有人肯定都变得贫穷野蛮。土地法从未如此不公正……因此，穷人没有获

72　1817年5月8日致骚塞的信，参见Williams, *Rickman*, pp.193-4。

得救济的权利，他们必须被治安官找出来去请求、去要求这种救济；而且，万一这个穷人品行不端，如果治安官的决定证实了这一点，那么监察官可以拒绝救济，并将这个懒惰成性的穷人送到劳动济贫所；这样，他才能吃上大不列颠工人吃的最差的饭菜。[73]

1827年，里克曼变得彻底悲观：

> 我发现，如果我给那篇评论济贫法的文章添加一些注脚，那这些注脚将令人绝望，因为我的反思让我确信，贫困率的上升源于人们对下层阶级的善良情感的增加，这份情感早早地在你我心中生根发芽，最先影响那些处置别人钱财的治安官。因为那时，同一种情感还在更广泛地起作用，而人们对这种情感毫无察觉的信赖导致了人口的过度增长。我们若不让穷人繁衍生息就不可能让他们感到舒服自在，人道之情不可能倒行逆施，贫困率也将不会降低；或许，我们不应该希望它降低……[74]

对于那些仍然觉得需要一名幕后的天才立法者来解释济贫法修正案的人来说，里克曼可以被合理地推选出来用于实现这个目标；或者，更确切地说，他也希望自己被推选出来达成这个目的。当他思忖在罗伯特·皮尔爵士（Robert Peel）的领导下一位未来的托利党大臣有可能解决这一问题时，他吹嘘说，他"可以轻松解决这个装置，不仅有论据，还有现成的条款"[75]。作为议会的议案草拟人，他担任这一

---

73 1817年10月22日致骚塞的信，参见 Williams, *Rickman*, pp.196-7。

74 1827年11月27日致骚塞的信，参见 Williams, *Rickman*, p.327。

75 1831年4月24日致骚塞的信，参见 Williams, *Rickman*, pp.306-7。他对皮尔本人也提出过同一主张；参见1831年6月1日致皮尔的信，该信包括一打材料表现他过去二十五年来对济贫法的兴趣；British Library, *Peel Papers*, Volume CCXXII, Add. MSS 40402, f.86。

角色的资格似乎超过边沁或马尔萨斯，这两位嫌疑人常因质疑该议题而被纳入进来，边沁往往看起来更像罪魁祸首，尤其是他的两位追随者是济贫法皇家调查委员会的成员，其中一位便是埃德温·查德威克（Edwin Chadwick），他负责撰写这份报告的大部分内容。正如里克曼对骚塞的告诫所揭示的那样，他提案的主要内容将成为1834年后以"更少救济资格"原则著称的严苛版济贫法。然而，他反思该主题的"绝望特征"源于他的下列信念："若不让穷人繁衍生息"，就不可能"让他们感到舒服自在"。里克曼绕了一个圈回到了马尔萨斯开始的起点。

不过，里克曼这么做的时候，马尔萨斯早已不再坚持他最初的立场。事实上，当他获悉济贫法在英格兰没有导致结婚年龄的降低——这与他最初的预期相反——这一事实所揭示的证据时，他已经开始修改其立场了。马尔萨斯在其学术生涯的尾声对于应该如何处理济贫法的见解，将在本文最后一节讨论。但这里值得注意的是那些在战后阶段支持马尔萨斯观点的牧师和自由托利党人没有像里克曼一样绝望；可以说，正是他们的著作为1834年济贫法修正案采取的方向奠定了基础。[76]

314

例如，约翰·伯德·萨姆纳做了许多工作促进马尔萨斯的观点被圣公会的知识阶层接受，这位牧师还在1832年济贫法皇家调查委员会中任职。凭借自己在《评论季刊》就该主题发表的"马尔萨斯式"文章，萨姆纳为自己赢得了跻身委员会的资格。在李嘉图仅有的一次涉足马尔萨斯与浪漫派的争论中，他支持萨姆纳在《评论季刊》对马尔

---

76 关于自由托利党的影响与济贫法改革两者的关系，参见 P. Mandler, "The Making of the New Poor Law Redivivus", *Past and Present*, 117（1987），pp.131-57；以及这篇文章在同一本杂志上引起的争论，参见 *Past and Present*, 127（1990），pp.183-201。还可参见 P. Mandler, "Tories and Paupers: Christian Political Economy and the Making of the New Poor Law", *Historical Journal*, 33（1990），pp.81-103。更一般地讨论自由托利党的影响，参见 Hilton, *Corn, Cash, Commerce and the Age of Atonement*，以及 P. Mandler, *Aristocratic Government in the Age of Reform*。

萨斯1817年版《人口原理》的同情性评论，以证明"骚塞对政治经济学各种问题的幻想"不再得到"任何体面的刊物的认可"。[77] 这正是极端托利党的家长制立场在这个主题上退缩的迹象——至少在这二十五年里是退缩的。萨姆纳1824年还为《大不列颠百科全书》写了"济贫法"这个词条，该词条在某些方面体现了自由托利党对济贫法争论一系列修正主义贡献的巅峰；而自由托利党的代表人物正是以牛津大学奥里尔学院为中心的"智识"学派（"Noetic" School）的两位成员，即约翰·戴维森（John Daridson）和爱德华·柯普勒斯通（Edward Coplestone）。

1819年，柯普勒斯通在回忆马尔萨斯关于"大自然的盛大宴席"中位置紧缺的说法时，成功消除了这种说法残留的苦涩。他在将富人和穷人的关系问题作为基督教慈善学说的一部分讨论时，还东拼西凑地运用了马尔萨斯有关济贫法见解的修订内容。在萨姆纳的《论创世录》以自由放任（Laissez-faire）思想的形式重新解释这一学说的基础上，柯普勒斯通提出，供需之力带来自然的奖励和惩罚，这是上帝的激励强化体系的主要部分。当英国的世俗政治经济学家还没有将自由放任作为一个口号时，柯普勒斯通已将"任由我们自己干吧"（Laissez-nous Fair）几个大字印在其第一部重要的政治经济学著作的封面上了。[78]

柯普勒斯通坚信，马尔萨斯《人口原理》的"重大贡献和永恒价值"是揭示对人类事务中立法机构所发挥作用的不虔敬误解，而这种误解对于破坏基督教的仁爱和美德产生了实际的影响。

315

---

77 1818年1月26日致哈奇斯·特罗尔（Hutches Trower）的信，参见Works，VII，p.247。

78 A Letter to the Right Honourable Robert Peel on the Pernicious Effects of a Variable Standard of Value, Especially as it Regards the Condition of the Lower Orders and the Poor Laws，Oxford，1819.

　　我所提示的基本错误在于人们混淆了道德的义务和法律的任务。法律的目的是迫使人们做每个人应该做的事，这是合理的立场，事实上这种立场也被某些最有才能、最有德性的人采纳了。但现实中没有什么比这更荒谬的了——不符合人的本性，也不符合那种规训和审判状态：人类现时的存在明显被设计成那种规训和审判的状态。最重要的是，它不仅摧毁仁爱的根基，还破坏所有德性的基石，让美德成为一种强制性义务：更确切地说，它在措辞上是自相矛盾的。一个道德高尚的行为必须是自愿的。它需要一个活生生的、自由的尘世代理人来实现。[79]

　　这是以一种更高层次的家长制来攻击一种更具依附性的家长制，后者已经形成了济贫津贴制度。柯普勒斯通指出，慈善是个人之间的关系，而非"代理人"可以通过法律完成的某些事情，"把粮荒、疾病和苦难的问题扔给治安官，就是将人道转为政策，把宗教换成一部成文法规"[80]。柯普勒斯通还对马尔萨斯的立场做了重要的澄清，他否认那些让里克曼如此忧郁的事情，即若不增加穷人的人数，就不可能让穷人感到宽慰。他得出的"令人振奋的推论"是，"即使不鼓励生命的繁衍，也有可能依法维系生命"[81]。通过谨慎地观察这一区别来实施救济的方法将会让废除济贫法变得没什么必要。这就让柯普勒斯通希望，"无论年老、体弱、年幼、子女众多，甚至即使是暂时失业，这些问题导致的贫困，都有可能依法获得救济——对于我们的情感来说，这并不是充足的，但却是持久的、系统的，而且不必扩大那些罪恶，随着社会的进步，这种救济可以在一个更广泛的范围内得到稳妥的实施"[82]。如马尔萨斯所指出的，济贫制度是人们对供需规律的干

79　E. Coplestone，A Second Letter to the *Right Honourable Robert Peel*，pp.17–18.

80　Ibid.，p.19.

81　Ibid.，p.28.

82　Ibid.，p.33.

预；它将救济金混入工资定价的自然体系，导致自由劳动与济贫体系下的教区劳动灾难性地混合在一起。为了取代这种对健全人的劳动的辅助形式，柯普勒斯通鼓吹通过教区委员会在治安官单独裁量权的约束下实施救济，其依据便是"更少救济资格"原则——这一原则后来

316 变得众所周知。一旦这一原则完全成为教区的日常活动，那么其他积极的救济措施可能也会得到支持：公共就业的临时计划、贷款给失业者、教区学校和互助会。

　　任何法律的根本目标是减少需要公共援助的人口比例，从而铲除"穷人阶级作为一个永久性群体——因其组成团体的能力而拥有积极权利和利益"的观念。[83] 穷人将会被鼓励把自己视为审慎的个体，其中某些人"可能会偶尔失去他们作为组成社会的成员的位置"，因此会依赖慈善组织救济，"从事物的本质来说，他们的地位理应比哪怕最卑微的职业都要低——如果处于这种地位的人有资格获得任何特殊权利的话，那将会颠倒事物的秩序"。柯普勒斯通试图表达其同事约翰·戴维森早先阐释的两条格言："首先，人人都应该为自己工作，这一点已遭到我们济贫法的粗暴反对，其次，人人都应该为自己储蓄，这条造福社团、教区联合基金和其他计划的格言被踩在了脚下。"[84] 由于区分了人口繁衍与维系人口，柯普勒斯通赞成马尔萨斯对《人口原理》所做的修改，这些修改表明他承认济贫法事实上不会增加早婚的危险。济贫法修正案的一个主要考虑因素——即把废除该法和改革该法区分开来——已经露出了端倪。

　　萨姆纳皇家委员会的会员身份确保委员会知晓一种类似于马尔萨斯主义的柯普勒斯通升级版立场，而另一位成员，即纳索·西尼尔（Nassau William Senior），他和查德威克一起负责撰写了关于济贫法修正案的这份报告大部分内容。西尼尔在早些年就将马尔萨斯描述为

83 E. Coplestone, A Second Letter to the *Right Honourable Robert Peel*, p.99.
84 John Davison, *Considerations on the Poor Laws*, Oxford, 1817, p.19.

"我们现今在世的最杰出的哲学作家"，无可否认，他也是这么做的：他坚信，像不列颠这样的文明国家的人口压力在很大程度上已经减轻了——这一立场反映在这份报告的调查结果中；而调查结果显示，人口压力不再是致贫的主要原因[85]；个中原因我们将在下一章中讨论。可能是因为想到像萨姆纳和西尼尔这样的支持者，马尔萨斯的朋友兼同事，威廉·爱普森（William Empson）才会声称："如果济贫法修正议案即便在现有条件下也难以通过，那它将绝对不可能实行，幸亏这么多年来马尔萨斯一直挺身而出，忍受着争论和谩骂的冲击，不惧危险，不顾任何利益，唯有坚持真理。"[86]

　　虽然马尔萨斯的某些朋友认为议会拟定的修正案是他逻辑的延伸，但是顽固的反对者认为皇家委员会的报告标志着这个国家摆脱马尔萨斯影响的一个迹象，这就反映出根本问题的复杂程度。迈克尔·萨德勒（Michael Sadler）这位1834年托利人道主义的旗手，是支持将济贫法延伸到爱尔兰的拥护者，也是马尔萨斯一生中最后一位主要批评者。萨德勒的第一位传记作者罗伯特·西利（Robert Seeley）在他发言时从以下事实中感到慰藉：

　　　　［奥尔索普勋爵的］计划中有很多残酷而令人厌恶的内容，但该计划仍然不是马尔萨斯主义的产物。该计划没有夺走或减少接受救济对象的权利；没有将罪犯的标签施加在不幸者头上；它明确遵循古代法。当我们承认或毋宁说断言，这项措施完全不同于马尔萨斯及其信徒们的建议时，我们并不是对该措施表示坚决的赞同。[87]

85　参见 *The Poor Law Report of 1834*，edited by S. G. and E. O. A. Checkland，London，1974，p.484。

86　"Life，Writings and Character of Mr. Malthus"，*Edinburgh Review*，64（1837），p.502.

87　［R. B. Seeley，］*Memoirs of the Life and Writings of Michael Thomas Sadler，M. P.，F. R. S.*，London，1842，p.198.

悖论的是，人们对爱普森和西利的结论或许都还有更多话可说。不过，那些坚持西利观点的人，唯有在做出以下区分时才是正确的，即区别所谓马尔萨斯主义的漫画式形象与马尔萨斯本人在皇家委员会成立之前那十年讨论济贫法时的立场。只要将这一立场与华兹华斯对修正法案的批评作一总结性比较，我们就会清楚明了。

六

和骚塞、柯勒律治一样，华兹华斯对马尔萨斯的敌意一直持续到晚年。而且考虑到他对贫困问题的马尔萨斯式诊断和主要措施做出让步的趋势，这种固执的敌意就更加明显了。1831年，华兹华斯在回复博蒙女士（Lady Beaumont）的信——博蒙女士认为，马尔萨斯的学说"是富人对穷人提出的最自私的学说"——中表明，他的赞同包含了一个很有意义的限定条件，除了对马尔萨斯立场的寻常嘲讽，这个限定条件在某种程度上也承认推迟结婚是人口问题的一种解决方案。

> 像马尔萨斯一样断言世界上人满为患是可怕的——但另一方也犯了严重的错误，因为他们说话时仿佛人们没有义务在结婚前好好反思一下该如何养活他们的孩子。如果不明智、不公正的法律妨碍了地球原本丰饶的物产的产出，这些妨碍因素反过来又挡住了婚姻之路，那么，这也不是穷人应该尽可能快地、不顾一切地结婚的理由——更不是马尔萨斯先生所说的，穷人根本不该结婚的理由。[88]

那位辉格派改革大臣通过了济贫法修正法案，这就让华兹华斯有

---

88 Letter to Lady Beaumont, 8 July 1831, *Letters*, V, pp.405-6.

机会在其冗长的后记中做出更深思熟虑的回应，他将这份后记添加到1835年出版的诗歌中。马尔萨斯没有被提及，但该法案的条款被归咎于"现在盛行的政治经济学学说"。为反对这些学说，华兹华斯极力主张"一条神圣的文明人宣言"，即"找不到工作的所有人，或挣的工资不足以维持身体的健康和力量的人，都有资格依法获得生活费"。如华兹华斯承认的那样，济贫法委员们并不打算废除这条原则，但他感到，该法案的规定将会产生否定根本原则的后果，而且极有可能导致获取援助的救济金领取者遭到人格侮辱。六年前，华兹华斯承认，爱尔兰的贫困状况使人怀疑旧的英格兰济贫法能否被引入到那里——马尔萨斯在其1826年提交给移民问题特别委员会的证据中坚持的就是这一立场。[89] 然而，华兹华斯相信，在英格兰的土地上，各种条件更为有利，"随着英格兰文明的发展……与其他尚未制定类似条款的国家的居民相比，英格兰人已经身处更有利于虔诚和顺从上帝神圣意志的环境中了"。这意味着，"一个像父母一样对待其所有臣民的基督教政府"，能够通过支持救济权利来回应其臣民的爱国忠诚。有这样一个国家，如此多的人受到与商业和制造业相关力量的支配，而这些力量却超出了个人的审慎和远见所能对抗的资源；在这样的国家中，人们的需求以及有利的环境证实了以上结论。华兹华斯承认，仍然有必要鼓励这些德性，但他感到，未经改革的济贫法的缺点和弊端都可以回到"理所应当在上层照管下"实施的教区济贫中矫正。凡是在这种教区济贫仍然实施的地方，"济贫资金在绅士和大地产所有者监管之下筹集和使用，在教区委员会的督察之下运行，贫困现象都相应地减少了"。[90]

319

　　如我们看到的，马尔萨斯不希望在任何危机情况下发布他废除救

---

89 Third Report of Select Committee on Emigration in 1827 in *Parliamentary Papers*, 1826-7，Ⅴ，p.537.
90 参见 Postscript, 1835, in *Prose Works*，Ⅲ，pp.240-8.

济法的方案，因为在这些危机中，济贫法仍然是人民获得救济的主要
来源。1821年，当看到他的苏格兰崇拜者托马斯·查默斯在制造业城
市格拉斯哥成功废除了对穷人的公共供给的报告时，马尔萨斯坦言：

> 他对这个主题几乎失去了信心，而且开始思考，在一个高度
> 工业化的国家，大量人口必须服从贸易的波动，以及由此而来的
> 突发的工资变化，如果没有众多个人的牺牲来维持所有的福利，
> 那么完全放弃一种强制性供给将是不可能的。

即便如此，马尔萨斯依然关心纯粹自愿的赈济穷人体系下的流浪汉问
题，并建议查默斯在他将来的著作中多注意这个问题。[91]

次年即1822年，马尔萨斯更加明确地将自己的立场与查默斯的观
点区分开来，而且和华兹华斯的看法一样，但其理由不是人们应该遵
从上层阶级和基督教的顺从这些关键要素，他引用的是英格兰的特殊
情况：

> 目前反对济贫法体系的意见变得十分普遍，足以让人觉得采
> 取措施废除该法有正当的理由，对于目前的这种意见，我不抱什
> 么希望。人口问题无疑比过去得到了更加普遍的理解；不过，英
> 格兰以及她的济贫法的实际情况——她相对摆脱了饥荒和极度贫
> 困，以及人们对日益增长的乞丐人数的巨大恐惧，这些问题在公
> 众心中有着非常重要的影响，如果社会的上层阶级和中层阶级对
> 这些问题的重要意义没有相当普遍的认识，如果劳工阶级对此没
> 有充分的了解，那么，英格兰肯定不会尝试进行根本性的变革。
> 因此，实事求是地说，我倾向于期待改进的第一步，这很可能

320

---

91 1821年8月25日致查默斯的信，CHA.4.18.21 (*Chalmers Papers*, New College, Edinburgh)。

来自我们实际法律实施的改善，以及更普遍的教育体系和道德监管。现在，我真正思考的是：人口原理得到了更广泛的理解，如果我们更公正地实施救济，与此同时，我们尽量避免消除或削弱济贫法在遏制人口方面的间接影响，那么这样做或许会有相当可观的效果。每个教区维持自己穷人生计的义务在抑制建造无数肮脏不堪的茅屋方面确实产生了重要影响；尽管从另一些方面说，拥有尽可能自由的劳动力流动是最理想的，但我认为，像废除现行的居住法这样的做法将伴随着更多的恶果，而非善果。从这方面说，我反而担心斯卡利特（Scarlett）提出的有关定居法修正案的某些问题，尤其是这方面的任何巨大变革都将不符合当代评估的各种局限。[92]

尽管马尔萨斯在1826年最后一版《人口原理》中没有去掉废除济贫法的计划，但1830年他在这个问题上发表的最后一次公开声明表明，他写给查默斯的信件中提出的那些思考仍然有效。

如果人们普遍认为，接受教区救济如此有损尊严，以至于人们极力避免接受救济，人们结婚时几乎不期望或完全不指望被迫求助于教区救济，那么无疑，那些真正身陷困境的人可能会得到充分的帮助，并且几乎没有穷人比例不断上涨的风险；在那种情形下，人们将会获得巨大的好处，而无须相应的恶来抵消这些好处。[93]

---

92 1822年7月21日致查默斯的信，CHA.4.21.51。马尔萨斯1822年11月9日写给查默斯的信中也表达了几乎一样的观点，他提到："英格兰早就偏离了正轨，要想英格兰回归正轨要比苏格兰难得多，因为苏格兰脱离正轨的偏差相对较少，而且只有一小段时间。从那些在我看来最普遍、最流行的观点来看，尤其是从现在下议院目前的态度来看，我承认，我最近感到不得不克制我对彻底废除济贫法的希望，并满足于对改善现行体制的前景。"（CHA.4.21.54）

93 *A Summary View of the Principle of Population*, 1830，该文最初是作为1824年《不列颠百科全书》的"人口"词条，再版于 Malthus, *Works*, IV, p.238。

马尔萨斯在建构功利主义得失平衡表时运用的比例学说仍然有效。他还表现出对柯普勒斯通区分人口繁衍和人口维系的认可。

我们不知道马尔萨斯对济贫法修正案条款的具体回应，因而，这份证据连同他写给查默斯的信件，将只能经受人们的考察。它完全符合我们对马尔萨斯的理解，后者不愿不顾实际情况就发表任何原理作为政策的指导——这些实际情况必须包括对现有公共舆论状况的考虑。这种心态的另一个例子，将在后面讨论谷物法的文章中讨论。它似乎也有可能表明，马尔萨斯非常满意济贫法实施措施在地方层面上的改进，因为，在他看来，评估财政负担对地方实施救济所施加的压力，要大于这条法律更具争议性的边沁主义特征，或者说集中化特征。马尔萨斯对济贫法改革的结论基于一套家长制设想，从等级上说，这种家长制的程度低于华兹华斯的家长制；它们体现了对"无限行使个人评判"的尊重，正是这一点让他与葛德文有了共同基础；它们也体现在戴维森、柯普勒斯通、萨姆纳这些自由托利党不太激进的观念中。然而，马尔萨斯的结论比湖畔派诗人愿意承认的更接近他们的立场，这一事实似乎是这一阶段马尔萨斯争论的恰当结局。

第十一章

会制造的动物：是物，而非人？

　　制造业体系以任何时代、任何国家闻所未闻的程度裹挟着我们；它让我们获得了二十年前自己难以想象的岁入，它甚至增加了比这个国家表面上的财富更多的活跃性；但是它在更大的程度上减少了国家的幸福，降低了国家的安全。亚当·斯密的《国富论》是这一体系的经典著作，或者说是这一体系的信仰宣言；这部冗长乏味、冷酷无情的著作，其才能被过度高估了，因为五十页就能概括其结论和主旨……此书将人视为一种会制造的动物——这个定义是古人没有想到的：它在评估人的重要性时，不是根据这个人拥有的美德和知识的总量，不是根据应该流向他以及他释放出的美德和慈善，不是根据他可能成为幸福的源泉和中心，不是根据他被上帝召唤应该承担的职责，不是根据他被上帝创造出来应该顺从的不朽命运；而是根据人们能从他那里榨取的好处，以及他作为赚钱工具所能制造出来的金钱数量（quantum of lucration）。

　　　　　　罗伯特·骚塞《论穷人的状况》,《评论季刊》1812年

一

因为斯密提供了旨在适应制造业体系的"信仰宣言"，骚塞就将上述罪责归咎于他。如此责任追究或许史无前例。通过取代一个稍后创造的"工业革命"这个新词，人们在政治经济学和工业资本主义之间得出了一种刻板联系，这一联系在马克思笔下获得了经典意义，由此在某些领域一直延续到今天。在浪漫派的思想中，斯密并不一直扮演这种消极的角色。互助生活和互助劳动的大同世界乌托邦计划，主要源于对斯密某句评论的一种葛德文式的解读或者说业余式的解读；

323 斯密的这条评论是，商业社会要维持目前的生活水平，只需二十分之一的人口从事生产性工作就足够了。[1] 而且，我们看到，里克曼在18与19世纪之交粮食紧缺时期写给骚塞的信中说："三教九流的乌合之众都絮叨着垄断问题：如果小皮特先生年轻时候没有幸运地读到亚当·斯密的著作，那么，此时的英格兰将是一片不公不义的景象，而且来年夏天也会造成一场绝对的、灾难性的饥荒。"[2] 这里提到的斯密为谷物经销商和农场主所作的辩护，也获得了柯勒律治的赞同。从柯勒律治当时撰写的报刊文章来看，他也为农场主辩解，以免他们的行为被指责为垄断行径，即使粮食匮乏在战后时期卷土重来时，他也一直坚持这一立场。[3] 但是因为与马尔萨斯的交锋，浪漫派已经断定，政

1　在大同世界乌托邦计划中提到斯密的，可参考 Mrs Henry Sandford, *Thomas Poole and His Friends*, London, 1888, 2 volumes, I, pp.97-8。最近对这一关联的重新考察，参见 Roe, *The Politics of Nature*, pp.49-51。葛德文对休闲或不事劳作的强调，参见上文第258页。

2　1800年12月27日写给骚塞的信，参见 Williams, *Rickman*, p.37。

3　柯勒律治在《晨报》(*Morning Post*)的新闻报道工作，受到托马斯·普尔（Thomas Poole）从农村提供的思想信息的影响，这一事实或许可以解释他何以站在农场主的立场；参见 *Essays on His Times* in *CW*, III（III）, pp.40-58（这里是（转下页）

治经济学这整个一门科学是他们强烈谴责的新兴现代社会的象征或根源，因此，他们不可能将公认的政治经济学创始人排除在后来的批评之外。或许出于相同的原因，人们发现，他们有关任何政治经济学议题的著作都没有认识到那些将马尔萨斯与李嘉图的政治经济学区分开来的问题；我们将在下一章中讨论这些问题。

　　骚塞似乎非常自豪地声称，他是第一代将穷人不断增长的苦难归咎于制造业体系的人之一。骚塞1807年匿名发表的《来自英格兰的信》印证了这一主张，后来的评论者坚持的也正是这一主张。[4] 在这些问题上确立优先权是有害的，而且最终也是无效的。作为"某些预见性的看法"，人们很难不去引用斯密关于劳动分工导致劳动者的任务过度单一所造成的"精神残缺"，或者柏克有关"疫疬般的职业"的评论——"由于社会体系的缘故，许多可怜人不可避免地沦落至此"。甚至葛德文对与"制造业生产奢侈品"相关的"奴隶制"的厌恶，或许也作为一种可能的"影响"被他们提到。[5] 然而，对本文主旨更重要的一点是，马尔萨斯争论中的众多反讽和策略之一可以在以下事实中找到，即1798年，马尔萨斯最初将"有损健康的"城市制造业活动的发展视为人口压力不幸的副作用。当他在1803年

324

（接上页）推测性的原因，或者几种原因共同作用）；以及同一卷中第298—303页，这里是关于1811年《廷臣论》（*The Courtier*）上的一篇文章，这篇文章引用了柏克《就与弑君者媾和方案致现任议员书》有关谷物价格的内容，而非《关于粮荒的思考和详细说明》这一与这种处境更相关的文本。柯勒律治稍后还替"资本家、零售商"辩护，说他们"在更广的时空范围内分散高价粮食，从而防止了粮荒变成真正的饥荒"，参见 *Lay Sermon*，CW，VI，p.168。

4　参见 *Letters from England by Don Manuel Alvarez Espriella Translated from the Spanish*，1807，Letters 36，38，40-1。骚塞在其1812年的著作中引用了他自己关于穷人状况的论述；参见 *Essays, Moral and Political*，I，pp.117-18。他对最早提出这种观点的地位的主张得到卡纳尔的支持，参见Carnall，*Southey and his Age*，pp.67-8；以及Williams，*Culture and Society*，pp.40-1。

5　这些广泛的影响实际上是骚塞立场的基础，对这些影响的广泛研究，包括18世纪的奢侈争论，参见 D. Eastwood，"Robert Southey and the Intellectual Origins of Romantic Conservatism"，*English Historical Review*，104（1989），308-31。

版《人口原理》将不列颠作为一个不断依赖其制造业的危险的"土地国家"来讨论时，这一诊断得到了更详细的阐释——或许1803年版的《人口原理》是骚塞阅读的最后一版。[6]当马尔萨斯和他的浪漫派批评者——这里主要是指柯勒律治——在拿破仑战争期间和之后，针对不列颠的经济情况提出的诊断和救治措施彼此相似，并行不悖时，这种反讽就更明显了。本文将从讨论这些相似开始——在此背景下，这是一个准确的术语，因为无论他们的观点多么接近，他们都没有相互交流过，也没有相互承认的迹象。

二

任何对柯勒律治政治经济学的讨论都不得不面对最初的几个不利因素。站在稍后一个阶段根深蒂固的立场来看，以及从对"所谓"政治经济学仪式化的批驳和后来鼓吹者们增添的各种修饰来看，这场争论似乎没有理智交流的余地，更不用说妥协了。这场争论引来了一群严苛的哲学家，他们急于保护观念论（Idealism）使其免遭经验主义和"机械论哲学"的侵入，保护柯勒律治式的观念不受自利的个人主义的玷污，保护康德式理性的普遍主义不被情景化的、审慎的理解力腐蚀，保护柏拉图主义不受亚里士多德主义的影响，保护本体不受现象侵袭，保护教化（Cultivation）不受文明（Civilisation）影响，保护意义（Worth）不受价值（Value）影响，保护福利不被财富侵害，诸如此类。因为在所有这类争论中，"别人"提出的是对自我的消极定义。即使约翰·斯图亚特·密尔出于调和边沁和柯勒律治的目的而压缩两者差异的著名尝试，也只是让边沁而非让柯勒律治的观点更令人印象深刻。而且，密尔对柯勒律治的道德和政治观念的同情并没有延

325

6　参见上文第266—268页关于马尔萨斯这一时期观点的论述。

伸到他的经济论断上："尤其是在政治经济学上，他写的东西简直完全是胡说八道，如果他从不曾涉足该主题，他的名声可能会更好。"[7]这一判断可以理解为密尔对柯勒律治们的挑衅，而且还导致了各种各样企图拯救并推广柯勒律治著作包含的真知灼见的尝试。[8]透过一个马尔萨斯式的棱镜去透视浪漫派的见解——如我们将要看到的，它绝非密尔的观点，却仍然具有浪漫派自身的一个突出优点——并不能解决人们无法解决的问题，但它确实揭示了这场争论中某些不协调的因素。

尽管柯勒律治很早就怀疑流行的以功利主义思想建构的政治经济学，但17、18世纪一些政治经济学的倡导者，尤其是乔西亚·柴尔德、詹姆斯·斯图亚特、亚当·斯密，以及法国经济学家的著作，显然是其广泛阅读的相关书目一部分。斯图亚特可能比斯密更受柯勒律治的青睐，因为斯图亚特更强调政治家在管理国家事务中的作用。[9]柯勒律治曾在不同时间撰写过不少相关主题的文章，政治经济学这门科学被运用到了下列主题：战争财政、国债、贵金属问题、儿童在工厂做工的时间、谷物法、战后经济萧条的原因，等等。如果他没有声称自己已经重建了这门科学，那他可能仍然希望产生一门新兴的、更容

7　'Coleridge' in Mill，*CW*，x，p.155.

8　通常被引用来证明柯勒律治具有政治经济学基础知识的一部著作是，W. F. Kennedy，*Humanist Versus Economists：The Economic Thought of Samuel Taylor Coleridge*，Berkeley，1958。此书以很大篇幅说明，柯勒律治预见了凯恩斯和美国制度主义的现代见解，尽管这些预言有些瑕疵。

9　参见1802年5月7日柯勒律治写给普尔的信，他建议后者阅读一些政治经济学家的著作，即"略过"斯密和法国作家，记住"这门科学还处于婴儿时期——实际上，它还不是什么科学"，与此同时，他也承认，普尔"如果这么做的话"，或许会成为"你的同类的恩主"；*CL*，II，p.799。1825年他对约翰·泰勒（John Taylor）提了类似的建议，他主张要"仔细阅读"斯图亚特、斯密、马尔萨斯，甚至李嘉图，发现"大量的诡辩，却没有一个公正而重要的结论，它或许［不］能从最简单的道德原则和常识中推理出来"；*CL*，V，p.799。强调柯勒律治对詹姆斯·斯图亚特的信赖，可参见Kennedy，*Humanist versus Economists*，pp.22，26-8，68-9。

易被他接受的政治经济学。里克曼曾一度是这些希望的关键人物："无
论基督教世界的哪个角落出现一位真正的政治经济学思想家，确立一
套包括生命造物的神奇机器即**政治体**的规律及其因素的体系，那这位
思想家将在很大程度上受惠于你真实的、高度机密的文件。"[10] 里克曼
在战略上处于威斯敏斯特事务的中心，他为骚塞和柯勒律治提供了各
种建议，这些建议涉及19世纪20年代已被当时政治谱系中的大部分
人——包括自由托利党和哲学激进派——所接受的各个主题，他完全
赞同骚塞和柯勒律治对于人们在议会中作为一门科学来讨论的一些事
物的厌恶之情。[11] 由于他能优先接触到"高度机密的文件"和议会调
研的结果，因此可能会鼓励他的朋友们去思考另一门政治经济学，在
他们的理解范围内，这门政治经济学将更爱国，更具基督教特性。我
们已经看到骚塞与里克曼的合作成果，现在可以考虑柯勒律治在其
杂文集中对政治经济学最广泛的贡献；这部杂文集由《朋友》(*The
Friend*，1809—1810年，再版于1818年) 和第二次《平信徒布道辞》
(*Lay Sermon*，1816—1817年) 构成。

《朋友》当然可以视为柯勒律治成熟政治哲学的部分表述——这
是自他放弃其激进信仰以来一直奋力达成的立场。[12] 虽然柯勒律治宣
称本质上康德式的理性是道德的基础，由此让自己远离佩利等人的义
务体系——该体系将道德等同于自利与权宜之计，但他同样急于表明
企图将理性的结论直接运用于政治事务的危险。这些都是基于谨慎和

---

10 1832年7月17日致里克曼的信，参见 Williams，*Rickman*，p.162。

11 参见日期为1831年7月的信件，见 Williams，*Rickman*，p.303："今年他们讨论银行
和通货，将涉及政治经济学的新视角，我左手边的一位辩论者就在刚才称政治经济
学是一门科学，不开一点玩笑。"

12 最近两篇对比着解释《朋友》的研究，参见 J. Morrow，*Coleridge's Political
Thought*，以及 D. Coleman，*Coleridge and The Friend*，1809-10，Oxford，1988。
前者认为《朋友》是柯勒律治"第一次相当系统地表明其政治哲学"的著作
(p.74)；后者认为《朋友》"与其说是其原理的操练，不如说体现了其思想的混乱
和含糊其辞的焦虑"(p.1)。

重要程度上的理解问题，习惯、环境、历史经验、权宜之计可能是实践唯一合理的向导。在这方面，柯勒律治对卢梭、法国经济学家、潘恩还有国内以梅杰·卡特赖特（Major Cartwright）、科贝特为代表的政治改革者们的批评，以及他对财产不平等的辩护，都流露出明显的柏克式的语调——尤其是在那些隐晦地比较他自己与柏克的政治态度时更是如此。[13]

327

　　虽然不应过分强调柯勒律治与柏克政治见解的相似性，但他在《朋友》中采取的真诚爱国者的身份，在面对英国与法国作战时坚持需要达成民族共识，这些在讨论税收和国债问题时传达了一个特殊的信息，这一信息至少在某种意义上可以称得上是柏克式的。柯勒律治这番操作的目的，是通过支持18世纪首次阐明战争税时的"宫廷"意见，来质疑潘恩和科贝特关于战争税收具有压迫性的观点。国债不同于私人债务，因为它是国家欠本国的债务，或者说，就像1736年梅隆提出的那样，支付债务利息仅仅是用左手的钱偿还右手的债。因为休谟和斯密都批评了这种立场，所以，人们会并不惊讶地发现，柯勒律治认为，休谟对这种毁灭性的权宜之计的警告是危言耸听的：国家财富的增长似乎让人们对国债的担忧变得过时了。[14]当日益增长的国债和税收为支持英国陆海军这一至高无上的爱国主义目的服务时，没有余地去考虑各种不公不义：这些不公不义源于不平等的税率，即富人、穷人、债权人和纳税人承担税收的相对比例的不平等。[15]国债是

13　可以特别参见 *The Friend*, *CW*, IV（I），pp.188-9。因此，迪尔德雷·科尔曼（Deirdre Coleman）的评论还算是公正的："表面上，他的策略是将柏克描画为一个和他一样的人，一直坚持足够宽泛、足够进步的观点，以便自己在英国政治两党中都受到欢迎。然而，这一类比的真正意图是更深层次的：他和柏克都不应该被指责为叛党，因为他们一直都是保守的"：*Coleridge and the Friend*, p.121。

14　参见 *The Friend*, *CW*, IV（I），pp.234-6。

15　与此相对的是柯勒律治早期的立场："我们能走这条路吗？……没有工业，没有劳动，就能够在如此大的负担之下养活他们自己；剧烈且必然的后果肯定是社会的所有积极阶层都消亡，我们很快只剩下两个阶层：少数有钱人，这个王国的所有财富都流到他们手中，以及依附于有钱人仁慈之心的穷人；因为人们始终要（转下页）

构成社会各种各样的利益之间"稳定持久的联合"纽带。正如柯勒律治后来解释的那样，他在强调税收和债务"最公平、最有活力的特征"时为它们作出了最好的说明，因为国家在受到攻击军队协力鏖战时，爱国者有义务这么做。[16] 他承认，公债制度存在制度性的"恶"，但承诺的对"恶"的矫正并不包含其中。这里比较切题的柏克式比较是《就与弑君者媾和方案致现任议员书》这一文本；柏克在这些信件中讨论他那个时代的背叛和胆怯时，提醒人们关注不列颠经济体系的实力，包括公债制度，这一点与法国政治和经济制度的根本缺陷形成了鲜明的对比。[17]

328

　　一旦摆脱了葛德文的最后一丝影响，柯勒律治也同样表明，他仅仅接受了被人们描述为斯密式思想涉及商业社会的利益以及政府在经济事务中相关目标的结论。他坚称，政府的积极目的是确保人们轻松获得生存资料的手段（无论是亚当·斯密，还是听取斯密讲座的聪明的笔记记录者，都迂回曲折地暗示"可获得性"），适当地分享社会劳动分工为大众和个人带来的"舒适和便利"及"改善他自己和他孩子状况的希望"。[18] 唯一不符合斯密立法者科学的目标、甚至不符合他们自己措辞的一点，是政府的最终目的或最终目标，即政府应该"通过它的道德义务和宗教义务知识来促进人性中那些最基本的才能"——这是斯密更虔诚的老师弗朗西斯·哈奇森学说的标准特征。[19]

（接上页）记住的是税收没有把财宝拿到国外去，它只是从多数人那里拿过来给少数人，但这确确实实让所有人都变穷了。因为一国之中所有的积极力量全都瘫痪无力，大量的穷人为了他们一日三餐的口粮，只能依靠施舍，而非他们的劳动。"*The Watchman* in *CW*, II, p.110.

16　参见 *Lay Sermon* in *CW*, IV, p.214。

17　可以比较一下上文第216—217页阐释的柏克立场和柯勒律治："法国没有公债，没有利息群体；毫无原则的政府和生产性的纳税阶层就像两个利益独立的个体。"参见 *The Friend* in *CW*, IV（I），p.236。

18　*The Friend* in *CW*, IV（II），pp.201-2.

19　斯密和哈奇森在这个主题上的比较，参见 Winch, *Adam Smith's Politics*, pp.106-7。柯勒律治的观点，参见 *The Friend* in *CW*, IV（II），pp.201-2，207。

柯勒律治主张，英国政府尚未实现最终目标。这里也有迹象表明政府
与国家的对立——前者是理性的产物，而非理解力的产物，应该为
自己保持更高的有机目标，这一点在《教会与国家》中得到了详细
阐释。

　　柯勒律治在《朋友》中对税收和债务的讨论被纳入第二次《平信
徒布道辞》，在此文中，他用这些讨论继续答复像科贝特这样的"蛊
惑人心的政客"，因为科贝特将痛苦归咎于累退税带来的负担和腐败。
它还获得了一个额外的维度，作为尝试解释战后萧条的一个方面。从
战争过渡到和平，遣散军队，把士兵扔到"公众的后背上，[把他们
送到]每张已被人们占满座位的餐桌上"，这些导致高工资和高物价的
崩溃，而高工资和高物价是通过战争的"普遍刺激"实现的，彼时英
国"几乎垄断了这个世界的商业"。[20]匆忙削减政府开支，再加上放弃
个人所得税，这就给其他税收带来了更大负担，因此也就给信贷和投
机交易的正常波动额外增加了巨大干扰。人们的不满情绪一直困扰着
这种局面：他们叫嚣着反对抚恤金和闲职，鼓励摧毁机器，也无法理
解大多数贫穷受骗的机器破坏者为何"将其生存处境"归咎于机器。[21]

　　然而，在这些暂时的混乱背后，隐藏着一个根本的问题，那就
是由于"缺乏制衡或制衡手段疲软无力导致商业精神的失衡"。这里，
柯勒律治的诊断既是社会的，精神的，也是经济上的。这一问题要归
因于"古代的等级情感和世系情感"的衰败，而这些古代情感过去曾
被人们作为对财富的追求的制衡——这也是骚塞本人在《托马斯·摩
尔爵士：社会进程与社会前景谈话录》提到的一类议题。除此之外，
还可以加上作家们为支持"物理学和心理学的经验主义"而"普遍忽
视一切更严肃的研究"（哲学、神学和数学）。柯勒律治在《教会与国
家》预言了一种国教"知识分子"的观念，他指出，需要借助思想和

329

20　*Lay Sermon* in *CW*，IV，p.157.
21　Ibid.

宗教的平衡来抵消目前过于看重财富的机制层面和物质层面的倾向。几乎很少有更直接的实用措施，尽管人们强调要按计划结束彩票抽奖和其他诱发邪恶和愚蠢的普遍行为。值得一提的措施还有为依附者提供道德教育，调整童工的工作时间，以及针对穷人的奶牛领养制度。

柯勒律治现在认为农业是与"国家的生计、实力和安全"有着特殊关系的一种活动，但它的制衡力量已被商业化削弱了。柯勒律治与亚当·缪勒（Adam Müller）为代表的德国浪漫派不同，他没有将土地经营的商业化归咎于亚当·斯密，如果注意到斯密有关长子继承制的观点，或事实上是詹姆斯·密尔和约翰·斯图亚特·密尔父子提出的那些观点的话，那么这种归因将是合理的。[22] 柯勒律治赞成复兴一种作为信托的土地持有观念，这种信托反映了土地利益与整个国家利益的一致性。土地拥有者被建议改善地产，而无须马上考虑他们的地租账簿。[23] 这种信托能够在多大程度上严格地按照非商业标准执行，这一点并不清楚。事实上，柯勒律治对上层和中层阶级宣讲时的那种恭敬语气几乎排除了这种清晰性（"如果我详细地解释一位绅士的计划和品行，这将几乎是我们对**土地利益**理解力的冒犯之举"）。剥夺劳动者的小块土地，从而将"农民"的孩子赶到城市的"制造厂"，其责任在于代理人和农场主，而非大地主。

柯勒律治1815年的信件和其他新闻报道表明，他很可能严厉批评议会为确保《谷物法》的通过而动用了大地主阶层的财产所有权，而这部《谷物法》将维持英法战争期间英国地主获得的更高地租。[24] 在这段时间，柯勒律治非常同情面临高物价的穷人，这种同情在他的

330

---

22 对柯勒律治对这个问题的看法与缪勒看法的联系的思考，可参见U. Vogel,
   "Markets and Communities-A Romantic Critique", in M. Moran and M. W. Wright
   （eds.）, *The Market and the State*, London, 1991, pp.24-42。

23 *Lay Sermon* in *CW*, VI, p.214-18。

24 参见柯勒律治给R. H. 布拉班特（R. H. Brabant）和寇特（Cottle）的信件，这些信件记录了他于1815年3月10日在卡恩（Calne）为支持反对《谷物法》议案的一次请愿而发表的一场演讲；*CL*, IV, pp.549-50, 552。

脑海中占据了至关重要的位置。稍后，在生命的最后阶段，他在《教会与国家》中对《谷物法》作出的评论中，更重要的考虑是证明这项保护性法律的明智之处。与柏克遥相呼应的是，"地主阶层"成为"这片王国永久存在的守护者和储蓄者"。农业生活方式还具有特殊的重要意义，它表明维持民族自给自足的必要性。

> 一些人认为，如果英国自己的土地上颗粒无收，或发生歉收，那它可以稳妥地依赖国外的粮食供给，他们忘了他们正在将生活必需品的生产让位给社会的纯粹奢侈品或舒适品的生产。一旦外国知道我们必须购买他们的粮食，他们立即就会提高粮食价格，一旦这种情况出现，我们将会处于怎样的境地，难道还不明确吗？而且这种观点还假设，农业作为一个民族的生存方式，对于一个国家没有什么积极的好处——这是错误的，而且是有害的——如果我们要成为一大群制造业者，难道我们现在还没激起其他国家所有制造业者更大的敌意吗？[25]

柯勒律治改变了他对《谷物法》的态度，他相信"英国若没有其他国家供应商品甚至不能存在，实际上相当于沦为其他民族的奴隶"，并将农业与制造业简单地对立起来，这些信念和做法让他与骚塞、里克曼和华兹华斯更坚定地保持了一致。[26] 以上观点还为他与1815年后

331

25　参见 *Table Talk* in *CW*，XIV（I），pp.476-7，486。

26　1834年3月，骚塞在《评论季刊》（第51页）的最后一篇文章关于《谷物法》的讨论。该文在生存资料问题上以安全为由采取了几乎相同的保护主义立场，并引起人们对下列政策的怀疑，这项政策将加强英国制造业者的竞争力，其代价是换来国际敌意。对里克曼自给自足观点更普遍的支持，参见1816年11月25日里克曼致骚塞的信，见Williams，*Rickman*，p.186。还可参见1815年华兹华斯关于《谷物法》的通信，该信对英国政府允许以高价进口谷物表示遗憾，但公开谴责了"乌合之众的错误"，并形容《谷物法》的鼓吹者是"穷人之友"；1815年3月16日致萨拉·华兹华斯的信，参见*Letters*，III（II），p.219。

马尔萨斯在同一主题上的观点之比较奠定了基础。

三

随后出版的一版《人口原理》中，马尔萨斯对地主阶层的同情以及针对英国的不均衡发展提供补救措施并将其不断理论化的尝试，在1815年围绕恢复《谷物法》的争论中被推向了高潮。正是在这场争论中，马尔萨斯公开宣称，对第二版《人口原理》各章节的读者来说，在农业体系和制造业体系的讨论中日益清晰的是哪些方面，换言之，他支持对国内农业采取一定的保护措施。这是马尔萨斯职业生涯一个重要的转折点。就像他意识到的，当人们认为农业是赞成自由贸易普遍原则的一个例外时，他毫不含糊地将自己置于众多政治经济学同行的对立面，而那些政治经济学家分享了他对斯密提出的自然自由体系的忠诚。这就让他有别于《爱丁堡评论》的那些辉格党朋友，结果是，虽然他仍然能够指望他们在人口与济贫法等相关问题上的支持，但这几页纸只是让他流露出最后一次回复葛德文时的观点。此观点还是区分马尔萨斯和李嘉图及其信徒在理论和政策问题上的不同意见的几个主要来源之首；我们将在下一章讨论这一主题。

正如李嘉图意识到的，马尔萨斯在农业保护主题上偏离斯密式路线并不涉及根本的原则性问题。与其更正统的反对者一样，马尔萨斯很尊重那些倾向于国家不干预经济事务的普遍假设：他不需要从他们那里汲取自由贸易带来经济利益的经验教训。[27] 不过，他对这些原

---

27 李嘉图的认识可以被人们表述如下："这一原则是政治经济学这门科学最公认的原则之一，而且没有比马尔萨斯先生更喜欢承认这一原则的了。这是他在比较不受约束的谷物贸易带来的好处和弊端时所有论断的基础"；参见 *Works*，IV，p.32。

理——无论是自由贸易原理还是人口原理——的态度是，它们不应该成为不顾实际情况和对抗性环境而实施政策的理由。马尔萨斯将农业视为普遍原则的例外，其主要原因，我们在前面刚刚提到：它们以国家安全为重心，需要补偿农业在与商业和制造业展开的竞争中相对难以吸引资本所产生的各种劣势，而且还关乎制造业城市人口的生命健康和生活稳定性。

以上三个原因中的最后一点，马尔萨斯对此的态度逐渐变得更适应制造业，尤其是在拿破仑的威胁不复存在、国家安全的紧迫性降低之后更是如此。他相信情况正因为《工厂法》和私人慈善方案的出台而改善，而且他越来越看到制造业产品能够激发工人阶级追求舒适的品味。这只能强化他们对实施道德约束的兴趣——一个关于奢侈扩散的争论的升级版，早在1803年，他就以此版本的理论反驳佩利了，稍后，在马尔萨斯的思想倾向不太为人所知的情况下，这个升级版又被别人用来反驳他。[28]然而，另一方面，马尔萨斯支持农业保护的基本观点也获得了一个额外特征：他逐渐相信，更高的粮食价格，如果由日益增长的货币工资抵消的话，或许能让工资劳动者对非农业的"生活便利品和奢侈品"拥有更大的控制权。

然而，这些争论丝毫没有削弱马尔萨斯对放弃农业保护政策可能带来的利益的肯定，这些好处主要是英国制造业产品贸易的扩张以及速度更快的经济发展。这只是关乎各种替代方案的平衡而已，对反谷物法意见易受影响的特性和工资劳动者"道德"成本的顾虑不仅必须考虑在内，而且可能应该获得压倒性的地位："如果一个国家只是通过赢得一场低工资竞赛而变得富有，那么，我宁愿马上说，让这些财富毁灭吧！"[29]这是让李嘉图困惑的另一条评论：从他的立场来看，马

333

28　参见上文第272—273页以及下文第374页。
29　*PPE*, I, p.236.

尔萨斯在整个分析过程中都混杂着道德和经济的范畴。[30]

　　有证据表明，马尔萨斯的农业保护立场和《谷物法》的情形一样，也经历了一个逐渐变化的过程，这种变化可以归因于他对以下事情的肯定：工资劳动者的收入花在购买制造业便利品的比例日益增长，城市工作条件的改善，赫斯基森（William Huskisson）的自由化措施在减少制造业商品的贸易壁垒方面产生的影响。尽管如此，马尔萨斯在1826年版的《人口原理》中仍然保留了支持《谷物法》的那一章，只是增加了一个长脚注，强调他对所有道德约束"非社会倾向"的认知。他还赞赏下列行为：一旦其他商品的贸易进入自由流通状态，但愿"外国不要像我们现在实施的《谷物法》一样，以如此明显的自由贸易的例外情形来以牙还牙"。[31]他重申了第二版《政治经济学原理》支持各种限制措施的立场，但删掉了支持保护农业的某些具体论断。1832年，他可能同意"道德优势"可以通过废除《谷物法》来获得，这里指的是消除民众对议会利用大土地所有者的影响力维持食品高价这一做法的普遍不满。[32]这种看法并无新意：早在1813年，他就说过，"人们永远不该顺从地主和农场主的利益"。[33]当马尔萨斯逐渐意识到1815年谷物法议案激起的普遍怨恨时，他写信给霍纳说："我还是坚信我对某些限制政策的看法，不过，即使我不会屈服于乌合之众，我也应该对海量的请愿书让步，让人民自由行事吧！"[34]

---

30 "［马尔萨斯］一开始反驳以下观点，即是否有某些明确的措施能够让粮食变得便宜，但在这段争论结束之前，他努力证明，由于粮价对一个民族形成的道德影响，粮食应该便宜，这将不是权宜之计。这是两个完全不同的命题"；参见 Works，II，pp.337-8。

31 EPP，II，p.75.

32 参见1832年3月6日致查默斯的信，CHA.4.185.32（Chalmers Papers，New College，Edinburgh）。

33 参见1813年6月16日致霍纳的信，见 Horner Papers，edited by Bourne and Taylor，p.764。

34 1815年3月14日致弗朗西斯·霍纳的信，见 Horner Papers，edited by Bourne and Taylor，p.834。

最近，另一个证据也浮现出来：这是1833年马尔萨斯写的一封信。此信的结尾是如下声明："虽然我仍然赞成取消一些限制，但这不是因为我对结果的担忧。"接下来是可能发生的结果的预演，即货币工资将下跌至与食品价格持平，工资劳动者会感到失望；尽管这种情况会促进对外贸易，但"在这个变化过程中，由于广泛的担忧，失业人员可能会比限制自由贸易的任何其他情形下都更多"[35]。如我们将要看到的，对于社会从一种经济状况调整到另一种经济状况产生的短期问题，马尔萨斯一直都很敏锐。还有一点很明显的是，如果马尔萨斯改变了他对《谷物法》作为一种权宜之计的态度，那么他会继续担心长期以来他所熟悉的各种因素在面临重大决策涉及的预期风险时的适当权重。[36]

从另一个方面来看，这段插曲也揭示了马尔萨斯自始至终完全一致的态度——他一直都对恰当的平衡遭到冲击感到犹豫和焦虑。相反，从柯勒律治对《谷物法》的最后评论来看，他终究还是站在了一个极端的立场。马尔萨斯可能会建议大地主考虑他们的长期利益，选择那些将会改善农场经营状况的租户，而非那些只提供最高地租的租户——在这种情况下，长期收益应该会大于短期收益。他还可能极力主张，未开垦的土地应该投入使用，应该鼓励大地主改善他们的地产——必要时借助特殊的激励措施。然而，和柯勒律治不同的是，他没有对上层阶级宣讲有关他们的家长式义务的布道辞，或许是因为他意识到，与个别生产者利益结盟的任何现象都不符合政治经济学的科

---

35 参见 Bette A. Polkinghorn, "An Unpublished Letter from Malthus to Jane Marcet, January 22, 1833", *American Economic Review*, 76（1986），pp.845-7。

36 另一种解释认为这是"影响深远的分析视角再定位"，对此可参见 S. Hollander, "Malthus's Abandonment of Agricultural Protectionism: A Discovery in the History of Economic Thought", *American Economic Review*, 82（1992），pp.650-9. 我的结论更接近约翰·普伦（John Pullen）阐明的观点，参见 John Pullen, "Malthus on Agricultural Protection: An Alternative View", *History of Political Economy*, 27（1995）。

学主张。就《济贫法》而言，他否认财产权利将会妨碍贫困问题的充分解决，他仍然忠实于斯密的观点：消费者的利益是最终的公共利益，而政治经济学家的职责就是为公共利益服务。这并没有阻止人们指责马尔萨斯此时以及随后的时间里都在为地主阶层的利益说话，从而使他冷酷无情的恶名融入另一种可能沾染腐败和诡辩的臭名之中。然而，似乎值得注意的是，霍纳和李嘉图，这两位坚定支持废除《谷物法》的学者，竭力捍卫马尔萨斯在这一议题上的正直坦率。[37]

335

马尔萨斯不可能和柯勒律治一样对农业的商业化感到遗憾。在马尔萨斯看来，问题是，在一个商业化体系中，是否有一些人为的偏好性政策在运行，它们挫败农业改良和投资，并妨碍人们从农业中获得最大盈余。就像在斯密的体系中一样，马尔萨斯推荐一个次好的世界，作出牺牲是为了获取收益，这份收益只能始终是净利益。虽然柯勒律治与马尔萨斯之间的这些对比，在某些方面符合纯粹的观念论式人道主义与运用预期成本-收益方法的现实主义经济学家之间对比的刻板印象，但马尔萨斯几乎不能被指责为狭隘地坚持了以下观点，即人应该只被看作"会制造的动物"。国家安全、道德健康、政治稳定是他评估《谷物法》以及其他主题不可或缺的重要部分，而在这些问题上，他越来越发现自己正与围绕李嘉图观点形成的新共识分道扬镳。李嘉图常常批评马尔萨斯允许这些道德思考模糊掉了他对任何经济体系自我调节属性的理解。关于财富与福利的任何争论，或者人是否被视为纯粹工具的争论，在19世纪前几十年围绕斯密观点形成的政治经济学共同体的所有成员中，马尔萨斯至少公开批评了那种仅从人

---

[37] "我想，马尔萨斯在谷物自由贸易的权宜之计方面有一些错误的见解，不过它们都是些诚实的、发自良心的看法。从他所做的每件事所获得的尊重来看，他的这些观点对于影响那些在议会中最终决定这一问题的人的判断有相当大的分量，不过他从来没有为那些发起该措施的人提供任何咨询，他的观点只是从他的著作中提炼而来，直到在这些措施被提交到议会之前都没有彰显出来。"参见 Ricardo, *Works*, VIII, p.101。霍纳对马尔萨斯"正直"的认可，参见 *Horner Papers*, edited by Bourne and Taylor, p.815。

能制造出多少"金钱数量"出发的思考方式。

本文题记引用的骚塞在这一主题上的无端指控，在柯勒律治的《平信徒布道辞》中得到了回应，后者在提及所谓贸易周期时讨论了与适应新经济状态相关的人力成本。柯勒律治在此问题上的评论，常被人们引用用于区分经济周期对"物"（"政治经济学家们"的看法）与"人"（他自己以及更普遍的人道主义者的看法）的机械的、自动调适的影响。 336

> 但是，**人**（Persons）不是**物**（Things）——但是，人没有自己的标准！不仅人的肉体，而且人的灵魂，都没有标准！艰难困苦的灾难季节过后，某个大型制造厂成千上万的轮子像冰冻的瀑布一样沉寂下来，现在又恢复了富裕充足的样子，人们的交易再次忙碌起来，活跃起来！去问问督察员，去问问教区的医生，工人的健康和节制是否还能再找到他们的标准![38]

我们稍后讨论马尔萨斯与李嘉图对战后萧条的不同评价时，这些因素将变得更清晰；不过，基于这些原因，马尔萨斯认为，"刺激"和"遏制"人口增长和资本积累所导致的"不规律波动"是制造业体系下更具特色的活动，而非李嘉图所设想的常规发展和对新均衡的快速适应。他还提醒他的朋友，经济活动的动荡，对于那些身受其影响的人来说，构成了"人类生活的重要空间（Serious Space）"。如果以比较具有中立色彩的功利主义计算的语言适当考量的话，柯勒律治的评论与马尔萨斯对这些"空间"的以下评论没有什么本质区别：

---

38 *Lay Sermon* in *CW*, Ⅵ, pp.206-7。柯勒律治对找到其标准的物（things）的提及也贯穿在他的《燕谈录》对政治经济学的贬损评论中，参见 *Table Talk* in *CW*, ⅩⅣ（Ⅰ），p.383。

它们相当于一个需被重视的幸福或痛苦的总量，这取决于它们是处于繁荣还是处于衰退，以及在它们结束时以完全不同的状态离开这个国家。在繁荣时期，商人阶级往往意识到财富大大有助于保护他们对抗未来的风险；但不幸的是，工人阶级尽管也共享这普遍的繁荣，其共享的结果却不如在普遍萧条中那样广泛。他们可能在低工资时期遭受最大的苦难，却不能在高工资时期获得充分的补偿。对他们来说，经济波动必然总是带来比善更多的恶；如果我们为社会大众的幸福着想，那么，我们的目标应该是尽可能地维持和平和均衡支出。[39]

批评斯密和马尔萨斯考虑物而非人，这一针对他们的指责是很不恰当的。如果针对的是李嘉图及其追随者，这种批评也不是特别有说服力——尽管他们强调的恰是财富和人类福利的有利联系，其原因我们稍后将会讨论。然而，李嘉图将他的政治经济学与边沁和哲学激进派追随者的宪政观点结合起来，却是湖畔派诗人更有价值的抨击目标——如果他们选择这样做的话。不过，这种结合直到19世纪20年代才变得突出，而他们对马尔萨斯政治观点的敌意很早就出现了，可能在1808年，当骚塞直接断言马尔萨斯是个"和平贩子"时，这种敌意就出现了。因此，湖畔派诗人攻击马尔萨斯观点的政治维度应该给予更充分的讨论。

四

即使从《人口原理》中认可的有关战争、公民自由和政治自由的情感来看，马尔萨斯的政治立场也不是非常明显，但《爱丁堡评

---

39 参见 *PPE*，I，pp.521-2。

论》始终与马尔萨斯的辩护者保持一致，这一事实将坐实他作为某种辉格派的身份。西德尼·史密斯（Sydney Smith）早在1802年就支持马尔萨斯（"马尔萨斯先生不厌其烦地驳斥［葛德文］；我们再也不听葛德文先生的了"）。[40] 虽然杰弗里没有成功地让霍纳发表他对《人口原理》的评论，但在回应马尔萨斯早期的两位批评者哈兹利特、罗伯特·英格拉姆（Robert Ingram）的时候，杰弗里以同情的态度解释了马尔萨斯的见解，从而修订了自己的某些观点。[41] 骚塞和柯勒律治都不靠新闻工作谋生，因而他们可以长期超然于政治事件和竞争性的人物之外，而且骚塞无疑乐于反对杰弗里编辑的辉格派杂志偏爱的任何作者：这种反对是一种报复，其目标是那些针对湖畔派诗人发表过的诋毁性评论。[42] 尽管马尔萨斯与《爱丁堡评论》在《谷物法》问题上有不同意见，但他仍与所有创刊人保持了良好的关系；他还保留了他在荷兰之家（Holland House）获得的"梅花王（King of Clubs）"的会员身份。实际上，对于一位经常被人们批评其经济观点反复无常、摇摆不定的人来说，马尔萨斯的政治忠诚与其温和派辉格主义立场保持了高度一致。

尽管马尔萨斯在法国大革命期间的期望，不如柯勒律治或华兹华斯那样确实实地热烈，但这些期望也不能被描绘成反雅各宾派的观点。18世纪90年代，在反对英国对法战争和小皮特国内的镇压措施等主题上，马尔萨斯本可以与其浪漫派批评者达成共识。就像我们在讨论马尔萨斯与葛德文早期交流时提到的，马尔萨斯正好活动于以约瑟夫·约翰逊为核心的非国教圈子和艾金家族身边，后者在这一时期作为华兹华斯、柯勒律治、骚塞和哈兹利特的朋友和 338

---

40 *Edinburgh Review*, 1（1802），89.

41 *Edinburgh Review*, 16（1810），pp.464–76.关于霍纳的评论未能面世的故事，参见 *Horner Paper*，edited by Bourne and Taylor，pp.39–40，100–2，295，321，463。

42 比如，骚塞1810年12月24日在写给瓦尔特·司各特爵士的信中说："当我准备以雷鸣之势对那罕见的诡辩家或哲学家杀手（philosophist, or philosophicide）开刀，看到爱丁堡方面公开表示他们对马尔萨斯的信仰，我并不感到遗憾。"参见 *NL*，I，p.551；也可参见 Carnall，*Southey and his Age*，pp.99–100。

出版商，其地位同样重要。威廉·弗伦德，是马尔萨斯和柯勒律治的生命中一位尤为重要的人物，他曾是这两位对手在耶稣学院的导师。[43] 马尔萨斯1788年离开剑桥大学，三年后发生了弗伦德被大学驱逐的事件，不过，他的密友威廉·奥特（William Otter），是耶稣学院教师中投票反对驱逐弗伦德的少数人之一。我们还知道马尔萨斯在弗伦德搬到伦敦后与他及其他一位论者保持着联系，并终生维持着与他们的友谊。然而，柯勒律治、骚塞和华兹华斯在改变他们的政治和宗教隶属关系后，在对待控诉反法战争的态度变成党派忠诚的试金石时，他们就抛弃了那些朋友。[44] 柯勒律治的第二次《平信徒布道辞》实际上成了他与以前的一位论朋友们清算关系的理由。[45]

马尔萨斯在1803年版《人口原理》中补充了对公民自由和政治自由的讨论，在国内不同意见和战后困境正处于鼎沸之时，他又在1806年和1817年的版本中修订和扩充了这些讨论，虽然这些文章绝非他在《危机》中所写的那些政治小册子，但仍然是一位温和辉格党人的手笔，这位辉格党人急于消除那些导致"乡村士绅"懈怠其反对行政官员侵权这一传统职责的恐惧，从而在议会外激进的不满之声和行政官员的暴政之间维持中间立场。如果穷人能够得到教育，从而理解他们的切肤之痛中只有一小部分可以归咎于政府，那他们将不太可能追随"一般的鼓吹者"，将不幸的原因恰当地分摊到人口压力和现有政府的弊病上。自1806年以来，马尔萨斯就认为，政府对繁荣的贡献是"引人注目的、无可争辩的"，尽管他是"间接"表达这种观点的。一旦确立了一种更冷静的意见，"时间的流逝和政治世界的风暴将使渐进

339

---

43 事实上，柯勒律治皈依一位论和激进主义要归功于弗伦德的影响。当弗伦德搬到伦敦时，柯勒律治与弗伦德及其所属的朋友圈交往的详细研究，参见Roe，*Wordsworth and Coleridge*，Chapter 3。

44 关于一般持不同意见者，尤其是艾金家族在反战宣传中的参与，参见Cookson，*Friends of Peace*。关于骚塞和柯勒律治抛弃以前的朋友一事，参见Anna Letitia Le Breton，*Memories of Seventy rears*，London，1884，pp.76–7。

45 参见 *Lay Sermons* in *CW*，VI，Appendix C。

的政治改革成为必要"，为了"防止英国宪政的逐步毁灭"，这些"渐进的政治改革"可能会继续进行。在财产权得到保障后，普及审慎习性的最佳保障是"由平等的法律赋予下层阶级以尊严和重要意义，以及在形成审慎习性时拥有某种具有支配力的占有物。因此，政府越出色，就越能激发审慎和上进的情感，只有这样才可能避免贫困"。[46]

马尔萨斯当然不会不害怕骚塞所说的奴隶战争（bellum servile）——在骚塞那里，这些恐惧主要集中在与英格兰城市制造业相关的政治动荡。他遗憾地感到，暴民专制的风险让他——"这位自由的朋友，庞大常备军的敌人"——承认，在18与19世纪之交的极端粮荒时期有必要对自由进行某些限制，有必要使用军事力量："如果政治的不满掺杂着饥饿的叫喊，如果革命将由一群叫嚣着索要食物的暴民进行，那结果将是连绵不绝的剧变，以及持续不断的屠杀，唯有建立某种彻底的专政才能终止这场血腥的事业。"[47] 1817年，破坏机器运动的爆发、亨利·亨特（Henry Hunt）之类的"大众演说家"的活动，证实了这些恐惧。[48] 这就让马尔萨斯不可能以他的激进派朋友李嘉图、詹姆斯·密尔所采取的方式来解释彼得卢惨案，即认为彼得卢惨案暴露出地方官干涉民众合法集会权利的迹象——这一点令人担忧，它证明了"制造业地区偶尔会发生动荡的局面"，尤其证实了"严重缺乏中等阶层所带来的不幸"。[49] 至少在密尔看来，彼得卢惨案也是教育和新闻自由带来影响的负面信号。[50]

340

因而，在彼得卢惨案上，马尔萨斯与骚塞和柯勒律治有更多共识。

---

46 *EPP*, II, p.131.

47 *EPP*, II, p.124.

48 *EPP*, II, p.135.

49 密尔在《政府论》中表达了这种见解，此见解再版于J. Lively and J. Ress（eds.），*Utilitarian Logic and Politics*，Oxford，1978，p.94。

50 参见1817年9月7日致李嘉图的信，见Ricardo，*Works*，VIII，pp.58-9；以及1819年9月11日李嘉图致哈奇斯·特罗尔（Hutches Trower）的信，p.80。

如果普选权和年度议会受到最近发生的此类集会的恫吓，我几乎很难想象会发生比我预想的更血腥的革命。这些人显然被教唆着认为，如此改革将会缓解他们的所有痛苦；当他们发现自己彻底失望——正如他们必然会失望时那样——在我看来，屠杀就会一直持续，直到被一个军事专制政府终结一切。这个国家若发生革命，痛苦将会比法国大得多。法国的制造业人口相对较少，制造业造成的破坏不会被如此深切地感受到；但在英国，失去工作，缺乏食物的悲惨遭遇将是可怕的。我希望而且相信可以避免这些极端情形。[51]

不过，马尔萨斯不同于其浪漫派批评者的地方，也可以在上述同一封信中的结论性评论中看到：尽管他很焦虑、很担忧，但他宣称自己仍然是"议会温和改革的坚定朋友"——这种政治分歧在改革法案即将出台的那段时期急剧扩大。马尔萨斯似乎也不可能像骚塞那样不遗余力地鼓吹"采取限制性措施，以抑制有伤风化、有损道德的原则的扩散，遏制渎神和叛国的胆大妄为的想法"，呼吁禁止出版新闻报纸、流放这些事件的组织者。[52]

尽管在马尔萨斯看来，温和的改革并不意味着采取只以选民人数为基础的激进的代议制方案，但它可能包括在宪政体制所代表的不同群体之间的协调，当然还包括试图消除国内不同意见最明显的根源。在马尔萨斯看来，其中一个根源便是一直没有废除《宣誓与市政机

---

51 参见1819年10月14日致李嘉图的信，Ricardo, *Works*, VIII, pp.107-8。关于马尔萨斯的辉格主义思想和李嘉图和密尔的激进主义之间的比较，更广泛的讨论参见 Collini et al., *The Noble Science of Politics*, pp.83-4, 87-8, 124-6。

52 参见骚塞1819年10月15日致威廉·皮奇（William Peachey）将军的信，此信附上一封致国王的请愿书，承诺在这场行动的过程中支持"坎伯兰的贵族、行政官、乡绅、牧师和自由人"；参见 *NL*, II, pp.202-3；以及1819年11月20日致内维尔·怀特（Nerville White）的信，参见 *Life and Correspondence of Robert Southey*, edited by Charles Southey, London, 1849-50, IV, p.360。

关法案》，这是他自己在《危机》一文中提出的宪政改革的第一件事。1808年，他针对这一点就爱尔兰问题所写的一组刊登在《爱丁堡评论》上的文章增加了天主教徒解放的相关内容："让爱尔兰的天主教徒拥有他们想要的一切；因为他们除了要求应该退还给他们的正义和良好政策，没有其他任何要求。让他们不仅享受英国宪政一切有利于公民的条件，还要给他们一个国教会，就像苏格兰一样。"[53]

341

这些文章非常明显地填补了马尔萨斯《人口原理》处理爱尔兰人口经验的重大空白——他是最早承认这些空白的人之一。[54] 其中还包括了直截了当地谴责英国统治的议案，其标题如下：新教统治对多数派天主教徒的敌视，对爱尔兰制造业和食品出口的商业限制的"狭隘精神"，腐败的行政管理以及日益恶化的不公正的什一税。这里的问题是政治考虑优先于经济问题。在一个很容易获得土豆作为口粮的国家，改善人口压力产生的贫困问题反而面临很多难题，这些难题只有通过立法才能被间接地解决，消除公民权利问题上的一切歧视，就是直接消除不公正现象——这些不公正现象加强了煽动者的力量，威胁益格鲁-爱尔兰联盟可能带来的相互利益。波拿巴的胜利为这些文章提供了一个背景，这说明马尔萨斯可能不会完全单纯地对一份政治记者的职业产生兴趣：

> ［爱尔兰］这个国家的损失是每天面临的下列危险：没有天主教徒对于不人道的叫嚣，以政府为代表的一方的偏执和卑劣，以及另一方的背叛和善变。真正令人愤怒的是，想到当人们希望每个人的身心都联合在欧洲残余的最后自由的周围时，总有一批人会出现

53　参见 *Edinburgh Review*, 14（1809），p.169；and ibid., 12（1808），p.353, as reprinted in *Works*, IV, p.26。

54　参见马尔萨斯在一篇匿名评论中的声明："爱尔兰的人口增长速度令人惊讶；这一事实为马尔萨斯先生的学说提出了一个如此醒目的例证，以至于我们很惊讶他竟然没有更详细地论述爱尔兰"：*Works*, IV, p.26。

> 在这些事物的漩涡中心，他们要么因狭隘的智力绝对无法从日常不断涌现的重要经验教训中获益，要么无论他们坚持怎样的意见，都宁愿在既有的地位和高薪的神龛里牺牲自由和这个国家。[55]

虽然这些评论反映了马尔萨斯当时暂时的政治见解，但似乎还值得一提的是，马尔萨斯坚持在爱尔兰问题上优先考虑公民自由和政治自由。18年后即1829年天主教徒解放法案颁布前三年，这一点在马尔萨斯呈递给移民特别委员会的证据中得到了证实。[56]

在这个问题上，马尔萨斯的恐惧几乎不可能更甚于骚塞、柯勒律治、华兹华斯的思想和著作中占主导地位的恐惧，在后面三位看来，天主教徒解放意味着对英国国家安全和宪政稳定的最大威胁。柯勒律治反思这一问题的产物是《教会与国家》，他在此著的修辞性声明给人留下的印象是，没人可以假装认为天主教徒解放是爱尔兰不满的"直接补救措施"，这是对1808年马尔萨斯实际主张的准确描述。柯勒律治非但不希望在爱尔兰建立天主教教会，而且坚信，"承认罗马天主教神职制度且像现在这样成为这个王国的组成部分，在任何时候、任何情况下都不可能、而且也不可能符合英国宪政的精神，或符合英国宪政的安全"。[57]骚塞反对解放天主教徒的战斗时间更长，他更明确地反对天主教始于1809年，其观点几乎与马尔萨斯提出的论断完全相反。英国政府对爱尔兰天主教已经做出了太多让步，允许天主教徒解放对于减轻广大人民确凿无疑的苦难无济于事。天主教神职人员本身

---

55 *Works*，IV，p.66.杰弗里招募到辉格派一个如此优秀榜样的喜悦之情，参见他1808年4月21日写给马尔萨斯的信，他称赞马尔萨斯的爱国主义具有"阳刚克制的语气"以及他的见解具有"素朴而开明的仁慈"，"迄今为止，在我读到的撰稿者著作中"，这些见解"更符合我自己的情感和印象"，引自James，*Population Malthus*，pp.149-50。

56 参见马尔萨斯呈递给1826—1827年移民特别委员会的证据，*Parliamentary Papers*，V，Answer to Question 3313。

57 参见 *Church and State* in *CW*，X，p.156。

就是爱尔兰贫困背后的主要传播者。英国国教会与国家风雨同舟，把权力授予国家内部那些敌视其教会的人"显然是荒谬的"。1812年，骚塞愿意做出让步，承认减免什一税，容许天主教徒进入"获得高薪、信托财产或享有荣誉"的职位中，条件是永远不允许他们进入议会，因为他们对外国势力公开的效忠将构成对新教教会和国家的威胁，任何正式的誓言都不可能消除这种威胁。华兹华斯在天主教问题上的预言，尽管只是在私人圈子里流传，但同样是非常强烈的，而且其基础是对国教教会的类似担忧，因为国教教会将不得不与罗马天主教会争夺信徒的忠诚。[58]

柏克认为，"在基督教共和国中，教会和国家是同一回事，是同一个整体的不同组成部分"；这一学说是湖畔派诗人反对天主教徒解放的核心内容。英国民族性的观念在新教式的真正宗教中得到支持和体现，但它仍然受到天主教的威胁，非信徒们（无神论者、自然神论者和非三位一体论者）也可以主张一种柏克式的认可。正如我们已经指出的那样，柯勒律治在《教会与国家》中比较（与土地所有权相关的）持久原则和（与商业和职业相关的）发展原则时还存在一种柏克式的思想因素——不过，通过知识分子在第三领域即一个独立的国教会中发挥的作用，这些对立原则作为文明基础被调和并赋予了文化意义，这样的观念却仅属于柯勒律治一人。实际上，国教教会作为一个单独的法人实体，其独立性因其自身获得的捐赠而得到保证，并为"民族性"贡献一份自己的力量，这种独立性使得它不同于其他既有宗教更常见的情形，后者对现状的政治支持多多少少有点肤浅。[59]仅仅在这方面我们才可以说，柯勒律治敏锐地意识到亚当·斯密下列

343

---

58 参见华兹华斯1829年3月3日、3月13日致查尔斯·布鲁姆菲尔德（Charles Blomfield）和克里斯托弗·华兹华斯（Christopher Wordsworth）的信，见 *Letters*，Ⅴ（Ⅱ），pp.36–46，50–2。

59 柯勒律治对国教会概念的特殊性，以及国教会、国家和基督教会之间的区别，可参见 Morrow，*Coleridge's Political Thought*，pp.142–54。

警示背后的那类思考：斯密警告人们注意宗教使命感对政治援助的影响，以及富裕的国教会知识阶层与他们应该服务的那些人之间联系的丧失。仅仅在拥有自主性时，教会才能够作为教育性的力量抗衡这个时代的商业精神——事实证明，这种观点对约翰·斯图亚特·密尔以及柯勒律治后来的"广教会（Broad Church）"信徒们都有强烈的吸引力。

在宪政改革的其他议题上，柯勒律治、骚塞和华兹华斯变得坚决反对任何革新。拿破仑战争期间和之后，他们主要强调的是需要一个强大的政府，以其行政权力控制新闻出版，惩罚那些激进煽动者的活动，无论是通过绞刑还是流放。精神复兴是广大人民的主要希望，柯勒律治的《平信徒布道辞》清晰地表明，人们通过其他方式而非作为这个政治意义上的国家的成员来学习他们的权利和义务。教会成员在上帝面前人人平等，"唯一纯粹的民主"，但在涉及国家的各种议题上，以阶级和经济地位为基础的不平等利益集团构成了现有的秩序。[60]

344 他对议会改革议案通过之前发生的各种事件的个人反思，稍后公开发表在《燕谈录》中，这些观点比他之前发表的任何观点都危言耸听。[61]柯勒律治在这方面得到华兹华斯的支持，他祈祷上帝宽恕那些"迄今为止已经犯下历史上最严重的政治罪行的人"[62]。

不同于这些托利式的情感——其中一些情感配得上肉食动物的标

---

60 参见 *Table Talk* in *CW*，XIV（Ⅰ），p.263。

61 柯勒律治一个典型的看法是："最悲惨的事情是摧毁我们的民族性——这种民族性体现在我们的代议制政府中，是将这种民族性转变为一个自降身份的人民代表团。如果一个民族不团结，只有国家利益的代表，那这个民族热爱或希望的代表团只是一盘散沙"：*Table Talk* in *CW*，XIV（Ⅰ），pp.220-1。

62 参见华兹华斯1832年2月24日致隆斯戴尔勋爵（Lord Lonsdale）的信，*Letters*，V（Ⅱ），p.497。改革法案既不公平，也不合适，为"可能造成鲁莽和错误行径的任意抢夺和颠覆"铺平了道路。城市市民将不会因被授予选举权而获利，一旦踏上这滑入深渊的道路，贵族制原则将会遭到威胁。华兹华斯关于议会改革法案的意见，参见 *Letters*，V（Ⅱ），pp.455、468、488-91、496-501、513-15、530、588、657、711、717。

签，马尔萨斯看起来像是一头典型的辉格派食草动物，他支持议会改革法案将中产阶级融入这个国家的政治，尽管他有点怯懦，有点瞻前顾后。这种支持体现在一个长长的脚注中，马尔萨斯本打算将这个脚注作为第二版《人口原理》的增补内容。在一部致力于阐释经济学原理的著作中，纳入对这些分裂的政治事件的评论，本身就进一步证实了马尔萨斯一贯遵循的更包容的策略。这个脚注被引用来说明他所表达的忧虑：若没有长子继承制，英国宪政将失去它的特性，因为权力排他性地落入商人和制造业者的手中：

> 这段文字写于1820年。专横跋扈的政治环境自此后产生了一场骤然而广泛的改革，而若时间和各种情况能够控制的话，审时度势建议的改革或许并非如此。但必须承认，已经采取的所有改革都是为了让宪政的实际工作更接近于宪政理论。而且有充分的理由相信：社会中大多数的中产阶级——他们中间已经有很多人被首先赋予了选举权——肯定会很快看到，他们自己的利益以及那些依附于他们的人的利益和幸福，将因那些倾向于助长动荡和动摇财产安全的事件遭到最根本的侵害。如果他们充分意识到这最无可置疑的事实，并采取相应的行动，那么，毫无疑问，消除那些难看的污点，消除那些把柄——因为一旦有合理的理由，这些污点、把柄就会随时激起人民的不满，煽动人民发起暴动——将会使英国宪政建立在比以往更广泛、更牢固的基础之上。[63]

消除那些可能激起不满的"难看污点"，作为维持历史延续性和延缓革命的有序改革，已经合理地成为附加在"柏克式的"（Burkean）

345

---

63 *PPE*, II, p.270.

这个形容词之上的一个意义。[64] 在这个意义上，马尔萨斯是一位柏克式的辉格党人，他一直拒绝柏克及其极端托利党拥趸在英国与法国作战期间和战后阶段——这段时间里，天主教徒解放法案和议会改革议案都被提到了宪政议程之首——支持的那种政治。

在改革议案争论期间，托马斯·巴宾顿·麦考莱（Thomas Babington Macaulay）以比马尔萨斯更自信的心态定义了辉格党的柏克式立场，并试图将柏克从骚塞的怀抱中拯救出来。[65] 尽管马尔萨斯对18世纪的作家有着明显的偏好，但他似乎从未克服自己早期对柏克抛弃辉格党事业的福克斯式厌恶。他在初版《人口原理》中没有参考柏克的任何著作，除了隐晦地提到一些观点以使自己和柏克的《法国革命论》保持距离之外。[66] 有些人已经察觉到柏克在向穷人宣扬基督教顺从时的国家全能主义色彩，这一点在马尔萨斯那里是没有的。虽然柏克为现有制度的辩护带来了意想不到的结果，形成了一种虔诚地称赞惯例和习性的潜意识的秘密氛围，但马尔萨斯采取了一种更朴素的效用主义的推理方式，这就没给隐瞒和欺骗留下任何余地。他可能比李嘉图更审慎地看待经验，但他同样也致力于思考作为政治事务明智行动向导的理论。《人口原理》中有一章是"论一般原理的必要性"，此章旨在阐释休谟的箴言，即"在所有科学中，最具欺骗性的莫过于政治学的表象"，同时意在防止归纳主义的谬误，因为归纳主义主张在局部地区可能是事实的现象可以被扩展到整个社会。[67] 为了反对

346

---

64 关于这种"柏克主义"（Burkeanism），参见 Burrow, *A Liberal Descent*, pp.2, 22-3, 108。
65 尽管麦考莱承认骚塞与柏克有某些相似之处，但他增加了下面这句评论："一个非常伟大的人，不过，柏克先生确实拥有一种令人钦佩的适合调查的理解力，这种理解力比18世纪任何积极政治家或投机政治家强得多，这种理解力强于任何事情，除了他自己热烈而难以控制的情感。因此，他一般像一个狂热分子一样选择他的理想，像一位哲学家一样捍卫他的立场。"参见 "Southey's Colloquies on Society" in *Lord Macaulay's Essays*, London, 1886, p.98。
66 参见上文第252—253页。
67 参见 *EPP*, II, pp.185-6。

葛德文和孔多塞的乌托邦主义，或李嘉图及其追随者不成熟的普遍真理，马尔萨斯以牛顿式的方法诉诸经验。他没有以柏克的方式诉诸历史经验相沿成习的秘密，也没有求助于那些几乎无法表达、只有少数知情人能阐释清楚的内容。[68] 必需品的刺激和心理学的论证旨在表明：除非人们事先获悉愉快或不快的经历，否则人不可能行动，这就要求所有人具备理解和行动的能力，并对相关后果承担道德责任。提供最广泛意义上的教育，即提供获得这种负责任的理解力所需要的教育，在柏克的思维方式中被敬重（deference）和顺从（resignation）取而代之。[69]

在一个等级秩序稳定的社会中，敬重的核心作用显然是华兹华斯愿景的一部分，正如我们在《济贫法》这个案例中看到的那样。敬重关系的另一面，即家长制，隐约体现在骚塞对制造业体系损害不列颠所带来的毁坏的叙述中，以及柯勒律治对商业精神过度泛滥的评论中。根据柯勒律治《教会与国家》中的说法，知识分子阶层或许可以履行柏克分派给"自然"贵族的一些职能。然而，最能让柏克的崇拜者与柏克本人区分开来的似乎是，他们（里克曼除外）全心全意地承认广大人民接受教育是任何解决方案中迫在眉睫的一个因素。他们赞成贝尔提出的圣公会方案，这就与马尔萨斯和兰开斯特非国教徒合作的意愿形成了对比，但这只是表明他们在这个主题上的立场更加派系化，该主题也非常契合他们对国教教会未来的爱国主义忧虑。圣经知识本是信徒们共享的承诺，但从柯勒律治的《平信徒布道辞》来看，人们怀疑湖畔派诗人的道德教育更强调精神的鼓励，更强调集体义务

---

68 关于柏克这方面的内容，参见上文第180页。
69 然而，注意到以下一点或许很有意思，即马尔萨斯的朋友威廉·奥特履行奇切斯特主教官方职责的过程中，在引用柏克《关于粮荒的思考和详细说明》有关顺从的评论时确实将马尔萨斯和柏克视为一对人物。参见 Sermon Upon the Influence of the Clergy in Improving the Condition of the Poor, Shrewsbury, 1818, pp.19, 28；以及 Reasons for Continuing the Education of the Poor at the Present Crisis, Shrewsbury, 1820, p.11.

347 而非个人的责任。然而，同样明显的是，和马尔萨斯不同，他们不赞同把政治经济学这样一门"经验"科学作为任何教育课程的一部分，无论是乡村层次的教育，还是作为履行印度公职人员职责的准备——后者为马尔萨斯作为东印度学院教师赚钱谋生提供了一个身份。湖畔派认定政治经济学落入了错谬之手，用柯勒律治的话说，它无可挽回地与"几近享乐主义的自私"绑定在一起，他们不希望看到政治经济学的影响扩散，不愿看到它的科学主张扩展并变得更精确，更不愿它作为立法指南的价值和意义在实践中得到证明。不过，当然，准确地说，这门科学是马尔萨斯和李嘉图——后斯密时代政治经济学的一代领军人物——眼中的业余爱好。在拿破仑战争的尾声，他们可能也会为自己感到骄傲，因为他们确立了一系列命题，这些命题让这门科学得以发展，并超越了那位奠基人遗留下来的那种状态。下一章将致力于讨论这些发展以及斯密原始遗产中的分歧，而这些分歧源于马尔萨

348 斯和李嘉图力求从不同方向来解释这门科学。

第十二章

上帝的礼物

上帝赐予人类不可限量的土地，它能够养活的人比必须在土地上耕耘的人还要多……这难道不是最明显的指示吗？这难道不是来自土地剩余产品的一部分吗，而且，我们将会进一步看到，这是绝对必需品的一部分，而这部分被正当地说成是一切权力和享受的源泉；没有这些，实际上就没有城市，没有陆军海军，没有艺术，没有学问，没有任何精巧的制造业，没有外国的便利品和奢侈品，没有任何文明优雅的社会，而这些不仅让个人获得提升，感受到尊严，还将其有益的影响扩散到全体人民大众之间。

——T. R. 马尔萨斯《地租的性质与发展》，1815年

一

马尔萨斯将地租形式的土地产品盈余描绘为上帝的礼物，这一描述巧妙地结合了政治经济学学说与自然神学，体现了他对后斯密时代这门科学所作贡献的精神主旨——如果不是实质内容的话。该学说恰好也是马尔萨斯作为共同发现者或重新发现者合理主张其主观原创

性的一个学说。[1] 在 19 世纪前几十年作家们重估斯密政治经济学的进
程中，地租理论和人口原理共同构成了马尔萨斯的主要观点。地租理
论在政策中的不同运用，该理论对这门科学其他方面的意义的不同解
释，是马尔萨斯和李嘉图之间的分歧一开始的主要特征，也是他们分
歧的长期特征。据前文的内容来看，李嘉图反对马尔萨斯表述地租
性质的神性语言，这一点并不奇怪。在表明政治经济学的世俗观点
和宗教观点区别的另一段话中，李嘉图如此评论所谓"礼物"这个
概念：

349

> 我不赞同一篇政治经济学论文应如此思考这个问题。礼物的
> 大小取决它的多少，而不取决于它可能在多大程度上具有道德的
> 有用性。如果我限制我的朋友每天只能饮用一品脱红酒，这样做
> 可能更有利于他的健康，但如果我每天给他一瓶红酒，我的礼物
> （gift）就是最有价值的。问题不在于造物主是否通过限制土地生
> 产力来顾及我们真正的幸福，而在于事实是否是他如此限制土地
> 生产力——他为我们供应大量的水、空气，也没有限制我们利用
> 气压、蒸汽弹性和大自然为我们提供的其他众多服务。[2]

马尔萨斯在为《谷物法》争论作出贡献的过程中阐释了这种新地
租理论，尽管该理论是他在东印度大学多年授课的一部分，并且是基
于农业收益递减法则对初版《人口原理》中所说的算术比例的发展。

1　爱德华·维斯特（Edward West）和李嘉图 1815 年发表了类似的地租理论，但李嘉
图承认马尔萨斯在地租理论上的优先提出者的地位。当这些问题成为这门科学最
初历史的重要内容时，J. R. 麦克库洛赫可能带着些许苏格兰人的骄傲指出，詹姆
斯·安德森在 1777 年发表的一部著作中已经提出相同的理论；但此书现在已湮没
无闻；参见 *A Discourse on the Rise, Progress, Peculiar Objects and Importance of
Political Economy*，London，1824，该著被增补到麦克库洛赫自 1828 年以来编辑的
《国富论》中。

2　参见 *Notes on Malthus* in Ricardo，*Works*，II，p.210。

这一理论消除了《国富论》中归于土地所有者这种形式的收入的歧义，更精确地说明为何地租遵循的法则不同于工资和利润遵循的那些法则，因此不应该将其作为"自然"价格的组成成分之一。李嘉图知道这种新地租论可能已有一段时间，他将其纳入《论低价谷物对资本利润的影响》一文中，作为其对《谷物法》争论贡献的一部分，这也是他对马尔萨斯保护农业态度的一种回应。

众所周知，马尔萨斯-李嘉图的地租理论赞成以下结论，即在农业技术没有得到改进的情况下，决定食物价格的因素，要么是人们在最贫瘠或最不肥沃的土地上种植粮食的成本，要么是在已经完全开垦但需要增加劳动和资本投入才能获得相同产出的土地上种植粮食的成本。地租被视为一个国家年收入的一部分，因而是在扣除粮食生产的必要成本即工资和资本利润后，支付给土地所有者这个阶层的总盈余。个别土地所有者因他们拥有的不同地块的相对肥力不同，获得地租的基准也不尽相同，他们从其引入的土地改良措施中获得的任何收入都被单独地视为资本的利润。在这方面，它不同于实际地租和合同地租。它还可以构成农场主、耕种者、皇室、教会或地主收入的一部分，这取决于法律的或习惯性的保有权约定以及竞争程度，而非农场主因拥有最肥沃的土地就存在的习惯性懒惰。其他形式的收入的主要差别在于以下事实，即地租由人们对食物的需求决定。用一句标志性的口号来说，地租高是因为食物价格高，而非相反，这一点已成为一个定论。它强调了地租作为一种收入形式的消极性——如果不是其不合法性的话。

在《国富论》中，斯密说土地所有者喜欢在不播种的地方收割，喜欢不劳而获——这种观念表明他们的收入并不取决于任何特殊的努力。[3] 然而，这种见解与该书的其他内容并不一致，在那些地方，地租不被认为是盈余之物，而是必要生产成本的一部分，因此也

350

3　*WN*, I.vi.8.

是"自然"价格的一部分——这个"错误"是休谟首先注意到的。[4] 西蒙·德·西斯蒙第（Simon de Sismondi）此时是斯密的法国信徒，他强调了这一结论，认为地租是"纯收入"，是"唯一使国民收入有净增的劳动成果"。[5] 大卫·布坎南，这位抢先报道马尔萨斯长期计划的爱丁堡记者，1814年出版了一版附带自己评论的《国富论》，他也尖锐地评论说："人人都想不劳而获，但似乎只有地主才能成功地实现如此理想的目标。"[6] 斯密认为，土地所有者的利益不可能与国家利益发生冲突，因为他们的收入带来了财富，导致人口增长；这种观念被认为需要相当大程度的修正。正如布坎南承认的那样，人口原理是马尔萨斯在修正斯密关于工资与经济增长关系的结论这一过程中的第一个重要贡献。[7] 新的地租理论似乎有可能在强调潜在的社会冲突以及进步的局限性这一方向上继续推进这一进程。地租可以视为对消极阶层的一种垄断性回报，是其他社会成员作为必需品消费者以其消费能力对这一阶层的转移支付。

拿破仑战争后，英国的物价和地租水平由《谷物法》主导，议会同样由土地所有者的利益主导，在此背景下，这个问题绝不仅仅是一个理论问题。斯密认为，土地所有者和商人利益集团的区别在于前者不可能误导立法机构；布坎南在评论该结论时说："事实上，所有不同的社会阶层都容易被他们自己偏颇的观点扭曲，当这些观点与公共利益矛盾时，他们的选择几乎不会有丝毫犹豫。"[8] 弗朗西斯·霍纳对

4　"我怎么也想不出农场的地租会是农产品价格的组成部分，我认为农产品价格完全由生产量和需求量决定"；参见休谟1776年4月1日致斯密的信，见 *Corr.*, p.186。

5　*Richesse commerciale*, Geneva, 1803，马尔萨斯在《地租的性质与发展》中引用了这句，参见 Malthus, *Works*, VIII, p.117。

6　*Wealth of Nations*, edited by David Buchanan, 4 Volumes, Edinburgh, 1814, IV, p.180.

7　*Wealth of Nations*, edited by David Buchanan, 4 Volumes, Edinburgh, 1814, IV, pp.103–4 and 131.

8　*Wealth of Nations*, edited by David Buchanan, 4 Volumes, Edinburgh, 1814, I, p.422n.

《谷物法》议案的愤怒批评，为斯密的继承者们现在看待这一问题方式的变化提供了进一步理解。

正是这种以乡村士绅的智慧来管理整个经济体系、划分国家产业和财富分隔（partition）的冒险专横的精神，让我比早些时候更强烈地反对他们这份《谷物法》议案，而在更早的那段时期，理性政府的原则得到更广泛的理解，并得到更强有力的主管事务之人的坚持。[9]

正是在这种背景下，马尔萨斯和李嘉图在《谷物法》争论中做出了各自的贡献。我们在前文已经提到，马尔萨斯渴望在可能受任何变革影响的各种生产者利益之间保持严格的公正。然而，在其《地租的性质与发展》中，马尔萨斯反驳了西斯蒙第和布坎南的地租解释。土地的有限性和肥沃土壤的稀缺性的确为土地租赁提供了局部垄断的环境，但马尔萨斯力求将这一问题与人口原理和生存物资的内在特殊性关联起来，从而将其置于一种更和谐的视野之下。日益增长的生存资料的商品供给因人口增长而产生了它们自身的需求。这就与其他商品形成了对比，这些商品可以通过任何自然的或人为的稀缺属性而获得垄断性回报，从而使价格高于产品的必要成本。诸如稀有红酒之类的奢侈品就不是食品：对它们的需求"是产品本身之外的东西，并不取决于产品本身"，而就食品的情况而言，"需求取决于产品本身"。因此，地租作为累积的盈余，应该被当作"上帝的礼物"的一个准确标准，尽管土地随着更集约化的耕种而减少。最初这是一份纯粹的礼物，但对于那些后来抵达越发拥挤的伊甸园的人来说，它的价格更高。尽管如此，它仍然是一份礼物，因为它的形式是盈余之物。

相反，李嘉图的《论利润》阐明的立场更接近于西斯蒙第和布坎

352

9　*Horner Papers*, edited by Bourne and Taylor, p.818.

南表述的立场。他宣称，地租"从来不是岁入的新创造，但一直是已经创造出的岁入的一部分"。[10] 李嘉图颠覆了斯密最自信的论断之一，他指出，"地主的利益总是与社会其他阶层的利益相对立"[11]。这一点不仅仅适用于保护性政策，还适用于农业改良。他对斯密以及后来马尔萨斯逻辑的逆转由下列论断完成，即土地所有者不仅从农业保护和阻碍土地改良中获得暂时性的利益，而且他们还是从可能产生的结果中获得持久性利益的唯一阶层。与之相伴的是，他们还是唯一一个从粮食自由贸易中遭受持久损失的阶层，这也是反谷物法同盟不喜欢使用更具有分裂性的李嘉图设想的一个原因。根据李嘉图的设想，《谷物法》并不像马尔萨斯指出的那样，这种措施可能会暂时对某些利益产生不利影响，主要是对那些与商业和制造业相关的利益产生不利影响；它将永远有利于一个阶层——这个阶层，李嘉图毫不犹豫地称之为"非生产阶层"——其代价是牺牲其他所有阶层的利益。[12]

李嘉图否认这些令人震惊的结论是出于他对土地所有者利益的敌意。在他看来，马尔萨斯虽然承认，土地所有者"对财富生产没有如此积极的贡献"，但他还是忠实于斯密的结论，即他们的"利益与国家繁荣的关联更密切、更直接"。[13] 我们将会看到，他还坚信，土地所有者通过非生产性消费对财富创造做出了特殊的（非积极的）贡献。尽管两人存在这一重大分歧，但马尔萨斯还是承认李嘉图对土地所有者的利益没有敌意，其心态与李嘉图在马尔萨斯遭到相反指控时为其辩护的主旨一样：

稍有些奇怪的是，李嘉图先生，一位值得尊敬的地租认同

---

10 Ricardo, *Works*, IV, p.18.

11 Ricardo, *Works*, IV, p.21.

12 参见 *Principles in Works*, I, pp.312-14, and II, pp.199-200。

13 参见 *Grounds of an Opinion on the Policy of Restricting the Importation of Foreign Corn in Malthus*, *Works*, VII, p.167。

者，却如此低估地租对国家的重要性；虽然我从未承认，也不期待承认他会看重这一点，但我却很可能因高估地租的重要性而遭到批评。我们的不同处境和不同意见至少可以表明我们共同的真诚态度，并提出一个强有力的推断，即无论我们的思想在自己主张的各种学说方面可能存在怎样的偏见，它都不是来自个人处境和利益的无意识偏见，而这一点是最难防范的。[14]

李嘉图的《论利润》获得了更广泛的意义，在詹姆斯·密尔的积极鼓励下，他以此文作为他1817年发表的《政治经济学原理》一书中的发展与分配演绎模式的基础。这本著作对利润长期下滑提出了一种解释，并成为李嘉图政治经济学的标志之一。就像《论利润》论述的那样，李嘉图坚信，在一个限制食物进口的经济体系中，资本利润率下降的唯一持久或长期的原因，是依靠贫瘠的土地上生产的粮食来维持更高的劳动成本。与斯密和马尔萨斯相比，李嘉图的这一观点意味着不断下降的利润（现在被确凿无疑地标记为"生产阶级"的收入，以说明利润是资本积累的主要动机和主要根源）有一个单一的因果关系解释：即不断增长的工资。这就排除了斯密和马尔萨斯认为利润不断下降——除非是作为暂时现象——的其他原因，即资本积累本身。随着1817年《政治经济学原理》的出版，李嘉图体系诞生了。至少在接下来的十年里，该体系即将赢得小部分能干信众的忠诚。该著也是麦克库洛赫在《爱丁堡评论》发表的好几篇文章以及他为《不列颠百科全书补遗》所写"政治经济学"词条普及的那些学说的来源。此书经过删改，加上某些典型的教条化观念后，成为詹姆斯·密尔对其天才儿子约翰·斯图亚特·密尔十三岁以后的教育的重要内容，后来又在他自己1821年的《政治经济学基本原理》（*Elements of Political Economy*）这本"教科书"中得到阐释。

354

14　*PPE*，I，p.238n.

马尔萨斯发现自己在很多观点上都与李嘉图体系不一致，他相信，事实上，这是对自己仍在考虑中（*sub judice*）的那些主题"仓促草率地简单化和普遍化的尝试"，他于1820年出版了自己的《政治经济学原理：从它们的实际运用来考虑》（*Principles of Political Economy considered with a view to their Practical Application*）——但他仍然宣称，这个时机对于出版"一部新的系统化论著"来说仍不成熟。接下来的几年里，马尔萨斯就这些存在分歧的问题与李嘉图进行了友好的通信，并与李嘉图的信徒进行了不太友好的公开争论，他试图努力表明，这些信徒在他重新解释的斯密学说方面犯了怎样的错误。麦克库洛赫和詹姆斯·密尔宣扬李嘉图立场的力度确立了一种看似对于社会注意力的垄断——如果不是对真理的垄断的话。[15] 至于真理，马尔萨斯对麦克维伊·纳皮耶（Macvey Napier）决定委托麦克库洛赫撰写《不列颠百科全书》政治经济学词条的评论，正好反映了他当时的立场。

> 我非常清楚麦克库洛赫先生和密尔先生的价值，也对他两人抱有极大的尊重；不过，经过反复思量，我确定，他们两人采纳了一个经不起经验考验的理论。它对这一议题的看法是片面的，就像法国经济学家一样；而且和那种体系一样，在吸引了大量极其聪明的人进入这个漩涡之后，它将不能支持自己反对明显的事实证据。[16]

---

15 李嘉图主义作为正统学说的迅速兴起自然产生了大量的文献，其中，最早贡献的文献之一仍然是最全面、最具启发性的；参见 S. G. Checkland, "The Propagation of Ricardian Economics in England", *Economica*, 16（1949）, 40-52。关于李嘉图经济学兴衰的研究，参见 M. Blaug, *Ricardian Economics*, New Haven, 1958。参见 F. W. Fetter, "The Rise of Decline of Ricardian Economics", *History of Political Economy*, 1（1969）, 67-84, 此文叙述了李嘉图经济学主导地位的神话一直得以维持的方式。

16 马尔萨斯1822年1月5日致纳皮耶的信，见 *Selections from the Correspondence of the Late Macvey Napier*, London, 1879, pp.31-2。

马尔萨斯接着试图证明"新学派"与《国富论》以及他自己著作中那些合理的学说有何不同，为此他利用了托利党《评论季刊》的那些文章，但这也为李嘉图主义最年轻的弟子约翰·斯图亚特·密尔提供了一个契机，让他有机会在新近成立的边沁主义报刊《威斯敏斯特评论》上嘲讽马尔萨斯。[17] 而且无论马尔萨斯和李嘉图就地租问题的不同见解达成了怎样友好的和解，他们各自的反对者和支持者都清楚，李嘉图的解释为一些人提供了一个强有力的武器，这些人希望在哲学上强化对英国社会贵族性质和英国宪政寡头性质的激进抨击。麦克库洛赫拒绝追随詹姆斯·密尔根据地租理论得出激进的结论，因为密尔没有遵循李嘉图的逻辑得出恰当的结论而遭到公众的谴责。[18] 在这些问题上，麦克库洛赫采取了一种辉格式的、接近于马尔萨斯的立场。但这也不妨碍他成为马尔萨斯提出的"有毒的江湖药方"最坚决的反对者——这提醒人们不可以将政治倾向等同于经济学说，德·昆西的例子后来也强化了这一事实。一些人被马尔萨斯混杂着自然神学和政治经济学的学说所吸引，然而，无论是出于思想的、政治的还是宗教的原因，他们都发现有必要抨击李嘉图对报酬收益递减结果的矛盾解释。我们在下文讨论马尔萨斯与其形形色色的牧师追随者的关系时会涉及这一主题。

同样令人忧虑的政治意义还有马尔萨斯在长子继承制相关问题上的立场，这种法律实践对于有效利用土地和宪政稳定有着深远影响。根据李嘉图《政治经济学原理》中提出的策略，他自己选择不讨论长子继承制产生的敏感政治问题；这类问题不符合他那更狭隘的基于"数学"概念的科学。他在政治事务上的导师詹姆斯·密尔让他意

355

---

17 参见 "On Political Economy"，此文最初发表在1824年的《评论季刊》（*Quarterly Review*）上，见 Malthus, *Works*, VII, pp.257-97；以及 "The Quarterly Review on Political Economy" in Mill, *CW*, IV, pp.23-43，此文最初发表于1825年的《威斯敏斯特评论》（*Westminster Review*）。

18 参见 *SEW*, pp.341-2。

识到地租学说潜在的激进意义——密尔从不错过利用该学说强调英国贵族制政府不平等的任何机会。[19] 在这些问题上，李嘉图采取了更温和的立场，尽管他允许自己被吸引到马尔萨斯《政治经济学原理》对长子继承制这一主题的讨论，但他觉得，废除长子继承制对土地财产的进一步分割以及"自由政府的存续"产生的影响可能并不那么危言

356

耸听。他推断，经济行为人在做出婚配决定、安排子女财产、实现巩固土地持有者利益方面的理性很快就会抵消最初的不利影响——这是李嘉图展现其相信市场力量将强化自利逻辑这一更强烈信念的另一个例子。[20]

斯密认为长子继承制是提高农业经济效率的主要障碍，是代际间不公平的根源。这样的正义概念并不包含在马尔萨斯对这一问题的讨论中，而且因为后者相信效率的论点和其他情况一样受制于比例原则，所以不考虑本土情况是无法解决的。长子继承制可能会导致一种"有害的"不平等所有权，就像人们在封建时期以及像波兰这样的国家中观察到的那样。另一方面，也存在着土地所有权过度平等和细分的危险，正如马尔萨斯认为这种情况在爱尔兰是事实，而在法国，由于后革命时代的继承法，这种情况可能变为事实。后一种情形的危险是土地保有量太小，不能进行农业改良，从而导致社会越来越容易遭遇极度的缺粮或饥荒。然而，在这一基本的经济情形中，马尔萨斯增加了两个要素，首先是源于辉格党对英国"混合"宪政美德的坚持，其次涉及一系列新颖的经济论断，这些论断源于他对其"有效需求"概念的重视。

宪政论是个传统因素。法国因废除了能够制衡独断行政权力的土地贵族而面临着永久"军事专制主义"的风险——孟德斯鸠称土地贵

---

19 参加 *SEW*, pp.338-42。此处提到密尔对地租增量的征税计划，该计划可能有助于人口增长，而非土地所有者的任何深谋远虑能考虑到的。

20 在废除长子继承制这一点上，李嘉图不赞成马尔萨斯的观点，参见 *Notes on Malthus in Works*, II, p.387。

族为"调节机构",而柏克在提到法国国民议会乱七八糟的成分时谴
责了这种做法,相反,英国则是发现其黄金比例的典型案例。长子继
承制的存在没有妨碍商业和制造业的正常运行,从而减少与封建主义
相关的巨大不平等。它还有一个有利的影响,即强迫地主的小儿子们
"成为自己财富的缔造者",进而"为职业活动和商业行为注入更大的
活力和能动性,而如果平均分配土地财产,则可能没有如此大的活力
和能动性"。人们可能会说,必需品的刺激在改进懒惰富人的习性方
面和目光短浅的穷人的习性方面一样有效。因此,直接改动这项制度
会造成更多的恶,而非善,这主要是因为,"长期以来让英国人卓尔
不群的自由和特权主要归功于土地贵族"。[21] 在这一点上,马尔萨斯回
到了斯密的论断。任何对贵族的削弱都意味着"商人和制造业者将在
议会中享有最大的影响力",根据斯密预测的结果,即"这些阶层的
利益并不总是让他们准备好苦口良药"——人们觉得,这种情感在19
世纪20年代比在1776年更过时。[22] 如我们在上一章所看到的,马尔萨
斯因议会改革法案而修正了他的宪政观。然而,关于他赞成长子继承
制的第二点补充论证,以及需要保护地租收入的观点——这些思考与
他反对李嘉图的有效需求学说有关,在面对李嘉图主义者的大量敌意
时,他打算保留其坚定的态度。既然马尔萨斯在此问题上的异端邪说
的确切性质与他对战后英国经济萧条的诊断有关,那我们在此背景下
讨论是最方便的。

357

二

马尔萨斯和李嘉图在农业保护问题上的分歧,很大程度上是公

---

21 *PPE*, I, pp.437, 507.
22 *PPE*, I, pp.438-9.

共政策的权宜之计和时机问题。在李嘉图主义者看来，马尔萨斯最玄奥的异端邪说就是将地租解释为上帝的礼物，而且拒绝承认地租学说的创始人让-巴蒂斯特·萨伊的结论，即"市场定律（la loi des débouchés）"。这一定律由一系列命题构成，这些命题旨在证明经济产品和服务的总供给总是能产生足够多的收入，以保障那些产品和服务的总需求是充足的。该定律假定，只要有购买力的地方，人们的购买意愿总是会跟上的。一个相关的命题认为，为市场提供产品的唯一动机是促进它们对其他产品的需求，以满足可以无限扩张的需要。至少有两个重要的结论可以从乍看是纯粹的计算管理——这种管理在以物易物经济中是多余的，但在涉及货币经济时需要某些特定假设以保持其合理性——中推导出来：即短期内不可能出现普遍的产品过剩，长期来看过度的资本积累不符合经济增长的条件。[23]

358

尽管马尔萨斯将有效需求的概念与商品总供给的基本条件分开讨论，而且在《人口原理》、就《谷物法》争论撰写的小册子以及他与李嘉图的私人通信中，有效需求的概念都占有重要的分量，但他这两个方面的异端邪说最初是在《政治经济学原理》中广泛传播开来的。马尔萨斯提出的另一种形式的分析具有双重目的：其一，这种分析是他对战后经济萧条的诊断和疗治的基础；其二，这也是他解释稳定的、长期的经济增长的前提条件的一部分。在这个问题上，马尔萨斯-李嘉图的冲突让人不满意的一个原因在于以下事实：两种运用——短期和长期的运用——彼此都不可能轻易分开。前者现在最容易被理解为"凯恩斯主义"的运用，后者则更接近一种经济发展理论的起源，一种关于"财富发展的直接原因"的比较性论述，就像马尔萨斯在《政治经济学原理》说的那样。在这方面，它也符合马尔萨

---

23 从讨论萨伊定律意义的大量现代研究来看，以下内容可以被认为既正确又容易理解：W. J. Baumol, "Say's（at least）Eight Laws, or What Say and James Mill May Really Have Meant", *Economica*, 44（1977），145-62。

斯随着时间和空间的变化而在第二版《人口原理》为证明人口原理的普遍性所做的工作。

　　根据马尔萨斯对战后状况的短期诊断，经济萧条是由1814—1815年英国罕见的大丰收后粮食价格下跌引起的。随之而来的是土地所有者和农场主的收入下降，而货币工资却没有与粮食价格保持一致，这就导致农业的就业机会减少，家庭对制造业产品的需求下降。这种情况反过来又导致出口市场的商品供应过剩，随之而来的是商业收入的下降。经济萧条的程度部分源于战争期间人口和生产力的异常刺激，部分是因为其他一些具体因素，诸如军队复员、高税收、不断上涨的国债，以及货币供应减少导致一般价格水平的下降等。当时的情形是，地租、利润、工资同时萎缩，剩余的资本被赶到海外去寻找出路。马尔萨斯相信，这些条件结合在一起，可能不符合李嘉图的主要学说：以农业报酬递减导致的更高工资来解释利润下降（在马尔萨斯看来，这个下降是有限的，并非决定性的）；李嘉图不愿意承认战后萧条是普遍的供过于求，而非局部的供过于求。虽然李嘉图及其门徒将经济萧条和失业视为个别市场供需不平衡带来的失调问题，但马尔萨斯却认为这是总需求相对于总供给的普遍不足造成的，进而导致所有市场都存货过剩，利润下降的原因与国内粮食生产的成本上涨所引起的工资上涨无关。

　　在李嘉图的《政治经济学原理》中，他将战后萧条视为"骤然变化的贸易渠道"引起"暂时逆转和偶然事件"的一个案例。这些变化，对于拥有大量固定资产的"富有强大的国家"来说是一种巨大的不便，因为这些资本不可能轻易地转到其他就业岗位上。然而，他渴望强调，这些令人厌恶的事情是"一个富裕国家必须承受的恶"；当然，它们不应该与"国家资本的减少和社会倒退"相混淆，尽管这两种事物的状态伴随着类似的外部迹象。倒退"总是不自然的社会状态"，虽然李嘉图承认，至少从理论上讲，超过某个节点的进一步发展可能会受阻，但他还是强调，在这条道路的尽头，那种假设的"静

359

止状态"与倒退或停滞状况之间是有区别的。[24] 因此，经济萧条、经济停滞并不是源于经济体系固有特性的"自然的"周期性事件；它是外部干扰的结果，比如战争或不断变化的技术和趣味，这些都表现为暂时的调节问题。这些问题的持续时间可长可短，取决于资本和劳动能否根据新的市场机会进行轻松的转移。然而，既然这个问题是一个360 对商品和服务的相对需求问题，而非一个普遍不足的问题，那么调节就可以留给市场进程，工资和利润水平的高低在将资本和劳动从低回报率渠道重新分配到高回报率渠道的过程中发挥着正常的作用。当事实证明，这种调节比他最初预期的时间更长时，李嘉图就诉诸以下解释：即这仅仅是因为理性代理人未能对各种信号作出反应——任何相信市场刺激有效性的人都会采用这种解释。[25] 因此，李嘉图应对战后萧条的政策处方主要是通过减少税收、减轻国债负担来鼓励投资，同时消除资本自由流动的障碍，比如《谷物法》——因为此法也对利润下降产生了压力，为资本外溢提供了动机，从而使通货恢复到适当的贵金属基础，这是恢复经济增长的条件。

马尔萨斯大体上赞同李嘉图的货币政策目标。与某些支持通货膨胀的作家的观点相反，他不赞成增加货币数量作为提高价格的手段，理由是这种刺激的暂时性，以及货币在真实财富的膨胀或收缩过程中所发挥的次要作用，更不用说通货膨胀有利于资本家而非那些靠固定收入过活的人的再分配效应。[26] 尽管如此，经济活动的周期或波动一

24 参见 Ricardo, *Works*, I, Chapter 19。

25 例如，1820 年 10 月 9 日李嘉图致马尔萨斯的信。此信写道："为资本寻找就业的困境……源于人们保护其旧的就业岗位的偏见和固执——他们每天都期待变得更好，因此一直生产没有充分需求的商品。充足的资本，低廉的劳动价格，不可能没有一些带来丰厚利润的就业机会，如果一个杰出的天才在其控制之下安排好了该国的资本，那么他可能很快就能让贸易变得像往常一样活跃。人们在生产中犯错，但需求并不缺乏。"参见 *Works*, VIII, p.277。

26 *PPE*, I, pp.513-14.对马尔萨斯与那些支持通货膨胀的人不同观点的相关解释，参见 S. G. Checkland, "The Brimingham Economists, 1815-1850", *Economic History Review*, 1（1948）, pp.6-9, 18。

直是马尔萨斯分析人口反应的主要内容。它们也为他提供了一个长期储蓄和长期投资的类比案例。正如在不降低工资、不破坏生活条件的情况下，可以维持的人口增长率也是有限的，可被用于再投资的储蓄数量也是有限的，而这些可以用来再投资的储蓄期望获得足以支付成本的回报，并为继续生产提供充分的刺激。人口过剩和过度积累可能源于高工资和高利润的各种条件引发的早期刺激的反应。同样，就像人口对工资的压力需要限制婚姻和出生率一样，战后萧条也决定了储蓄转化为生产性投资的限制政策。因此，马尔萨斯反对李嘉图的下列观点，即人们最需要做的事是在利润和贸易普遍停滞的情况下增加资本积累。他也不相信，当务之急是减少税收和国债的负担。

361

　　人口问题的相似性也符合马尔萨斯对短期补救措施的态度。如我们前文提到的，马尔萨斯认为，从长期来看倡导废除济贫法与短期内维持济贫法的利益并不冲突。[27] 同样，为了让经济渡过生产能力相对有效需求过剩时的周期性低谷，有必要采取暂时的权宜之计。从长远来看，虽然"巨额公共开支的刺激"可能导致国民收入的增长，但这不是一个应该被采取的明智做法；因为它可能只会导致"过度借贷"和"劳动阶级不断增加的痛苦"。因更高的税收或不断增长的债务而不断增加的公共支出所带来的结果，在这方面就像"某种强烈刺激产生的不自然力量，如果不是必需的话，这种强烈的刺激应该尽可能加以避免，因为随之而来的肯定是国力衰竭"。[28] 尽管如此，如果政府出于筹集军费的必要性，已经实施了这种强刺激，那么，要汲取的教训是逐渐消除这种刺激，以缓和其导致的灾祸。迅速减少公共开支、降低税收，如果导致失业状态下的劳动需求进一步下降，那也不会造福于大多数人，即劳动阶层。当马尔萨斯主张不应该大幅度减税或偿还债务时，将他描述为公共支出水平的"管理"顾问似乎并不过时。出

27　参见上文第302页。

28　*PPE*, I, p.519.

362

于类似的原因，他还鼓吹要谨慎地取消那些与国内各行各业产品进行竞争的商品的保护性关税，并急于想办法为失业者提供救济，鼓励那些能够增加"非生产性劳动"需求的人为失业者提供救济。

在这一点上，引入斯密对生产性劳动和非生产性劳动的区分是马尔萨斯立场的另一个特征。虽然马尔萨斯承认这一区分，但在他看来，通过资本积累来刺激经济增长是战后萧条的最佳治疗方案。另一方面，马尔萨斯拒绝承认总供给和有效需求总是彼此步调一致的，他以这种区分来表示，那些不能增加生产性能力的奢侈品等商品的非生产性支出是对普遍的产品过剩适当的补救措施。这就是地租作为潜在的非生产性消费者获得的盈余所带来的好处。斯密笔下"傲慢而冷酷的地主"，即以地租为收入者，被重新定位为奢侈品消费者，成为非生产性支出的来源，这些支出并没有增加社会生产物质商品的经济能力。在战后阶段的特殊环境下，应该鼓励"地主和财产所有者""修建、改善、美化他们的庭院，雇佣工人和仆佣"。他们被责令弥补因非生产性的战争支出减少而造成的损失。马尔萨斯提出，这种救济要么采取以下形式的行动，这些行动的"结果不进入市场销售，诸如铺设道路和其他公共工程等"。[29] 从生产性就业岗位上转移过来的这些支出，虽然在充分就业的状况下是不太合理的，但当"国家对劳动需求"无法与战争的非生产性劳动向和平时期生产型就业的骤然转变联系起来时，这些支出转移作为一种反向的平衡因素，"就正是我们想要的了"。然而，当马尔萨斯越来越意识到"非生产性"这个术语的贬义属性时，尤其是这个术语与土地阶级的开支联系起来时，他希望以更中性的语言取而代之，并简单地称之为"个人服务"。

现在我们已经很清楚，为何以下说法是有道理的即认为马尔萨斯在战后萧条的原因分析和补救措施上更接近于柯勒律治和骚塞而非李嘉图，尽管退一步讲，他在有效需求的背景下对税收和债务的分析更

---

29 *PPE*, I, p.511.

清晰。马尔萨斯看上去对柯勒律治、骚塞和很多其他人正在游说的那
种流行的拯救萧条的措施给予了尊重，这才让他的所谓异端邪说在李
嘉图主义者眼中极具破坏性，后者认为他们才是政治经济学的正统学
生，誓愿捍卫科学事业，反对不够高明的"重商主义"灵丹妙药。类
似的争执此前也发生过，那时各种各样的新重农主义观念被威廉·斯
宾塞等人提出来，以表明拿破仑的贸易封锁政策虽然破坏了英国的商
业和制造业，但不可能摧毁繁荣必不可少的农业根基。[30] 詹姆斯·密
尔在一篇题为《为商业辩护》的文章中反驳了斯宾塞式的谬论，此文
第一次以英语形式揭示了萨伊定律；他在其《政治经济学基本原理》
强调了这一学说，在抨击普遍的供过于求这一异端邪说时选择以马
尔萨斯为攻击目标。[31] 麦克库洛赫认为马尔萨斯关于资本积累的看法
"绝对是可耻的"，但弗朗西斯·杰弗里不愿让他利用《爱丁堡评论》
这个阵地来批评马尔萨斯，这才阻止了他利用马尔萨斯出版《政治经
济学原理》的机会来贬低后者的声誉。[32]

　　1823年，约翰·斯图亚特·密尔在这一阶段依然附和他父亲的意
见，他描述了马尔萨斯"最喜欢的人口过剩学说"，其用语反映了哲
学激进主义的政治优先性，以及这门科学内部理论见解的差异："我们
认为，几乎没人会在政治经济学中引入一套更惹人厌恶的学说：因为
如果我们有过剩的生产，那**政府**肯定是值得高度赞扬的，它带着慈爱
的善意挺身而出，将我们从这难以承受的一部分负担中拯救出来。"[33]
这里的冷嘲热讽揭示了一种政治维度：关于一个腐败政府的非生产性
支出是经济恢复所必需的任何建议，都不可能被诸如李嘉图和密尔这

30　关于这场争论，参见 R. L. 米克讨论"新重农主义"的文章，R. L. Meek, *The
　　Economics of Physiocracy, Essay and Translations*, London, 1962, pp.313–63。
31　参见 *SEW*, pp.332–7。
32　麦克库洛赫对马尔萨斯的敌意以及他对杰弗里的抱怨，从他写给李嘉图的几封信中
　　可以看到，参见 Ricardo, *Works*, VIII, pp.139, 167, 312, 378。
33　*Morning Chronicle*, 5 September 1823 in Mill, *CW*, XXII, p.58.

样自尊自重的激进派所接受，尽管这些建议的办法稍有不同，但绝大多数无疑都是一样的。[34] 同样，马尔萨斯支持那些享有地租和其他形式收入的人以个人服务的形式进行非生产性支出——他们的收入足以允许他们消费奢侈品，这种观点也几乎不可能获得那些誓愿消除贵族

364 社会和任何政府形式的人的认可。这样的意见只会恶化马尔萨斯的名声，因为他再次以文雅的语言过度同情土地所有者的利益。为萨伊定律进行辩护成为小密尔在这一时期的主要爱好。[35] 实际上，这种辩护一直延续到1848年的《政治经济学原理》，他在此书中决定围绕李嘉图的观点对这门科学进行条分缕析地整理；他的辩护后来有助于证实马尔萨斯对这门科学非正统的贡献——如我们已经看到的，至少除了人口原理，密尔在这个主题上最好被形容为一个新马尔萨斯主义的狂热信徒。

三

　　李嘉图和马尔萨斯在经济萧条问题上的尖锐冲突也为他们在维持稳定增长的基本前提条件上的分歧奠定了基础。在后一个问题上，马尔萨斯否定了萨伊定律的第二条意义，即不存在资本积累可被视为过剩的情况。当引入有效需求不单单作为维持就业水平而且还作为维持社会经济活力的先决条件之一时，这样的情况是完全有可能的。实际上，马尔萨斯相信，缺乏有效需求，在欧洲过去很长一段时间内都能

---

34 比较温和的讽刺体现在李嘉图根据马尔萨斯的逻辑所做的评论，后者的逻辑是，最好的改进措施是增加国家在军队方面的开支，给予公务员以双倍的薪俸；参见 *Works*，II，pp.421，450。

35 密尔抨击威廉·布莱克，后者同情马尔萨斯对战后萧条的诊断，见 "War Expenditure" in Mill，*CW*，IV，pp.1-22；以及密尔《政治经济学若干未定问题》的第二篇，写于1829—1830年间，见 Mill，*CW*，IV，pp.262-79。

被观察到，而且在目前还未实现持续经济增长的社会中也都能看到，亚历山大·冯·洪堡（Alexander von Homboldt）论西属美洲殖民地的证据在支撑马尔萨斯的论证时发挥了重要的解释性作用。正是在此语境下，马尔萨斯运用了奢侈主题的一个变体——这或许是他最冒险的一次运用。如果花在非生产性劳动或个人服务的奢侈性开销是有效需求的重要组成部分，这一部分通过对必需品的需求补充了生产性劳动的支出，那么，收入分配，包括获得收入的方式，就成为需要纳入考虑的增长如何发生以及可持续性增长的未来前景的条件之一。

如此表述，或许从马尔萨斯的立场看似乎没什么新意：毕竟从封建土地所有者维持仆佣和武装人员的支出模式转向城镇生产的奢侈品小玩意儿的消费改变，在斯密描述欧洲财富增长的起源时扮演着重要的角色。然而，一旦从封建社会完全过渡到商业社会，斯密就不再强调消费模式，而是强调节俭，赞成增加受雇于生产性劳动而不是非生产性劳动的劳动力在总劳动力中所占的比例，以此作为持续增长的迹象。马尔萨斯在初版《人口原理》中怀疑资本积累总是有利的学说；他在《政治经济学原理》中对这一观点的阐释让李嘉图主义者声称，在这个问题上，他们而非马尔萨斯才是斯密的天然继承人，无论李嘉图对斯密提出的利润下降及其对资本积累来源和动机的影响的解释可能做出了怎样的批评。[36] 然而，斯密遗产的继承关系因以下事实变得更加复杂，即马尔萨斯可以合理地反驳，他坚信斯密笔下更常识性的解释，即利润下降取决于可获得的投资机会（马尔萨斯称之为"就业领域"）和资本家竞相利用这些机会的供需现象。在贫瘠的耕地上种地是利润下降的一个原因，但这绝非唯一的原因。当马尔萨斯誓愿忠诚于两条斯密式的主要命题，即单纯的囤积是非理性的，"每年的储蓄像每年的消费一样，被正常消费掉，并且几乎是在同一时间被

365

---

36 关于斯密对利润下降及其与积累的关联，参见上文第111—112页。

消费掉；但消费的人群不同"[37]，此时这种模糊性就更明显了。李嘉图的信徒们认为这些命题不符合马尔萨斯关于过剩资本积累的所谓异端邪说。

马尔萨斯立场的新意（或者说错误）源于他的信念：他相信，非生产性消费是稳定增长的决定因素之一，地租收入正因为其消极的获得方式而构成社会维持有效需求的基本要素。土地所有者的收入，和那些依靠"继承或几乎不费吹灰之力获得固定的丰厚收入"的人一样，不需要任何努力就能满足其奢侈品味。但是，在主要"依靠劳动、积极行动和勤勉专注"获得收入的地方，"那些商品肯定有某些东西是人们十分渴望得到的，这才能平衡这种努力"。[38]马尔萨斯可能正重新回到他最初的自然神论，在那里，"懒惰或好逸恶劳"是人类本性的一个永恒要素，它需要特殊的激励或必需品的刺激才能克服。因此，他批评李嘉图忽视了这一方面的人性，并将他们在此问题上的争论核心概述为：土地所有者和其他人以盈余的收入进行非生产性消费，他们的懒惰是否比奢侈更可取，是否由此就导致了增长的停滞？那些需要牺牲闲暇才能获得收入的人，总是会情愿做出必需的努力去获得"商品或个人服务，而其唯一价值只相当于花在它们身上的劳动数量，除此之外别无其他吗"？

马尔萨斯对这个设问句的回答是他答复葛德文内容的扩展。他无法想象一个稳定的平等主义社会，在这样的社会中，每个人会对最小需求的满足感到满意。这样的社会中，也不可能存在"上帝的礼物"开启的各种可能性。然而在这个谱系的另一端，马尔萨斯发现很难想象在这样一个社会中，每个人所处的位置都能让他们在无须付出劳动的情况下放纵地享受奢侈消费。在乌托邦两极之间的某个位置是现存的社会，人们需要在生产性劳动和非生产性劳动的支出、在奢侈和懒

---

37 *WN*，II.iii.18.

38 *PPE*，I，p.355.

惰之间达到一种恰当的平衡。最理想的情况不可能是"邪恶的"不平等主导的社会，在这样的社会中，大众的收入太低、太不稳定，以至于无法维持对必需品和舒适品的有效需求。[39] 这个社会也不可能是一个富人的收入不足以维持有效需求的社会：

> 我们心中应该始终牢记，人们为了改善他们的状况，为了养家糊口，他们的花费倾向在好逸恶劳和渴望储蓄方面有着最难对付的对手；而且所有的理论都基于下列设想，即人类的生产和消费和他们拥有的生产和消费能力一样大，这种看法的根基在于不了解人类品质以及经常影响人类品质的各种动机。[40]

李嘉图毫不费力地接受了以下事实，穷国满足于"有限需求"，因而缺乏积累的动机，只能一直贫穷。不过，一旦人们有消费的能力，他们的消费意愿就会随之而来。这是马尔萨斯"中场换马"的另一个例子：对积累结果的论证被先验的、单独的积累动机的论证所代替。李嘉图可能会认同马尔萨斯所列举的欧洲封建社会、中国、西属美洲殖民地、甚至爱尔兰的停滞和缓慢发展的例子，但他不能容忍他变换问题。这种问题怎么可能和英国这样的国家有关呢，或者说得稍微普遍一些，怎么可能和"那些人口稠密，资本充裕，拥有大量技术、商业和制造业，还有对大自然和科学带来的各种娱乐颇感兴趣的国家"有关呢？[41] 正如我们在讨论他对战后萧条的见解时已看到的那样，从李嘉图的角度来说，这方面的任何让步都会导致不可接受的结论，即停滞甚至倒退都不再是"不自然的"社会状态。

静止状态可以被设想为一种描述"有力案例"和主导趋势的方

39 *PPE*, I, pp.432-3.
40 *PPE*, I, p.503.
41 参见 *Works*, II, p.340。

法。这些静止状态进一步被李嘉图强化，部分原因在于他简化理论的论证倾向，部分是出于他反《谷物法》论战的需要；其论证基础是一个封闭的经济体内可能会发生什么——人们不得不依赖本国的高成本食品和原材料的生产商。李嘉图在《政治经济学原理》中讨论对外贸易的那一章，虽然现在以其讨论比较优势理论的段落而闻名，但此章在很大程度上是围绕他强调的利润下降的唯一原因的推理展开的。这当然不是人们在斯密或马尔萨斯那里看到的广泛讨论新外贸市场影响的基础。事实上，这需要约翰·斯图亚特·密尔的特殊工作才能将这种深奥的见解重新引入后来的李嘉图经济学。[42] 正因为静止状态是一种理论建构，必须把它与经济停滞或衰败的条件区别开来，所以它不可能被当作李嘉图关于英国最有可能发生之事看法的准则。在这些问题上，李嘉图是相当乐观的："一个人从青年成长到成年，然后衰老、死亡；但这不是国家的进程。当一个国家发展到最有活力的状态时，它们的进一步发展可能的确会受阻，但它们的自然发展趋势仍然可能持续数个时代，以维持不曾减少的财富和它们的人口。"[43] 随着英国逐渐成熟，它越来越会成为"一个伟大的制造业国家"，这不应该成为人们悲哀的原因，毋宁说是"繁荣的证明"、值得庆贺的理由。[44]

与这种自信相比，马尔萨斯看起来确实是个焦虑的观察者，甚至可能恢复斯密致力于提供解毒剂的那种哀歌文学。他的早期作品可以当作记录"衰败精神起源"的文献，晚期作品的忧虑则和有效需求不足有关。这些作品合在一起，似乎证实了后来评论家们辨认出的那种"反动的"或保守的农地利益的名声，它们也可以证明本书序言提到

---

42 李嘉图强调从贸易中获得的稳定收入（static gains）所付出的代价，参见 H. Myint, "Adam Smith' Theory of International Trade in the Perspective of Economic Development", *Economica*, 44（1977）, pp.231-48。密尔可能受到某些影响进而回到斯密式的对外贸易观，其影响方式参见 D. Winch, "Classical Economics and the Case for Colonization", *Economica*, 30（1963）, pp.387-99。

43 *Principles* in Ricardo, *Works*, I, p.265, p.109.

44 *Speeches* in Ricardo, *Works*, V, p.180；还可参见 *Works*, IV, pp.178-9。

3242905233

的那些归功于"基督教福音经济学"的思考方式。[45] 然而，我们不希望用一幅漫画形象代替另一幅漫画形象，所以这里需要以几个总结性的限定条件来给这幅画像定性。

尽管马尔萨斯对制造业社会的增长前景说过的很多话是对英国正在发生之事的评论，但《政治经济学原理》对长期发展的思考却不那么狭隘；它所运用的是比较的和历史的视野，和他构建对人口原理普遍性的解释时的视野一样宽广。而且和绝大多数的经济哀歌不同的是，马尔萨斯不关心可以用月、年甚至十年来计算的时间尺度。自然神学在这个方面同样发挥了作用：因为一位仁慈的神的设计不是仅仅在欧洲大陆西北海岸的一个岛屿上运行，所以任何对未来的设想都不可能局限于这个岛屿。在诉诸洪堡提供的证据时，马尔萨斯采用了萨姆纳在《论创世录》使用的同一资料来源，为文明社会与野蛮社会、发展中社会与静止社会之间的人类学比较增加了实质性内容。

马尔萨斯对地租的解释以及他对以地租维持的非生产性消费的态度，也应该放在更广的背景下，而不是置于一种喜好复古的唯农论语境中。他并不认为富有的土地所有者是唯一能发挥维持奢侈消费作用的阶层，而只是目前进行奢侈消费的实际阶层而已。他们的这些角色比通过公共工程支出来解决问题的全能政府更能被接受——大体而言，全能政府是骚塞解决问题的方案。农业社会的情形显然尚未因商业和制造业获得的其他形式的收入增长而有所改变。土地所有者并没有那些依靠利润收入和薪资收入的同侪代替——这些阶层仍然更喜欢将他们的收入盈余转化为生产性支出。尽管如此，马尔萨斯承认，由于长子继承制，贵族的小儿子们不得不在这个社会自谋生计，由他们转化而来的中间阶层的发展，造就了"一个庞大的有效需求阶层，他们的购买力源于各种各样的职业，源于商业、制造业，源于批发零售

369

---

45 参见上文第24页。

业，源于各种各样的薪资以及公共债务和私人债务"。[46] 换言之，这种以资产阶级化著称的非英雄式结果，就像必需品的刺激一样，可能会对穷人和富人的行为产生有益的变革。

李嘉图几乎不怀疑英国作为一个商业和制造业国家利用其优势的能力。一旦确立了粮食自由贸易，英国的过早衰老就不可能成为问题了。不管马尔萨斯在《谷物法》上有多拖后腿，他在这些方面都不会犯下守旧的过错。马尔萨斯在对《谷物法》的最后一次声明即1834年提交给政治经济学俱乐部的文章中，其意见一如 J. L. 马利特所记录的："总体上说，马尔萨斯很看好我们的制造业前景，他认为，我们的成功主要取决于各种条件，而非巨大的波动，诸如我们丰富的燃料或独创的机械，我们的大量资本，我们迅速而廉价的交通费用，我们的劳动效率。"[47] 而且，当他怀疑这一点时，他可能会求助于休谟而非同时代的某些人来缓解他的担忧，这一点似乎完全是马尔萨斯的特征。休谟在18世纪中期也思考了类似的问题：那些在财富争夺中早早胜出的国家，会不会在与拥有廉价劳工和外来技术优势的新来者的竞争中被超越，甚至变得贫穷？休谟的答案是，当富国的商业主导地位遭到挑战时，它所形成的技术和资本可以轻易转化为国内的改良——马尔萨斯借用了这个答案。[48] 马尔萨斯不可能是他那一代政治经济学家引用近一个世纪前休谟所写小品文的最后一人，但他对那些文章的引用让人感觉仿佛它们就写在昨天一样。同样重要的可能还有，马尔萨斯在这个问题上选择引用休谟而不是斯密。这可能是个标志，和很多斯密的同时代人及追随者一样，马尔萨斯从未完全接受斯密对经济增长的开放式描述。自从他放弃最初论人口著作的"忧郁色调"以来，他对未来前景的推测走得有多远，这个问题会在下一章中得到强调。

370

46 *PPE*，I，pp.436-7.

47 *Political Economy Club: Centenary Volume*，London，1921，p.256.

48 *PPE*，I，pp.406-7.

尽管如此，以上评论似乎仍然可以证明马尔萨斯的观点有些稀奇。从事后来看，李嘉图对英国在自由贸易体制下的未来怀有更坚定的信心似乎是有道理的——但他是否充分意识到与新市场有关的扩张性力量，这一点更值得怀疑。李嘉图或马尔萨斯是否应该因其没有后见之明、无法理解从有机能源转向煤之类的无机能源导致的结果而受到批评，这个问题需要经济史学家们的指引，而经济史学家很可能会裁定他们有失察之责。马尔萨斯基于英国拥有"充足燃料"的乐观主义——就像他在政治经济学俱乐部所说的那样——最接近于承认这种因素，而非他著作中的其他内容。[49]

四

事实上，李嘉图获得了许多拥趸，对于其中一些追随者的王权主义（*plus royalisme*）倾向，他认为是有必要遏制的，但这一切并不足以描画出一幅被孤立的、守旧的马尔萨斯肖像，特别是当人们考虑到他的教会追随者时更是如此。19世纪20年代末30年代初，许多基督教政治经济学家更倾向于接受马尔萨斯将政治经济学与自然神学结合在一起的做法，其中一些人大力支持他对李嘉图主义者的批评。正如我们将要看到的，其中比较突出但并非最典型的一位，是托马斯·查默斯，他曾经被马尔萨斯本人形容为"我最能干、最优秀的盟友"。[50]除了查默斯，还有一群以牛津大学奥里尔学院为中心的牧师政治经济

371

49 E. A.里格利在此主题上的裁断，参见第一章注释15的文献；还可以参见他最近的文章："Malthus and the Prospect for the Labouring Poor"，*Historical Journal*，31（1988），813-29；"Reflections on the History of Energy Supply，Living Standard，and Economic Growth"，*Australian Economic History Review*，33（1993），3-21。

50 马尔萨斯1822年7月21日致查默斯的信，C.H.A.4.21.51（Chalmers Papers，New College，Edinburgh）。

学家，即此前提到的智识派（the Noetics），该派主要和济贫法改革有关。这个群体包括1814—1826年担任奥里尔学院院长的爱德华·柯普勒斯通，以及两位教员，约翰·戴维森和理查德·惠特利。19世纪20年代末，戴维森和柯普勒斯通逐渐投身于宗教职责，但惠特利在成为都柏林的主教之前，一直占据着牛津大学的德拉蒙德政治经济学教席，接替他的朋友、也是他以前的学生纳索·西尼尔——西尼尔是一位训练有素的律师，严格来说，他若不是这个群体一员的话，也是与这个群体关系最近的一位。

德拉蒙德教席创建于1825年，其明确目标是推动基督教政治经济学。[51] 剑桥大学没有与之对等的教席，虽然有另外一位训练有素的律师乔治·普莱姆就该主题讲了十二年的课，最终于1828年获得了教授头衔，该头衔附有一条安慰性的但非常奇怪的条款，"该教授职位不附带任何义务"[52]。尽管如此，剑桥大学仍然是两位重要基督教政治经济学家——威廉·休厄尔和理查德·琼斯——将政治经济学从李嘉图的演绎式"形而上学"中拯救出来、按照培根式路径重新打造这门科学的运动阵地。他们与牛津大学的智识派竞争者之间形成了一些严肃的方法论争论，但更实质性的结果是琼斯的《财富分配论》（*Essay on the Distribution of Wealth*，1831），该书最初发表的几个章节提出要进行一项规模宏大的研究，包括工资、利润，还有地租，这是第一卷的焦点。[53] 虽然这部著作从未按计划完成，但它先是为琼斯赢得了伦敦

---

51 关于亨利·德拉蒙德教席的创建及其初期的担任者，参见 Hilton, *Age of Atonement*, pp.41-8。

52 S.切克兰德引用了大学条例，参见 S. Checkland, "The Advent of Academic Economics in England", *Manchester School*, 19（1951），46。

53 智识派与休厄尔和琼斯意见之间的方法论分歧在P.科西的文章中被详细讨论过，参见 P. Corsi, "The Heritage of Dugald Stewart：Oxford Philosophy and the Method of Political Economy", *Annali di Storia della Scienza*, 2（1987），pp.89-146；他讨论惠特利的章节，参见 *Science and Religion; Baden Powell and the Anglican Debate, 1800-1860*, Cambridge, 1987。

大学国王学院的教职，接着是"不信神的"边沁主义者创建的伦敦大学学院的圣公会教职，后来此书又让他成为马尔萨斯在东印度学院的继任者。休厄尔和琼斯呼吁并希望马尔萨斯本人支持他们的工作，这完全是意料之中的。实际上，这一代新兴政治经济学家的所有代表的一个共同点，就是对马尔萨斯的有限敬佩，他们希望以各种方式修正他的研究，要么提升其潜在的自然神学，要么以适合他们自己对即将到来的经济趋势的解释方式来发展他的各种理论。马尔萨斯与他们中的大多数人都有直接来往，不过与他们的交往都不如他与李嘉图的密切关系，但这些人让人们看到了马尔萨斯在自己的最初研究完成之后对于新形成的思想潮流有怎样的看法。第一种见解——如果对于这种基本评论看起来不是过于宏大的话——可以表达如下：新一代作家认为李嘉图及其信徒是斯密和马尔萨斯的追随者；这些人是这门科学的共同奠基人；他们的著作丰富了创造财富的法则，并由马尔萨斯从自然神论的角度确立的幸福法则加以补充，萨姆纳则改进了马尔萨斯的幸福法则。因此，对这门科学及其相关技艺现状的任何不满，都可能归咎于李嘉图主义者对奠基人提供的信息的歪曲或夸大，或是因为不断变化的环境与原始信息的某些方面不太相关了。

作为第一任德拉蒙德教授，西尼尔在1828年做了两次关于人口的讲座，这两份讲义与他和马尔萨斯的信件一起于次年出版。[54] 这两份讲义表明了马尔萨斯最初阐释并得到李嘉图背书的人口原理，再也收获不到新一代人的支持，这种境遇通常被认为是这一现象最早的征兆之一，因为新一代对日益提高的生活水平的证据、农业和制造业技术进步带来的前景更加印象深刻。[55] 在这里，比马尔萨斯的声誉更重

372

54　*Two Lectures on Population, Delivered before the University of Oxford, to which is Added a Correspondence between the Author and the Rev. T. R. Malthus*, London, 1829.

55　关于这一时期"马尔萨斯学说的坍塌"的叙述，参见Blaug, *Ricardian Economics*, pp.111-17。

要的是，要记住此前我们讨论的内容，即李嘉图提出的增长和分配模式同样取决于工资、利润、收益递减三者之间的确定比例，该模式的起源可以追溯到马尔萨斯的人口原理及其对地租理论的发现或重新发现。

西尼尔在其第一篇讲义中直接解释了人口原理以及遏制人口增长的相关手段（不包括马尔萨斯本人不赞同的"非自然"预防性控制措施）。然而，在第二篇讲义中，西尼尔提到了文明开化的社会所享有的各种好处，因为在文明社会中，可获得的奢侈品和舒适品如此普遍，对失去这些享受的担心现在成为人们慎重结婚最强有力的动机，这也促使预防性控制人口增长的措施完全取代积极控制手段成为一种可能。西尼尔对马尔萨斯思想发展的了解，似乎并不是非常贴切，此评论同样也适用于琼斯：那些活到六十多岁的人不应该期望新一代人对他们三十年前写的东西还有学术上的认识。当西尼尔提出，"大量过剩支出的习性为人口对人类生存手段如此迫切的人口压力提供了唯一持久的保护"，此时，他不过是提出了一种比马尔萨斯更有信心的版本，后者在批评佩利时一开始就承认了奢侈的作用。[56] 这种看法还将李嘉图表示期望的内容视为事实。李嘉图说："人道之友唯有祈愿所有国家中，劳动阶层都应该拥有对舒适和享受的趣味，他们在努力追求这些东西时应该受到一切合法手段的激励。不可能有更好的保障措施对抗过剩人口。"[57] 然而，西尼尔相信，他注意到的趋势所开启的人类生存前景，所改善的舒适水平，一直以来都领先并超过了人口数量的任何增长，他认为该学说不符合那种"公认的观点"，即人口不仅拥有比生存手段增长更快的能力，而且事实上也确实如此。马尔萨斯、詹姆斯·密尔和麦克库洛赫的表述被引用来证明这种公认的观点，即人口的增长速度总

---

56 参见 *Two Lectures*，p.34；以及上文第275页马尔萨斯在奢侈问题上对佩利的批评。
57 *Principles* in *Works*，I，p.100.

是大于生存资料的获得速度。西尼尔坚信，这种观点再也站不住脚了：因为，任何一个文明开化的国家——包括爱尔兰——都经历过生活水平的持续提高。这篇讲演的结尾把马尔萨斯列为"人类的恩人，与亚当·斯密平起平坐"，只是补充了一句：尽管"对于一位发现者来说，其理论有些夸张是自然的"，但该原理的实际意义并没有改变。

西尼尔与马尔萨斯接下来的交流成功解释了一些潜在的相互误 374
解，其中一个误解便是"趋势"一词的意义，在这一点上，惠特利赞成西尼尔的解释。[58] 西尼尔也承认，在重新解读了马尔萨斯的研究之后，他可能"认为〔那种公认的观点〕与你一贯的表述有许多矛盾，人口对生存资料的压力在最原始的社会状态中一直都是最严峻的，而那个时代的人口是最最稠密的"[59]。尽管马尔萨斯并不否认，在最开化的国家中，生活水平在不断提高，但他显然希望坚持他最初的看法：人口压力即使是在文明开化的国家也一直在起作用，而文明国家不再受更明显的积极遏制的影响。对人口压力的部分缓解并不能保证这种压力已被永久解决：工资没有足够高到能养活很多家人，而且，"过早死亡"仍然是生活在金字塔底层的绝大多数人真实的死亡情况。人口与食物关系的多变性比西尼尔对线性发展的乐观主义设想更常见。尽管粮食供给的改善明显应该能够实现，但马尔萨斯仍然认为该问题对于宣扬道德约束的重要意义是很有必要的——就像西尼尔本人事实上承认的那样。马尔萨斯虽然给这种重要意义以一根大棒——这根大棒至少不是出于神学原因，但他发现把独有的力量归咎于胡萝卜也不太容易。

西尼尔私下吹嘘说，他已成功地让马尔萨斯否认人口增长一贯

---

58 参见 Whately，*Introductory Lectures on Political Economy*，London，2nd edition，1832，
　　Lecture IX。

59 *Two Lectures*，p.57.

都有超越生存资料的趋势。[60] 一种不太自利的解读表明马尔萨斯不愿承认一个国家有可能无限期地逃避他所诊断的问题。尽管他承认在自己的著作中矫枉过正地拉弯了那张弓，但就像西尼尔后来意识到的那样，他不打算接受其他人对一位先驱那种可以理解的夸张之词所表现出的屈尊降贵的姿态。[61] 这次通信还揭示出西尼尔希望颠覆公认观点的私下动机是一种流行的结论，即"每次局部改善不过是一次西西弗斯的徒劳无功而已"。在其对马尔萨斯的最后回应中，他使用了更强烈的语气："我发现……［人口］原理遮蔽了疏忽和不公，该理论特别喜欢反对每一个让国家资源变得更有生产效率的计划。"[62] 最后一点几乎很难将马尔萨斯对土地所有者公开的同情用在他本人身上，而且这也不是西尼尔致力于矫正的另外两个典型例子即詹姆斯·密尔、麦克库洛赫希望得出的那种宿命论式的推断。李嘉图的主要信徒接受上述理由时有自己的理由，他们希望强调面对人口增长时收益递减以及可能减缓的资本积累所导致的局限。这些主张是李嘉图笔下的长期利润下降模式的重要特征，它们在强调应避免采用计划性手段——主要是密尔提出的节育措施和麦克库洛赫主张的废除《谷物法》——时有着相当大的争议性。[63] 事实上，西尼尔最直接的成功似乎是皈依麦克库洛赫，对英国前景报以一种更乐观的态度，包括抛弃"公认的看法"，

375

---

60 参见 letter to Mallet in *Political Economy Club: Centenary Volume*，p.305；以及 *An Outline of the Science of Political Economy*，London，1836，p.46："他似乎已经否认，我们将不再谈论他先前的表述，而是那些表述导致的推论"。这一点已经被爱普森（Empson）基于私交的情况有力地否认了，"我们自己知道，马尔萨斯的意思不是收回他的话，他也没想过在这种交往中他会被理解为收回他以前发表的一个单独见解"；参见"Life，Writings and Character of Mr. Malthus"，*Edinburgh Review*，64（1837），494。

61 西尼尔在其后来的讲座中承认，"实际上，马尔萨斯先生的看法最终在某种程度上被他最初提出它们的思路夸大和扭曲了"；就像 M. 鲍利引用的手稿来源一样，参见 M. Bowley，*Nassau Senior and Classical Economics*，London，1967，p.121。

62 *Two Lectures*，p.89。

63 詹姆斯·密尔的极端策略，参见 Blaug，*Ricardian Economics*，p.107；以及 *SEW*，p.196。

以及他之前对马尔萨斯-李嘉图《济贫法》立场的支持。[64] 西尼尔准确捕捉到新生代的情绪，这一点由1831年政治经济学俱乐部争论"李嘉图的成就"时得出的结论加以证实。

> 李嘉图的一个错误似乎是遵循马尔萨斯的人口原理得出毫无道理的结论。因为最重要的一点是，从社会改良和文明世界大多数地区人民改善其条件的进程来看，**资本**，或**就业手段**——劳动基金——增长的比例显然要大于人口增长比例。[65]

尽管马尔萨斯后来接受了理查德·琼斯的评判，即李嘉图是"他的继承者中最不幸的一位"，这么说的时候或许提到了李嘉图的新马尔萨斯主义门徒，但马尔萨斯似乎不可能把李嘉图包括在这一范畴内——至少就人口原理而言不可能包括李嘉图。在这个议题上，两人的观点几乎完全一致：李嘉图明确表示不愿为普拉斯和詹姆斯·密尔提出的新马尔萨斯主义的方案背书。然而，李嘉图也是给马尔萨斯的地租理论增添"悲观色彩"的人之一——正如马尔萨斯在其《政治经济学原理》对李嘉图版地租理论矛盾方面的批评所表明的那样。这就促使马尔萨斯倾向于琼斯对李嘉图结论的归纳主义批评，对他而言，反驳那条"令人厌恶的学说"——土地所有者的利益总是与其他阶层的利益相冲突——尤为重要。[66] 不同于西尼尔和惠特利，琼斯的动机是希望对李嘉图的方法和理论以及他的支持

376

---

64 麦克库洛赫在人口和济贫法观点上的变化，参见 D. P. O'Brien, *J. R. McCulloch: A Study in Classical Economics*, London, 1970, pp.316–19。

65 参见 *Political Economy Club: Centenary Volume*, p.225。资本代替生存资料的基础是詹姆斯·密尔对马尔萨斯人口原理的李嘉图式构想。还可参见 J. L. 马利特1835年关于"人口原理的价值和真理"的评论，即"有点奇怪，俱乐部的全部火力都指向了人口原理"，参见 *Political Economy Club: Centenary Volume*, p.265。

66 *An Essay on the Distribution of Wealth, and on the Sources of Taxation*, London, 1831, 2nd edition, 1844, p.269.

者们由此得出的实践性推论或政治性推论发起一场全面的攻击。休厄尔和琼斯对李嘉图的敌意，因宪政问题上的保守主义以及对边沁和佩利功利主义的反对而加深；他们认为这种道德路径是贫瘠枯竭的。[67] 这是让琼斯和休厄尔两人与惠特利、西尼尔以及马尔萨斯本人产生矛盾的另一个问题，尽管事实是这些作者所属的宗教阵营不同于李嘉图和密尔父子，远远不需要被谴责。因而，一点儿也不奇怪的是，在此背景下，他们对道德功利主义解释的不同意见得以保留：坚信反对世俗政治经济学的统一战线是更重要的。

休厄尔-琼斯的很多抨击隐藏在重构方法论的外衣之下——他们尝试在一个更充分的经验基础上建立一门科学，抛弃李嘉图式科学的先验特征，表明李嘉图自诩为普遍命题的某些内容实际上是基于特殊的英国制度和经验之上的推测性概括。尽管这些抨击范围很广，但主要集中于李嘉图的地租解释。这也说明琼斯为何决定从这一主题开始其研究，可能也可以解释，琼斯为何没有出版计划中关于工资和利润的系列著作——除休厄尔一直抱怨的延宕迟缓这个原因之外。

马尔萨斯对琼斯研究的回应，某种程度上是一种感激，因为当他十多年前单枪匹马面对李嘉图学派时，琼斯支持了他孤立无援的观点。他还想起了1821年托伦斯所说的另一句刻薄的评论，即把他比作燃素的发现者普利斯特利，后者在相同的实验证据的基础上没能捕捉到拉瓦锡的发现。托伦斯预见到政治经济学家之间存在根本性分歧的时代即将结束，即将形成的共识被认为是以李嘉图和他自己的观点为中心的。因而，在比较马尔萨斯和普利斯特利时，托伦斯描述他是"一个顽固的理论捍卫者，而他自己确信的那些事实在很大程度上已经颠覆了那些理论"[68]。马尔萨斯在阅读了琼斯的著作后想到的正是

---

67 关于休厄尔和琼斯批评的性质的更多细节，参见 Hilton, *Age of Atonement*, pp.51-5；and R. Yeo, *Defining Science：William Whewell, National Knowledge, and Public Debate in Early Victorian Britain*, Cambridge, 1993, pp.102-6, 195-7。

68 *Essay on the Production of Wealth*, p.xiii.

这一评论："我承认，当我几乎独自一人站在与李嘉图先生的对立面、在与普利斯特利博士一决高下之时，情况最终不会如此。"[69]

尽管如此，马尔萨斯不打算支持琼斯取替他与李嘉图有共同之处的方案。琼斯"抛开事实，不愿承认持续积累的趋势，不愿承认人口增长和耕种技术的进步降低了土地的利润率和粮食工资的趋势"。尽管琼斯在其对不同土地保有制度的考察中力图做到全面详尽，但他没有讨论马尔萨斯认为的对政治经济学仍然至关重要的问题：北美正在发生的事情，"尤其是在这个移民时代"。因此马尔萨斯的结论是，琼斯和政治经济学俱乐部的成员一样，都有过度反李嘉图主义之嫌：

> 他热切地指出李嘉图先生完全错了，他确信，在将农业资本收益递减作为地租不断增长的唯一原因大谈特谈时，他似乎想要否认在"有限范围"内收益递减的自然趋势这一不容置疑的事实，除非农业或制造业的改良阻止了这一趋势。如果没有这些趋势，如果这些趋势不是经常发生，那就没有充分的理由说明为何一块新殖民地不断积累的资本不应该继续运用到最先占有的土地上，或者为何美国东部各州的居民现在大量迁移到西部。收益递减的趋势一定是普遍原理……

378

尽管对于琼斯自认为的归纳的、历史的地租研究来说，马尔萨斯自己关于世界范围内人口控制作用的研究工作是一个显而易见的模式，但他并不愿意抛弃他和李嘉图提出的基于收益递减的基本理论——该理论某种程度上是他们共同完成的，某种程度上又是彼此对立的。就像笛卡尔主义者以及那些认为政治经济学是像数学一样的严格科学的人一样，培根主义者可能也没有遵守那条比例学说。

---

69 参见 N. B. de Marchi and R. P. Sturhes, "Malthus and Ricardo's Inductivist, Cambridge, Critics: Four Letters to William Whewell", *Economica*, 40（1973）, p.391。

　　和马尔萨斯一样，琼斯也强调政治经济学的"道德担当"，这实际上相当于强调其有益的神学意义。但与萨姆纳、柯普勒斯通或西尼尔相比，琼斯更多的是批评马尔萨斯对人口原理的解释。马尔萨斯的一些论断和措辞"给这个主题披上了阴郁的色彩"，绝大多数难题要归咎于下列事实，即道德约束的控制手段是作为"后见之明"被引入的，由此就导致马尔萨斯"对人口控制采取了一种有逻辑问题的区分"。[70] 相比确立一种难以企及的高标准行为———一种只有少数人能遵循的标准——来取代邪恶和苦难，更好的做法是马尔萨斯提到的基于预期和人类想要获得舒适品和便利品的欲望的"自愿约束"，那些舒适品和便利品构成了人类无限膨胀的"次级"需求或"人为"需求。这将为不太大的失败提供更大的余地，以及为思考处于邪恶和苦难中间立场的遏制人口的手段提供更大的空间。本质上，琼斯的批评相当于对曼德维尔主义的一次隐晦控诉：马尔萨斯通过确立严苛的性道德和过于宽泛的邪恶和苦难的标准，弱化了对可获得美德的捍卫，没有将人们的关注引向社会中所有可能发挥作用的控制手段的本质。尽管马尔萨斯声明自己不是曼德维尔主义者，爱普森也代表他一再重申这一点，但曼德维尔的幽灵并没有散去。前文说到，萨姆纳提到了"疾病分类学"，此事说明马尔萨斯对邪恶和苦难的宽泛范畴被认为足以形成这样的误解。1835年，惠特利仍然十分担忧马尔萨斯的观点被用于"有害的目的"，他非常遗憾地看到，马尔萨斯在提到控制人口增长时使用了"必要的"而非"不可避免"这样的字眼。[71] 琼斯再次试图消除这一因素———尽管驱散曼德维尔幽灵的最好方式，可能是惠特

379

---

70 参见 *Essay on Distribution*, p.x。琼斯为东印度学院教授了多年课程，他在课程中详细阐释了他对马尔萨斯的批评；参见 *Literary Remains, consisting of Lectures and Tracts on Political Economy of the late Rev. Richard Jones*, London, 1859, pp.93-113, 150-67, 175-5, 238-47, 251-62。

71 *Life and Correspondence of Ricard Whately*, edited by E. Jane Whately, 2 volumes, London, 1866, I, p.301.

利采取的做法：曼德维尔并不是赞成邪恶，他只是利用了虚拟的假设语气。[72]

琼斯似乎肯定认为，无论马尔萨斯多么糊涂，对于鼓励他人想出弥合恶与德的鸿沟更不道德的措施，他还是负有某些责任的，而新马尔萨斯主义正是琼斯的主要攻击目标。他声称，马尔萨斯那几乎带着柯勒律治式愤恨的逻辑错误：

> 被人们抓住了，并以一种鲁莽而有害的急切情绪被推导出最令人厌恶的结果，加剧了那些令人恐惧的纷争和苦难的因素，人们相信，这些纷争和苦难已被证明存在于这个地球上的人类居民的每种体制中；根据这派作家的说法，随着世界人口的增长和各个国家的发展，这些纷争和苦难必然会进入越来越活跃的状态。

除了腐化那些被如此教义所吸引的人的道德外，一种更邪恶的世俗化的狂妄被释放到这个世界上：

> 这是一种阴暗的、自负而又不断的暗示：引导人类心灵最珍贵的道德情感，终究只是一团迷信，人们或许希望这种迷信会随着哲学的发展而消亡；人类保留各种手段从而避免陷入造物主植入人类原初构造的各种激情，而且这些激情随时都可以发散开来；因而，人类的智慧或许最终会战胜上帝在身体构造上安排的

72 "说到［曼德维尔的］意图……我们没办法形成一个定论；即便我们有办法下定论，这个问题也没什么意义。可以说，他一直按照一个假设论证，而且他的论证依据是，一个不是由他自己平白无故建构的，而是由别人为他提供的假设；在那个假设上，他确实大获全胜"；参见 R. Whately, *Introductory Lectures on Political Economy*, p.43；参见 p.159。马尔萨斯的免责声明，参见上文第240页。爱普森为马尔萨斯辩护，反对人们对其曼德维尔主义的指控，参见 "*Life, Writings, and Character of Mr. Malthus*", p.487。萨姆纳和"疾病分类学"，参见上文第238页。

缺陷。[73]

380　琼斯提出这些观点既不新鲜，对马尔萨斯也不公平，因为他没有提到后者也运用了类似的观点，但他对其假设的有关经济发展的马尔萨斯-李嘉图基本观点的抨击，却符合西尼尔对马尔萨斯的修正，麦克库洛赫后来的见解，以及19世纪30年代流行的对马尔萨斯-李嘉图整个思想遗产的扬弃情感。正因为如此，人们对马尔萨斯做出的简短但有着丰富信息、本质上辩护性的回应也就有了额外的兴趣。

五

就查默斯的情形而言，马尔萨斯面临着另一种狂热，一种皈依者的狂热，他毫无保留地接受了几乎所有将马尔萨斯式政治经济学与李嘉图式政治经济学区分开来的观点，尤其是在普遍供过于求这个问题上的观点。惠特利和琼斯希望以最明显的方式保留人口原理，他们将道德约束视为比其他改善贫穷的措施更容易被接受、也更可行的手段。查默斯在《论政治经济学及其与社会道德状况和道德前景的关系》（On Political Economy，in Connexion with the Moral State and Moral Prospects of Society，1832）一文中对其他替代方案的评论，意味着将源于世俗政治经济学的每种解决方案简化为无效的基督教教育的替代品，而这些基督教教育致力于灌输道德约束，讲授允许市场遵循其自然进程的好处。[74] 其结果是在很多方面都成为

73　*Essay on Distribution*，p.xiv.

74　近年来，查默斯获得了大量关注，包括 J. 斯图亚特·布朗的一部现代传记，参见 J. Stewart Brown，*Thomas Chalmers and the Godly Commonwealth*，Oxford，1982。不幸的是，这部传记在讨论其经济观点时明显偏离靶心了。参见欧文·查德维克（Owen Chadwick）、玛丽·T. 富格尔（Mary T. Furgol）和博伊德·希尔顿（转下页）

最教条的世俗替代方案的镜像。例如，诸如詹姆斯·密尔和约翰·斯图亚特·密尔之类的新马尔萨斯主义者将避孕归因于工资收入者对他们自己的生活水平几乎无限的直接控制，从而导致济贫成本的下降，而查默斯认为，只有通过拥有积极传播福音的牧师群体的国教教会才可能确保（并迅速）做到这一点。常常挂在李嘉图嘴边的措施，即对新的均衡状况进行几乎即时的调整，更像是查默斯思想的特征。虽然李嘉图对经济行为人在减缓市场信号反应所带来的非理性后果感到困惑，但查默斯自信地认为，调整将几乎以"爆炸性的速度"进行。[75] 381 作为这一时期最敏锐的政治经济学批评家，乔治·波利特·斯克罗普表达了以下谴责：查默斯将经济学家"假设最终结果一直存在"的普遍错误写得又臭又长，简直闻所未闻。[76]

马尔萨斯还是非常感激有这样一位充满激情的观点阐释者，但他的感激同样也掩盖在层层顾虑和各种限定条件之下。尽管马尔萨斯在强调需要提供他所描述的"恰当的基督教机构"方面几乎不可能比其他任何人更迫切，但他对查默斯的简化主义倾向敬而远之。例如，查默斯试图将那些以道德方案解决经济问题的重要人物与那些从事物质产品生产的人置于同等的地位，并建议取消生产性劳动与非生产性劳动的区别。他义正词严地声称，"斯密这种有伤体面的定义"的贬损意味，是政治经济学敌视教会机构的原因所在。而且，作为支持这一举措的经济论据，查默斯诉诸柏克为只在唱诗班唱歌的法国僧侣所作的辩护：教会的收入和支出，和土地所有者一样，不仅有助于维持生产性劳动的消费，而且，它也养活那些因职业需

（接上页）（Boyd Hilton）等人的论文，收录于 A. C. Cheyne（ed.），*The Practical and the Pious: Essays on Thomas Chalmers*，Edinburgh，1985；Hilton，*Age of Atonement*，pp.55–67，75–6，81–92，108–12，116–24；以及 Waterman，*Revolution, Economics and Religion*，pp.217–52。

75 *The Christian and Civic Economy of Large Towns*，3 volumes，Glasgow，1821–6，III，p.315.

76 *Quarterly Review*，48（1832），p.401.

要而有义务履行重要的公共义务和宗教义务的人，并以这种方式促进消费。[77] 和查默斯本人一样，马尔萨斯赞成国教徒和非国教徒之间的更密切合作（后者"主要是致力于同样伟大光荣事业"的人）。[78] 这是两人准备接受斯密"无教会政府"、教派间自由竞争政策的逻辑走得最远的一步了。斯密对生产性劳动和非生产性劳动的区分，虽然可以被用来作为支持不断增长的资本积累的一个论据，就像李嘉图主义者的用法那样，但这一区分被马尔萨斯出于自己的目的附加了相当重要的意义。如我们已经看到的，这是他弥补过剩资本积累计划的关键。当他决定以"个人服务"代替"非生产性支出"时，查默斯可能是第一个听到他打算这么做的人。[79] 但这就使得在查默斯提议合并的造福社会的不同方式之间作出区分变得更加重要，而非不重要。

> 我认为，法官、医生，还有道德和宗教教育的服务，比农业之外的其他任何劳动都重要，将这些人的劳动与棉花种植放在同一个范畴，根据他们获得的金钱来评估他们的价值，这样做是对道德极其糟糕的恭维。人们总是告诉我们，更爱美德而非财富才是最合宜的；但如果道德就是财富，这种观点一旦被引入所有道德和宗教教育的语言中，将会造成怎样的困惑啊！此外，我强烈认为，就（通常意义上的）财富的发展而言，生产和消费之间的

---

77 参见 *On Political Economy*，Glasgow，1832，chapter 11，这章得出了一个结论："如果没有教堂，我们教会的所有财富将会掌握在那些不回报教堂的人手中。如果有了教堂，我们就有了教会所有有用的回报——教会的神学学问；教会为对抗悲惨绝望的不虔诚而提供的保护；教会为塑造共和国的道德提供的服务；而且，最重要的是，构成教会的个体成员的永恒福祉。"（pp.352-4）与柏克的比较参见上文第186—187页。

78 参见 letter to Chalmers，25 August 1821，马尔萨斯在此信中称赞查默斯与非国教徒的合作：CHA. 4.18.21（*Chalmers Papers*，New College，Edinburgh）。

79 Letter to Chalmers，6 March 1832，CHA. 4.185.32.

恰当平衡，很大程度上取决于生产性劳动和个人服务之间的恰当比例，而且如果是这样的话，绝对有必要以不同的术语来表达这一主张。[80]

马尔萨斯五年前就对查默斯做出了相同的批评——这一批评没有对查默斯的立场产生任何影响，但马尔萨斯这么做就证明查默斯是一位"盟友"，而非自己的信徒。[81]

还有一个问题是关于查默斯对农业的新重农主义的强调，马尔萨斯或许看到了他自己以前对法国经济学家所提出的范畴短暂兴趣的一丝回应。然而，19世纪二三十年代，马尔萨斯的评论完全致力于矫正查默斯对商业和制造业的诋毁：

383

但愿你没有过度渲染对外贸易不重要的学说……如果没有[不列颠的出口]，她将不会那么强大，而且我肯定还应该补充一句，她也不会那么富有，尽管她可能仍然像在拿破仑战争中那样坚强。正是由于她的技术、机械装备和资本所带来的大量出口，货币地租、粮食和劳动的货币价格才会很高，才能以少量的英国劳动购买大量的外国劳动产品。对实用和有益的个人服务的需求是有限的；而且在它们都得到全额支付后，替换掉富有的资本家和依靠股票红利生活的舒服独立的交易商——这个依赖地主的群

80 Letter to Chalmers, 6 March 1832, CHA. 4.185.32.
81 参见马尔萨斯1827年1月27日所写的信，他在信中说："我不禁认为，就语言的一般用法以及符合我们所有的共同情感而言，安全、独立、道德和宗教教育、道德和宗教习惯，在重要性上比我们通常所说的财富更胜一筹，这种说法比说它们应该被看作财富的一部分更正确。无疑，为了鼓励人们追求独立和道德，没有必要以低贱的名称称呼它们。而且如果财富被如此定义，乃至包含了人类幸福的每一种来源，那么我们的神学家，我们那些劝诫人们不要急于追求财富的道德学家们，他们的语言将有怎样的意义呢。当然，为了让我们能自我解释，还是需要进行各种区分的；而且我也十分怀疑，我们是否能找到一种更自然、更明显的方式来区分源于物质的满足和源于其他不同事物的满足。" CHA. 4.80.19。

体，难道不是一种致贫和极为不利的交换吗？事实上，用于国外和国内奢侈品贸易的资本，为你们这个可自由支配的阶层独立获得相当大比例的地主财富提供了唯一途径。[82]

最后，查默斯强调迅速调整策略以适应与供需变化关联的失调，这就产生了另一个重要的区别。马尔萨斯可能会同意人口和资本拥有快速恢复的能力，但和斯克罗普一样，他有时也会对查默斯估算的足以恢复人口和资本的时间之短感到震惊。[83] 就马尔萨斯的感受而言，调整适应的过程也是非常平顺的："在你慢慢减少的限制条件内，由于供应的上下浮动，资本积累太快或太少，利润，甚至是土地产生的利润，都有可能发生巨大的变化。你可能过于笼统地讨论了缓慢消退且不可避免的限制。"[84] 这一评论让人想起马尔萨斯就战后萧条问题与李嘉图争论时说过的话：经济生活的特征是无规律的刺激和抑制，是滞后的反应和不彻底的调整，它们造就了"人类生活的重要空间"，这些空间既无教育意义，也不是治疗意义上的清洗剂，其中的痛苦不是什么典范，而仅仅是毫无补偿的苦难。[85] 查默斯作为这一时期"福音经济学"标杆性人物的最典型特征，恰是马尔萨斯在这些问题上最不典型的特征。

384

---

82 Letter to Chalmers，6 March 1832，CHA. 4.185.32.这也是马尔萨斯不得不重复其批评的一个主题，因为查默斯的立场没有任何改变的迹象；参见他1827年1月18日写给查默斯的信，他在信中说："你对源于制造业的财富所说的大多数内容，我都认同，不过，我认为……你把你的原理推得太远了。我非常坚定地相信，如果没有我们的制造业习性，我们应该不会拥有同等的可自由支配的人口，当然也应该没有指挥欧洲劳动、粮食和军队的同等能力。如果波拿巴入侵我们，我们或许可能会把他从这个国家赶出去，但我们可能不能把他赶出西班牙。"CHA. 4.80.19。

83 参见Letter to Chalmers，16 February 1832："或许，可能最好不要在同一年坚持人口和资本的恢复。"CHA. 4.210.5。

84 参见Letter to Chalmers，16 February 1832。

85 参见上文第337页关于"空间"的讨论。

六

现在，我们可以重申一下本书"序言"提到的有关马尔萨斯和李嘉图名声之间关系的初步结论。李嘉图的主导地位似乎在1823年这位大师去世前后达到了巅峰。然而，数年之内，他的理论就遭遇了几个方面的打击。他的门徒之一，麦克库洛赫，日益脱离他的学说，而詹姆斯·密尔，李嘉图最教条主义的辩护者，在他1836年去世前的几年里对主要议题不置一词。这就只剩下德·昆西和约翰·斯图亚特·密尔作为其弟子人选，但这两位在19世纪30年代都没有充分展现他们为李嘉图事业所做的贡献。另一方面，自萨姆纳的《论创世录》证实《人口原理》的发现与佩利式的自然神学协调一致后，马尔萨斯在圣公会的声誉就获得了牢固的地位。而且如我们在前一篇文章中看到的，戴维森、柯普勒斯顿和萨姆纳对人口原理运用到《济贫法》问题上的改进完全符合马尔萨斯自己思想的趋势。

西尼尔等人对人口原理"公认观点"的抨击，连同琼斯对李嘉图的攻击一起，削弱了马尔萨斯和李嘉图的名声，尽管李嘉图强调地租是社会冲突的根源、强调不断下降的利润是对未来积累的威胁，这些观点才是琼斯的主要批评目标。马尔萨斯的失败被认为更微不足道，只是一个开拓者的失败而已，这位开拓者作为完美主义的对手进入政治经济学的初衷，始终给他的愿景披上了一层过于阴郁的面纱。然而，从马尔萨斯的立场看，尽管他不再被置于政治经济学的普利斯特利式的位置上，但对他和李嘉图都视为这门科学主要任务的那些回应却太过头了。无论是琼斯抛弃收益递减和级差地租学说，还是查默斯对新重农主义的高度道德化，这些都不可能被视为真理。我们需要一种更接近李嘉图的中间立场。"不成熟的普遍原理"在一门还没成熟到完全重新体系化的科学中发挥着作用；这门科学中仍然有很多议题

385

悬而未决。马尔萨斯对他晚年的崇拜者和批评者的回应，在一定程度上可以理解为渴望捍卫他自己对政治经济学基本问题的最初构想。他也希望捍卫李嘉图，这种希望只有在那些不熟悉马尔萨斯和李嘉图争论方式的人看来才是令人困惑的矛盾。由于他们的来往信件直到后来才能被人们看到，因此，琼斯和休厄尔没有承认马尔萨斯-李嘉图的亲密关系，这一点或许是可以原谅的——不过，爱普森1837年发表的回忆录强调了这种亲密关系。

后来几代经济学家运用自己特殊的视角，以回溯性的工作创造了马尔萨斯和李嘉图经济观点的各种差异，直到今天，这些差异仍然在经济学说史中占据相当多的分量。我们或许可以说约翰·斯图亚特·密尔开启了这一项事业。他将马尔萨斯还有查默斯和西斯蒙第视为对普遍的供过于求"灾难性误解"的受害者，并将这种误解归咎于"不从考察简单案例开始；却急于研究复杂的具体现象"，一如李嘉图此前所做的那样。[86] 随着年龄的增长，密尔并没有抛弃李嘉图方法中的其他主要内容，另一个没有放弃的学说是萨伊定律，尽管他承认这些假设如果不兑现的话，就只会将这条定律变成一个单纯的定义问题。[87] 然而，李嘉图的传人在此问题上的辩护完全放弃了对资本严重稀缺、利润下降和对静止状态的展望（无论静止状态是如何假设的）的担忧，而这些议题正是李嘉图、马尔萨斯关注的核心问题。

马克思和凯恩斯从截然不同的角度也帮助我们证实了以下看法，即马尔萨斯本质上属于不同于李嘉图的话语领域。马克思这样做是因为他希望推进李嘉图的某些观点，他发现，李嘉图的这些观点非常契合自己的想法，特别是在作为剩余价值和剥削线索的劳动价值理论方面。凯恩斯的工作则从完全相反的方面展开，他也对马尔萨斯做了很

---

86 *Principles of Political Economy* in *CW*, III, p.576 and II p.67.

87 密尔权衡这一问题的具体情形，参见 T. W. Hutchison, *Review of Economic Doctrines*, Oxford, 1953。pp.348-56；以及拙著《古典政治经济学与殖民地》第135—143页（Winch, *Classical Political Economy and Colonies*, pp.135-43）。

多研究，进而发现他自己在有效需求和失业方面的看法类似于马尔萨　386
斯"本能"却徒劳地反对李嘉图的那些观点。马克思和凯恩斯之后的
几代人继续推动这一进程，他们试图运用历史来推进他们对现代版政
治经济学是否应该包含某些内容以及研究这些主题的方法的解释。[88]
让马尔萨斯和李嘉图产生分歧的议题在现代经济学中仍然争论不休，
就此而言，这样的争论是不可避免的。然而，是否也应该允许它们压
迫性地影响我们对过去的理解，这仍然是对思想史学家的永久挑战。

　　就马尔萨斯而言，本编几篇文章的基本主题是政治经济学与自
然神学问题的不可分割性。这是他吸引上述基督教政治经济学共同体
的重要内容，也是他们为何感到有必要挑战马尔萨斯和李嘉图遗产的
矛盾或不够和谐的方面，尤其是李嘉图方面的遗产。查默斯的著作代
表了政治经济学与自然神学联盟的巅峰，而且这种夸张的狂热思想也
很有可能导致这种联盟名誉扫地。查默斯之后，福音派对实际经济问
题的观点继续发展，但二者从未在推进这门科学的主张下再次牢牢联
合起来。[89]在斯密和休谟之后，福音派观点在世俗版政治经济学中从
未像它们在生物学中那样占据着主导地位，不过，它们在生物学中的
主导地位仅限于达尔文发表他对这些概念的毁灭性打击之前的那段时
间。19世纪下半叶，人们不断尝试重新引入经济学的"伦理"维度
和政治维度，为此，经济学史学家和经济理论家一直在较量，基督教
和自然主义伦理学说的竞争在奥古斯特·孔德和赫伯特·斯宾塞的著
作中也都能找到，它们填补了这门科学更纯粹的概念与它指引的立
法主张之间的缝隙。这些竞争何以让这个故事超出本书论述范围之　387

88　最近有一种成功的尝试，试图借助最近几十年创造出的对李嘉图著作的不同解释来
　　回答李嘉图本身，对此，可以参见Terry Peach, *Interpreting Ricardo*, Cambridge,
　　1993。

89　参见沃特曼（Waterman）为《革命、经济学和宗教》所写的一章："The End
　　of Christian Political Economy"。希尔顿的福音派经济学家们（参见 *The Age of
　　Atonement*）在19世纪中叶后很长一段时间继续发挥着作用。

外，个中原因不少，本书"尾声"会提一提相关的内容。还有一种可能，也是经济学理论化的敌对批评者仍然希望补充的一句，即与自然神学的分离永远不可能彻底实现：只有基督教版的政治经济学才会被388   抛弃。

第十三章

最后之事与其他遗产

一

马尔萨斯去世前，对人口原理的最后一次重要攻击来自迈克尔·萨德勒的《人口法则》（*Law of Population*，1830）。根据《爱丁堡评论》长期以来的传统，回应这一攻击的任务落到了年轻一代评论家的领军人物麦考莱头上。[1]麦考莱前一年所做的一项工作是对詹姆斯·密尔解释的"雅各宾派的"边沁式政府科学大加鞭笞。这一工作的结果是详细阐明"那门高贵的政治科学"的辉格式解释，而这将有助于确保麦考莱在议会的首个席位。[2]在批评萨德勒时，麦考莱表现出他能够应对同时代政治光谱中的对立派别，而且他拥有现代辉格派同时两线作战所需的品质。由于马尔萨斯在此前三十年的大部分时间里同样也致力于定义中间立场，因此，麦考莱提供了一个用以评判更

---

1 马尔萨斯采取了他在其他场合的一贯策略，他选择将其为《不列颠百科全书补遗》所写的关于"人口"的词条即《人口概论》（*Summary View of Population*）作为一篇独立作品重新出版，从而最低限度地、间接地回应萨德勒的"奇谈怪论"；参见1830年1月10日马尔萨斯写给麦克维·纳皮尔（Macvey Napier）的信：Letter to Macvey Napier，10 January 1830，British Library，Add. MSS 34614，f.276。

2 密尔和麦考莱的完整争论可参见 J. Lively and J. Ress（eds.），*Utilitarian Logic and Politics*。

老式的辉格派成熟观点的基准，比如马尔萨斯在其生命尽头就不可避免地成了一位更老式的辉格党。

　　萨德勒，这位十小时工作制运动的领军人物，在抨击马尔萨斯时奉行的是一套本质主义的福音派路线；令马尔萨斯感到遗憾的是，这套路线常常遭到基督教批评者的群起攻击。萨德勒试图颠倒人口原理，他坚信，在其他条件不变的情况下，人类的繁殖能力与人口数量的减少成反比。其结论是，与邪恶和苦难以及道德约束同样"有辱尊严、令人恶心"的方案相比，一位仁慈的神，作为人口调整者，已经设计了一个宇宙，在这个宇宙中，人口增长根据"这个物种的繁荣和幸福"进行自我调整。[3] 萨德勒著作的篇幅和深度可以被视为一个象征，说明马尔萨斯的反驳在多大程度上代表了那些心怀托利式人道主义同情的人之间的结合点，这也体现了萨德勒的第一位传记作者罗伯特·西利所谓的**"家长派"**（Paternal）思想，该派的对立面是**"自私派"**（Selfish school）。就像西利指出的那样："[萨德勒]毫不犹豫、无所畏惧地向'经济学家'宣战，但没人比他更清楚，为了坚持他采取的立场，有必要彻底且永远地摧毁反对者的核心立场和主要依靠——马尔萨斯的理论。"[4] 可以推断，骚塞会欣然支持萨德勒，认为他完成了他和里克曼近三十年来一直致力推动的摧毁马尔萨斯理论的工作。[5] 因此，麦考莱可能对越来越强的辉格派回应感到满意。

　　麦考莱与萨德勒有着共同的福音派背景，虽然他绝非福音派的正统代表，但他也很好地回答了萨德勒迄今为止对马尔萨斯的指控，其

[3] 这段引文来自1828年出版的《爱尔兰的罪恶及其矫正措施》（*Ireland: Its Evils and Their Remedies*，1828）的介绍，萨德勒将这部著作作为其《人口法则》的序言。

[4] 参见［R. B. Seeley］，*Memoirs of the Life and Writings of Michael Thomas Sadler*，p.150。

[5] "你读过萨德勒的书吗？它应该让马尔萨斯套着绳索为自己伸张正义。你总是说，马尔萨斯在其细节处都是错的，而且我也知道他的体系基础是错的。萨德勒现在明确解释说，他的事实和他的推演都是错误的，因此，他引导我们得出的实际结果既荒谬又令人厌恶"；参见 letter to Rickman，1 May 1830，in *Selections from the letters of Robert Southey*，IV，p.180。

理由是人口原理与上帝的善意、圣经学说或任何启示概念都是不可调
和的。麦考莱也同样打算接受萨德勒诉诸的一种颠倒性人口法则，以
代替马尔萨斯的几何级数，他表明，人群拥挤的城市发生的生育力下
降，只是马尔萨斯的一种遏制措施，而非这些遏制措施的反例。为了
奚落萨德勒，他还重新计算了构成萨德勒104张图表的复杂算式。爱
普森称马尔萨斯"非常欣赏"麦考莱的做法——这种做法在两年后的
竞选活动中再次重演。[6]经过一场特别紧张的竞选，麦考莱在根据《改
革法案》引入的选举权条款进行的第一场利兹地区选举中打败了萨
德勒。[7]

　　杰弗里将评论骚塞《对话录》的任务也委托给了麦考莱；这是
后者饶有兴趣承担的另一项任务。麦考莱说话时带着一个年轻辉格党
的傲慢自负，直面他认为的老态龙钟的极端托利党充满毁灭的怀旧情
绪。他谴责骚塞幻想的图景是基于"玫瑰花丛和贫困率"而非"蒸汽
机和独立"建构的，这一点令人印象深刻，尽管有些不太准确。麦考
莱在《济贫法》的救济比例问题上的见解是错的（在这个问题上，骚
塞已被里克曼纠正过来了），但他提到玫瑰花丛背后的怀旧式家长制
却更接近事实。哈兹利特从未因背弃青年时代与骚塞和柯勒律治共同
分享的激进主义而失去追随他们的机会，他自己也想要这份评论的工
作，但在麦考莱对骚塞的批评发表之后，他完全赞同麦考莱。[8]然而，
哈兹利特可能做不到的是，麦考莱抨击了骚塞在政治经济学问题上的

390

6　参见Letter form Macaulay to Macvey Napier, 12 February 1831 in *Selections from the Correspondence of Macvey Napier*, p.100。

7　参见麦考莱在《爱丁堡评论》抨击萨德勒的两篇文章，这两篇文章随后重印于他的著作集，即 *Miscellaneous Writings and Speeches*, London, 1900, pp.226-66。关于麦考莱写这些文章的背景以及他后来与萨德勒的关系，参见J. Clive, *Macaulay: The Shaping of the Historian*, New York, 1973, pp.221-9。

8　参见letter to Macvey Napier, 19 March 1830 in *The Letters of William Hazlitt*, edited by H. M. Sikes, p.372。就像大卫·布鲁姆维奇（David Bromwich）指出的那样，麦考莱对骚塞的抨击类似于哈兹利特不喜欢华兹华斯《序曲》第一卷的思乡之情，参见David Bromwich, *Hazlitt, The Mind of a Critic*, Oxford, 1983, p.180。

误解：它们只是"我们或许期望从一个认为政治不是一门科学而是事关趣味和情感的人的口中说出的话"。骚塞不可能承认制造业体系带来的积极成就，该体系减少了《济贫法》之下需要救济扶助的人数，降低了死亡率——这些恰恰是里克曼私底下尝试调和骚塞仇视制造业的方面。骚塞也认识不到纸币的好处以及他的以下信念背后的谬误：他相信，一个国家可以通过增发国债这种没有痛苦的权宜之计实施公共工程来实现财富增长。麦考莱在总结时发表了一段他自己对英国物质进步和发展前景最自信满满的颂歌。他还提出了一个"独立"的定义，该定义把斯密的自然自由体系翻译成不那么怀疑论的、但可能更具辨识度的语言，这段话后来成为格拉斯顿式的金融和维多利亚时代中期自由放任概念的特征。

> 迄今为止，英格兰在文明上的进步，并不是因为骚塞先生的偶像——无所不知、全知全能的**国家**——的干涉，而是靠人民的审慎和活力……我们的统治者把自己严格限制在他们自己的合法职责中，让资本找到它自己最有利可图的路径，让商品寻找它们的公平价格，让勤勉和智慧的人得到它们自然的报酬，让懒惰和愚蠢的人得到它们自然的惩罚，维持和平、保护财产权，降低司法的代价，在国家的各个部门遵从严格的精简，这才能最好地促进国家的进步。[9]

马尔萨斯早年对制造业体系发展的焦虑，到19世纪30年代已经得到相当大程度的缓和，尽管他仍然缺乏麦考莱的信心，后者对即将到来的19世纪末期英国人民因技术进步可能会得到怎样的收获充满

391

9　参见 review of "Southey's Colloquies on Society" as reprinted in *Lord Macaulay's Essays*, p.121。

信心。[10] 与那些抨击他鼓吹人口停滞或下滑、不关心人口最优增长的人相反，马尔萨斯相信，如果人口增长率减缓，并与生活资料的增长率保持一致，那他可能"会轻松地设想，这个由民族产业恰当引导的国家，在数个世纪的发展进程中，可能会容纳现在人口的两到三倍之多，而且在这个王国里，每个人的生活都比现在好得多，他们吃得更好、穿得更好"[11]。他可能会勉强支持蒸汽机：他当然相信，英国对法战争从根本上说是靠瓦特先生的发明赢得的。[12] 马尔萨斯对机器设备带来的短期利益和长期利益也比李嘉图更乐观，而且这种乐观是无条件的："几乎没有理由承认机器设备的增加会导致任何持久的邪恶。可能的推断总是机器将会带来更广泛的财富、形成更大的价值。"这种表述在第二版《政治经济学原理》中被修正了，马尔萨斯甚至删除了机器可能造成暂时性不幸的暗示。[13] 曼彻斯特成功地为"舒适品"市场提供了事实上价格更低廉的棉纺织品，这一点当然是他欢迎的。

392

在促进《改革法案》通过的那些争论中，麦考莱成为中产阶级的旗手。我们再次想起马尔萨斯执着于将一个独立的地主阶级视为英国自由的堡垒，因此，在这一方面，他可能不会像麦考莱那样走得太远。他对该法案表现出怀旧式的支持；他曾说，中产阶级是"每个

---

10 "如果我们预测一下1930年的人口是5000万，他们比我们这个时代的英国人吃得更好、穿得更好、住得更好，他们将住满这些岛屿，萨塞克斯和亨廷顿郡将比约克郡现在最富有的地区西雷丁更富庶，像花园一样丰富的植被，将覆盖本尼维斯（Ben Nevis）和赫尔维林山的山巅上，根据人们尚未发现的原理组装的机器将充斥着每间房屋，没有大马路，只有铁路，没有长途跋涉，只靠蒸汽前行，在我们眼中看似庞大的债务，在我们的曾孙辈看来就是微不足道的累赘，或许一两年就还清了，如果这样预测，很多人都会认为我们精神不正常"（参见 review of "Southey's Colloquies on Society" as reprinted in *Lord Macaulay's Essays*，p.120）。

11 *EPP*，II，p.111，该书第210页又重复了一遍。

12 参见 *PPE*，I，p.409。

13 *PPE*，I，p.412，相关的讨论参见该书第402—413页；还可参见 *PPE*，II，p.263，p.261，马尔萨斯在这里抗议自己被归为"和西斯蒙第先生一样敌视机器的那类人中"。

国家的自由、公共精神和良好政府必须主要依靠的团体"；他逐渐认可那些与职业中产阶级相关的收入和财产形式的多样性和广泛性，因为那些收入和财产让他们成为"有效需求"的主要来源之一。在最早讨论宪政作为英国自由捍卫者的未发表小册子中，马尔萨斯将职业中产阶级与地主相提并论，而且他们当然体现了所有那些他希望在"劳动"阶级或"工人"阶级中倡导的审慎的、令人尊敬的品质——他逐渐在自己的著作中以"劳动"阶级或"工人"阶级代替了"下层阶级"。

马尔萨斯会毫不困难地赞成麦考莱关于独立是进步表象的总体观点。这是他最初敬佩葛德文强调"私人评判"的原因所在。事实上，他的研究整体都可以用来支持个人的道德责任和缺乏依附关系的观点。然而，就像前面几篇文章清楚表明的那样，任何试图将马尔萨斯描述为麦考莱式的自由放任——或事实上李嘉图式的自由放任——的狂热支持者，都会产生一些微妙的侧重点问题。马尔萨斯对斯密自然自由体系优点的信念根深蒂固，因而，他无法接受骚塞勾勒的那种无所不能的国家的图景，但他希望政府发挥在《谷物法》问题上平衡的作用，赞成就童工问题制定工厂法，并建议政府在战后萧条时期不要仓促回到正统的财政政策上。贸易周期和重大经济变化带来的破坏或许需要一种治标性质的公共措施；就立法而言，它们的确主导了一种谨慎的政策，斯密本人在建议细致执行自然自由体系时也赞成这种政策。

在第二版《人口原理》开启的反复修订的基础上，马尔萨斯可以理直气壮地宣称他积极回应了与法国大革命相关的新生事物，并重申社会能够逐步改善的基础。

> 尽管我们在缓解源于人口原理的邪恶方面的未来前景可能不如我们希望的那样充满光明，但它们也不全然是令人灰心的，而且也绝非阻碍人类社会那种渐进稳健的进步，在对这一主题进行

最后的肆意猜测之前，这些进步是人类理性期待的目标……虽然物理科学的视野在日益扩大，几乎不受最遥远空间的束缚，但道德哲学和政治哲学却被限制在如此狭隘的范围之内，即使在最好的情况下，其影响也是非常微弱的，不足以抵消人口发展对人类幸福带来的日益增长的障碍，这确实是一种令人忧郁的反思。不过，无论这些障碍在这一版 [《人口原理》] 某些章节中看起来多么难以消除，人们依然希望，这份研究的总体结论还不至于让我们在绝望中放弃人类社会的进步事业。看似可以得到的某些好处值得我们全力以赴；并足以引导我们的努力方向、激起我们对未来的展望。[14]

然而，必须承认的是，马尔萨斯作为人类进步鼓吹者的看法一直都遭到抵制。那些被认为是马尔萨斯式的诊断和补救措施继续引起人们强烈反响的方式表明，有些命题不仅仅天生具有争议性，而且还不允许人们形成合理的评判。仅在马尔萨斯去世四年后，查尔斯·达尔文突然以《人口原理》为线索来揭示物种变化背后的压力。达尔文在动植物王国中揭示了马尔萨斯的思想与生存斗争之间的关系，虽然这给马尔萨斯的观点带来了一线生机，但在那些一直怀疑他鼓吹现在被称为最简化主义的社会生物学的人眼中，这种联系着实进一步损害了他的声誉。然而，当达尔文第一次让他的自然选择理论直面公众时，这种关系却以另一种方式表现出来：人们认为达尔文与马尔萨斯是一丘之貉。达尔文的早期批评者之一，都柏林大学的地质学教授塞缪尔·霍顿，在提到《物种起源》时说："这一著名的论断借鉴自马尔萨斯的人口学说，那些政治经济学家，以及那些将一切行为法则和人类思想习惯性地简化为出于最低级、最卑鄙动机的**伪哲学家**，毫无疑问会接受这一论断。"人们不可能谴责达尔文和马尔萨斯误解了自然

394

14　*EPP*, II, pp.202–3.

世界和道德世界的本质区别。但霍顿将这两人放在一起抨击，却在这两位学者之间创造了一条纽带，当达尔文对他们的共同命运若有所思时，他也承认了这条纽带：

> 霍顿感到，他绝对比我们这些可怜的自然学家以及包括那位伟大哲学家马尔萨斯在内的所有政治经济学家更胜一筹，他都做了什么，让他产生了这种感觉呢？……他嘲笑马尔萨斯，这让我有点安慰，因为很显然，虽然马尔萨斯可能是数学家，但他不理解一般推理。顺便说一下，马尔萨斯是个让人气馁的典型，在漫长的岁月里，最简单的情况都可能被歪曲、被误解。[15]

二

马尔萨斯和柯勒律治去世后，他们之间片面的争吵在他们的朋友和追随者中继续维持，在此过程中变得更加全面了。柯勒律治的《燕谈录》于1835年出版，其中有好几篇文章揭示了他多么厌恶马尔萨斯。实际上，在《威斯敏斯特评论》将《燕谈录》描述为"粗俗下流的抨击"后，下面这段话不得不从第二版《燕谈录》中被删除：

> 马尔萨斯那道德败坏的诡辩术现在占据了这个王国领导人物的头脑，这难道不可悲吗？难道不令人好奇吗？这是一个道德上的谎言——而且事实上也是谎言！我郑重声明，我不相信，人类的无知、软弱和邪恶所产生的一切异端、宗派和派系，在作

---

15 这段引文糅合了达尔文写给J. D. 胡克（J. D. Hooker）和查尔斯·赖尔（Charles Lyell）的两封信；参见 letters from Darwin dated 5 and 6 June 1860 in the *Collected Correspondence of Charles Darwin*, edited by F. Burkhardt et al., Cambridge, 1993, VIII, pp.238, 242。这段出自霍顿评论的引文可以在这一卷第239页的注释中看到。

为一个基督徒、哲学家、政治家或公民的人的眼中，都像这条令人憎恶的信条一样可耻。人们应该在讽刺文体的推理中揭示这一信条。阿斯基尔或斯威夫特已经做了很多事——不过，和天主教学说一样，这一信条太邪恶了，它不顾廉耻地吹捧大多数人的残忍、贪婪和卑鄙的自私，我几乎都不知道怎么去想象那种结局。[16]

亨利·柯勒律治是其叔叔谈话的记录者；他曾预测，关于"改革法案和马尔萨斯式的经济学家"的评论将会被"那些当今强调自己有自由倾向的人——那些自由主义者——宣称为不自由的"。[17] 这种辩护显然成为人们抨击的一个观点。柯勒律治与里克曼通信时曾提到"病态放纵"的"假慈善"，类似这种评论与上述言论一样，这可能是柯勒律治圈子成员的思想日益陷入困境的一种迹象，因为至少就该词的一个意义而言，用"保守的"这个词语形容并没有什么不合适。[18] 当人们提及"自由主义的"立场时，马尔萨斯的同事，东印度学院的教授，威廉·爱普森愤怒地驳斥了《燕谈录》："柯勒律治先生的文学执行人辱没马尔萨斯先生的名声，在其身后散播恶言，说他是有毒的奴隶贩子，他们这样做期待为自己或为他们的作者博取什么好处呢？"[19] 麦考莱会称赞爱普森对柯勒律治的反驳，再加一点他自己的某些谩

---

16 参见 *Table Talk* in *CW*，XIV（I），pp.323-4。托马斯·佩罗内特·汤普森（Thomas Perronet Thompson）从反面评论了这段话；汤普森写到国债、机器、土地财产时直接辱骂柯勒律治（"一个领取年金的托利党"）无知，这类似于麦考莱对骚塞的抨击，参见 *Westminster Review*，22（1835），531-7。

17 参见 *Table Talk* in *CW*，XIV（II），p.13。

18 例如，参见里克曼1825年在天主教解放问题上对骚塞的声明："他总是辩护说现代社会的放纵不允许将这些武器用来做深刻的切割，除非站在争论的自由主义一边，这种说辞令人厌倦"；O. Williams，*Rickman*，pp.229-30。

19 参见 Empson's 'Life，Writings，and Character of Mr. Malthus'，*Edinburgh Review*，64（1837），472-3n。

骂，这一点毫不奇怪。[20] 或许更令人惊讶的是，柯勒律治的某些崇拜者私下表达了类似的疑虑。亨利·克拉布·罗宾森发现，这部著作中讨论马尔萨斯、改革法案和教会的部分内容，恰恰是"柯勒律治最固执、最不明智的观点"。如我们看到的，约翰·斯图亚特·密尔，还有另一位马尔萨斯思想的信徒约翰·斯特灵，都持有这种看法；密尔的看法更接近于支持马尔萨斯本人对其某些批评者厌世心态的诊断：

396

　　我永远无法理解柯勒律治在这一问题上的无知，或者说在此问题上我自己的理解与柯勒律治截然不同！马尔萨斯主义的基本原理似乎是，除非［穷人］自己不生出他们无法养活的孩子，否则，人口规模将一直因苦难和疾病降到仅仅可能维持的水平，大多数的幸存者将过着卑躬屈膝、缺衣少食的生活。现在可以确定的是，这种理论至少不是荒谬的，或不道德的。在这一点上，我很早就认为，塞缪尔·泰勒·柯勒律治或许对那种在他看来如此残酷的时代盛行的看法感到痛苦，因此，S. T. C.不喜欢他自己，他也憎恨冷静全面地研究这种完整现象的人。[21]

　　托马斯·德·昆西发表了一番更彻底的谴责性评论。德·昆西是

---

20 "你攻击柯勒律治是十分正确的。一个男人，他的墓碑上不敢斗胆刻上他作为一个好丈夫、好父亲这种老套恭维之词，而是一个懒惰的酒鬼、因吸食鸦片而神志不清——在'昏昏沉沉'的间隙辱骂他那个时代最优秀的人，把这些粗俗下流的吼叫当作神谕发表，简直天地难容"（Macaulay，letter to Empson，19 June 1837 in *Selected Letters of Thomas Babington Macaulay*，edited by T. Pinney，Cambridge，1982，p.169）。

21 参见 *Table Talk* in *CW*，XIV（I），p.324n and XIV（II），p.312。关于密尔1837年的看法，参见Mill，*CW*，I，p.424n："令人遗憾的是，像柯勒律治这样一位有才能的人竟然在人口、税收以及其他很多主题发表错误的言论，这些胡言乱语，四十年前任何有思想的人几乎都难以谅解，现在甚至都不及最普通的新闻工作勤杂人员的平均知识和平均智力。"

李嘉图最严格的演绎主义政治经济学的崇拜者，1823年，他第一次参加这场辩论，到19世纪30年代，他重新"反对那种可能的罪责归因，由于我总体上可以说是［湖畔派诗人的］狂热崇拜者，因此我曾经轻信了他们政治经济学上盲目草率的白日梦"[22]。就私人交情而言，他也感到可以给出贬低这些白日梦的理由：

> 所有的"湖畔派诗人"，正如他们的称呼那样，不仅在这些主题上是错的，而且犯下了最自负的错误。他们不通晓属于政治经济学问题的每条原理，而且，他们不但一无所知，还一意孤行；他们全都很自负，不承认还有别人知道的比他们多，除非那是某个纯粹专业的问题，或某种无须一切智力责任的技艺，比方说，拥有这种技艺没有任何荣誉。[23]

德·昆西对李嘉图的崇拜以及随之而生的观点——即与李嘉图相比，马尔萨斯是一位见解肤浅的思想家——为他回击柯勒律治的指控增加了分量；柯勒律治认为，马尔萨斯没有做任何事情来促进人们超越他所借鉴的18世纪思想来源的理解力。德·昆西说，无论马尔萨斯有其他什么缺点，他都"接受了一条明显且熟悉的真理——直到他那个时代，这一真理还是一套无用的陈词滥调——并表明这一真理有着重要的意义"。

> 马尔萨斯先生教导我们更明智地判断所谓的人口减少是因为战争、瘟疫和饥荒——这些不幸充斥着人类迄今为止全部的历史，这对我们的理论知识难道毫无意义吗？马尔萨斯先生教导这个世界的立法者和统治者蔑视自雅典至我们这个时代的政治

22　参见 *Recollections of the Lake Poets*，edited by D. Wright，London，1970，p.246。
23　参见 *Recollections of the Lake Poets*，edited by D. Wright，London，1970，pp.241-2。

397 经济学家的有毒建议——那些前辈学者大声疾呼要直接鼓励人口增长，这对我们的实际知识难道毫无意义吗？他最先揭示了我们《济贫法》的根本弊端……当我们的社会发展进程正在急速卷入黑暗时，马尔萨斯在礁石上建造了一座灯塔，这对英格兰难道毫无意义吗？他因揭示了支配人口的法则，为政治经济学提供了补充和唯一想要的内容：如果缺少这部分内容，那么政治经济学的所有篇章都不可靠且容易出错；增加这些内容，政治经济学各部分的观念（无论就其发展而言有多么不完美）现在就变得完美和圆满，这一点对这门科学和整个世界来说难道毫无意义？这些内容，加上可能声称的更多内容，难道都毫无意义？[24]

这份对马尔萨斯以及政治经济学整体观念的辩护出自一位极端托利党人，这是一个意想不到的收获——1844年德·昆西发表其《政治经济学逻辑》时，这份收获变得更加丰厚。它表明，尽管来源不同，但对这门科学的支持并不局限于自由托利党人、辉格党人以及边沁主义的激进派。这也凸显柯勒律治和骚塞对政治经济学所采取的态度开始显得毫无道理、纯属私人之见，而且常常是赌气式的意见。在选择把他们的敌意集中在马尔萨斯身上时，早期的浪漫派投身于一项情绪化的工作，这种做法后来被证明是极不得体的；他们选择这门科学的一位当代倡导者来宣泄他们的怒火，而此人却最不适合他们宣泄怒火，可能还为他们提供了一种更有效地表达他们关切的方式，尽管此人使用的一门科学的语言是他们声称鄙视的，但在讨论同样的问题时却可能是无法避免的。李嘉图的信徒，尤其是那些将李嘉图主义与政治上的边沁主义结合在一起的信徒，构成了对骚塞和柯勒律治明确表

---

24 "Notes from the Pocked-Book of a Late Opium Eater", *London Magazine*, 8（1823），pp.586–7.

达的政治、经济和宗教理念的更全面威胁。[25]

　　柯勒律治对政治经济学更有意思的一个指控，是谴责政治经济学容易"祛除人类的民族性，而且让爱国之情成为一种愚蠢的迷信"。[26] 德·昆西抓住这一点，证明柯勒律治完全不理解这门科学丝毫无关乎 "对恢弘社会的宝贵评判"，因为，

398

> 这是一门公开宣称应该将那些关乎财富生产和流通的部门与国家福祉所有其他部门隔离开来并区别对待的科学。到目前为止，政治经济学没有通过扩大研究范围而有所收获，也没有像逻辑学课教伦理学或者伦理学课教外交学一样，漫无目的地游荡在其名称明示并固守的界限之外。[27]

德·昆西认为柯勒律治将政治经济学家尝试性的解释与规范性的提议混为一谈，这一点或许是对的，但他对演绎理论的纯粹性和方法论局限性的辩护，或许会更容易被李嘉图、惠特利、西尼尔、约翰·斯图亚特·密尔接受，而非马尔萨斯，当然更不是斯密。所有这些人物，以其各自不同的方法对"纯粹的"政治经济学科学的研究范围采取了一种更严格的——或许仅仅是更稳妥、更有条理的——视角，这一视角更明确地区分了这门假设性的科学的道德中立问题与它对最终目标或政策绝非道德中立的运用。

---

25 《燕谈录》中有一处旁白，这句旁白抨击功利主义者是市侩小人，是那些要"挖出以弗所神庙的木炭地基当蒸汽机燃料"的人（*CW*, XIV（Ⅰ）, p.490），不过，马尔萨斯一直都是主要的攻击目标；他也符合柯勒律治对功利主义者的宽泛定义。骚塞也抨击了边沁根据圆形监狱原理设计的看守所，说它是一座纪念碑，它标志着边沁曾经一度提出的哲学-语用学-慈善事业（philosophico-philofelon-philanthropy）、国家的愚蠢行为以及所有这些改革方案的徒劳无功，但该计划与政治经济学的联系只不过是同属并列的攻击对象中的一项而已；参见 *Quarterly Review*, 87（1831），p.277。

26 *Table Talk* in *CW*, XIV（Ⅰ）, p.487.

27 *Recollections of the Lake Poets*, pp.244–5.

尽管如此，柯勒律治对"去民族化"（denationa lisation）的谴责确实抓住了斯密赋予这门科学的一个持久特征，对此，"世界主义"可能仍然是最好的正面描述。它以理想主义的形式体现在《国富论》中，潘恩最热衷的恰是《国富论》的这一面向，理查德·科布登后来几乎将之视为宗教：各国之间的商业交往被视为一种和平的取舍的影响力，它影响了世界上的各个民族和各种协商。对于那些带头鼓吹粮食自由贸易的人，尤其是李嘉图的门徒来说，这项政策是摆脱收益递减和农业瓶颈对不断上升的生活水平的限制的最显而易见的途径。自由贸易也是兑现斯密自然自由体系所包含的世界主义承诺重要的最后一步。他们认为自由贸易是国家在贸易方面走向互惠和多边主义的示范性一步，由此，国家既能获得开放市场带来的绝大多数好处，同时也期望劳动分工的好处尽可能向世界扩散。

就像我们在第五章所看到的那样，如果从新生的国家中某些代表斯密观点的人物立场来看，斯密的愿景是完全不同的。这种愿景在亚历山大·汉密尔顿的《制造业报告》中有最好的阐释；其追随者弗里德里希·李斯特也做过解释，他认为自由贸易无非是英国"世界主义经济"为一己私心谋利的结论，是后来被称为"自由贸易帝国主义"的基础。[28] 然而，在英国国内，李嘉图的逻辑表明，这片拥有急剧增长人口的岛屿，其利益可能在于支持下列政策，即出口新车间和工厂生产的产品而非诉诸国内日益贫瘠的土地，用以支付其食物和原材料的费用。在詹姆斯·密尔和约翰·斯图亚特·密尔这样的哲学激进派看来，粮食自由贸易也可以成为抨击英国贵族阶层的一个部分。出于现在各种显而易见的理由，马尔萨斯不可能成为这一特殊事业的参与者。不过，似乎值得强调的是，他因没能做到这些而感到

---

28 关于这一主题的原始文献和二手文献，可参见上文第161—162页。

良心不安。[29]

　　鉴于汉密尔顿和李斯特都热衷于将制造业能力视为现代国家理念的重要组成部分，因此，柯勒律治对政治经济学的指控既不能从他们批评"世界主义经济"的角度来看，也不可能被当作对英国谷物法关于农业活动和制造业活动之间最佳平衡讨论的一次重要贡献。不如说，这种指控应该视为湖畔派诗人爱国主义的反映——他们将这种忠诚与国家自给自足、军事准备、基督教的家长制以及新教优势联系起来，因为保守主义已经成为一个最方便的集合性同义词了。骚塞在缅怀旧日时光时可以说，他那一代法国大革命支持者的激进主义也有"炽热的世界主义精神"，那些"思想热烈、涉世未深的年轻人"成了普世主义的人权学说的无辜受骗者，相信他们自己是"人类这个物种的希望和命运主宰者，是迅速改良和无限进展的责任担当者"。不过，骚塞这么做的目的是将其与当时的状况进行比较，那时，"雅各宾主义的精神""已经从汽船顶部蒸发掉了"，只剩下残渣沉没在社会底端。[30] 被误导的世界主义同情能够被浪漫主义的柏克信徒们宽容的历史时刻已经逝去了。

400

　　由此开始，这或许是这种保守主义以最具体的形式反叛十八世纪迈出的一小步。它也可能是对整个启蒙计划——政治经济学与其保持着牢固的联系——的一次反叛。约翰·斯图亚特·密尔在遇到华兹华斯和柯勒律治后确定无疑地以这种方式描述了这场冲突。他甚至相当尊崇骚塞，"一个充满温情却有着尖酸刻薄意见的男人"，尽管他觉得骚塞"既迷恋旧制度、又谴责那些实行旧制度的行径，这让他脱离了

29 "……他如此绝对地支持自由贸易的总体原则，以至于他偶尔会怀疑是否应该承认某些例外。因此，他远没有一直都满意地认为，他所提出的特定例外情形——以谷物进口限制为代表，其必要性已经得到了充分的说明。"（参见 Empson, 'Life, Writings, and Character of Mr. Malthus', p.497）。

30 *Essays, Moral and Political*, I, pp.126-8.关于这个主题，可参见 D. Eastwood, "Robert Southey and the Meanings of Patriotism", *Journal of British Studies*, 31（1992），265-87。

与全体人类的任何共情和交流".[31] 在密尔吸收了来自奥古斯特·孔德和圣西门的观点后，他对柯勒律治和边沁作为那个时代两位影响深远却截然相反的智者所做的比较，在其《自传》中被形容为"19世纪对18世纪的一次反动".[32] 密尔对这两大阵营分裂原因的陈述，或许反映了他与湖畔派诗人的相遇对他自己的治愈性益处，一如分裂的现实假设的那样；既然他把他父亲说成"18世纪的最后一人"，那么，人们也可能怀疑他有一种俄狄浦斯情结。

　　詹姆斯·密尔确实以一种最武断的苏格兰方式和边沁方式展现了政治经济学与启蒙运动的抱负之间的联系。[33] 相比之下，马尔萨斯以一种自由的、审慎进步的圣公会教义以更忧虑的语调来表现这一联系。然而，马尔萨斯提到作为"理性期望"的内容，显然包括启蒙运动那个进程的延伸，18世纪的"文明"一词就是为该进程而创造出来的，**启蒙运动**也是因此而被理解的。约翰·斯图亚特·密尔试图在他所受的"18世纪"教育和他"19世纪"的发现之间进行折中，这一点令人印象十分深刻，也值得人们多年来一直关注他的学说。毕竟，他是根据自己对双方的了解尝试进行沟通的少数人之一。然而，同样明显的是，他的努力并没有建造出一座能够承担跨越这次断裂的永久性桥梁。英国文化争论中一条经久不衰的分裂线现在被制造出来了，这场分裂由柯勒律治和骚塞引领，卡莱尔、罗斯金及其19、20世纪的崇拜者接踵而至，但他们在做这些事时往往漠视他们所选择的对手真正说了什么。

---

31 Letter to Sterling, 20 October 1831 in Mill, *CW*, XII, p.83. 也可参见 E. Dowden（ed.），*The Correspondence of Henry Taylor*, London, 1885, pp.39-40，这里叙述了密尔与骚塞在亨利·泰勒的房子里相遇的情景："骚塞和约翰·密尔，这两人虽然在政治立场上截然相反，但在道德和孜孜不倦的文学事业上却有某种相似。"

32 参见 *Autobiography* in Mill, *CW*, I, pp.113-14, 143.

33 这两个形容词的适用性，可参见 Collini et al., *That Noble Science of Politics*, pp.111-26。

三

马尔萨斯从未以一个辉格派牧师的身份在教会中获得朋友们声称他应得的优待。当时的大法官布鲁厄姆1834年在关于《济贫法修正案》的演讲中间停顿了一下，发表了下面这段夸张的颂词：

> 请允许我暂时停顿一下，为一位最渊博、最能干、最有德行的人说句公道话，他的名字混杂着很多无意的蒙骗和故意的误解，这些蒙骗和误解比这个新教国家、这些自由而启蒙了的时代的任何科学研究者都要多。当我说到天赋、学识和人道，我的意思是最强烈的公共责任感，私人生活中最和蔼可亲的情感以及为人类增光添彩的最温柔、最人道的秉性，当我说到他所推动的美化社会的措施、他自己家庭的快乐以及那些文人和科学研究者的切实敬佩，我是说他是那群人中最璀璨夺目的一位，当我说到英格兰教会众多子民中数一数二的最开明、最博学、最虔诚的牧师时，我敢肯定，每个人都会认为我说的不是别人，此君正是马尔萨斯先生。这位值得尊敬的先生的品格，遭到一些人的恶意诽谤，其中一些人的诽谤以无知为借口，而另一些人的诽谤，我担心没有任何借口，仅仅因为他为政治哲学增补了最重要的内容，自那门学问的分支值得被称为一门科学以来，政治哲学就一直深受影响。[34]

这样一位有争议的人物说了这番"热情洋溢的颂词"，却为马尔

---

34 *House of Lords Debates*，21 July 1834，cc.224-5.

萨斯招来了更多的污蔑。[35] 不过，布鲁厄姆还是为马尔萨斯家族做了些好事，他为马尔萨斯提供了一种在其能力范围内能够提供的生活——这是马尔萨斯为支持他的儿子而拒绝接受的一种赠予。1837年，爱普森辛酸地埋怨道："马尔萨斯先生去世了，享年70岁，除了家庭成员的一些小特权外，他从未在教会中担任过什么职务，这令那些具备伟大才能、从事高尚工作的人心灰意冷，令他的国家名誉蒙羞。"[36] 奥特在为巴斯修道院建造的马尔萨斯墓碑撰写墓志铭时抹掉了这一句，在"无知者的误解"上补充了一句"对伟人的忽视"。布鲁厄姆和爱普森一直在争论，兰斯多恩勋爵和霍兰德勋爵是否为马尔萨斯的利益做了充分的、确确实实的努力，或者说两位都没有做到。[37] 不过，如果马尔萨斯没有得到他应得的优待，那么同样也不能说他的一些教会追随者得到什么优待，这些追随者是：切斯特主教，后来成了坎特伯雷大主教（萨姆纳）、都柏林大主教（惠特利）、奇切斯特主教和兰达夫主教（奥特和柯普勒斯通）。随着各种优待的消失，这或许也不算一件糟糕的事情，更不用说查默斯在1832年成了苏格兰教会的大会议主席，而且可能是19世纪上半叶最有感召力、最具影响力的布道者。沃尔特·白芝浩后来坚信，马尔萨斯"让他的名字与一门持久科学的奠基石联系在一起，这是他未曾预料的，而且他肯定也不同意这么做"，他说这话时也忽视了这门科学的基督教版本——这再次印证了上篇文章结尾提到的政治经济学与自然神学的分离。[38]

公众认可马尔萨斯的最明显标志（在他获得英国皇家学会奖金之后），是1824年新成立的英国皇家文学会的皇家助理这一头衔。马尔萨斯和柯勒律治关系最后的反讽之处在于，柯勒律治入选了一个仅

35 这段插曲可参见James，*Population Malthus*，pp.455-6。
36 "Life，Writings，and Character of Mr. Malthus"，p.501.
37 参见letters from Brougham in *Selections from the Correspondence of Macvey Napier*，pp.187-8，198，226，321。
38 参见*Economic Studies*，London，1908，pp.194-5。

由十人组成的精英团体，而马尔萨斯也属于这个小团体。不出所料，马尔萨斯承诺自己就"政治经济学与统计学"这一主题与学会交流，"政治经济学与统计学"的组合对于这位即将成为人口学家的人来说尤其合适，此人将和理查德·琼斯以及后来成为英国皇家统计学会发起人的查尔斯·巴贝奇一起成为人口学家。同样也不奇怪的是，或许柯勒律治在下列主题上做出了某些承诺，即："古希腊的诗歌（荷马式诗歌和悲剧诗歌）、宗教、神话以及彼此之间对立和联合的关系；祭司宗教和民众宗教之间的差别；自 11 世纪以来，神学和经院哲学逻辑对基督教世界的语言和文学的各种影响。"[39] 其中一人似乎不可能出现在另一个人的讲座中，即便这个小团体可能要求每个人都出席成为一项强制性的煎熬。马尔萨斯的两场讲座——"关于商品供给的必要标准和必要条件""'商品价值'这一名词最一般、最正确的意义"——不可能激起非专业听众的兴趣。柯勒律治唯一的一次供稿与他最初的计划有些不同。他的讲座是"论埃斯库罗斯的普罗米修斯：有关埃及人与祭司神学的关系、与古希腊神话的比较等一系列研究的导论"，他"怀着对听众深感歉意的**同情**"在这个主题上讲了 1 小时 25 分钟。[40]

403

柯勒律治在这个头衔下的工作每年可以得到一百畿尼——远远超过马尔萨斯的教授薪资和他在萨里的奥克伍德家和林肯郡的威尔斯比家的收入。1831 年，威廉四世中断了给柯勒律治原有的赏赐，他不得不向布鲁厄姆申请文官薪俸津贴以弥补其损失。由于布鲁厄姆的努力，格雷勋爵拨出了一笔临时财政补助金，但柯勒律治拒绝了这笔钱，理由是这笔钱看似来更像是承认其贫穷的馈赠，没有体现出他被国家选中的使命的荣誉：

---

39 这个记录在学会会议记录中的版本被詹姆斯引用了，参见James, *Population Malthus*，p.360。这个方案的更长版本在柯勒律治的同意信中提到；参见letter to Richard Cattermole, Secretary to the Society, 15 March 1824, in *CL*, V, pp.343-4。

40 参见letter to John Taylor Coleridge, 19 May 1825 in *CL*, V, p.461。

虽然辉格党和托利党都不是真诚且习惯性地敬畏**上帝**，但我深信托利党还是有足够的敬畏之心的：为了荣耀**上帝**授予圣命的**国王**——即不是作为（自诩的）人民主权的**反映**或**衍生**，而是作为人民的合法代表，作为这个国家的**统一**和**王权**的神圣**象征**：因此，对于一位从私交上说与我完全陌生的**贵族**，我虽心怀一切可能的敬意和尊重，但我不得不认为，来自格雷勋爵的私人捐赠与我的**君主**授予我的公共荣誉和津贴这两者之间有着本质的区别，后者标志着对国王过去委托于我的能力和天赋为之奉献的、且未来将继续为之奉献的对象和目标的认可。[41]

404 　这些与收回王室财务支持相关的事情产生了大量的公共讨论，其中很多针对的是柯勒律治的具体情形。约翰·斯图亚特·密尔完全赞同柯勒律治自己的观点，即国家的资助对于支持知识阶层具有重要意义，因此他加入了这场争论，为柯勒律治损失的薪俸背后的原则进行辩护。[42] 对于这位与柯勒律治的政治倾向意气相投的人士来说，呼吁布鲁厄姆提供帮助不可能是轻松之事。密尔为那些对文明进程做出重要贡献的科学研究者和文人所做的辩护，甚至不太可能是令人满意的读物。他引用了亚当·斯密、让-巴蒂斯特·萨伊、大卫·李嘉图，还有贝卡利亚、伏尔泰、边沁和牛顿。如果自由贸易观念不是密尔选择用来解释科学发现的好处的特殊例子，那他同样也可能引用马尔萨斯的大名——就像他后来在声明人口原理是一切关于工资和大众贫困的合理思考的源泉时所做的那样。[43] 密尔辩护中所说的另一个非常突

<hr>

41　参见letter to William Sotheby，3 June 1831 in *CL*，VI，p.863。

42　参见 "Attack on Literature" from *The Examiner*，12 June 1831 in *Newspaper Writings in Mill*，*CW*，XXII，pp.318–27，329–31。

43　"虽然这个论断看似一个悖论，但从历史上说却是事实，只是从那个时候起（即马尔萨斯的《人口原理》发表之日），有头脑的人们才开始认为劳动阶级（转下页）

出的"伟大的道德进步和社会进步"是改革法案；它将扫除文明道路上的障碍，但不可能替换掉那条以柯勒律治式的精神追求的文明道路——至少，在这个阶段，密尔遵循了柯勒律治的方式。作为搭桥沟通者，密尔可以随心所欲地自由使用已经分裂的两方的材料。柯勒律治本人在其早年生涯放弃了这种自由，由此对我们理解英国文化史产生了深远的重要影响，尽管我们这里不会提及这些影响。405

（接上页）经济条件的不断改善是可疑的"；参见"The Claims of Labour" in Mill, *CW*, IV, p.366。后来的《政治经济学原理》（1848）重复了这种见解；参见Mill, *CW*, II and III, pp.154，162，345-6，352-3，370，753。

尾 声

我在序言中提到，斯密分配给立法者科学的那个分支及其发展为后来所说的"古典政治经济学"，是本书这些文章探索的主题之一。然而，这种探索的方式不符合最早研究经济学的历史学家概括的绘制经济学事业的标准——这些标准在很大范围内一直沿用至今。我们所讲述的，确实不是一个斯密式的政治经济学前史如何让位给现实这条路线的故事：李嘉图谦虚地采取了这种路径，他的信徒和后来的崇拜者——自密尔至马克思等，则更自信、甚至教条式地采取了这条路径。相反，这个故事也没有被描述为一个丧失洞察力的故事，甚至可能是一个违背更广泛、更全面的愿景的故事。[1] 有些故事或因对当代争论有所助益而被接受，但人们在讲述这些故事的过程中，它们往往失去了自身作为历史可能激起的研究兴趣——一段将经济思考与道德和政治的思想和情感联系起来、而非将其与之分离的历史，进而，这段

---

1 相关观点可参见A. L.麦克菲（A. L. Macfie），S. C.道（Sheila C. Dow）和T.哈钦森（Terrence Hutchison）收录在《苏格兰对现代经济思想的贡献》一书中的论文，参见 D. Mair（ed.），*The Scottish Contribution to Modern Economic Thought*，Aberdeen，1990。与新老李嘉图主义视角相关的缺失一直是特伦斯·哈钦森（Terrence Hutchison）作品的主题。哈钦森对这一议题的最近观点，可参见他的著作：*Uses and Abuses of Economics ; Contentious Essays on History and Method*，London，1994。

467

历史便与历史的主角们自己的思想联系起来，毫无疑问，历史因这些联系而变得丰盈饱满。

我还愿意认为，这里采取的研究方法对作为科学和技艺的政治经济学的异质性更合理公正。马克思和凯恩斯在打造各自版本的政治经济学大综合时认为古典政治经济学具有这种同质性，这种做法更多反映了他们执迷于他们的思想，而非他们研究的历史主题。而且，"超越"或"倒退"这些比较简单的概念，似乎没有一个能涵盖从1750年到1834年间政治经济学经历的不同阶段、不同环境的多样性，更别说其复杂性了。斯密、马尔萨斯和李嘉图开启的某些活动势必促成思想的创新，与奢侈、不平等相关的其他内容，更多类似于既有话题的不同表现。还有其他一些内容，诸如美洲革命和法国大革命期间政治经济学语言的运用，都表明一种相对新颖的思维方式是如何开始改变已有的政治话语模式的。

这些学说史当然存在纵横交错之处。例如，人们仍然可以说，马尔萨斯和李嘉图关心的是发展《国富论》的理论，尤其是该书前两卷的内容，这些内容或许适用于他们诊断英国社会表现出的某些严重的、可能还是长期的问题并为其提出某些矫正措施的目的——其中好几个问题，斯密没有预见到，而且也不可能预见到。然而，考虑到斯密和马尔萨斯广泛的研究兴趣，这将是一种有限定条件的表达方式。这个故事更完整的版本让人不得不思考一个深层问题：斯密的道德哲学，以及人们可以从《道德情感论》和《国富论》中能找到的那些显而易见的有关法律和政府的理论和历史的相关内容，为何没有以类似的方式被后人借用呢？[2]

如果斯密这门科学的改变能够仅凭内在发展得以实现，那么这个

2　较早尝试讨论这个问题的文章，可以参见科里尼等主编的《高贵的政治科学》的前三篇论文。参见 Collini et al., *That Noble Science of Politics*。这也是努德·哈孔森《自然法与道德哲学：从格劳秀斯到苏格兰启蒙运动》的一贯主题，尤其是第五至九章。

故事本可讲得更经济些——从"经济"（economically）一词的两层意义上说皆是如此。这将只关乎那些理论——价值理论、地租理论、利润理论、工资理论和对外贸易的理论，马尔萨斯和李嘉图发现需要改进这些理论，他们或一起或单独地提炼了这些理论，在提炼过程中或辅以更广的视角，或缺乏这种视角。但凡人们读过李嘉图《政治经济学原理》的前七章——更不用提它们产生的大量二手文献，就明显看出李嘉图表现的学说式路径甚于马尔萨斯。李嘉图的创新可以被合理地描述为整理斯密提出的众多杂乱无章的目标的过程，并更加坚定地追求下列信念：政治经济学本质上是"一门像数学一样的严格科学"，"有力案例"可以被用来分析促进或扰乱均衡状态的各种因素。马尔萨斯能够且已经得到类似的待遇，尽管两者并非没有重大的差异。[3] 然而，就李嘉图的情形而言，"政治经济学"不再是"提喻"：它是全部，而非一个部分——虽然还需要补充一个边沁式的附录，以容纳他关于"好政府"的看法。[4]

410

　　不过，事实仍然是，若没有马尔萨斯，人们就不能理解李嘉图，就像没有斯密人们就不能理解这两位一样。这是在李嘉图已获得的大量关注之外我为何选择马尔萨斯作为本书第三编几篇文章关键支柱的一个原因。另一个原因是，马尔萨斯不仅仅在李嘉图之前表述了某些重要的新命题，他也是一些人最早攻击的焦点，这些人开启了将这门科学与他们在社会、道德、政治方面对基于制造业体系的新兴社会最

3　参见 Elitis, *The Classical Theory of Economic Growth*，参见其中讨论马尔萨斯的几章；A. M. C. Waterman, 'Hume, Malthus and the Stability of Equilibrium', *History of Political Economy*, 20（1988），pp.85-94；and N. von Tunzelman, 'Malthus's "Total Population System"; A Dynamic Reinterpretation' in Coleman and Schofield（eds.）, *The State of Population Theory*, pp.65-95。

4　我这么说的依据是科里尼等主编的《高贵的政治科学》对李嘉图的讨论；参见 Collini et al., *That Noble Science of Politics*, pp.106-10, 115-17. M.密尔盖特和 S.斯廷森在这些问题上将李嘉图描述为一位重要的创新者，这一点仍然让我信服；参见 M. Milgate and S. Stimson, *Ricardo's Politics*, Princeton, 1991。

恐惧、最厌恶的东西绞合在一起的进程。李嘉图和马尔萨斯都不得不搜寻新的经验证据，应对新的政策危机以及政治环境的各种变化——与他们所处的那个时代相比，我们现在更容易描述那些变化。同样，就马尔萨斯的情形而言，政治经济学必须符合他的基督教信仰及其自然神学的要求。这一切意味着，关于斯密那门科学转型的思想史不可能通过学说史来实现；发展不会遵循一条路线——无论是理论的、经验的还是观念上的，因此，这个主题似乎更适合情景式的讨论，这种讨论包含彼此关联的论文，每篇文章讨论一场具体的冲突或争论。

　　同样清楚的是，这里讨论的争论事件在1834年并未结束。19世纪20年代，政治经济学的各条"原理"，尤其是被李嘉图的追随者们信心满满地收集起来的那些原理，到19世纪三四十年代，这些"原理"就面临严重的质疑。在这个阶段，也是约翰·斯图亚特·密尔对其受到的边沁式和李嘉图式教育的青春叛逆期。虽然密尔在1830—1831年间写了颇有创见的《论政治经济学的若干未定问题》——其中一个问题后来还具有了重要意义，成为他想要讨论的政治经济学方法411论独特性的基础，此书被视为他的《逻辑学体系》第六卷更广义的道德科学或社会科学的一部分，但是，他严厉批判了他年轻时代所受的教育。密尔1834年的抱怨反映出圣西门主义、"德意志-柯勒律治"学派以及其未来妻子哈丽雅特·泰勒的影响；他埋怨他的导师们

　　　　试图用转瞬即逝的材料创造一块永久的织物；他们想当然地认为社会结构永不变更，其中的很多构造就其本质而言或起伏不定或稳定发展，他们几乎不加限定地阐明一些命题，仿佛它们是普遍的、绝对的真理，但这些命题可能不适用于任何状态下的社会，除非刚好是他们生活于其中的那个特殊社会。[5]

5　Review of "Miss Martineau's Summary of Political Economy"（1834）in Mill, *CW*, IV, p.225.

密尔的批判，如果从李嘉图的标准看更为贴切，但若从马尔萨斯更广泛、更具归纳性的斯密遗产来看，却未必如此。然而，若相信这些批评是真实的，那可能仅仅是因为19世纪30年代密尔对替代性方案的热情大大减少，乃至他在19世纪40年代中期决定开始自己重新表述这些问题。在重申自己的观点时，他选择了结构层次更丰富的《国富论》作为他的模版，在搭建这门科学纯粹或假设的领域中的主要支柱时则继续使用李嘉图主义的基石。1845年，密尔在评论德·昆西的《政治经济学逻辑》时，稍稍缓和了一下他对当前状况的批判。当前状况只是"随着其他一些科学确定了它们的研究领域，上层建筑似乎蔓延出地基之外。这门科学发展到了极端，但主干却没有按比例适当地扩大"。[6] 尽管密尔自己1848年《政治经济学原理》的主干仍然被人们认为是李嘉图主义的，但它也被重新设计，以便承担所有分支的重量，而这些工作对于李嘉图和马尔萨斯来说似乎是头绪繁杂的，令人眼花缭乱、不知所措。例如，此书不得不考虑生产法则与协调分配的法则两者之间是有区别的，这就使得后一种法则看起来不像是"物理学真理"，而是对人类意志和制度实验敞开的。利用这一区别给予的许可，密尔可以思考根据社群主义和互助合作路线的各种社会主义实验，同时还赞同将改革后的土地保有权方式作为爱尔兰等地可行的农民土地保有权的基础。

密尔还为政治经济学的方法论重新诠释奠定了基础，并保护性地将其转化为一门抽象的或假设性的独立学科实体，以便能够轻易安置在其他道德科学的框架中——如此安排更先进；当这门科学由他准备参考的法国意义上的其他社会科学的观点进行适当修正时，会更直接实用。不过，在人类能力有可能提高的新社会状态中，最重要的不是

412

---

6 Review of "Miss Martineau's Summary of Political Economy" (1834) in Mill, *CW*, IV, p.394.

知识的这一分支。[7] 最令人惊讶的是，对于那些在李嘉图和马尔萨斯思想滋养下成长起来的人来说，密尔将一个积极的静止状态概念描述为一种乌托邦——在这个乌托邦中，零增长的资本积累和人口增长将成为一个值得支持的目标，而非一种令人畏惧、被无限推迟的状况。在这种状态下，公平的收入分配不再需要为必须发展的责任作出牺牲，生活质量将高于物质数量。斯密回避、马尔萨斯抨击、李嘉图绕开的那种完美主义，现在成了密尔政治经济学的演进目标。

同样值得注意的是，由于密尔在知识阶层亦即公认由知识分子构成的阶层的重要性等主题上完全认可柯勒律治的观点，因此，他坚决反对家长式管理，后者是托利式人道主义者和浪漫派圣哲解决方案的一个特征。宪章运动的现实情况、扩大选举权范围的前景——就密尔而言，选举权当然既包括男人，也包括女人——表明，工人阶级的自力更生，而非家长制，才是未来的象征。[8] 这位人士把自己的名字与个体占据核心位置的自由主义标签粘在一起；在他看来，一个国家的知识阶层是一回事儿，国家作为唯一的改良机构这种观念则完全是另一回事儿。社会主义与资本和劳动对立的结局也是如此：在密尔看来，产业内部合作的最广泛运用绝不可能导致人们放弃资本和劳动竞争的经济利益。

密尔的很多同时代人和后继者可能都会看到，他在重振政治经济学方面走了多远，才让政治经济学适于见证1848年革命那一代人面413 对的现实和心中的抱负；他打开了面向更广阔世界的窗户，慨然拥抱研究社会的其他方法。[9] 不过同样明显的是，他未能说服别人，他为消

7　参见 Stefan Collin's Essay on Mill's methodological moves in *That Noble Science of Politics*, pp.129-59。

8　这一点在"劳动阶级的可能未来"一章中最为明显；参见 *Principles* in *CW*, III, pp.758-96。

9　更全面地描述评估密尔成就的舆论状况，参见 N. B. de Marchi, "The Success of Mill's *Principles*", *History of Political Economy*, 6（1974），119-57。

除自己年轻时对政治经济学反叛最强烈时指出的那些基本缺陷已做了
足够多的努力。孔德的"实证社会科学",一门包罗万象的科学,吸
引了很多人;而政治经济学在这门科学中充其量只能找到一个次要的
位置。但对于那些希望将他们的社会关切与学术生涯结合起来的人来
说,最具诱惑力的选择无疑是某种经济史,其视角是让民族国家成为
更重要的关注对象。恰是因为一两代历史经济学家和经济史学家的工
作,英国的政治经济学才在19世纪最后二十五年里面临最严重的挑
战。[10] 那时,一个真正的替代方案取代了李嘉图的普遍主义和抽象的
演绎主义以及斯密的世界主义。

如果历史的方法成为通往未来的线索,那么,德意志地区才是
新一代人寻找灵感的地方;在德意志,这些问题可以得到最好的理
解,而更早的苏格兰和英格兰政治经济学从未在这里扎下牢固的根
基。某些寻找良好历史实践的本土资源的人,可以宽容地、甚至热
情地对待斯密。[11] 然而,就德意志自身而言,斯密主义及其19世纪
中期的同伴曼彻斯特主义,往往更多意味着一种自由理性主义的形
式,这种理性主义是与法国大革命以及启蒙运动释放出的其他法国
病相关的有毒混合物的一部分,它被装入了拿破仑军队的行囊:这
是一种对世界主义形式的文明(civilisation)的兴趣,而非对文化
(Kultur)更深邃的理念。德国历史学派可能形成了纯理论的社会主义
(Kathedersozialismus),主张国家干预和保护,但在19世纪的最后几

---

10 较早讨论这段经历的尝试,可参见斯蒂芬·科里尼以及他和我一起合作的一些
  篇章: "Particular Polities : Political Economy and the Historical Method" 和 "A
  Separate Science : Polity and Society in Marshall's Economics" in *That Noble Science
  of Politics*, pp.247–75, 309–37。也可参见 D. C. Coleman, *History and the Economic
  Past*, Oxford, 1987, Chapters 4 and 5; and Gerard M. Koot, *English Historical
  Economics*, 1870-1926, Cambridge, 1987。

11 比如,在《国富论》发表一百周年纪念会上,J. E. 索罗尔德·罗杰斯(J. E. Thorold
  Rogers)和埃米尔·德·拉瓦勒耶(Emil de Lavaleye)都主张斯密是以历史方法和
  归纳方法讨论经济问题的奠基者;参见 *Political Economy Club, Revised Report of the
  Proceedings*, London, 1876, pp.29–40。

414 十年，尤其是在奥地利，自由理性主义也往往被认为是与重建一种更基本的社会主义社会的计划有关。斯密，毋宁说斯密主义，似乎扮演着尴尬的双重角色，既是资本主义的先驱，又是其不共戴天的死敌。[12]

　　这似乎可能是一种极端的命运——虽然李嘉图在自己的国家也扮演着类似的角色，而且通过与马克思的联系，他在全球更广泛的地区也是这种形象。回顾一下先前讨论斯密与柏克关系的几篇文章，它们简要表明了可能发生的两种预兆。对于受过教育的德国读者来说，这种联系看起来令人困惑。一种更有意义的联系可以在柏克和德国历史法学的倡导者弗里德里希·冯·萨维尼之间建立起来，这两位都可被视为一种方法的开创者，而此方法有利于国家法律习俗和制度的缓慢演变。第二个预兆是亚当·斯密问题（*Das Adam Smith Problem*）：这个思想史的谜团，至少在这段时间完完全全起源于德意志，该问题是尝试理解斯密遗产中最令人费解的那一面相的一部分。以同情为基础的《道德情感论》中有价值的"唯心主义"，如何可能被以自私为基础的《国富论》中不太有价值的"唯物主义"颠覆呢？一个稍微令人满意的答案是，这可能要归咎于斯密18世纪60年代访问法国后法国经济学家们的恶劣影响。事实是，整个过程的准确时间是错的，但这一事实没有抹杀这一被确认的困境的本质。[13]

　　亚当·斯密问题在这一时期的英国文献中并不突出。实际上，亨利·巴克尔在考察18世纪苏格兰思想家时曾自信地断言，不仅《国富论》"可能是这个世界上最重要的著作"，而且，它只是一个统一的推理方案中讨论"自私"的那一半，另一半由《道德情感论》中讨论的"同情"补充完整。巴克尔就以这种方式成功地误解了斯密的方法以及这两部主要著作的关系，由此激起了德国人的回应，同时也对任何探

12 简单描述斯密在德意志地区（更严格地说是在奥地利）可能的名声，可参见 Rothschild, "Adam Smith and Conservative Economics", pp.88-9。
13 这种德国解读的主要代表人物是卡尔·柯尼斯（Carl Knies）和维托尔德·冯·斯卡尔钦斯基（Witold von Skarzynski）：参见《道德情感论》的编辑导言，第20—24页。

讨斯密完成其宏大计划时心中可能的所思所想的研究关上了大门。[14] 巴
克尔也由此赞同劳动分工，事实证明，劳动分工与盎格鲁-美利坚社会
的经济研究意气相投。哲学家们被允许就这一事业论同情的那一半畅
所欲言，就像经济学们聚焦自私的那一半时被给予唯一的通行证一样。

　　关于斯密作品在19世纪声誉变迁的更多内容，我们可以从本书
序言简要提到的另一位人物阿诺德·汤因比看到。汤因比的《18世纪
英格兰的工业革命》这部讲稿启发了英国经济史学家，尤其是W.J.阿
什利，以及19世纪最后几十年在研究英格兰状况方面非常重要的一
位人物，比阿特丽斯·韦布。汤因比将他的历史研究与政治经济学评
论结合在一起，以斯密、马尔萨斯、李嘉图和密尔所写的四部经典作
为绘制工业革命不同阶段图表的四根支柱。斯密代表了前工业化时期
的临界状态阶段，或反重商主义的阶段；马尔萨斯的《人口原理》是
工业革命鼎盛时期的产物，聚焦于贫困而非财富；李嘉图补充了财富
分配法则；密尔宣告了第四阶段的到来，并表明生产法则和分配法则
可以彼此分离，互无关联。在汤因比的心中，谁是这个故事中最具有
魅惑力的反派角色是毫无疑问的。李嘉图不仅在经济主题上让议会意
见"革命化"了，对立法机构的影响也远超过斯密，而且他还对"两
部伟大的社会主义教科书"——马克思的《资本论》和亨利·乔治的
《进步与贫困》——颇有启发，与此同时，他在"解释世人眼中的现
有社会状态方面比任何其他作者"做的都更多。就像德语世界中的斯
密形象一样，李嘉图因详细阐释社会的一体两面而被人诟病。[15]

---

14 参见H. T. Buckle, *History of Civilization in England*, 1861, II, pp.432-57。

15 H. S. 福克斯维尔（H. S. Foxwell）是最早批评李嘉图承认现代社会主义的主要人
　物："正是李嘉图粗糙的概述为现代社会主义提供了其空想的科学基础，激发了它的
　革命形式，尽管这些概述没有对现代社会主义的革命形式作出合理解释。"他还指
　出，"社会主义的酵母甚至潜藏在《国富论》这部令人惊叹的鸿篇巨制中，而这部
　著作或许是最不让人起疑的"；参见他为安托·门格尔《全体劳动产品的权利》所
　写的导言，参见Anton Menger, *The Right to the Whole Produce of Labour*, London,
　1899, pp.xxviii, xl-xli。

因此，汤因比感到无比失望的是：他认为政治经济学没能摆脱李嘉图冷酷无情的抽象理论的影响是一场重大的悲剧。他说，如果密尔这样的人物能够成功地做到这一点，那么，"英国的政治经济学历史将完全是另一幅景象。我们将会避免漫无止境的误解和仇视，一些重大问题将会离它们的解决方案更近"[16]。仇视似乎是这些背景下的过度反应，妖魔化李嘉图类似于早期浪漫派对马尔萨斯的所作所为。或许只有想起汤因比慷慨激昂地请求工人阶级原谅中产阶级对他们状况的漠不关心才能理解这一点；而比阿特丽斯·韦布在提及她那一代中产阶级社会改革者所经历的"原罪的阶级意识"时选择了附和这种请求。[17]

凯恩斯同样遗憾地感到，李嘉图正统学说的僵化彻底战胜了马尔萨斯的洞见；就凯恩斯的情形而言，对经济理论重要意义的基本信念，无论是作为希望还是背叛的来源，现在看来几乎和批评一样引人注目。温和的李嘉图定理和议会演说何以被视为如此有毒，更不必说如此深远的影响了？李嘉图无意中为社会主义批评者提供的弹药，是否与传说中他僵硬的抽象理论为社会现状提供的支持一样多？然而，汤因比对李嘉图令人厌恶的迷恋和他自己对政治经济学的兴趣，并不是乔治·艾略特笔下汤姆·塔利弗所代表的那一类人，后者据说喜欢鸟——其喜欢的方式是向鸟扔石头。汤因比热切地寻求历史学与政治经济学的融合，尽管他的早逝阻止了这场联合修成正果。他留下了一堆崇拜者，这些人对于原罪的感觉如此强烈，但对政治经济学的兴趣却的的确确是各种版本的汤姆·塔利弗。这种评判对于比阿特丽斯·韦布也没什么不公平，她耗费了一个痛苦的夏天，试图勉力接受当时仍然是英国社会科学最成熟的那门分支学科。不过，她与李嘉图和马克思的交锋让她确信还需要其他一些东西：一门

---

16 *Lectures on the Industrial Revolution*，p.146.

17 参见 *My Apprenticeship*，London，1938，2 Volumes，I，p.208。

更全面、更制度化的社会科学，在这门科学中，经济学——一种她认为仅限于营利性组织的思维方式——将占据从属的位置。[18] 比阿特丽斯·韦布和后来致力于研究工业革命及其结果的整整一代社会史和经济史学家——包括理查德·托尼，或者约翰·哈蒙德和芭芭拉·哈蒙德——的共同之处是她在很大程度上对古典政治经济学没有恶意，至少不主动仇视它。干预主义的边沁式支持者对行政管理的诉求要多得多。其结果是，尽管这不是一个简单的逻辑问题，但韦布、托尼或哈蒙德夫妇，都不接受阿尔弗雷德·马歇尔使其重现生机、重新道德化、重新命名的**经济学科学**（Science of Economics）。接下来的事还有——这次更有逻辑性——他们对马歇尔试图将英国经济学历史呈现为自斯密、李嘉图、密尔直至他本人的一张无缝之网颇不以为然。

417

因此，正如上一篇文章的最后评论所言，将经济学家与自诩为人类代言的人区分开来的那种分裂或断层就一直延续到19世纪后期。1807年，骚塞对新型制造业城镇的印象主义的批评从议会调查和蓝皮书中获得了更多统计数据和描述性的细节，这些批评逐渐成为改革者和批评者的惯用手段。工业革命的社会成本（现实和观念不再彼此分离）成为人们关注的焦点，就像社会利益分配的明显扭曲也是人们关注的焦点一样。当亨利·乔治以"贫困与进步"作为其著作的标题时，这就暗示其结论是最非斯密式的——如果不是完全非马尔萨斯式的话，换言之，斯密和马尔萨斯是有密切关联的。乔治坚信，即使私人垄断土地的现象普遍存在，他们也将继续这样做，但马尔萨斯指出，如果他关于人口压力的判断继续被忽视的话，他们可以这样做。当然，马克思充分利用了李嘉图的推理，对资本主义不可阻挡的规律进行了更深刻的分析，也得出了与乔治一样的结论。斯密在其最冷静

---

18 比阿特丽斯·韦布与李嘉图和马克思斗争的结果，参见 Appendix D to *My Apprenticeship*, London, 1938, 2 Volumes, II, pp.482-91。

理智地讨论商业社会时所说的付出与回报的分配不均，抵消了他在比较商业社会和之前封建社会时所说的"财富逐渐下沉"，这套说辞现在转变为更具感情色彩的剥削语言以及对财富和收入分配不均的统计学调查中更干瘪的语言。

马尔萨斯承认：任何关于社会不平等的争论都会反复出现，并且持续不断；这些争论总是可能指向社会天平一端微不足道的奢侈，以及基本需要都不能满足的另一端。然而，19世纪末，英国的这场争论所获得的感情色彩，让它有别于18世纪和19世纪初关于一个懒惰的土地贵族阶层进行奢侈消费和其他形式的非生产性消费——无论结果好坏——的讨论。在马尔萨斯看来，这种消费模式尤为重要，但即使是马尔萨斯，也逐渐意识到中产阶级的发展带来的各种可能性。那些体验过原罪的阶级意识的中产阶级成员，甚至那些没有原罪意识的人，往往都过着非常舒适的生活。他们的生活质量和生活水准，在很大程度上取决于他们对那个时代最重要的"私人服务"即家庭仆佣的控制。第一代受益人获得这些安逸舒适，很大程度上是靠斯密所说的节俭和谨慎，第二代受益人则是靠继承和来自资本积累而非土地的利息收入。19世纪90年代，马歇尔可能会对消费模式感到焦虑，因为那些消费模式表明人们的消费习惯与他们的职业责任和生活方式并不匹配。[19] 不过，作为他的学生，凯恩斯在概述1914年以前的世界铺张浪费的性质时指出，中产阶级通常将他们节俭下来的资产进行有效的再投资，进而履行了他们那一群体的斯密式交易。事实上，凯恩斯对这一现象的描述在其结尾处适当地偏向了曼德维尔的说法：

> 19世纪的新富不是在大量消费中成长起来的，他们更喜欢投

19　参见 *Principles of Economics*（1890），edited by C. W. Guillebaud，2 volumes，London，1961，I，pp.87-8，136-7，720。

资带给他们即时消费的快乐能力。事实上，正是财富分配的不平等，让固定财富和资产改良的大量积累变得可能，后者让这个时代有别于其他所有时代。事实上，人们对资本主义制度的主要辩护正在于此。如果富人把他们新获得的财富花在自己的娱乐上，这个世界在很早以前就会发现这样一种制度是难以忍受的。不过，就像蜜蜂一样，他们储存、积累，并不是为了整个共同体的利益，因为他们自己对前景的看法更目光短浅。[20]

不过，斯密、马尔萨斯、李嘉图以及其他人物对本书具有重要意义，并不是因为他们拥有或缺乏这种预言的能力。我愿再重复一遍我的期望，每篇文章都得出了一些结论，这些结论不会因为最终被重新包装在一起而获益。然而，我必须承认，我有一种挫败感，因为我不能更准确地触摸到自浪漫派攻击马尔萨斯以来的长期误读的历史背后深层次的文化原因。我们或许能够理解，为何卡莱尔选择向政治经济学家灌输他对现代拜金主义和以金钱关系为特征的非英雄世界的深恶痛绝，但这并没有解释他为何在这方面做得如此成功。信使因他带来的消息而被谴责，这本身无非是一个熟悉的消息而已，但它没有回答这条信息所透露的所有内容，以及为何还要一直不断地、反反复复地说下去。另一个原因可以从一群民众政治经济学家那里找到；这种政治经济学始于马尔塞夫人和哈丽雅特·马蒂诺非常成功的著作，并一直存在于传播这门科学的各种教科书中。政治经济学公众形象的某些责任也要归咎于维多利亚时代中期的那些政客，他们在为社会现状辩护时常常不加限制、不设条件地援引政治经济学法则。格拉斯顿首相的第一位财政大臣，罗伯特·洛，是这种教条主义的最佳范例；他也要对李嘉图化的斯密负责，因为他追随巴克尔固执地认为斯

419

---

20 *Economic Consequences of the Peace* in Keynes，*CW*，II，p.11.

密"创立了一门人类活动和行为的演绎和可证科学"[21]。但是，任何像罗伯特·洛一类的政治顽固派都不可能解释罗斯金的《致那后来的》（*Unto this Last*）何以决定回报约翰·斯图亚特·密尔尝试居间调和的努力，这种努力让密尔也成了出气筒，就像柯勒律治和骚塞早先拿马尔萨斯当出气筒一样。[22]

我的结论是，那条**大自然**和**文化**之间的临界线由曼德维尔的冷嘲热讽打开，接着被马尔萨斯越来越敏感地探索，它现在仍然继续激起人们强烈的情感——就像前文提到的将马尔萨斯与达尔文的命运联系在一起时得到的简短评论一样。[23]通过转化，经济领域被自然领域而非文化领域所同化，这就对极少数享受纯粹逻辑愉悦的人更有吸引力，德·昆西是其中之一；抑或吸引那些觉得以自然主义的方法——休谟和斯密是这种方法的典范——更轻松地理解人类事务的大多数人。相反，它也遭到某些人的憎恨（这个世界还是不够强大）；这些人效仿威廉·布莱克这位最早的榜样，认为将人的世界与牛顿以及后来的达尔文所揭示的那个世界混为一谈是令人憎恶的。对这些批评家而言，自然主义意味着放弃道德评判；但对马尔萨斯而言，自然主义绝不可能是改进这些评判的基础。

当然，还有一个普遍但简单的混淆，即将自利（self-interest）和

---

21 参见他为《国富论》发表一百周年纪念所写的文章，参见 *Political Economy Club, Revised Report of the Proceedings*，London，1876，pp.5-21。这种观点登峰造极之时或许是罗伯特·洛宣称："我可能认为，毫不夸张地说，亚当·斯密是政治经济学领域的柏拉图，李嘉图则是其亚里士多德。"

22 比如，雷蒙·威廉斯认为罗斯金对政治经济学的抨击是正确的，他总结说："他解决社会和经济问题的方法更接近我们自己而非他同时代人的一般方法"；参见 *Culture and Society*，p.140。在研究罗斯金的少数几位作家中，有两位意识到他建构自己思想时所依据的夸张的政治经济学形象，对此可参见 J. T. Fain, *Ruskin and the Economists*，Nashville，1956；and James Clark Sherburne，*John Ruskin or the Ambiguities of Abundance: A Study in Social and Economic Criticism*，Cambridge，1972；特别是该书第5、6、7章的讨论。

23 参见上文第394—395页。

自私（selfishness）混为一谈，18世纪任何受过教育的读者——至少，那些能够看穿曼德维尔戏谑的诡辩术的人——都不会混淆这两个概念。维多利亚时代的道德学家们似乎缺乏早先的信心，他们不相信这种区别能够维持下去，因此，他们对道德问题中自我主义的污名感到畏惧，这也是他们热衷于采用孔德新创造的词语"利他主义"作为其道德反面的背后原因。[24] 语言在这里很重要，就像马尔萨斯警告查默斯时所说的那样：这的确不能削弱道德学家多年来为防止误用或低估而建立的语言辩护体系。[25]

但是，如果早期的政治经济学家以后来更狭隘、更专业的经济学研究的视角加以看待的话，那他们将会遭遇一种奇怪的命运：这种情形就像孩子们的罪恶由其曾祖父母来承担一样。不过，不得不承认的是，这可能与长期存在的误解有关。以这种方式写就的经济学历史，充其量就是经济学家们的一场成人礼——尽管讽刺的是，大多数经济学家现在都以某种言之凿凿的理由回避这一仪式。结果是，经济学的历史，虽不能免遭当前潮流的影响，却仍然不能完全感受到自然科学史学家享有的那种解脱，因为，一旦自然科学史学家意识到他们的主题太有意思，便不能留给不称职的、或已退出这个领域的科学家；经济学史的领域并不局限于现代专业学者眼中仍然最相关但却暂时性的问题。例如，在达尔文的《物种起源》发表前后，人们很难想象不参考佩利式的自然神学就能写成生物科学的历史。而当人们涉及马尔萨斯的经济思想史时，佩利的影响至少同样强大，但却很少有人提到这一点，甚至可能会觉得是一种尴尬。[26] 这就为经济观念的非专业叙述留下了一个明确的领地，而这些非专业叙述主要由同情对立观点的人

24　关于"利他主义的文化"的叙述，参见 S. Collinei, *Public Moralists*, Chapter 2。

25　参见上文第383页和第十二章的注释81。

26　一位著名经济学史学家在回应论述这个问题的一篇文章时说，他现在深信，马尔萨斯的神学思想对他的经济学很重要，但他加了一句："对马尔萨斯来说，这些内容更糟。"

写就。因而，几乎并不令人奇怪的是，人们面临的往往是在两幅漫画中做选择：一幅是为职业消费打造的狭隘的、时代错置的形象，另一幅是更危险的意识形态型漫画，它采纳的是将一群历史主角描绘得错误百出的形象。我在讨论马尔萨斯时把那张弓拉到了另一个方向，希望自己没有重复类似的错误。尽管历史学家没有义务解决过去的争论，但似乎的确还需要一种思想史，这种思想史既有同情，又保持了足够的距离，以确保我们不会简单地延续以前的错误表述。至少，这已成为本书的信念之一。

索 引

agrarian law 土地法，83，313

Aikin, John 艾金，约翰，255，271，339

Althorp, Lord 奥尔索普勋爵，318

America 美洲，87-8，111，147，149-54，268，277，378

    revolution 美国独立，3-4，14，42-3，91，116，127-9，130-2，133-5，137-65，170，410

Amiens, Peace of 亚眠和约，292

Anti-Corn Law League 反谷物法联盟，353

Argyll, Duke of 阿盖尔公爵，45-6

Ashley, W. J. 阿什利，W. J.，416

aristocracy：贵族：

    hereditary, 世袭贵族，152，179，358

    natural, 自然贵族，142，152，180，182

    see also landowners 还可参见地主

Babbage, Charles, 巴贝奇，查尔斯，403

Bagehot, Walter, 白芝浩，沃尔特，42，403

balance of trade, 贸易平衡，76，78，110，154，160

Balliol College, Oxford, 巴里奥尔学院，牛津大学，46

Barbauld, Anna Letitia, 巴鲍德，安娜·利蒂西娅，255

Bccaria, Cesare, 贝卡利亚，切萨雷，405

Bell, Andrew, 贝尔，安德鲁，311，347

Bentham, Jeremy, 边沁，杰里米，24，156，282，314，326，338，401

Benthamism, 边沁主义，24，195，219，243，372，377，389，398，401，411

    see also philosophic radicalism 还可参见哲学激进主义

birth control, 生育控制，26，241-2，275，276，280，282-5，374，376，380

    see also neo-Malthusianism 还可参见新马尔萨斯主义

Biset, Robert, 比塞特，罗伯特，125，128，137

Blair, Hugh, 布莱尔，休，52，92，132

Blake, William, 布莱克，威廉，420

Board of Agriculture, 农业委员会，199，201

Bolingbroke, Henry, 博林布鲁克，亨利，214

Bonar, J., 博纳，J.，42

Boston Tea Party, 波士顿茶党，137

Boswell, James, 鲍斯威尔，詹姆斯，38-9，53

Bourne, William Sturges, 伯恩，威廉·斯特奇斯，312

Brougham, Henry, 布鲁厄姆，亨利，291，402-3，404

Brown, John, 布朗，约翰，87，153

Buccleuch, Duke of, 巴克勒公爵，36，45-6，51

---

* 页码为原著页码，即本书页边码。

403

Ruskin, John，罗斯金，约翰，6，290，402，420

Sadler, Michael，萨德勒，迈克尔，318，389-91

St-Simon, Henry de，圣西门，亨利·德，412

Savigny, Friedrich von，萨维尼，弗里德里希·冯，415

Say, Jean-Baptiste，萨伊，让-巴蒂斯特，169，246，358，405

Say's Law，萨伊定律，26，358-9，364-5，386

Scotland，苏格兰，18-20，144，158，190-90

Scott, W. R.，司各特，W. R.，42

Scottish Enlightenment, the，苏格兰启蒙运动，18-20，401

"Scottish political economy"，"苏格兰政治经济学"，20-1

Scrope, George Poulett，斯克罗普，乔治·波利特，382，384

Seeley, R. B.，西利，R. B.，318，390

Senior, Nassau William，西尼尔，纳索·威廉，317，373-6，385，389

Shaftesbury, Earl of，沙夫茨伯里伯爵，50，66，170

Sheffield, Lord，谢菲尔德勋爵，159-60

Shelburne, Lord，谢尔本勋爵，46，134，159，202

Sheridan, Robert Brinsley，谢里丹，罗伯特·布林斯利，253

Sismondi, Simond de，西斯蒙第，西蒙·德，351，352，353，386

slavery，奴隶制，83，107，154

Smith, Adam，斯密，亚当，1-5，8-11，13-14，27

　　and Burke，与柏克，1，10-12，49，125，127-33，137-41，147-8，170-1，172-3，175，177-91，196-7，203-12，216，217，415

and Hume，与休谟，1，10-12，36-41，51-2，56，60，63，67-8，74-5，100，101，104，120，121，130，142，149，188，192，237，257-8

and Mandeville，与曼德维尔，2，10，60，63-4，67-74，76-9，84，87，88，103，240

and Rousseau，与卢梭，60，63，66-7，70-5，108，115，122

on American colonies and revolution 论英属美洲殖民地与美国独立，3，18，42-3，48，50，91，116，137-44，148-52，154-63

on capital accumulation，论资本积累，77-80，87-9，98，102，112，150，233，265，see also labour, productive and unproductive 也可参见生产性劳动与非生产性劳动

on deference，论顺从，143，172-3，178-9，181-2

on desire for improvement，论改进的渴望，80，89，117

on division of labour，论劳动分工，58-9，61-2，70，72，78，88-9，107-8，110，114，118-21

on durable magnificence，论华丽耐用品，79，83，114-23

on duties of sovereign，论君主的义务，97-101，144-23

on ecclesiastical establishments，论教会机构，44，185-91，344，382

on économistes，论法国经济学家，17，78，92，112-14

on education，论教育，118-21，189

on free trade，论自由贸易，103，157-62，199，205-12

on invisible hand，论看不见的手，2，44，62-3，93，101，239

on justice，论正义，97-100，119

on landowners，论地主，61-3，82-3，108，121，180-5，351-2，353，358，363